TRAITÉ

DES

FACULTÉS DE L'AME

PARIS. — IMPRIMERIE GÉNÉRALE DE CH. LAHURE
Rue de Fleurus, 9

TRAITÉ

DES

FACULTÉS DE L'AME

COMPRENANT

L'HISTOIRE DES PRINCIPALES THÉORIES PSYCHOLOGIQUES

PAR

ADOLPHE GARNIER

Professeur de philosophie à la Faculté des lettres de Paris
Membre de l'Institut

OUVRAGE COURONNÉ PAR L'ACADÉMIE FRANÇAISE

TOME PREMIER

SECONDE ÉDITION

PARIS
LIBRAIRIE DE L. HACHETTE ET Cie
BOULEVARD SAINT-GERMAIN, N° 77

1865

AVANT-PROPOS

DE L'ÉDITEUR.

Lors de la triste cérémonie qui réunissait auprès de la tombe prématurée de M. Adolphe Garnier sa famille et ses collègues, ses disciples et ses amis, M. Dumon, président de l'Académie des sciences morales et politiques, dont il était membre, a résumé en ces termes élégants et précis toute la carrière universitaire et scientifique du maître que nous perdions.

« M. Adolphe Garnier a fait pressentir dès sa première jeunesse tous les succès de sa carrière. Le prix de philosophie, remporté au concours général, fut la récompense prévue de ses brillantes études. Depuis, aucune distinction universitaire ne lui a manqué. Vainqueur dans les luttes de l'agrégation et dans les épreuves du doctorat, professeur dans les colléges de Paris, maître de conférences à l'École normale, il fut à la faculté des lettres le suppléant et le successeur de Jouffroy. Il avait eu le bonheur de l'avoir pour maître, et la douce et salutaire influence de cet enseignement ne l'a jamais quitté. Comme Jouffroy, il se plaisait dans ces recueillements profonds où l'âme se replie sur elle-même, et s'absorbe tout entière dans le spectacle de sa propre activité. Il rapporta de ses longues méditations le *Traité sur les facultés de l'âme*, que l'Académie française a couronné, et qui a été l'un des plus beaux titres à vos suffrages.

« Disciple convaincu des doctrines spiritualistes, M. Garnier a fait du soin de les défendre et de les propager le devoir de sa vie. Les revues scientifiques se sont enrichies de ses mémoires ; il composait en même temps de savants ouvrages, plus soigneux de les mûrir qu'empressé de les produire. Il étudiait profondément les œuvres du père de la philosophie française, et il commentait Descartes en disciple digne d'un tel maître.

« Les questions de morale attiraient surtout son attention ; il y voyait le côté pratique et l'utilité sociale de la philosophie. Il leur a consacré l'un de ses meilleurs livres, honoré aussi par l'Académie française d'un de ses plus beaux prix[1]. Écrivain élégant et philosophe judicieux, il pouvait prétendre à plus d'une couronne : aucune ne lui a été aussi précieuse que l'élection qui l'a appelé parmi vous. »

---

1. *Morale sociale*, 1850.

Tel a été l'homme éminent dont nous rééditons aujourd'hui le plus important ouvrage, le *Traité des facultés de l'âme*. Depuis longtemps cet ouvrage était épuisé, et le public philosophique en demandait une nouvelle édition, plus opportune encore aujourd'hui que de nouvelles mesures ont rendu à l'enseignement de la philosophie son importance et sa dignité. M. Garnier avait lui-même préparé les éléments de cette édition nouvelle : il avait soigneusement revu, corrigé, remanié le travail primitif ; il y travailla jusqu'à la veille de sa mort ; et c'est seulement à la moitié du troisième volume qu'il s'est arrêté. Une confiance, bien touchante pour nous, a bien voulu nous laisser le soin de surveiller l'impression de cette publication posthume ; nous avons été heureux de rendre ainsi dans la mesure de nos forces, un modeste hommage à la mémoire d'un homme que nous avions tant aimé et vénéré, et qui, dans les dernières années de sa vie, avait bien voulu nous désigner pour le suppléer dans sa chaire de la Sorbonne. Nous avons essayé d'accomplir avec tout le soin possible la tâche qui nous était confiée et où d'ailleurs nous n'avions d'autre rôle, que celui d'assurer l'exécution d'un travail achevé, où rien n'était à changer. Des notes même eussent été inutiles pour un ouvrage d'une parfaite clarté et où tous les éclaircissements ou renvois nécessaires sont donnés par l'auteur lui-même. Qu'il nous soit seulement permis de faire précéder cet ouvrage de quelques considérations qui en montreront toute la portée, et qui en même temps feront ressortir les rares et délicates qualités de l'auteur.

Lorsque M. Jouffroy, en 1826, esquissait avec tant de précision et de vigueur l'idée, la méthode, le criterium, l'importance de la science psychologique, il semblait qu'une nouvelle école allait naître qui, tout entière consacrée au but indiqué par le maître, se partageant les rôles sans cesser de travailler en commun, continuerait en l'agrandissant l'œuvre de l'école écossaise, et poursuivrait enfin dans toutes les directions la philosophie de l'esprit humain. Il n'en a pas été tout à fait ainsi, et l'on peut dire aujourd'hui que dans cette école, longtemps appelée l'école psychologique, c'est précisément la psychologie qui a été le moins cultivée. Sans doute on a enseigné et on n'a jamais cessé de penser (et cela avec raison) que tous les principes de la métaphysique et des autres sciences philosophiques doivent être cherchés dans la science de l'esprit humain : on a insisté avec beaucoup de force et de solidité sur quelques grandes idées psychologiques; mais quant à cette science expérimentale, analytique, plus ou moins semblable aux sciences physiques et naturelles, dont les Écossais, après Locke, avaient donné le modèle, et dont M. Jouffroy avait exposé la théorie, elle fut à peu près abandonnée. L'impatience de l'esprit français était rebelle à une tâche qui demandait une application lente, laborieuse, un peu aride, et dont les résultats étaient très-lointains. On se remit à la métaphysique, que

M. Jouffroy voulait ajourner; on cultiva la morale, surtout la morale pratique, dans ses rapports avec le droit social; enfin on se consacra presque exclusivement à l'histoire de la philosophie.

Parmi les disciples de M. Jouffroy, un seul embrassa et poursuivit l'œuvre commencée par le maître, avec une fermeté, une ténacité, un sang-froid et une honnêteté scientifiques dignes d'inspirer de l'émulation à tous ceux qui aiment la vérité pour elle-même : c'était M. Adolphe Garnier. M. Garnier n'a jamais perdu de vue un seul instant l'objet auquel il s'est consacré, et nulle tentation ne l'a pu détourner de ce travail bien déterminé. Tandis que nos plus grands maîtres en philosophie se sont laissé plus ou moins entraîner hors de leur voie par la littérature, les beaux-arts, l'histoire, la politique, M. Garnier a pensé qu'un seul but suffit à une seule vie, et par la patience, par une attention continue et concentrée, par le sentiment du devoir, il a fait une œuvre, ce que de bien plus éclatants génies ne laisseront peut-être pas après eux. Le *Traité des facultés de l'âme* est le seul monument de la science psychologique de notre temps. C'est l'étude la plus complète qu'on puisse présenter à ceux qui veulent se rendre compte des opérations de leur âme; c'est celle que recommandent par-dessus tout la sûreté de la méthode, la clarté de l'exposition et la sévérité du langage. Dans la science des faits de l'âme, nul ne l'a surpassé, ni même égalé pour l'étendue, la finesse, la sagacité des observations et des analyses. Sans doute, il faut rapporter à Jouffroy l'honneur d'avoir indiqué à M. Garnier la voie et la direction; mais Jouffroy, comme tous les esprits créateurs éteints prématurément, s'était contenté de tracer les grandes lignes et de donner sur quelques points d'admirables modèles. M. Garnier, lui, a eu le mérite et l'art d'embrasser la science tout entière.

M. Garnier était un penseur aussi indépendant qu'éclairé. Son indépendance à l'égard de toute idée convenue se montre, par exemple, dans la polémique si pleine de courtoisie et d'estime qu'il engagea contre l'école phrénologique, dans son livre *De la phrénologie et de la psychologie comparées*[1], livre d'une discussion très-fine et d'une remarquable sagacité. Cette école, si dédaignée dans le monde savant, et qui s'est compromise par un mélange de charlatanisme, lui paraissait avoir des qualités psychologiques distinguées. Il y louait beaucoup cette tendance à ne pas se contenter de cadres trop généraux, et à se défier d'une unité artificielle et systématique. Pour lui, il ne craignait pas, à l'exemple des phrénologues, de reconnaître autant de faits élémentaires dans l'âme humaine que l'analyse y découvrait de faits irréductibles et indépendants ; et lorsqu'on lui reprochait de multiplier à l'infini les facultés de l'âme, il était peu sensible à ce reproche. Il ne s'arrêtait guère au nombre des facultés nominales, et il pensait avec raison que ce sont les faits eux-mêmes qu'il faut comparer et démêler. Il importe

---

1. Paris, 1839.

assez peu, par exemple, de rapporter à une seule et même faculté deux faits aussi différents que l'instinct de la pudeur ou l'amour de la vie. L'unité verbale par laquelle on les aura réunis n'empêchera pas ces deux faits d'être non-seulement différents, mais indépendants, séparables l'un de l'autre, et quelquefois opposés.

M. Garnier avait en outre à un haut degré l'une des premières facultés philosophiques : il pensait par lui-même ; jamais il n'a admis une seule idée qui ne lui fût devenue propre, et qu'il n'eût en quelque sorte, comme le disait Jouffroy, *repensée* de nouveau. Aussi tenait-il à toutes ses idées, comme il arrive quand on les a conquises par son propre effort, au lieu de les recevoir toutes faites par la complaisance facile d'un esprit sans résistance et sans ressort. Nul n'a moins cédé que lui à ce scepticisme flottant, si fréquent de nos jours, qui se plaît à donner successivement raison à tout le monde, parce qu'il n'a pas assez de force pour choisir, ni assez de science pour se décider ; mais, si ferme qu'il fût dans ses conclusions, M. Garnier n'était pas de ces esprits tranchants et décisifs, qui substituent l'autorité à l'examen. Il acceptait volontiers la discussion, il trouvait bon qu'on lui donnât des raisons ; il les écoutait, il y répondait, et son esprit éclairé ne permettait ni à la passion, ni à l'imagination de lui dicter ses opinions. Il aimait par-dessus tout la raison ; et la sagesse de sa vie, comme l'ordre, la raison, l'honnêteté de ses ouvrages en réfléchissaient l'éternelle clarté. Dans l'enseignement, comme dans la science, M. Garnier était lui-même. Il n'y portait pas cette éloquence passionnée et brûlante, qui a illustré le plus grand maître de la philosophie contemporaine, et dont quelques rayons ont passé dans l'âme de ses disciples. M. Garnier n'a jamais aspiré à de tels éclats. Mais, en revanche, il montrait dans la chaire une qualité souveraine et exquise, la simplicité, une simplicité nue, mais pleine de grâce et de distinction, qui attirait, retenait, rappelait ceux qui venaient l'écouter. Cette parole, toujours pure et précise, semblait craindre de vous surprendre en touchant l'imagination ; elle se dissimulait en quelque sorte et laissait parler les choses elles-mêmes. Dans la langue philosophique, la simplicité et la clarté paraissaient à M. Garnier une sorte de sincérité.

On n'attend pas que nous donnions ici une analyse du *Traité des facultés de l'âme*, ouvrage trop complexe et trop varié dans ses différentes parties pour se prêter à un tel mode d'exposition. Nous aimons mieux y choisir quelques-uns des points essentiels, où il nous semble que M. Garnier a le mieux marqué sa trace, et où il a fait faire quelques progrès à la science, ne fût-ce qu'en mettant en question des théories trop facilement accréditées. J'indiquerai, par exemple, la théorie de la perception extérieure, comme une de celles que M. Garnier a le mieux étudiées ; et, sans entrer dans le détail de ses observations et de ses analyses, qui ont singulièrement enrichi ce sujet mille fois traité, j'irai au point capital de sa théorie.

Il est une théorie qui date de l'école cartésienne, qui s'est transmise à l'école de Locke, puis aux Écossais, et qui, reprise et perfectionnée par M. Royer-Collard, est encore aujourd'hui régnante : c'est la distinction entre les qualités premières et les qualités secondes de la matière. Voici en quoi consiste cette théorie. Il y aurait dans les corps deux sortes de qualités : les unes, que l'on appelle premières, nous sont connues directement, et comme distinctes de nous-mêmes : ce sont l'étendue, la forme, le mouvement, le nombre, la divisibilité, la solidité. Les autres, appelées qualités secondes, telles que le chaud et le froid, la résistance, la couleur, le son, l'odeur et la saveur, ne sont que des modifications de notre âme, qui par elles-mêmes ne nous donneraient pas l'idée d'un monde extérieur. Voici les principales raisons sur lesquelles on s'appuie pour justifier ces distinctions. On dit des qualités premières qu'elles sont essentielles à la matière, car on ne peut concevoir un corps sans étendue et sans solidité, tandis qu'on peut le concevoir sans odeur, sans chaleur et même sans couleur. En outre, les qualités premières ne supposent pas les secondes, tandis que celles-ci supposent les premières : il peut y avoir étendue sans couleur, mais non couleur sans étendue, solidité sans résistance, mais non résistance sans solidité. Enfin, les premières sont absolues; elles existeraient encore, quand même nous ne serions pas; les secondes sont relatives; elles supposent l'existence de l'âme qui les perçoit.

Telle est cette théorie, classique depuis Descartes, et qui s'enseigne encore aujourd'hui dans nos écoles. M. Garnier a combattu cette doctrine avec une extrême sagacité, et lorsque M. Vacherot, dans un livre récent et remarquable [1], fait honneur à M. Cournot d'avoir détruit le préjugé des deux classes de qualités dans la matière, nous regrettons qu'il ait oublié que M. Cournot avait été précédé dans cette voie par M. Adolphe Garnier, ou que du moins, celui-ci, sans juger la question de priorité, était arrivé de son côté aux mêmes résultats que M. Cournot. Les qualités premières sont, dit-on, essentielles à la matière. Mais qu'entend-on par essentielles? Que je ne puis en concevoir la non-existence? A ce titre, les premières n'ont rien de plus essentiel que les secondes, car je puis concevoir une matière immobile, sans qu'elle cesse d'être matérielle; je puis la concevoir infinie, et dès lors sans formes, sans figures, sans division. Dira-t-on que je ne puis la concevoir sans étendue et sans solidité? Mais cela même n'est pas absolu; car, si l'on admettait, par exemple, l'hypothèse de Leibnitz, qui n'a rien d'absurde en soi, on concevrait des forces simples agissant les unes sur les autres dans l'espace, se tenant en équilibre, et, en un certain sens, pénétrables les unes aux autres. En un mot, si l'on se borne à la conception, on peut arriver à réduire la matière par l'analyse à n'être qu'un principe, dont les actions plus ou moins intenses se ma-

---

1. *Essais de philosophie critique.*

nifestent dans l'espace. Si, au contraire, on se borne à la simple perception, tout ce qu'on peut dire, c'est que nous percevons quelque chose de tangible, de visible, d'étendu, de mobile, de figuré, de chaud, de froid, de sonore, de sapide et d'odorant; si nous voulons aller au delà, nous nous entourons de chimères qui sont de notre invention. Dire que les qualités premières supposent les secondes, et non celles-ci les premières, est vrai au point de vue de l'expérience; mais il n'y a pas là de relation nécessaire. Enfin, que les unes soient absolues, et les autres relatives, c'est encore là une distinction arbitraire; car, si l'on admet que dans la matière il y a quelque chose qui, même en l'absence de l'homme, soit prêt à lui donner la perception du tangible et de la résistance, rien n'empêche de concevoir qu'en son absence, il y ait aussi quelque chose qui soit prêt à lui donner, quand il se présentera, la perception de l'odeur, du son, de la saveur ou de la couleur. Vouloir que ce quelque chose se ramène nécessairement à l'étendue, à la figure, aux propriétés géométriques, est l'illusion de Descartes et de son école. Ce qui est certain, au point de vue de l'expérience, c'est que toutes les qualités du corps nous apparaissent avec le caractère de l'extériorité; et au point de vue de la raison, c'est qu'elles peuvent se ramener toutes à l'idée fondamentale, mais profondément obscure de la force.

La théorie des sens extérieurs et la théorie des inclinations paraissent généralement acceptées comme

ce qu'il y a de plus remarquable dans le livre de
M. Garnier. Pour moi, la partie qui me semble la
plus solide, c'est la théorie de la raison. Il ne lui
manque que d'être exposée en termes ambitieux, enveloppée de terminologie allemande, en un mot,
d'être un peu plus obscure, pour être considérée
comme profonde. On sait que l'une des conquêtes de
la philosophie contemporaine a été d'établir contre
les sensualistes, à l'aide de Kant et de Descartes,
l'existence de principes *à priori*, antérieurs et supérieurs à l'expérience, et dont on rapporte l'origine à
une faculté appelée entendement pur, raison pure, ou
simplement raison. Cette théorie est, sans nul doute,
vraie dans son ensemble, et l'on a le droit de trouver peu sérieuse une tentative de réforme philosophique, qui consisterait à se reporter purement et
simplement en 1812, à reprendre toutes les idées
condillaciennes, sans tenir compte des objections
profondes et imposantes élevées contre l'empirisme,
non-seulement par le bon sens écossais, mais encore
par la critique hardie et profonde de Kant. Cependant, il faut bien reconnaître que la théorie de la
raison, quelque vraie qu'elle soit, est encore assez
confuse, et a grandement besoin d'être éclaircie. Cette
faculté supérieure est en effet chargée d'expliquer
tout ce que l'expérience interne ou externe n'explique pas; à elle se rattachent par conséquent :
1° les idées de certains objets considérés comme
existant en dehors de nous, sans que les sens ou
la conscience puissent les atteindre, tels que l'es-

pace, le temps, l'infini, le parfait ; 2° des propositions générales établissant des relations nécessaires, telles que : il n'y a point de phénomènes sans cause, ni de modes sans substance, ou autres semblables ; 3° des objets mathématiques : le cercle pur, le triangle pur, etc.; 4° des axiomes mathématiques, tels que : deux quantités égales à une troisième sont égales entre elles ; le tout est égal à la somme de ses parties ; 5° des essences idéales semblables aux idées platoniciennes, telles que le vrai, le beau et le bien. Ce sont là des objets bien hétérogènes, et qu'il est difficile de ramener à une mesure commune. M. Garnier, dans son *Traité des facultés de l'âme*, a essayé de démêler ces différents objets et d'assigner à chacun son vrai caractère ; et c'est cette entreprise, accomplie avec une simplicité qui en dissimule l'intérêt et l'importance, que nous trouvons très-digne d'attention.

Il commence par faire remarquer que, parmi les objets que l'on attribue en général à la raison, comme à une source commune, il y en a qui sont considérés par l'âme comme existant nécessairement et réellement en dehors de nous ; d'autres, au contraire, qui n'existent que dans notre esprit. Par exemple, l'espace et le temps sont des objets que nous nous représentons comme objectifs, c'est-à-dire comme réels en dehors de nous. Est-ce là une illusion inhérente à la constitution de notre esprit ? c'est ce qu'on examinera plus tard. Mais que l'esprit prenne ces choses comme étant hors de lui, c'est là un simple fait que l'on ne peut contester. Il en est de même d'un être éternel et nécessaire ; car, quelque parti qu'on prenne sur la nature de cet être, on ne peut nier ce *postulatum* de Clarke : Quelque chose a existé de toute éternité. Il en est tout autrement des objets de la géométrie : Nulle part, hors de nous, n'existent de surfaces sans profondeur, de lignes sans largeur, de point sans aucune dimension ; nulle part n'existent le cercle parfait, le carré parfait, en un mot, les figures géométriques. Ce ne sont pas cependant de pures abstractions de l'expérience ; car on ne peut abstraire d'un objet que les qualités qu'il contient ; or le cercle parfait n'est pas contenu dans l'objet réel : c'est nous qui l'y supposons. Au reste, deux philosophes dont on ne contestera pas l'esprit critique, Bayle et Hume, ont reconnu le caractère idéal des objets de la géométrie. Ce ne sont pas seulement les objets de la géométrie, dont M. Garnier niait la réalité objective, tout en leur reconnaissant le caractère de conceptions idéales et *à priori*. Il en disait autant de ces types si souvent rappelés aujourd'hui, depuis qu'un illustre philosophe en a fait le titre d'un de ses plus beaux ouvrages : *le Vrai, le Beau et le Bien*. Il ne voyait encore là que des conceptions idéales dont l'objet n'existe pas en dehors de nous. Aussi était-il très-opposé à la théorie platonicienne et malebranchiste des idées, considérées comme l'essence divine. Il lui paraissait contraire au bon sens et à la raison que les figures géométriques fissent partie de l'essence divine, fussent Dieu lui-même. Il ne l'admettait pas davantage pour le beau, le vrai et le bien. Dire que Dieu est beau lui paraissait un non-sens : l'identifier avec la vérité, c'était confondre l'objet et le sujet. Quant au bien, c'était pour lui, comme pour les stoïciens, le type de l'homme sage et de l'homme vertueux, mais non pas Dieu lui-même, dont on ne peut faire l'objet et le type de la vertu sans la rendre par là même impossible et impraticable.

En un mot, de même que dans l'ordre de l'expérience on peut distinguer la perception, qui s'adresse aux objets réels, et la conception, qui n'a pas d'objet en dehors de la pensée, de même, dans l'ordre de la raison pure, il y a aussi, suivant M. Garnier, perception et conception, la première s'appliquant à des objets réels et vraiment objectifs : l'espace, le temps, la substance nécessaire, et la seconde à des objets non réels, sans être abstraits, et qui sont *à priori* créés en quelque sorte par l'esprit lui-même.

Une autre distinction importante est celle qu'il établit entre deux sortes de propositions rationnelles : les unes qui formulent des existences réelles, les autres qui sont ce qu'on appelle en logique des propositions identiques, où l'attribut ne fait que répéter le sujet sous une autre forme, en un mot, de pures tautologies. De ce genre sont précisément les axiomes de la géométrie et de l'arithmétique, lesquels reviennent tous à cet axiome fondamental : $A=A$, ce qui signifie qu'une chose est elle-même et n'est pas son contraire, axiome qui ne nous apprend rien de nouveau, et, suivant M. Garnier, ne se distingue pas de ceux que nous fournit l'expérience.

Une des plus intéressantes analyses de M. Ad. Garnier, est celle qu'il a donnée de l'idée de Dieu, l'une des plus complexes que possède l'esprit humain, et qui est souvent présentée comme un produit immédiat de la raison pure. Dans cette idée, telle qu'elle existe aujourd'hui chez les nations les plus civilisées, où le christianisme et la philosophie sont en honneur, l'idée de Dieu contient plusieurs éléments distincts : 1º des éléments métaphysiques : c'est une essence éternelle, infinie, nécessaire, substance et cause, d'où le monde tire son origine et ses lois ; 2º un élément moral : Dieu n'est pas seulement une substance nue et morte, c'est un esprit, c'est une pensée, c'est une volonté; mais qui possède dans la perfection et dans toute leur plénitude les attributs de la pensée et de la volonté ; 3º un élément idéal : Dieu contient en soi le modèle de toute beauté, de tout ordre, de toute régularité ; il est le principe de tous les types de la géométrie et de l'art, il est le lieu des idées, des formes pures. De ces trois éléments, on peut dire que le premier caractérise surtout le Dieu panthéiste ; le second, le Dieu chrétien ; le troisième, le Dieu platonicien. M. Garnier, qui se plaçait seulement au point de vue de la pure psychologie, considérait comme une perception nécessaire de la raison l'affirmation d'une substance et d'une cause première, nécessaire et infinie. Il n'attribuait pas davantage à cette intuition directe, immédiate de l'esprit, qu'il appelait la perception de l'absolu; mais néanmoins, il était loin de sacrifier à la doctrine panthéiste la notion d'un Dieu parfait : seulement il ne voyait là qu'un acte de croyance et de foi, foi naturelle, bien entendu, et non positive, différente de la perception, mêlée nécessairement d'obscurité et de trouble, et qu'il exprimait avec une sorte d'éloquence austère et touchante ; « La véritable piété est de croire à Dieu, et de l'ignorer ; croyons à l'existence et à la perfection de Dieu, et interdisons-nous sur tout le reste une indiscrète curiosité.... Si le chrétien s'incline devant les obscurités de la foi, tenons aussi pour vraiment religieux celui qui accepte sans révolte les mystères de sa raison.... Job, après quelques murmures échappés à la faiblesse humaine, finit par rendre gloire à Dieu, malgré le mystère des souffrances qui lui sont infligées, et Dieu déclare que Job est celui de tous qui a le mieux parlé de Dieu.... Résignons-nous à la pieuse ignorance de Job, et que l'Apôtre nous pardonne de garder parmi nos autels un autel au Dieu inconnu. » Ainsi, la perfection divine est un objet de foi, non de perception directe. Quant à l'idéal, que les platoniciens confondent avec Dieu lui-même, M. Garnier, nous l'avons vu, n'y voyait qu'une conception de l'esprit, une catégorie de la pensée et la théorie des idées de Platon, il n'était pour lui comme pour Aristote que des métaphores réalisées.

Les questions que nous venons d'indiquer ne sont

pas les seules où M. Ad. Garnier ait prouvé la finesse et la fermeté de son esprit. Je signalerai encore sa théorie de la faculté motrice, la discussion si remarquable qu'il institue pour démontrer la réalité de l'espace, son chapitre si neuf et si curieux sur le langage, enfin les excellentes et charmantes analyses qu'il a données de nos inclinations. Mais je n'insiste pas sur ces différents points, lui-même dans la préface de son livre ayant pris soin d'indiquer les théories qui lui sont personnelles, et par lesquelles il se distingue des autres penseurs de son temps. Nous signalerons seulement, un des traits le plus important de sa méthode psychologique. On a souvent reproché aux psychologues de se renfermer dans « leur *moi* abstrait et solitaire, » selon l'expression de Lamennais. On a dit que chacun d'eux étudiait l'homme en lui-même, et construisait ainsi une humanité idéale, qui ne ressemblait que très-imparfaitement à l'humanité réelle. Les philosophes, a-t-on dit, n'ont décrit qu'un homme philosophique ; mais le genre humain n'est pas un philosophe : il n'est même pas exclusivement l'homme civilisé. Toutes les discussions philosophiques sur le libre arbitre, les idées pures de la raison, la loi du devoir, n'ont guère de sens appliquées aux peuples enfants de l'Afrique, de l'Australie ou de l'Amérique. On proposa donc de substituer à la psychologie *subjective*, comme on l'appelle, une psychologie historique et géographique fondée sur l'observation des races, des peuples, des diverses classes de la société. Sans vouloir ici discuter cette idée, et sans en nier l'importance et la fécondité, je me bornerai à faire remarquer que cette seconde espèce de psychologie ne pourra jamais dispenser de la première, et que les mœurs des peuples et leurs actions extérieures seraient pour nous incompréhensibles, si nous n'avions préalablement analysé, par notre propre conscience, les principaux faits, qui, à différents degrés, ou sous des formes plus ou moins changeantes se retrouvent dans l'espèce humaine tout entière. Quoi qu'il en soit, ce que je tenais surtout à faire remarquer, c'est que la psychologie de M. Garnier n'est nullement cette psychologie abstraite que l'on critique. Sans doute, dans les analyses déliées qu'il a faites de l'esprit humain, c'est surtout à l'observation de conscience qu'il fait appel ; mais il ne néglige jamais de confirmer les analyses de la conscience par les témoignages des observateurs qui ont vu l'homme du dehors. Les moralistes, les historiens et les voyageurs sont les trois classes d'observateurs de ce genre que les psychologues doivent consulter. Sous ce rapport, le *Traité des facultés de l'âme* est riche et varié : on y trouve beaucoup de citations intéressantes, qui ôtent à ce livre l'aridité d'un traité didactique et abstrait. En cela du reste, il suivait l'exemple et la tradition des philosophes écossais, qui n'ont jamais séparé dans leurs livres l'homme des hommes, et ont mêlé aux expériences internes un grand nombre d'observations empruntées à l'étude du monde et des sociétés. C'est dans cette voie, que la psychologie est appelée de nos jours à faire des progrès; c'est en mariant sans cesse l'étude du dehors et l'étude du dedans, qu'elle s'animera et s'enrichira. Déjà, on entend parler de psychologie comparée; la psychologie des animaux est encore à faire, ou du moins elle est à recueillir, car il y en a déjà d'admirables parties dans les livres des naturalistes. La psychologie est donc, quoi qu'on en dise, une science pleine d'avenir; mais dans ses progrès en tous sens, il ne faut pas qu'elle oublie ceux qui ont contribué à lui assurer la place éminente qu'elle occupe dans les études philosophiques : et, à ce titre, nul n'a plus de droit à sa reconnaissance et à son fidèle souvenir que M. Adolphe Garnier.

Nous n'avons jusqu'ici indiqué chez M. Garnier que les rares qualités du savant et du penseur; qu'il nous soit permis de dire quelques mots de l'homme : que sont en effet les qualités de l'esprit à côté de celles du caractère? C'est par celles-ci surtout que M. Garnier était une personne rare et distinguée. De quelle estime, de quel respect, de quelle affection n'était-il pas entouré parmi les siens? Quelle bonne grâce, quelle aménité, quel accueil hospitalier et doux! Il aimait surtout la jeunesse, et tous nous avons rencontré auprès de lui le plus sûr et le plus cordial appui. Pour moi en particulier, sans avoir été pourtant son élève, j'ai trouvé en lui les preuves touchantes de son affectueuse sollicitude et de sa bonté paternelle. Cette bonté, dont tant de personnes ont ressenti l'influence, n'était pas banale. Il s'intéressait et il aimait. Tel il était dans la famille et dans l'intimité. Mais en même temps, soit comme maître, soit comme juge, soit comme collègue, l'Université entière a aimé et vénéré cette âme douce et ferme, pleine de loyauté et d'équité, cette parfaite image de l'honnête homme et du sage.

Les dernières années de cette vie si digne d'estime ont été éprouvées par toutes les douleurs. M. Garnier semble avoir justifié ces mots d'un ancien, « qu'on ne peut dire d'aucun homme s'il a été heureux, avant le jour de sa mort. » Quiconque eût vu M. Garnier, il y a dix ans, eût pensé que le parfait bonheur peut exister sur la terre. La science cultivée avec désintéressement et amour, un enseignement écouté par un public fidèle et ami, à l'intérieur toutes les joies de la famille, et un fils plein de promesses que le père guidait lui-même dans la voie du bien et dans la science de la vie, de nombreux amis, des réunions libres et charmantes où l'agrément des conversations élevées se mêlait aux plaisirs de la jeunesse; en un mot, la joie, l'aisance, la paix, la dignité, tout ce qui fait la douceur et l'honneur de la vie, tout était réuni dans cette maison aimable et aimée. Un seul coup a tout détruit. La perte de son fils unique laissa M. Garnier seul avec son excellente et courageuse compagne dont aujourd'hui les pleurs ne seront plus jamais taris. A partir de ce jour, la santé de M. Garnier fut ébranlée, et les douleurs physiques vinrent se joindre aux douleurs morales. Sa vie dès lors ne fut plus que l'ombre de son passé. Son entrée à l'Institut vint lui donner tardivement une satisfaction qu'il estimait à un très-haut prix. Ce fut le dernier sourire de la fortune. On put le voir alors s'affaiblir progressivement et s'avancer vers une fin prochaine. Mais dans cette dernière période de sa vie, aussi triste que le reste avait été doux, M. Garnier témoigna encore des plus rares qualités morales. Sa sérénité dans la souffrance a été sans égale; sa fermeté et son courage ne se sont pas démentis un seul jour; il a voulu jusqu'au dernier moment remplir son devoir envers la vie, et apprendre à ses élèves comment un sage supportait la douleur. Cette sérénité s'étendait à tous ceux qui l'entouraient; et le voyant si ferme, nous ne pouvions croire qu'il fût si atteint.

Mais la force de l'âme ne peut pas commander à la mort; il vient un moment où elle cède nécessairement à d'autres forces victorieuses. M. Garnier a vu ce moment sans effroi, soutenu par la fermeté de sa pensée, et la noblesse de son cœur.

Dans l'ordre des choses qui surpassent les sens, M. Garnier portait en effet une vue ferme et hardie, mais respectueuse et confiante. Il pensait librement, mais savait s'arrêter. Nul n'a cru plus fortement à un Dieu personnel, juste et bon, créateur et conservateur de l'univers, préparant des destinées meilleures à la vertu laborieuse, à la sagesse éprouvée. Il ne séparait pas la morale de la religion naturelle, et pensait qu'il y a une foi primitive antérieure à la science, qui atteste dans la cause première de l'univers une souveraine et infinie perfection. C'est sur ce sujet que nous avons eu notre dernière conversation philosophique. Cette question l'avait particulièrement arrêté et préoccupé dans la révision qu'il préparait de son grand ouvrage. La souveraine perfection a été l'objet de ses dernières méditations icibas. Il semble que la Providence, à laquelle il croyait sans trouble et sans murmure, ait voulu lui épargner la peine douloureuse de résoudre ce problème par lui-même; et l'ait appelé à elle, comme pour lui en donner elle-même une plus complète et plus satisfaisante solution.

Si nous avons surtout insisté sur la psychologie de M. Ad. Garnier, ce n'est pas qu'en cultivant avec prédilection cette importante partie de la philosophie, il ait négligé ou dédaigné les autres; au contraire il n'en est pas une seule, qu'il n'ait étudiée avec soin, et même approfondie. En un sens, le *Traité des facultés de l'âme* est une philosophie tout entière; on y trouvera une logique, une morale, une esthétique, une théodicée. La morale en particulier, si étroitement liée à la psychologie, et qui n'en est guère qu'une branche, était toujours pour M. Garnier l'objet de travaux importants, où il apportait toujours les mêmes qualités d'esprit, l'extrême précision, le besoin de voir clair dans ses idées, et de s'entendre lui-même, enfin l'indépendance et la personnalité dans les opinions. Tels sont les mérites de son *Traité de morale sociale* qui, avec sa belle étude psychologique des inclinations, fut son principal titre pour remplacer M. de Tocqueville à la section de morale, dans l'Académie des sciences morales et politiques. Si les travaux de M. Garnier en théodicée sont moins connus que ses travaux de psychologie et de morale, c'est qu'il n'a pas eu le temps de les rédiger. Car il en avait fait l'objet des plus sérieuses et des plus profondes recherches. A plusieurs reprises, il avait pris la théodicée pour le sujet de son cours à la Sorbonne; et, comme en rien il ne se contentait de banalités générales, il avait interrogé avec curiosité et avec un extrême labeur l'histoire des religions. Les notes qu'il a laissées sur ce sujet sont considérables. Et, puisque je parle de ces notes, qu'une confiance touchante et pieuse a bien voulu faire passer sous mes yeux, qu'il me soit permis de dire que si une mort prématurée n'avait pas prévenu les desseins du travailleur, M. Garnier avait entre les mains les éléments des travaux les plus intéressants et les plus utiles. Une histoire de la théodicée, un essai de psychologie comparée, une défense, entièrement achevée de la psychologie, une édition et même une traduction du *De officiis*, ouvrage qu'il admirait profondément; tels sont les différents débris, dont il nous a été permis de retrouver les traces ou plutôt les ébauches.

La mort a tout interrompu. Mais hélas! qui peut se flatter, en quittant ce monde, de ne rien laisser d'inachevé! Heureux, quand on a pu donner une image fidèle de soi-même, soit dans des monuments que la science conservera, soit dans les actions d'une vie bienfaisante et courageuse.

Paul Janet.

PRÉFACE DE L'AUTEUR.

Nous nous proposons de faire un traité des facultés de l'âme aussi complet qu'il nous est possible, pour servir à l'instruction des personnes étrangères à ce genre de connaissances. Cet ouvrage contient donc un certain nombre de théories déjà connues; mais il en renferme aussi qui diffèrent des opinions les plus généralement admises. Nous soumettons ces dernières aux maîtres de la science, et c'est pour attirer leur attention sur elles que nous écrivons cette préface. Ceux qui viendraient prendre dans ce livre leur première instruction sur le sujet dont il traite, pourront se dispenser de lire l'avant-propos et marcher tout droit à la lecture de l'ouvrage.

La psychologie recherche les facultés de l'âme, comme la physique recherche les propriétés des corps. La méthode qui dirige ces deux genres d'études est la même; on ne l'a pas assez remarqué, et de toutes les propositions contenues dans le présent ouvrage, aucune ne choquera davantage les opinions reçues. « C'est par la conscience, dit-on, que l'on constate les faits de l'âme, c'est par les sens extérieurs qu'on observe ceux des corps. En conséquence, les deux méthodes sont différentes. » Mais ni la conscience, ni les sens extérieurs ne sont des méthodes. Ce sont des vues immédiates; tout l'art qu'on y peut déployer consiste à regarder attentivement, et cet art qui nous fera mieux connaître les phénomènes ne nous en découvrira pas les causes. On convient que les causes des phénomènes sensibles, c'est-à-dire les propriétés des corps ne sont pas saisies par les sens extérieurs; mais on prétend que les causes des phénomènes intérieurs, c'est-à-dire les facultés sont saisies par la conscience. Cependant il n'y a que la volonté que nous voyions en nous-mêmes à l'état de pure puissance ou de faculté; les autres facultés ne nous apparaissent que dans leurs actions. Quand ma mémoire est inactive, la conscience ne me montre pas si je puis encore me souvenir; quand je suis sans émotion, elle ne me dit pas si je puis encore jouir ou souffrir. Il y a longtemps que Platon a dit : « Je ne vois point mes facultés, et je ne puis juger de leur différence que par la différence de leurs actions [1]. » Mais pour rapporter deux phénomènes à deux causes différentes, il ne suffit pas qu'ils soient différents, il

---

1. *République*, édit. H. E. t. II, p. 477; Tauch., t. V, p. 203, et trad. de M. Cousin, t. IX, p. 314.

faut qu'ils soient séparables, c'est-à-dire indépendants l'un de l'autre : le jugement et le raisonnement sont deux phénomènes différents, et cependant nous ne les attribuons pas à deux facultés diverses, parce qu'ils ne sont pas séparables; en raisonnant on juge; réciproquement, celui qui juge peut raisonner. C'est précisément cet art de distinguer les phénomènes indépendants qui forme la méthode commune de la physique et de la psychologie. Bacon a tracé cette méthode; on se trompe quand on suppose que la méthode inductive de Bacon consiste à généraliser les faits particuliers; elle nous apprend à discerner parmi les phénomènes : 1° ceux qui s'accompagnent toujours et sont toujours au même degré; 2° ceux qui en s'accompagnant se présentent en degrés différents ou inverses; 3° ceux qui ne s'accompagnent pas toujours.

Les premiers sont les seuls qu'elle rapporte à la même cause; elle attribue les autres à des causes différentes. Il résulte de cette méthode que les facultés de l'âme sont plus nombreuses qu'on ne l'admet ordinairement. Le petit nombre de facultés auquel on se borne prouve qu'on n'a pas connu la vraie méthode qui règle la détermination des causes, ou qu'on l'a mal pratiquée.

Après qu'on a distingué les facultés les unes des autres, il est bon de les classer, et de donner un nom général à celles qui se ressemblent, bien qu'elles soient réciproquement indépendantes; mais il ne faut pas se laisser faire illusion par ces ressemblances, ni croire que, si l'on a rangé toutes les facultés de l'âme sous trois ou quatre titres généraux, il n'y ait véritablement que trois ou quatre facultés. On a beau appeler du seul nom d'intelligence les perceptions des sens extérieurs, de la conscience, de la mémoire, les connaissances nécessaires, les conceptions, les différents genres de croyances, et du seul nom de sensibilité, les appétits corporels, les affections pour les personnes et pour les objets de l'esprit, on n'en renferme pas moins, sous deux noms, un très-grand nombre de facultés indépendantes les unes des autres. On n'est pas autorisé à prétendre, comme on le fait aujourd'hui, qu'il n'y a dans l'homme que trois facultés : la volonté, la sensibilité et l'intelligence. Il faudrait dire qu'il y a trois classes de facultés, ou plutôt quatre; nous montrerons en effet qu'on doit ajouter aux autres la faculté motrice. Une multitude de facultés ne divisent pas plus l'âme que trois facultés. Mais le goût de notre esprit pour les choses générales répugne à la multiplicité des causes; les soixante éléments de la chimie moderne plaisent moins à notre intelligence que les quatre éléments d'Empédocle, ou que l'élément unique d'Héraclite ou de Thalès. La physique de nos jours, qui reconnaît quinze ou vingt propriétés dans les corps, satisfait moins notre instruction que la physique de Descartes qui explique toutes choses par le mouvement des particules matérielles. Mais que pouvons-nous faire que d'observer l'indépendance réciproque des phénomènes, et de supposer des causes en nombre qui suffise à l'explication de ces phénomènes indépendants? Il ne faut pas vouloir mieux faire que la nature, ni mettre les suppositions de notre esprit, que Bacon appelait des toiles frivoles et vaines, à la place de ces inductions lentes, aux semelles de plomb (pour prendre un autre mot du même philosophe), qui s'appuient sur les phénomènes indépendants les uns des autres, et leur attribuent autant de causes véritablement indépendantes. Le but principal du présent ouvrage est d'établir la multiplicité des facultés. Dans les livres où l'on semble le plus répugner à une trop grande division des facultés, leur nombre, si l'on regarde au fond, est plus considérable qu'on ne l'avoue sur le frontispice. Nous pouvons d'ailleurs invoquer, en faveur de la multiplicité des facultés de l'âme, la grave autorité de M. Royer-Collard : « La philosophie moderne, dit-il, occupée de l'ambitieux dessein de ramener tout l'homme à un fait unique, est forcée d'exagérer la puissance des causes et de se montrer peu sévère dans l'explication des phénomènes qu'elles n'atteignent point. Je dois cependant dire que je n'entends ici par philosophie moderne que celle qui a prévalu en France depuis Descartes, car la nation à laquelle nous devons et la lumière des méthodes et les premiers exemples de leurs succès, semble avoir adopté des doctrines moins absolues. Non-seulement les célèbres écoles d'Édimbourg et de Glascow reconnaissent plusieurs faits primitifs, *mais elles n'osent en déterminer le nombre.* Il suffit sans doute à la gloire de la nation française qu'on ait pu dire, avec vérité, que toute la philosophie n'est que l'esprit de Descartes. En effet, cet esprit devant lequel ont fui les ténèbres du péripatétisme, devant lequel est tombée la toute-puissance des mots, qui a soumis à jamais l'autorité à la raison, fut une création bien plus importante que ne peut l'être aucune théorie particulière...; mais ce grand homme, au lieu de s'élever graduellement aux causes, par l'observation patiente des effets, osa espérer qu'il pourrait ravir la connaissance des causes par la force de son génie, et mesurant les voies de la sagesse suprême avec les conceptions de notre faible raison, il n'hésita point à supposer que, dans le monde intellectuel, comme dans le monde sensible, une seule cause devait contenir toute la série des phénomènes[1]. »

Nous divisons les facultés de l'âme en quatre classes, qui comprennent la faculté motrice, les inclinations, les facultés intellectuelles et la volonté. L'ordre dans lequel nous rangeons ces classes n'a pas pour but d'établir que la première se développe tout entière avant l'apparition de la seconde, et ainsi de suite. Leur développement est presque simultané. Nous avons voulu traiter d'abord de celles dont les opérations sont le moins complexes, et qu'il est le plus facile de faire connaître au lecteur; nous n'avons donc cherché qu'un ordre purement didactique.

Il nous paraît que la limite généralement tracée entre l'âme et le corps resserre trop le domaine de la première. On incline fortement à ne laisser dans l'âme

---

[1]. *Discours d'ouverture* prononcé à la Faculté des lettres, le 4 décembre 1811; Paris, Fain, in-4°, p. 11-13.

que la volonté. Nous lisons dans les ouvrages les plus récents et les plus répandus des phrases de ce genre : « Nos pensées, nos passions, nos sentiments, ne sont pas nous et ne sont que nôtres, à peu près de la même façon et au même titre que notre corps; au contraire, la volonté, c'est le moi. » Nous voulons bien croire qu'il y a là seulement une certaine exagération de paroles, et un dessein de marquer que la volonté est l'unique faculté libre et indépendante dans l'âme humaine. Mais ces propositions semblent empruntées, soit des théories de Platon et de Descartes qui rejettent dans le corps les inclinations et les passions, et qui ne placent dans l'âme immortelle que la raison dégagée des sens; soit de la doctrine de Maine de Biran qui attribue aux organes tout ce qu'il y a dans l'homme d'involontaire, et par conséquent l'intelligence elle-même, quand elle n'est pas soutenue par la volonté. Nous essayons de montrer qu'il faut rapporter à l'âme l'intelligence involontaire, les inclinations, les passions et une faculté motrice distincte de la volonté, faculté par laquelle l'esprit gouverne le corps. L'antiquité la plaçait dans une âme, mais dans une âme distincte de l'intelligence : nous nous efforçons de prouver que ces deux âmes n'en font qu'une. M. Jouffroy, dans son cours de 1837 à la Sorbonne, faisait figurer la faculté motrice au nombre des facultés spirituelles; mais, détourné par d'autres soins, il ne fournit pas les preuves sur lesquelles s'appuyait son opinion, d'ailleurs si imposante par elle seule. Nous essayons de présenter la démonstration qui manquait sur ce sujet. Le nom de *faculté motrice* est autorisé par l'exemple de Bossuet, qui cependant a laissé indécise la question [1].

Nous reprenons le mot d'*inclination* qui appartient à la langue du dix-septième siècle, et par lequel Descartes, Pascal, Malebranche, Bossuet expriment la disposition de l'âme à rechercher certains objets et à jouir de leur présence, comme à souffrir de leur absence, jouissance et souffrance que ces philosophes appellent *passion*. Nous préférons les mots d'inclination et de passion au terme de *sensibilité* qu'on y a substitué de nos jours, parce que ce dernier semble indiquer que l'on place dans les sens toutes les inclinations de notre âme.

L'âme recherche certains objets, avant de les connaître pour agréables; elle jouit de leur possession et souffre de leur perte. Si elle les recherchait quelquefois sans en jouir, ou si elle en jouissait sans les rechercher, on devrait, comme le fait M. Jouffroy, attribuer la recherche à une faculté qu'il appelle le penchant ou la tendance primitive, et le plaisir et la peine à une autre faculté qu'il nomme la sensibilité; mais si l'expérience montre que la recherche et le plaisir ou la peine, quoique successifs et différents, sont invariablement liés l'un à l'autre, il faudra les rapporter à une seule et même faculté, qu'on appellera l'*inclination*, comme au dix-septième siècle, et dont la *passion* sera le *mode* inséparable.

---

1. *OEuvres philosophiques*, éd. De Lens, p. 260 et 261.

Les inclinations ont été, comme les facultés intellectuelles, rangées sous des titres généraux qui ont fait illusion et ont donné à penser qu'il n'y avait dans l'homme que deux ou trois inclinations renfermant toutes les autres. Malebranche semblait ne compter que trois inclinations : la curiosité, l'amour de soi et l'amour des hommes. L'amour de soi comprenait l'amour de l'être ou l'amour de la puissance, et l'amour du bien-être ou l'amour des plaisirs sensuels. Cette division s'est reproduite de nos jours, et l'on a été jusqu'à dire que toutes les inclinations pouvaient se réduire à l'amour de l'être. Mais que gagne-t-on à ces généralités, sinon de demeurer dans l'ignorance et dans la confusion? Si celui-ci aime à être d'une façon, et celui-là d'une autre, que nous apprenez-vous en nous disant que tous deux aiment à être? Ce qu'on vous demande, c'est précisément que vous nous enseigniez de combien de façons nous aimons à être ; et pour le découvrir, il faut que vous preniez la peine de chercher quels sont en nous les amours indépendants les uns des autres.

En nous plaçant à ce point de vue, nous demandons à faire entrer dans le cadre de la psychologie plusieurs inclinations qui ne figuraient jusqu'à présent que dans les ouvrages des moralistes, des historiens ou des poëtes, mais qui méritent d'être recueillies par une science scrupuleuse. Au nombre de ces inclinations oubliées, nous mettons le goût de certains lieux, l'amour de la propriété, l'amour instinctif de la vie, certaines appréhensions naturelles, l'instinct de la ruse, le besoin d'épancher son cœur, la disposition à l'attachement individuel, l'amour filial et fraternel, l'instinct de la pudeur, et une docilité naturelle, dont un des effets est que nous aimons à penser comme nos semblables, et surtout comme le plus grand nombre ou les plus anciens d'entre eux. Nous avions d'abord rangé cette docilité parmi les phénomènes de l'intelligence[1]; mais, en y regardant mieux, nous avons cru voir que nous ne pensons pas toujours comme nos semblables, quoique nous aimions toujours à penser comme eux, et qu'en conséquence le fait appartient ici à l'ordre des inclinations. Si quelquefois la docilité nous fait trouver dans l'opinion d'autrui plus de sagesse qu'elle n'en renferme, c'est que notre intelligence est, dans ce cas, dominée par l'inclination, comme l'intelligence de la mère qui prête à son enfant des perfections qui lui manquent.

Nous avons cru cependant devoir laisser parmi les facultés intellectuelles la croyance à la perfection de la cause première du monde. En effet, tout en aimant à croire à la sagesse de l'opinion de nos semblables, nous comprenons que cette sagesse peut leur manquer, et en conséquence nous n'y croyons pas toujours; mais, au contraire, à l'égard de Dieu, ce n'est pas parce que nous l'aimons que nous le croyons parfait, c'est parce que nous croyons à sa perfection que nous avons pour lui de l'amour Le phénomène

---

1. *Précis de psychologie*, 1831, p. 74-77.

est donc ici de l'ordre des faits intellectuels et non de ceux de l'inclination.

Nous avons déjà dit qu'on penchait trop de nos jours à regarder l'intelligence comme une faculté indivisible, selon l'exemple de Descartes. On recule ainsi au delà des temps de Platon et d'Aristote qui comptaient dans la raison plusieurs facultés différentes, comme on le verra dans cet ouvrage.

Nous divisons les facultés intellectuelles en *connaissances* et *croyances*, et les connaissances en *perceptions* et *conceptions*. La perception saisit un objet en dehors de la pensée, par exemple un corps ; la conception contient son objet en elle-même, par exemple un souvenir ; l'une et l'autre sont appelées du nom de connaissance, dans la langue de tout le monde. La croyance se distingue de la perception et de la conception : elle n'affirme pas que son objet soit certainement hors de la pensée, ni qu'il y soit certainement renfermé, mais qu'il peut être réel ou imaginaire, par exemple l'abondance de la moisson prochaine; voilà pourquoi elle est appelée une croyance et non une connaissance.

Les perceptions comprennent les sens extérieurs, la conscience, la mémoire, et la perception de l'absolu ou l'intuition pure extérieure. Dans la description de l'exercice des sens externes, nous nous servons quelquefois des mots de *connaissance sensitive* ou de *faculté sensitive :* ce sont les mots de Descartes et de Bossuet, qui donnent le mot de *sensitif* au pouvoir ou à l'acte de l'âme, et réservent le nom de *sen-*

sible à l'objet qui tombe sous les sens [1]. Nous essayons de montrer que le caractère de la *matérialité* consiste dans la tangibilité, et non dans l'étendue, parce que ce dernier caractère confondrait le corps et l'espace. Nous insistons sur la différence de l'impression organique, de l'affection agréable ou désagréable et de la perception, qui ont été mêlées sous le titre vague de *sensation*, et nous montrons que ce dernier terme a reçu dans la langue française une acception toute particulière, qui n'a pas été assez remarquée. Mais ce qu'il importe le plus de distinguer d'avec la perception, c'est la conception, qui a été confondue avec elle par Reid lui-même, en certains endroits. Nous nous attachons donc à démontrer que la distinction entre la perception et la conception se fait d'elle-même; que le fou reconnaît aussi cette distinction, et nous en prenons occasion d'étudier la nature de la folie. Nous cherchons à faire admettre que la perception n'est pas une conception accompagnée de croyance, ni une modification de l'âme, dont l'objet extérieur soit donné par le principe de causalité; que le sens suffit pour saisir la réalité, et qu'il n'est pas besoin de recourir à une seconde faculté lorsque la première est suffisante. Reid a dissipé toutes les accusations contre les sens par la seule distinction de l'étendue tangible et de l'étendue visible, qui ne coïncident pas toujours l'une avec l'autre. Il n'a laissé subsister que

---

[1]. Descartes, *OEuvres philosoph.*, éd. Ad. Garnier, lettre XXII; Bossuet, *Connaissance de Dieu et de soi-même*, chap. 1ᵉʳ, §§ 1 et 4; *Logique*, chap. xix.

deux reproches, fondés sur ce qui arrive dans la maladie de la jaunisse, et lorsqu'on dérange l'axe visuel de l'un des deux yeux. Nous faisons remarquer que, même dans ces deux circonstances, le sens ne trompe pas, et que son témoignage est absolument infaillible. Nous ajoutons qu'on a tort de penser que ce qui a lieu dans l'organe ait lieu dans l'âme et de considérer les lumières qui se manifestent dans l'œil, lorsqu'on le presse, comme n'étant pas extérieures à l'esprit. C'est de la même façon que nous expliquons l'opposition de la couleur complémentaire avec la couleur primordiale. On distingue depuis Descartes deux classes de qualités des corps, dont les premières sont, dit-on, essentielles à la matière et connues directement en tant qu'extérieures à la pensée, et dont les autres ne sont qu'accidentelles dans les corps et se confondent d'abord avec les pures modifications de l'âme. Descartes plaçait dans les premières l'étendue et la figure, et dans les secondes la résistance, la température, la couleur, le son et l'odeur. Kant fait le partage d'une manière toute opposée : la résistance, la couleur, le son, l'odeur lui paraissent avoir un fondement externe, tandis que l'étendue et la figure ne résident pour lui que dans l'esprit. Nous faisons voir que nulle de ces distinctions n'est fondée, et que toutes les qualités des corps, sans exception, sont connues directement comme extérieures à l'âme, et ne se présentent à l'état de pure conception, qu'après avoir été d'abord saisies par la perception.

On a agité de nos jours la question de savoir si la

conscience est une faculté spéciale ou seulement un mode inséparable de toutes les autres facultés. Il ne suffirait pas pour la résoudre dans le premier sens, de dire que « l'action de la pensée par laquelle on croit une chose est différente de celle par laquelle on connaît qu'on la croit, » car si ces deux phénomènes, bien qu'ils soient différents, s'accompagnaient toujours, il faudrait les rapporter à une seule faculté. Pour attribuer ces deux actions à deux causes diverses, il faut pouvoir ajouter, comme le fait Descartes sur ce sujet : « Elles sont souvent l'une sans l'autre. » Il arrive en effet que l'âme agit sans avoir connaissance de son action, c'est à cette condition seule qu'on peut dire que la conscience est une faculté spéciale de l'intelligence, et non un mode inséparable de toutes les facultés. Après avoir adopté un moment la dernière de ces deux opinions, qui est celle de Thomas Brown [1], nous sommes revenu à la première, que nous avions d'abord professée [2].

Quelques philosophes, Reid entre autres, en admettant que la conscience est une faculté spéciale, ne lui attribuent que la connaissance des phénomènes internes et sont portés à croire que la substance de l'âme est saisie par une faculté distincte et supérieure. Si nous connaissions les actes de l'âme sans connaître en même temps le fond d'où ils émanent, ou le *moi* qui les produit, il faudrait en effet déterminer

---

1. *La Psychologie et la Phrénologie comparées;* Paris, 1839, p. 91.
2. *Précis de psychologie;* 1831, p. 12.

ici deux facultés distinctes; mais comme l'une de ces connaissances n'est jamais sans l'autre, bien qu'elles soient des connaissances différentes, il faut les attribuer à une seule et même faculté, c'est-à-dire à la conscience. Nous voyons dans cet exemple une nouvelle application de cette méthode *Baconienne* qui consiste à observer la séparation des phénomènes, pour en induire la séparation des causes, mais qui n'attribue jamais qu'une cause à deux actes qui ne peuvent pas se séparer.

En ce qui touche la *mémoire*, nous faisons considérer qu'elle contient une perception et des conceptions. Cette perception est celle de moi-même dans le passé, perception qu'on appelle l'acte de reconnaître ou la reconnaissance, qui se pose et ne se démontre pas et qui est tout aussi immédiate que la perception primitive, ou la première connaissance. Nous traitons donc de la mémoire en deux endroits, c'est-à-dire dans le livre des perceptions et dans celui des conceptions. Nous montrons en ce dernier lieu que la diversité des mémoires tient à celle des conceptions, ou des réminiscences, soit quant à leur objet, soit quant à leur marche; que la loi principale de l'enchaînement des réminiscences est l'ordre chronologique des perceptions primitives, et que les rêves ou les conceptions du sommeil sont soumises aux mêmes lois que les conceptions de l'état de veille.

Descartes emploie le mot d'entendement pour désigner l'intelligence agissant seule, sans le secours des sens. Dans la doctrine de Platon, tous les objets de l'entendement pur ont une réalité extérieure, indépendante de la pensée qui s'y applique ; dans celle de Kant, ces objets ne sont rien en dehors de l'esprit ; Descartes suit une route moyenne entre ces deux excès : il divise tout ce qui tombe sous notre connaissance en deux genres, dont le premier contient les choses qui ont quelque existence, et le second les vérités qui ne sont rien hors de notre pensée [1]. Nous avons profité de cette ouverture faite par Descartes et nous distinguons dans les connaissances de la raison pure, celles qui s'adressent à des objets extérieurs et qui par conséquent sont des perceptions, et celles qui se renferment dans l'intérieur de la pensée et qui en conséquence sont des conceptions. La raison pure est donc une classe qui contient, selon Descartes, 1° la connaissance de soi-même ; 2° la *perception de l'absolu* ou *de l'infini* ; 3° les conceptions qui se forment dans l'esprit sans modèle externe, telles que les conceptions mathématiques et les conceptions morales. Nous donnons à la connaissance de soi-même le nom de conscience, et réservons le nom d'intuition pure, de raison pure ou intuitive à la perception de l'absolu et aux conceptions *à priori*, sans modèle extérieur.

L'intuition pure saisit l'espace infini, le temps éternel et la puissance active sans commencement et sans fin. Nous nous attachons surtout à réfuter

---

1. *OEuvres philosophiques*, édit. Ad. Garnier, t. I, p. 252.

les objections que l'école d'Élée soulevait contre l'existence de l'espace, et qu'elle tirait de la divisibilité à l'infini. Nous avions cru longtemps que ces objections étaient insolubles, et qu'il n'en fallait pas moins admettre l'existence de l'espace, quoique l'on ne comprît pas comment se composaient les éléments de l'étendue, et nous nous reposions sur ce principe de Port-Royal et de Bossuet, cité souvent dans notre ouvrage, que les choses clairement connues ne doivent pas être abandonnées à cause des choses qu'on ignore. Mais en regardant de plus près les démonstrations qui tendent à prouver la divisibilité à l'infini, ou, en d'autres termes, l'infinité des parties dans le plus petit espace possible, nous nous sommes aperçu qu'on ne prouvait ainsi que l'infinité des points mathématiques, c'est-à-dire l'infinité des zéros d'étendue, et non pas du tout l'infinité des parties étendues; qu'en conséquence on mêlait ici deux choses très-diverses et très-indépendantes, savoir, d'une part, l'étendue réelle, qui ne peut pas se composer de parties non étendues, et qui est un objet de perception, distinct de la pensée, et, de l'autre, des conceptions mathématiques, des points sans étendue, qui sont des conceptions, c'est-à-dire qui n'ont d'existence que dans l'esprit; qu'il était tout à fait illégitime de détruire un objet de perception par un objet de conception ; que l'étendue réelle doit se composer de parties qui soient les plus petites étendues possibles; que ces plus petites étendues possibles ne sont pas divisibles, même par la pensée, puisqu'elles sont les plus petites possibles; qu'ainsi l'espace subsiste dans toute sa réalité, sans avoir rien à craindre des objections tirées de l'infinité des points mathématiques, lesquels ne sont que des zéros d'étendue, puisqu'ils n'ont ni longueur, ni largeur, ni profondeur.

Nous examinons si l'espace et le temps peuvent être considérés comme les attributs de Dieu; nous donnons les raisons qui nous empêchent d'admettre cette opinion de Newton et de Clarke. Il est nécessaire à l'éternité et à l'immensité de Dieu que le temps soit éternel et l'espace infini. Ce ne sont pas trois infinis qui se contredisent, mais le premier pose et implique les deux autres. L'infinité de Dieu est supérieure en dignité parce qu'elle possède la toute-puissance, la toute-sagesse et la toute-bonté, et que l'espace et le temps sont sans puissance, sans intelligence, incapables de bonté ou de méchanceté. Comment dire que Dieu est infini et éternel sans affirmer du même coup l'infinité et l'éternité de l'espace et du temps? Nous ne pensons pas que la nécessité de l'espace et du temps porte aucune atteinte à la perfection que notre foi naturelle a besoin de trouver en Dieu, mais s'il pouvait exister quelque difficulté à concilier ces choses, nous dirions comme Bossuet : « La première règle de notre logique c'est qu'il ne faut jamais abandonner les vérités une fois connues, quelque difficulté qui survienne quand on veut les concilier; mais qu'il faut au contraire, pour ainsi parler, tenir toujours fortement comme les deux bouts de la chaîne, quoiqu'on ne voie pas toujours le milieu par où l'enchaînement se continue [1]. »

Les conceptions idéales comprennent 1° celles qui se rapportent aux beaux-arts ; 2° les conceptions mathématiques ; 3° les conceptions morales. Les premières, quoique données *à priori*, sans modèle extérieur, ne sont pas nécessairement les mêmes pour tous les hommes. Les secondes et les troisièmes sont identiques dans tous les temps et dans tous les lieux, et l'on ne comprend pas qu'elles puissent être autrement qu'elles ne le sont. Voilà pourquoi elles forment deux sciences, la morale et les mathématiques ; tandis que les conceptions relatives à la beauté ne fondent que les arts, qui ne commandent pas l'assentiment universel au même degré que les principes de la morale et de la géométrie.

En réunissant les conceptions mathématiques et les conceptions morales à la perception de l'espace, du temps et de la substance active et éternelle, nous remplissons le cadre de la connaissance nécessaire, c'est-à-dire de la connaissance dont les objets ne peuvent pas être autrement qu'ils ne sont. Nous rejetons de ce cercle une multitude de prétendues vérités, que Leibniz appelle les propositions identiques et demi-identiques, et dans lesquelles l'attribut répète le sujet ; vaines tautologies qui, comme le disait Descartes de l'une d'elles, *ne nous rendent de rien plus savants*, et qui ont exposé l'école rationa-

---

[1]. *OEuvres philosophiques*, édit. De Lens, p. 246.

liste aux justes reproches des autres écoles. La critique des connaissances de l'entendement pur et en particulier des connaissances nécessaires, et leur réduction au plus petit nombre possible, sont les entreprises les plus difficiles et les plus importantes de la philosophie de l'esprit humain. Aristote, dans ses dix catégories, considère les idées selon leurs objets, comme le remarque très-bien la *Logique* de Port-Royal[1], et nullement selon leur origine; et lorsque le maître du *Lycée* traite de la formation des connaissances, il ne songe point à examiner l'origine des dix catégories, et à résoudre la question de savoir si elles dérivent toutes de la même faculté ou de facultés différentes, et si elles appartiennent toutes à la connaissance nécessaire. Quant aux douze catégories de Kant, elles renferment seulement les douze caractères distinctifs des propositions, telles qu'elles se trouvent énoncées dans toutes les logiques[2], et en y réunissant les conceptions qui, suivant le philosophe allemand, accompagnent l'exercice de la faculté sensitive et celui du raisonnement[3], on ne peut pas se flatter d'avoir une énumération de toute la connaissance nécessaire, puisque le philosophe dit lui-même qu'il ne veut pas en fournir une complète des conceptions pures de l'esprit, mais seulement une

---

1. *La Logique ou l'art de penser*, 5ᵉ édit.; Paris, 1863, p. 51.
2. Voy. la *Logique* de Port-Royal, édit. citée, p. 144 et suiv.; et la *Logique* de Bossuet, *OEuvres philosophiques*, édit. De Lens, p. 362 et suiv.
3. Voy. le présent ouvrage, t. III, p. 352 et 390.

pierre de touche, pour apprendre à connaître la valeur d'une connaissance *à priori*[1]. De leur côté, Platon et Descartes n'ont aussi donné que certains exemples des notions de l'entendement pur. Reid est le seul, à notre connaissance, qui en ait essayé un dénombrement complet dans les chapitres qui traitent des premiers principes des vérités contingentes et des vérités nécessaires[2]. Nous avons montré ailleurs les erreurs et les omissions que cette énumération nous paraît contenir[3]. La classification régulière et complète, soit des notions de l'entendement pur, soit des éléments de la connaissance nécessaire, reste donc encore à exécuter. Nous l'avons tentée dans cet ouvrage, en nous efforçant surtout de débarrasser la liste des connaissances nécessaires de toutes les propositions frivoles qui la compromettaient.

La réduction que nous avons faite ne laisse subsister dans les connaissances nécessaires que celles de l'espace, du temps, de la cause infinie, et les notions mathématiques et morales. L'espace, le temps et la cause sont des objets de perception, qui existent par eux-mêmes et en eux-mêmes; les notions mathématiques et morales sont des conceptions idéales, qui n'existent que dans l'intelligence, d'abord dans celle de Dieu et ensuite dans celle de l'homme. Quand nous pensons l'espace, le temps et la substance active éternelle, notre esprit sort de lui-même, pour

---

[1]. Voy. le présent ouvrage, t. III, p. 351.
[2]. *OEuvres complètes*, trad. fr., t. V. p. 93 et suiv.
[3]. *Critique de la philosophie de Reid*, p. 95 et suiv.

ainsi dire, et saisit un objet qui est hors de la pensée ; quand nous pensons quelque vérité mathématique ou morale, nous ne disons pas que nous pensons la pensée de Dieu, mais que nous pensons à l'instar de Dieu, et nous ne dépassons pas alors l'enceinte intérieure de notre intelligence. La nécessité de l'espace, du temps et de la substance active éternelle est une nécessité extérieure qui réside dans les objets mêmes; la nécessité des vérités mathématiques et morales est une nécessité intérieure de la pensée divine, communiquée de Dieu à la pensée humaine.

A côté des connaissances, c'est-à-dire des perceptions et des conceptions, il faut compter dans notre esprit les croyances. Elles sont au nombre de trois : l'induction, l'interprétation et la foi naturelle. Nous nous efforçons de distinguer l'*induction* de la déduction, avec laquelle on l'a encore tout récemment confondue, et de montrer que l'*interprétation* est une faculté toute spéciale, que Reid le premier a fait entrevoir. M. Jouffroy l'avait admise sous le nom de faculté expressive; mais on ne s'aperçoit qu'un geste ou un accent sont expressifs qu'à la condition de les interpréter : le véritable nom de cette faculté est donc l'*interprétation*. Nous essayons de faire voir que la parole est au nombre des expressions naturelles, ou en d'autres termes, qu'elle est l'un des objets directs de la faculté d'interprétation. La *foi naturelle* est cette faculté qui nous fait croire spontanément à la perfection de la cause première, sans attendre ou au moins en outre-passant les preuves prises des effets. Cette foi n'est ni une perception, comme celle des corps, ni une pure conception, comme celle du point mathématique : nous la mettons donc à sa véritable place, en la rangeant au nombre des croyances.

Les perceptions, les conceptions et les croyances constituent tous les éléments simples et irréductibles de notre esprit : nous faisons voir que le *jugement* est un nom commun qui convient aux trois classes précédentes.

La distinction des connaissances et des croyances nous donne le moyen de résoudre d'une manière prompte et sûre le problème de la *certitude*. Nous montrons que les perceptions et les conceptions, c'est-à-dire les connaissances, peuvent être incomplètes, mais non pas mensongères ; en d'autres termes, qu'elles ne peuvent pas mettre ce qui n'est pas à la place de ce qui est ; qu'à ce titre elles sont infaillibles, et que les croyances seules peuvent nous tromper. Nous faisons voir qu'une croyance, quand elle est unique, n'engendre pas le doute, quoiqu'elle ne soit qu'une croyance ; que le doute véritable, le doute humain naît de deux croyances qui se balancent ; que ce qu'on appelle le doute méthodique ou philosophique est impossible à l'égard des perceptions et des conceptions, qu'il ne peut avoir lieu qu'à propos du combat de deux croyances ; et que toutes les erreurs viennent uniquement de l'induction et de l'interprétation.

La distinction que Fénelon propose entre *la* raison et *ma* raison, ou pour parler la langue de nos jours, entre la raison *impersonnelle* et la raison *personnelle*, ne pourrait nous tirer d'embarras; car comme je n'aperçois *la* raison que par *ma* raison, ou l'*impersonnel* que par ma *personne*, on serait toujours en droit de me dire que ce que je prends pour *la* raison divine n'est que *ma* raison humaine. Aussi n'ai-je pas besoin de cette distinction. Il y a des facultés qui ne me trompent jamais : les perceptions et les conceptions peuvent ne pas me montrer tout ce qu'il y a dans l'objet; mais ignorer, ce n'est pas se tromper. Les seules facultés qui aient le pouvoir de me tromper sont les croyances, c'est-à-dire l'induction et l'interprétation : ce sont les seules qui mettent ce qui n'est pas à la place de ce qui est ; ce sont les seules qui en se balançant produisent le doute ; ce sont les seules dans l'exercice desquelles je puisse suspendre mon jugement ; les seules que je doive tenir comme suspectes. Pour éviter l'erreur et me reposer pleinement dans la certitude, il me suffit de distinguer mes connaissances d'avec mes croyances et de ne pas mettre les secondes à la place des premières.

Le jugement et la certitude ne sont pas des opérations complexes de l'esprit, mais des faits primitifs et relativement simples. Les opérations complexes comprennent le *raisonnement*, la *science*, l'*art*, l'*imagination*, l'*éloquence*, la *poésie*, le *goût*, l'*esprit*, et le *génie*. Nous analysons toutes ces opérations, pour faire voir les éléments dont elles se forment, et prouver qu'elles ne contiennent rien de plus que ce que nous avons mis au nombre des éléments simples de l'esprit.

Sur chaque question importante nous faisons parler les principaux philosophes de l'antiquité et des temps modernes, et nous exposons avec détail leurs systèmes sur les facultés intellectuelles. Nous nous attachons à montrer dans Platon et dans Aristote les divisions de la raison, et dans Descartes la distinction si importante qu'il établit entre celles de nos connaissances pures qui s'adressent à des objets extérieurs et celles qui ne sont rien en dehors de notre esprit. Nous signalons surtout dans Kant la faute qu'il a commise en ne distinguant pas l'étendue et la durée observables d'avec l'espace et le temps purs, qui seuls donnent lieu à des propositions nécessaires. Nous montrons qu'en prétendant que les notions de la raison pure sont des conceptions et non des perceptions, il fait une affirmation toute gratuite, dont il ne peut donner aucune preuve; que malheureusement il n'est pas le premier qui ait avancé que l'idée du *moi*, et celle de *l'être des êtres* étaient des conceptions, dont la réalité extérieure avait besoin d'être démontrée, et que par conséquent sa doctrine n'est ni si profonde, ni si originale qu'on l'avait dit.

Sur la *volonté*, nous faisons remarquer que l'on pose mal la question, quand on se demande si la volonté est libre; il faut se borner à demander si la volonté existe. En effet, si la volonté existe, c'est-à-dire si elle se distingue de l'inclination et de la raison, elle est libre; car, si elle n'est pas libre, elle est ou l'inclination ou la raison elle-même, et il est inutile d'avoir deux mots pour exprimer une seule chose. Nous montrons aussi que la liberté n'est pas seulement le pouvoir de vouloir le bien, mais le pouvoir de vouloir le mal, et que cette liberté ne limite ni la puissance ni la bonté de Dieu, puisque Dieu, tout en nous laissant la puissance de vouloir, peut toujours nous enlever la puissance d'agir. La volonté est la seule faculté que la conscience nous montre à l'état de pure puissance, et c'est de là que nous recevons l'idée de notre liberté. En examinant les diverses acceptions des mots d'*activité* et d'*action*, nous faisons voir que nos facultés sont successivement actives ou passives, excepté la volonté qui seule est toujours le principe de son action.

En résumé, la véritable méthode propre à la détermination des causes et par conséquent des facultés, la multiplicité des facultés, l'existence d'une faculté motrice, distincte de la volonté, l'introduction dans le cadre de la psychologie d'un certain nombre d'inclinations constatées seulement par les moralistes, l'opposition primordiale qui existe entre la perception et la conception, et qui fonde la certitude des sens extérieurs, l'abolition de la différence qu'on établit entre les qualités premières et secondes de la matière, la division des connaissances de la raison pure en perceptions et en conceptions, suivant une vue de Descartes, la distinction de l'espace réel et de l'objet des conceptions géométriques, la réduction de la liste des vérités nécessaires, l'établissement d'une classe de croyances, où figure une faculté d'interprétation qui considère la parole comme faisant partie du langage naturel ; enfin la solution du problème de la certitude, fondée sur la distinction de nos connaissances et de nos croyances, telles sont les principales doctrines que nous soumettons aux maîtres de la philosophie en France. Elles étaient déjà en germe dans les écrits que nous avons publiés antérieurement [1]. Nous les avons de plus professées à l'École normale et à la Faculté des lettres, devant des auditoires dans lesquels nous avions l'honneur de compter des hommes qui sont aujourd'hui nos collègues, MM. Riaux, Bertereau, Danton, Jacques, Simon, Saisset, Lorquet, Bouillier, Debs, qui nous fut ravi par une mort prématurée ; Henne, Jacquinet, Zévort, Barni, Lévêque, Vapereau, Waddington, Albert de Broglie, Javary, Renan, et d'autres qui se sont fait remarquer dans les lettres et dans les sciences [2]. Nous éprouvons une joie sincère, quand nous voyons quelquefois leurs écrits s'accorder avec une partie des opinions que nous avons développées

---

1. *Précis de psychologie*, 1831 ; *OEuvres philosophiques de Descartes*, avec des introductions critiques, 4 vol. in-8, 1834-1835 ; *la Psychologie et la Phrénologie comparées*, 1839 ; *Critique de la philosophie de Thomas Reid*, 1840 ; *Morale sociale*, 1850.
2. Comme preuve du succès qu'a eu, même à l'étranger et loin de nous, le *Traité des Facultés de l'âme*, mon savant collègue, M. Egger, veut bien me communiquer la note suivante, qui témoigne d'un fait dont M. Garnier lui-même n'a pas eu connaissance, mais qui est intéressant pour ses admirateurs et ses amis : Mé-

en leur présence, et nous serions heureux de les voir d'accord avec nous sur toutes les questions. Rien ne nous pèse plus que le dissentiment des philosophes. Nous n'aimons pas à être seul dans notre voie, mais à marcher, avec la foule, sur les grands chemins battus de tous. C'est une joie pour nous de nous trouver d'intelligence avec les autorités anciennes et consacrées. Lorsqu'il nous vient une opinion, nous cherchons avec empressement si elle ne pourrait pas invoquer en sa faveur quelque suffrage imposant. Hérodote disait : « Je m'étais formé cette idée sur la nature du sol de l'Égypte, avant de savoir que l'oracle d'Ammon avait devancé mon sentiment. » Il nous est arrivé, comme à bien d'autres, des aventures semblables à celle d'Hérodote; mais nous sommes toujours heureux d'apprendre que nous avons été devancé par l'oracle d'Ammon.

moires de l'Ἑλληνικὸς σύλλογος de Constantinople (6ᵉ fascicule, p. 44), séance du 12 décembre 1863. Le secrétaire annonce que M. Ch. Bernard fait hommage à la Société de sa traduction du *Traité des Facultés de l'âme*, par A. GARNIER.

TRAITÉ

DES

FACULTÉS DE L'ÂME.

LIVRE I.

DISTINCTION DE L'ÂME ET DU CORPS.

CHAPITRE I.

RAISONS DE LA DISTINCTION DE L'AME ET DU CORPS.

§ 1. Ce qu'on entend par les mots âme ou *moi*. — Preuve de la distinction de l'âme et du corps fondée sur la conscience.

La philosophie, depuis Anaxagore et surtout depuis Socrate, s'est attachée à distinguer l'âme d'avec le corps; mais le sens commun avait devancé sur ce point la philosophie, qui n'a fait que joindre les lumières de la réflexion à celles de l'observation spontanée.

Les enfants savent eux-mêmes qu'en prononçant le mot *je* ou *moi*, ils parlent d'autre chose que de leur corps. Si l'un d'entre eux vient à dire : *je me souviens*, demandez-lui si c'est avec la main ou avec quelque autre partie du corps qu'il se souvient, il se mettra à rire. Ajoutez que c'est avec l'âme : vous lui donnerez le mot, mais il avait déjà l'idée; c'est-à-dire qu'il connaissait déjà ce *moi, entièrement distinct du corps*[1], bien qu'il ne sût pas le nommer. Un enfant entendait pour la première fois parler de l'âme : il interroge sa mère; elle lui répond que c'est avec l'âme qu'il se souvient, qu'il espère.... « Oui, interrompt-il, je comprends : c'est avec l'âme que je t'aime. »

L'enfant se sert des mots *je* et *moi* avant d'employer les mots *esprit* et *âme*. Il dit *je* me souviens, *je* crois, *je* suis content, avant de dire : mon esprit se souvient, ou mon âme est contente. Ce langage cartésien, qui substitue le mot *moi* au mot *âme* et qui est regardé par quelques personnes comme plus savant, plus abstrait, plus difficile que le langage ordinaire, est au contraire un retour à la langue de l'enfance. L'enfant a donc distingué spontanément ce *moi* qui n'est pas le corps; et s'il ne l'avait pas distingué, il serait incapable de comprendre les mots *âme* ou *esprit* qu'on lui suggère, parce qu'il ne saurait à quoi les attacher.

C'est après avoir distingué ce *moi* qui n'est pas le corps, que les hommes ont essayé de le nommer; et ils l'ont appelé un vent, un souffle insensible, un esprit, une âme Ψυχή, πνεῦμα, *spiritus, animus*; pour faire entendre le mieux possible qu'il n'était pas la masse tangible et visible qu'ils appelaient le corps Σῶμα, *corpus*. Mais le langage de Descartes, en même temps qu'il retourne à la parole primitive, emploie un mot plus exact, dégagé de toute image matérielle, et convenant mieux à cet être qui se distingue du corps.

Les actes que je rapporte à *moi* sans les rapporter à mon corps, sont précisément les actes de ce qu'on appelle l'âme. Nous pourrions nous borner à ce peu de mots, mais nous devons essayer de détruire certaines

---

[1]. Descartes, *OEuvres philosophiques*, édition d'Adolphe Garnier, t. I, p. 30 au bas.

équivoques qui laisseraient de l'incertitude dans quelques esprits.

Proprement, le *moi* se distingue toujours du corps; mais quelquefois, usant d'une figure de langage, il parle du corps comme s'il parlait de lui-même; on en voit un exemple dans ces phrases : *je* grandis, *je* suis fatigué, vous *me* frappez. Cette figure vient de l'union étroite qui existe entre le *moi* et le corps qu'il anime. Ce corps se distingue de tous les autres par des caractères bien remarquables. Quand je pose ma main droite sur mon bras gauche, ce bras m'apparaît comme un objet extérieur; j'en apprécie la forme, la résistance, la chaleur, etc. Mais en même temps qu'à l'aide de la main droite je perçois la forme convexe du bras gauche, à l'aide de ce bras je perçois la forme concave de la main qui le presse. Mon corps est le seul qui me donne ces deux perceptions réciproques. Je remarque de cette façon qu'il y a un certain corps dans toutes les parties duquel je puis pour ainsi dire *me* transporter, et qu'à l'aide de telle partie je connais non-seulement les autres membres de mon corps, mais aussi les corps étrangers. Je donne à ce corps le nom de *mien*, parce qu'il est pour moi un instrument de connaissance, et je donne aux autres le nom de corps étrangers, parce qu'ils ne me rendent pas le même office.

Ajoutez que ce corps est le seul que je meuve directement; par son entremise je donne le mouvement aux autres corps, mais il m'obéit d'une manière immédiate. C'est un nouveau titre pour que je l'appelle *mien*, et si je veux parler figurément, pour que je l'appelle *moi-même*. Voilà comment j'arrive à prononcer ces phrases figurées : *je* grandis, *je* suis fatigué, vous *me* frappez, pour dire : mon corps grandit, mon corps est fatigué, vous frappez mon corps. Il ne faut pas se méprendre au sens de ces phrases.

Ainsi, des actes que le *moi* s'attribue les uns lui appartiennent réellement : ils n'existent qu'en lui; il ne s'attribue les autres que par une sorte de métaphore. Le corps est mien, il n'est pas moi; la pensée n'est pas mienne, elle est moi-même. Si le langage permet de dire *ma pensée*, comme nous disons *mon corps*, il est facile de découvrir la différence de ces deux expressions : c'est par une figure, par une prosopopée véritable qu'au lieu de dire *moi pensant*, je dis *ma pensée*; je détache de moi par fiction un attribut qui ne peut exister hors de moi-même, et je lui prête une existence indépendante qu'il ne peut posséder. Il n'en est pas ainsi de l'existence de mon corps : je sais qu'il est hors de *moi*, quoique j'aie le pouvoir de percevoir dans ce corps et par ce corps. Je discerne donc, quand j'y veux faire attention, les actes qui m'appartiennent et ceux qui appartiennent à mon corps. Remarquons que ces phrases mêmes : *je grandis, je suis fatigué*, peuvent recevoir une double acception. Par les mots : *je grandis*, je puis vouloir dire que mon intelligence se développe et que mes sentiments s'élèvent, ou bien que mon corps augmente de taille; par les mots *je suis fatigué*, je puis signifier que j'éprouve une souffrance, soit à cause du travail de ma pensée, soit à cause du travail de mon corps. Je ne suis donc pas trompé par les métaphores que j'emploie, et quand je me sers du mot *moi*, je discerne toujours si je l'applique figurément à mon corps, ou proprement à ce que les langues appellent mon âme, c'est-à-dire à moi-même.

Des observations précédentes nous pouvons faire ressortir une définition de l'âme. Si quelquefois je dis moi en parlant de mon corps, il m'arrive bien plus souvent de le distinguer de moi-même : je le vois comme je vois tous les autres objets de la nature extérieure, je le touche comme je touche les autres corps, et je puis le considérer comme l'un d'entre eux. L'âme ne se connaît jamais comme quelque chose d'étranger à elle-même ; elle ne peut se séparer en deux : il n'y a pas en elle deux êtres dont l'un connaisse l'autre. L'âme est donc l'être connaissant qui se sert à lui-même d'objet de connaissance ; ou l'objet connu qui ne se distingue jamais de l'être qui connaît.

§ 2. Preuves de la distinction de l'âme et du corps fondées sur le raisonnement : l'âme se distingue du corps par son unité.

Nous venons de faire voir comment tout homme, le pâtre comme le philosophe, distingue spontanément son âme d'avec son corps, ce qu'il est d'avec ce qu'il n'est pas, le *moi* d'avec le *non-moi*. Montrons maintenant que non-seulement l'âme se distingue naturellement du corps, mais de plus qu'elle ne peut pas être le corps.

Les facultés que nous rapportons à l'âme, sont la faculté motrice, les inclinations, l'intelligence et la volonté. Il n'est pas nécessaire de les avoir complétement décrites pour montrer qu'elles ne peuvent pas être des fonctions du corps ; il nous suffit de ce que tout le monde en sait sans étude.

Envisageons d'abord l'intelligence : si cette faculté appartient à un sujet composé de parties, ou bien chacune d'elles connaîtra l'objet tout entier, et il y aura plusieurs connaissances totales du même objet, ce qui n'arrive jamais ; ou bien chaque partie aura une connaissance partielle, et chacune n'ayant que sa portion de connaissance, la connaissance totale et une ne sera nulle part ; or l'expérience prouve que nous avons des connaissances totales. Si l'on suppose un centre où chaque partie apporte sa contribution de connaissance, il faut que ce centre soit simple ; car, s'il a des parties, la même difficulté se présente. S'il est simple, c'est lui qui est l'âme ; les autres parties auxquelles on supposait des connaissances partielles deviennent inutiles. Cette simplicité nécessaire de l'intelligence apparaît surtout dans la connaissance de soi-même ou dans ce qu'on appelle la conscience. Si le principe qui se connaît a des parties, et que toutes ces parties connaissent, nous aurons la conscience de plusieurs *moi* et non d'un *moi* unique et simple, ce qui est contredit par l'expérience; ou bien nous connaîtrons des fragments du *moi*, ce qui est inintelligible.

Le même raisonnement s'applique à l'inclination : si l'inclination appartient au corps, toutes les parties du corps aimeront, et il y aura plusieurs amours du même objet, ce qui est contraire à l'expérience, ou l'inclination se partagera entre toutes les parties du corps, et il y aura des fractions d'inclination, ce qui est absurde. Si l'on suppose un centre où les inclinations partielles se réunissent pour former l'inclination totale et une, ce centre est simple, et il est l'âme même : les fragments d'inclination qu'on a supposés auparavant sont superflus.

Nous en dirons autant pour la faculté motrice que nous attribuons à l'âme. La matière est inerte de sa nature; les anciens ont bien vu que le corps ne peut se mouvoir de lui-même; mais ils ont placé le principe de son mouvement dans une âme distincte de l'âme intelligente, ainsi que nous le verrons plus loin ; quelques modernes ont rejeté la force motrice dans le corps : aux uns comme aux autres, nous opposerons le témoignage de la conscience. Ce moi qui se connaît, sait qu'il donne le mouvement à son corps. Si l'on récuse le témoignage de la conscience sur ce point, on peut le rejeter sur tous les autres. « Il est certain, disait Bayle, que notre conviction intérieure ne nous montre pas plus distinctement l'activité de notre âme sur ses volontés que sa puissance de remuer notre main[1]. » Au témoignage de la conscience,

---

1. *OEuvres diverses*, t. I, p. 437, 2ᵉ colonne.

se joint une preuve tirée du raisonnement. Le mouvement que j'imprime à mon bras ne peut venir que d'un principe simple : en effet, si le principe moteur est composé de parties, comment toutes ces parties s'accorderont-elles pour diriger le mouvement dans le même sens ? Si elles s'accordent par hasard une fois, la plupart du temps chacune donnera une impulsion différente et le bras aura des mouvements convulsifs, comme il en a quand ce n'est pas l'âme qui le dirige ; ou bien, poussé en sens contraires par des forces qui se neutraliseront, il demeurera immobile. L'homme qui combat avec l'épée, par exemple, est obligé de faire mouvoir une multitude de muscles différents, pour étendre ou retirer le bras, serrer fortement la poignée de l'arme, porter la main à droite ou à gauche, en haut ou en bas, maintenir le corps en une certaine attitude, et tout cela en même temps. Ces mouvements ne peuvent émaner que d'un sujet simple. On dira qu'en effet ils émanent de la volonté : nous montrerons plus loin que la faculté motrice est distincte de sa volonté. En conséquence elle contribue pour sa part à prouver la distinction de l'âme et du corps.

La simplicité de la volonté est encore plus frappante que celle des autres facultés. Il n'y a en nous ni plusieurs *volitions* simultanées du même acte, ni plusieurs fractions de la même volition, mais une volition simple qui ne peut émaner que d'un sujet non composé de parties.

L'intelligence, l'inclination, la faculté motrice et la volonté demandent donc un sujet simple, et il n'est pas difficile de montrer qu'elles demandent le même sujet. La conscience suffit à cette démonstration : elle atteste que celui qui connaît en moi est celui qui aime, qui veut et qui dirige le corps dans le sens de la connaissance, de l'inclination et de la volonté. Le raisonnement s'ajoute d'ailleurs à la conscience pour démontrer la même vérité. Comment pourrait-il se faire qu'une certaine âme connût les objets et qu'une autre les aimât sans les connaître; qu'une troisième dirigeât le corps vers des objets qu'elle ne connaîtrait ni n'aimerait, et qu'enfin une quatrième voulût accomplir soit l'acte de penser, soit l'acte de mouvoir, sans avoir en elle ni la faculté intellectuelle ni la faculté motrice. Ce que nous venons de dire répond d'avance à ceux qui ont attribué ces facultés à des âmes différentes, ou qui ont rapporté les unes à l'âme, les autres au corps [1].

§ 3. Du vitalisme et de l'animisme.

Il s'est élevé depuis quelque temps, un grave débat, qui a fixé l'attention des meilleurs esprits. Il s'agit de savoir si l'âme qui est le sujet de tous les phénomènes de la conscience est en même temps le principe de la vie de notre corps. On se souvient encore de l'effet produit par le *Mémoire* de M. Jouffroy sur la distinction de la physiologie et de la psychologie. L'éminent philosophe distinguait dans l'homme deux genres de vie : l'un produisant les phénomènes de la digestion, de la circulation, de la nutrition, etc., dont le caractère est de ne pas tomber sous la conscience et d'affecter une marche continue ou périodique; l'autre embrassant les faits dont nous avons le sens intime, comme une pensée, un sentiment, une volition, et dont les manifestations ne sont ni permanentes, ni ramenées par des périodes régulières.

M. Jouffroy admettait, avec les médecins et les philosophes qu'on appelle *vitalistes*, que la vie organique ou physiologique n'est pas un produit des organes, mais un principe simple qui gouverne les organes et qui les forme peut-être.

---

[1]. Voy. plus loin, même livre, chap. II.

La philosophie accueillit avec faveur cette théorie. Elle y trouvait de nouveaux arguments pour la distinction de l'âme et du corps. En effet, si pour accomplir la circulation et la nutrition dans l'animal et même dans la plante, il faut un principe simple, séparé de la matière, à plus forte raison doit-on admettre une cause immatérielle pour expliquer la pensée et la volition, qui sont encore plus incapables que les phénomènes physiologiques de se diviser entre les molécules d'un organe.

Tel est l'état dans lequel M. Jouffroy laissa la philosophie : deux principes simples dans l'homme : l'un produisant les phénomènes physiologiques sans conscience ; l'autre les faits psychologiques qui se réfléchissent dans le sens intime.

On devait se demander si ces deux principes n'en formeraient pas un seul. La question agitée au XVIIe et au XVIIIe siècle a été renouvelée de nos jours. M. Francisque Bouillier, a rappelé récemment sur ce sujet l'attention de la philosophie[1].

Il se prononce pour l'identité du principe vital et de l'âme pensante ; mais, avant de poser cette thèse, il faut d'abord avoir séparé le principe vital des organes qui semblent le contenir. Voici comment M. Bouillier résume les arguments de ses prédécesseurs sur ce sujet :

S'il apparaît, dans un composé, une force ou une vertu qui n'était pas dans les éléments, cette force ou vertu ne vient pas des éléments, mais s'y ajoute et existe pour son compte. On sait que les animaux se composent surtout de quatre principes : d'oxygène, d'hydrogène, de carbone et d'azote. Aucun de ces éléments, pris à part, n'a de vertu digestive, sécrétive, etc. ; comment se fait-il que, mis ensemble, ils accomplissent les phénomènes de la digestion, de la sécrétion, en un mot, qu'ils

---

1. *Du principe vital de l'âme pensante.* Paris, 1861.

constituent un animal? Il faut qu'un principe distinct d'eux-mêmes leur communique ces nouveaux pouvoirs. Ce principe commande à toutes les parties de l'animal ; il n'est donc pas dans ces parties, car elles se commanderaient les unes aux autres, et engendreraient l'anarchie. Il ne faut qu'un seul chef; et aucun des quatre éléments qui composent l'animal n'a qualité pour revendiquer sur les trois autres l'avantage du commandement Ce chef est donc en dehors des quatre éléments; c'est lui qui forme l'individualité de l'animal. La plante elle-même est un animal immobile. Elle accomplit des phénomènes que ses éléments, pris à part, sont incapables d'accomplir. On doit lui attribuer aussi un principe vital, distinct des molécules dont elle est formée.

Si l'on peut détacher de certains animaux, comme du polype, des parties qui deviennent des animaux complets; si certaines plantes se reproduisent par greffes ou par boutures, c'est que ces animaux et ces plantes produisent des germes extérieurs, munis d'un principe vital, et que ces germes, pour former de nouvelles individualités, n'attendent que le moment où ils seront séparés de leur souche, comme l'enfant acquiert une vie propre, quand il se détache du sein de sa mère. L'apparition d'une individualité nouvelle est un mystère, qu'elle émane d'une génération intérieure ou extérieure, et la multiplication par boutures n'est pas plus difficile à comprendre que la multiplication par génération. Mais, dès qu'il apparaît quelque part un nouvel individu, il faut qu'un principe distinct de ses parties constitue son individualité.

Dans un corps animé, les molécules se renouvellent sans cesse : la vie reste permanente. Comment expliquer cette opposition sans un principe distinct des éléments?

C'est le principe vital qui maintient le corps en sa forme, et le soustrait en partie aux lois purement physiques et chimiques. La mort fait elle-même l'analyse du principe de la vie et des organes : elle rend ces derniers aux forces de la matière inorganique.

Les causes physiques sont continues, infatigables, communes à toutes les molécules répandues dans le temps et dans l'espace ; la cause vitale n'apparaît que dans un ensemble de certaines molécules ; elle commence, elle croît, décroît et finit ; elle a donc ses limites dans l'espace et dans le temps.

Les éléments des corps inorganiques ne s'altèrent pas ; le composé qui forme l'être vivant tend toujours à se dissoudre.

La force vitale n'est pas toujours en raison des organes : elle résiste quelquefois à des lésions très-graves du cœur et du cerveau : elle se maintient dans des organes desséchés. Certains infusoires, les rotifères et les tardigrades desséchés à froid, puis à chaud, sous une température de plus de cent degrés, restent plusieurs mois comme inanimés ; au bout de ce temps, si on les humecte d'une goutte d'eau, ils revivent. D'un autre côté, il y a des langueurs, des affaiblissements de la vie, sans aucune lésion d'organe.

Si la vie provient de la structure des organes, d'où provient cette structure elle-même ? Qui pourvoit à sa formation ?

Peut-on supposer, avec les médecins qui s'appellent *organiciens*, qu'il y a un principe vital séparé dans chaque organe ? Comment expliquer le concours de tous les organes à une fin commune ! D'où viendrait leur concert ? « La vie, dit M. Flourens, n'est pas seulement une collection de propriétés : il faut ici un lien positif, un point central, un nœud de vie, *nexus vitæ*. »

On objecte qu'après la mort les muscles continuent de se contracter sous certaines excitations ; que cette propriété, loin de s'affaiblir peu à peu, atteint son maximum d'intensité au bout d'un certain temps, et disparaît bientôt tout à fait. Ne pourrait-on pas voir dans ces mouvements quelque effet d'électricité, ou de toute autre cause physique, et pour rejeter les forces vitales organiques, ne suffit-il pas de faire remarquer qu'après la mort, l'estomac cesse de digérer, le sang de circuler, les tissus de se nourrir, etc.? Qu'est-ce que le mouvement d'un muscle en comparaison de ces phénomènes? Les causes physiques mettent en mouvement la matière inorganique elle-même, mais jamais elles ne la rendent capable de digérer et de se nourrir, et ce sont là les vrais phénomènes de la vie.

A ces arguments que M. Bouillier recueille de toute part en faveur du vitalisme, M. le docteur Bouchut en ajoute d'autres, que nous citerons encore, tant cette thèse est intéressante et favorable au spiritualisme [1].

Selon M. Bouchut, les molécules soumises au pouvoir de la vie présentent trois caractères : premièrement, elles sont susceptibles d'impressions nouvelles; secondement, elles se meuvent d'elles-mêmes; troisièmement, elles se disposent d'après une forme prédestinée.

Les corps vivants éprouvent des impressions en rapport avec le double mouvement de la terre sur elle-même et autour du soleil. De là le sommeil des plantes et des animaux; la pousse et la chute des feuilles et des plumes; le besoin d'accouplement. Les corps inorganiques ignorent profondément les révolutions du globe.

Par leur mouvement propre, les molécules vivantes produisent des granulations qui se réunissent en cellules; les cellules forment des tissus et les tissus des organes. Les organes ne produisent donc pas la vie, parce qu'il a fallu la vie pour les produire eux-mêmes. Le *nœud vital*, qu'on ne peut toucher sans amener la mort, n'est

---

[1]. *La vie et ses attributs*, par M. le Dr Bouchut, Paris, 1862.

pourtant pas la cause de la vie, car c'est la vie qui l'a tissé.

La force vitale se satisfait malgré la diversité des organes, et elle accomplit la même fonction par des instruments différents : elle fait respirer les oiseaux et les mammifères par les poumons, les poissons par les branchies, les insectes par les trachées et certains animaux par tous les tissus. L'hydre d'eau douce peut se retourner comme un gant : la force vitale, changeant d'instrument, fait digérer l'animal par la peau extérieure devenue interne, et respirer par la muqueuse devenue peau extérieure.

La vie nous fait naître et engendrer, et elle soutient les organes pour obtenir cette double fin. Il y a des papillons qui naissent et meurent chaque année, mais lorsqu'ils n'ont pas trouvé à s'accoupler, la vie les fait durer une année de plus. Si du blé prêt à fleurir est couvert par une neige qui ne fond que l'année suivante, la vie le conserve jusque-là pour lui faire porter sa fleur et son fruit.

Enfin, lorsqu'un atome entre dans un corps vivant, comment va-t-il trouver la place qui lui convient pour former tel os, tel muscle, tel ligament? Il y a un plan préconçu, d'après lequel se disposent toutes les molécules : elles ne le produisent pas ; il les précède. Il semble que les *Idées* ou types éternels de Platon aient ici quelque réalité ; qu'ils jouent le rôle de cause que leur déniait Aristote, et que par leur pouvoir se forment les êtres vivants et se conservent les espèces. L'écrevisse, dont les pattes ont été retranchées, les voit se reproduire. Chez la salamandre, l'œil étant détruit, il s'en forme un nouveau. Coupez une *planaire* en deux parties dont l'une contienne la tête et l'autre l'estomac : à la première s'ajouteront des molécules qui formeront un estomac nouveau ; et à la seconde, des éléments qui reproduiront la tête. Quelles sont les molécules qui ont le secret du plan de l'animal? Celles qui étaient demeurées après la mutilation, ou celles qui viennent du dehors? A tel papillon ailé qui se nourrit du suc des fleurs, une force plastique inconnue fait produire une larve qui rampe sur le sol et se nourrit de chair. A tel habitant de l'air succède une larve souterraine, qui reproduit l'insecte ailé si dissemblable à sa mère. Qui donne aux molécules la science et le pouvoir de ces métamorphoses? Avec les quatre éléments inorganiques dont nous avons parlé, il se crée cent quarante mille espèces de plantes et cinquante-deux mille espèces d'animaux. Des éléments aveugles ne peuvent déployer cette richesse d'invention. Un principe distinct des molécules est seul capable de les distribuer en cette multitude de figures diverses et merveilleuses, et si l'on ne veut recourir à l'intervention directe de Dieu, on pourra dire que la vie est le principe qui lui sert d'instrument, et dans lequel il a déposé le pouvoir plastique ou formateur de toutes les espèces de plantes et d'animaux.

Telles sont les excellentes raisons par lesquelles M. le docteur Bouchut distingue le principe vital des organes qu'il anime. Mais quelle est la nature de ce principe? M. Bouchut le compare à l'électricité qui, sans rien perdre de sa substance, met les corps en mouvement et leur imprime des combinaisons particulières; il le rapproche encore de la lumière qui, sans s'altérer, produit la matière verte des végétaux et détruit certaines couleurs. La force vitale est l'intermédiaire entre l'âme et les organes; c'est par elle que l'âme agit sur le corps. Si un homme succombe de douleur à la lecture d'une lettre qui lui apprend un grand malheur, c'est que sous l'influence de l'angoisse de l'âme, le principe vital a cessé de faire battre le cœur ou a laissé rompre un vaisseau.

M. Bouillier, comme nous l'avons dit, n'admet pas l'existence de deux principes simples dans l'homme : il croit pouvoir expliquer par une seule âme les doubles phénomènes de la vie intellectuelle et de la vie physiologique. Il se met ainsi en opposition avec Jouffroy et avec l'école de Montpellier, qui depuis longtemps soutient la distinction de l'âme d'avec le principe vital. Pour combattre de telles autorités, il se cherche des auxiliaires dans tous les siècles et dans tous les lieux. Il invoque Hippocrate, Platon et Aristote. En ce qui touche Platon, nous croyons que M. Bouillier se donne inutilement bien de la peine pour ranger à son parti ce grand philosophe. Dans certains dialogues, Platon nous attribue trois âmes; dans d'autres, il semble ne parler que d'une seule. Au lieu de tourmenter les textes pour les faire fléchir l'un vers l'autre, il faut tout simplement reconnaître la contradiction. Platon, comme beaucoup d'autres anciens, ne s'est pas attaché à composer un seul grand ouvrage dont toutes les parties fussent ordonnées en vue d'une même fin. Il a écrit, en divers temps de sa vie, des œuvres séparées et chacune complète en elle-même, sans s'occuper de la mettre en harmonie avec celles qui avaient précédé et celles qui devaient suivre. Pourquoi vouloir étendre une couleur uniforme sur la brillante diversité de sa pensée, et concentrer en un tout homogène les libres fantaisies de son imagination?

L'école de Montpellier avait essayé de mettre de son parti les textes sacrés, les pères de l'Église et les conciles. M. Bouillier revendique tous ces témoignages, et par une discussion serrée et victorieuse, il les fait passer de son côté. Mais c'est assez parler d'autorités dans une matière philosophique. Voyons quelles sont les raisons que l'auteur allègue en faveur de sa théorie.

M. Bouillier se demande d'abord comment une passion de l'âme peut produire une altération dans un organe, si ce n'est pas le même principe qui éprouve la passion et qui modifie l'organe.

On suppose, dit-il, que le germe contenu dans le sein de la mère ne renferme d'abord que le principe vital distinct de l'âme. Pourquoi alors punit-on l'avortement? Quelle différence y a-t-il entre ce germe sans âme et les petits des animaux?

A quel moment l'âme pensante vient-elle retrouver le principe vital?

Le principe vital persiste pendant l'évanouissement, le sommeil profond, la léthargie, l'épilepsie, etc. Que devient alors sa compagne, l'âme pensante?

Comment, dans certains phénomènes, faire la part de l'âme et du principe de la vie? La déglutition, par exemple, est d'abord instinctive : elle devient volontaire, puis elle se passe ensuite du secours de la volonté; elle appartient donc d'abord au principe vital, puis à l'âme, pour retourner au principe vital.

M. Flourens observe qu'on peut enlever l'organe de l'intelligence et voir persister la vie. M. Bouillier répond qu'un seul principe simple peut se manifester par des organes différents. L'instrument de l'ouïe n'est pas celui de la vue : c'est pourtant la même âme qui voit et qui entend. On peut enlever l'organe de l'une de ces fonctions, sans détruire l'autre. La séparation de l'instrument de l'intelligence d'avec celui de la vie n'empêche donc pas qu'une seule âme n'agisse par ces deux organes.

L'*animisme* de M. Bouillier diffère de celui de Stahl. Le médecin du XVIIᵉ siècle supposait que l'âme travaillait à la formation et à la conservation du corps avec intelligence et volonté. M. Bouillier ne la fait intervenir que par une force instinctive et aveugle dont nous n'avons pas conscience. Les autres facultés de l'âme, l'intelligence elle-même, dit M. Bouillier, ne se reflètent pas toujours dans le sens intime. Nous n'avons pas conscience de nos gestes familiers, de nos mouvements habituels. Leibniz a fait remarquer que le bruit de la mer se compose d'une multitude de bruits particuliers, que par conséquent la perception totale de ce bruit se forme d'une multitude de perceptions particulières, et que cependant nous n'avons conscience que de la perception totale. S'il y a des actes de l'intelligence qui échappent au sens intime, il en peut être ainsi des phénomènes de la vie. On peut donc les rapporter à l'âme sans que le défaut de conscience puisse leur être opposé.

D'ailleurs, poursuit M. Bouillier, la vie n'est pas plus absente de la conscience que la volonté et la pensée. Nous avons le sens intime de la santé et de la maladie, des douleurs de l'estomac et du cœur, et nous pouvons indiquer la place de ces organes ; nous sentons notre effort contre nos muscles, et dans les phénomènes du magnétisme animal, l'âme acquiert une connaissance merveilleuse de l'état intérieur du corps.

C'est par ces motifs que M. Bouillier se décide à regarder l'âme comme le principe de la force qui fait vivre le corps. Cette théorie, dit-il, a l'avantage de simplifier les explications et de diminuer le nombre des causes : il ne faut pas multiplier les êtres sans nécessité.

De ces raisons, les unes sont plausibles, les autres ne semblent pas avoir la valeur que M. Bouillier leur suppose. L'auteur prétend qu'une passion de l'âme ne peut produire une altération dans le jeu des organes, sans l'identité du principe de la pensée et de la vie. Mais il n'admet donc pas l'action d'une substance sur une autre. Est-il disciple de Leibniz à ce point qu'il suppose que chaque substance renferme son action en elle-même, et qu'elle n'a point *de fenêtre sur l'univers?* Cependant les corps agissent les uns sur les autres. Une bille en mouvement donne à une bille immobile la direction et la quantité de mouvement qu'elle perd elle-même. M. Bouillier admet lui-même que le principe vital agit sur le corps, sans être le corps, pourquoi l'âme n'agiraitelle pas sur le principe vital, et par son intermédiaire, sur les organes, sans se confondre avec la cause de la vie?

Vous vous étonnez qu'on punisse l'avortement, si l'âme pensante n'est pas présente dans l'embryon. Mais cette âme peut s'y trouver en puissance à côté du principe vital en action. Il suffit d'ailleurs que l'embryon humain soit le réceptacle futur de l'âme humaine pour qu'on le considère d'un autre œil que l'embryon des animaux.

A quel moment, demandez-vous, l'âme pensante rejoint-elle le principe vital? Nous répondons : soit au moment de la conception, soit au moment de la naissance. Le mystère n'est pas dans le *moment* de l'apparition de l'âme, mais dans le *comment* de cette apparition, c'est-à-dire dans sa sortie du néant.

Que devient l'âme, dites-vous, dans l'évanouissement, la léthargie, etc.? Elle passe de l'état d'action à l'état de pure puissance, comme toutes les facultés que nous laissons reposer.

Vous vous prétendez embarrassé pour faire la part de l'âme et du principe vital dans certains phénomènes. Prenez cette règle : tout ce qui tombe ou peut tomber sous la prise de la conscience appartient à l'âme; tout ce qui échappe à la vue de l'âme appartient au principe vital. De ce que la déglutition est tantôt volontaire, tantôt involontaire, il ne s'ensuit pas qu'elle appartienne tantôt à l'âme, tantôt au principe vital, mais que l'âme a deux genres d'action : l'un instinctif, l'autre volontaire. Le souvenir est quelquefois involontaire, sans qu'on soit obligé de l'attribuer en ce cas à un principe de vie séparé de l'âme.

M. Bouillier établit avec raison que la multiplicité des organes ne compromet pas la simplicité de la cause; qu'un même principe peut se manifester par des instruments différents et que l'organe de l'intelligence peut différer de l'organe de la vie sans cesser pour cela d'appartenir à la même âme ; mais il tombe en contradiction avec lui-même, quand il énonce d'une part que l'âme en tant que douée du principe de la vie n'a pas conscience de son action, et que de l'autre il avance que l'âme a conscience de la vie. Il faut choisir entre ces assertions qui se combattent. Nous accordons quant à nous, que les pensées de l'âme ne sont pas toutes saisies par le sens interne, mais nous sommes plus réservé à concéder la conscience de la vie. Ce qu'on appelle la conscience de la santé et de la maladie pourrait bien n'être qu'un sentiment de plaisir ou de peine causé à l'âme par le cours régulier ou irrégulier de la vie. Dès qu'on admet l'action réciproque des substances les unes sur les autres, rien n'empêche que tel phénomène du corps ne cause tel phénomène correspondant de l'âme.

Mais on ajoute que nous sentons la place de notre estomac et de notre cœur : cela n'est pas exact. Nous éprouvons des douleurs vers la région où l'on nous dit que sont situés ces organes, mais nous sommes incapables d'en indiquer le lieu précis et la forme. La perception du corps étranger qui nous touche est circonscrite dans un espace déterminé que nous pouvons marquer ; le sentiment de la douleur est vague, et pour le localiser, il faut que la main se promène sur le membre malade. La douleur augmentant au moment où une certaine place est touchée, nous en concluons que l'origine de la douleur est à cet endroit, mais nous n'en percevons pas mieux pour cela la figure du muscle ou de la fibre qui est la cause de cette souffrance. Le sentiment accidentel du passage de l'aliment dans l'œsophage et du sang dans les veines est dû à une sorte de toucher intérieur qui se réveille en certaines circonstances, mais qui ne peut s'assimiler à ce que serait le sentiment de la vie. Pour démontrer l'existence de ce dernier, il faudrait avoir conscience de la nutrition, de l'hématose, de la sécrétion, etc. Tant que ces phénomènes échapperont au sens intime, on pourra contester que nous ayons conscience de la vie. Recourir aux prétendues découvertes intérieures des magnétisés et des somnambules, c'est se contenter d'arguments au moins suspects, c'est faire flèche de tout bois et prouver l'incertain par le plus incertain. Quant à la conscience de notre effort contre nos membres, c'est la conscience de l'acte de notre faculté motrice. Or, cette faculté appartient manifestement à l'âme, mais elle n'entraîne pas à sa suite la faculté digestive, nutritive, sécrétive, etc., car nous avons le sens intime de la première, tandis que les autres échappent à notre vue intérieure.

Que reste-t-il donc de l'argumentation de M. Bouillier? Il reste premièrement que l'âme peut pourvoir à la vie, bien qu'elle n'en ait pas conscience. En effet, toute action continue de l'âme échappe au sens intime. Lorsque notre main est longtemps en contact avec un corps étranger, elle cesse de le percevoir. Il faut remuer la main ou l'objet pour renouveler la perception. Nous sommes dès notre naissance plongés dans l'atmosphère qui nous presse de tous côtés, et nous n'en sentons pas la pression. Un son continu, sans nuances, sans augmentation ni diminution, cesserait d'être perçu; une seule couleur répandue dans l'espace, sans division, sans changement, serait pour nous comme la nuit. On s'explique donc comment la digestion, la nutrition, la sécrétion, etc., par cela seul qu'elles sont continues, pourraient être produites par notre âme sans qu'elle en eût conscience. Mais du possible au réel, la conclusion n'est pas certaine.

Il reste encore de l'argumentation de M. Bouillier que la difficulté de concevoir la nature d'un principe vital séparé du corps et de l'âme, la simplicité que l'on trouve à supprimer ce principe et à en attribuer la vertu à l'âme elle-même, nous portent fortement vers l'animisme, mais sans nous faire dépasser les limites d'une hypothèse.

D'un autre côté, l'*animisme* s'appuie sur le *vitalisme* ; c'est-à-dire qu'on ne peut ramener le principe vital à l'âme, que si l'on est parvenu à distinguer le principe vital d'avec les organes. Or, le *vitalisme* souffre des difficultés que n'ont résolues ni M. Bouillier, ni M. Bouchut.

Premièrement, si le principe vital préexiste aux organes, s'il les forme et les maîtrise jusqu'au point de maintenir quelquefois la fonction dans des organes délabrés, comment n'y réussit-il pas toujours? Comment, dans la plupart des cas, consent-il à se mettre dans la dépendance de ses organes? D'où lui viennent ces caprices? Comment ces instruments se révoltent-ils contre lui et n'est-il plus le maître dans sa maison?

Secondement, les vitalistes se fondent sur cette raison que ce qui n'est pas dans les composants ne peut se trouver dans les composés sans y venir d'ailleurs. Cependant, sans sortir du monde inorganique, on voit souvent les composés offrir des qualités très-différentes de celles des composants. L'azote est sans couleur, comme l'oxygène; si vous combinez l'un et l'autre, vous formez un composé liquide d'une couleur rouge très-éclatante. L'azote n'est pas explosible, ni l'iode non plus; mais l'iodure d'azote est une combinaison fulminante des plus redoutables. Quelques substances, qui séparées sont innocentes, deviennent, si on les combine, de terribles poisons. Supposera-t-on qu'un principe nouveau, venu d'ailleurs, s'ajoute ici aux anciens, et qu'il y ait comme une sorte de principe vital ou d'âme des minéraux? Les chimistes de nos jours, avec des substances minérales, composent des aromes semblables à ceux des fleurs, des alcools pareils à ceux qu'on extrait des végétaux, et enfin quelques combinaisons qui se comportent comme des substances animales. Les Académies retentissent encore du bruit qui s'est fait tout récemment sur la question des générations spontanées. D'un côté, M. Pouchet prétendant créer des animalcules par la fermentation de quelques substances végétales ; de l'autre, M. Pasteur lui montrant qu'il n'avait pu chasser l'air de ses expériences, et que l'air est chargé de germes imperceptibles de vie, ce qui maintient l'axiome *omne vivum ex vivo*. On se rappelle l'extrême ardeur qu'on apportait à ce débat. Ici, la science avide de tout expliquer par le jeu des molécules qui tombent sous ses instruments d'observation, sans aucun principe immatériel ; là, les croyances religieuses, inquiètes d'une théorie qui semblait effacer la distinction de l'âme et du corps et bannir Dieu de son univers.

Jusqu'à présent, les générations spontanées ne sont pas démontrées, et d'une autre part, il y a loin des composés formés par les chimistes à la formation d'une étamine capable de féconder la fleur et d'un cœur capable de battre. S'ils créent des substances organiques, ils n'ont pas encore créé d'organes. Toutefois, ces composés si différents des composants, ces organes si rebelles à la vie qui les a créés, sont des objections graves dont il faut que les vitalistes songent à se débarrasser.

En attendant, nous devons maintenir une distinction importante entre les phénomènes de la vie et ceux de la pensée. Les fonctions physiologiques ont besoin de surfaces étendues pour s'exercer, et elles se disséminent entre toutes les molécules de l'organe. Il n'en est pas ainsi des fonctions de l'âme pensante : la simplicité radicale d'une pensée ou d'une volition les rend incapables de se distribuer entre les éléments d'une surface étendue. On ne peut comprendre la fonction physiologique sans un organe étendu ; la pensée serait plus facile à concevoir sans liaison avec le cerveau. L'opposition marquée par Descartes entre la pensée et l'étendue subsiste tout entière. Cette séparation réserve à la philosophie un terrain solide et élevé, d'où elle contemple le débat sur le vitalisme sans en rien craindre. Si les vitalistes ont gain de cause et réussissent à distinguer la vie d'avec l'organe, tant mieux : c'est un principe de plus qu'on arrache à la matière, et un encouragement pour le spiritualisme ; s'ils échouaient, s'ils ne parvenaient pas à dégager la force vitale d'avec l'organe qui semblait la contenir, la philosophie n'aurait pas à se troubler de ce qu'une fonction étendue, qui avait besoin de se distribuer entre les molécules d'un organe, aurait fini par s'y confondre, et elle ne verrait pas entraîner dans la même perte le principe pensant qui ne peut se diviser. De la région sereine où elle réside, la philosophie ne redoute même pas la question des générations spontanées. Pour elle, dès qu'il y a quelque part pensée et volition, il y a une âme, c'est-à-dire un principe indivisible, qui ne peut émaner de la matière et qui s'y ajoute. Qu'il plaise à Dieu qu'une âme sorte d'une âme, selon la maxime *omne vivum ex vivo*, c'est-à-dire qu'une âme s'ajoute à une âme, car de l'unité il ne peut rien sortir, ou bien qu'il plaise à Dieu qu'une âme apparaisse à propos d'un certain concours d'éléments matériels, la difficulté n'est pas plus grande d'un côté que de l'autre. Un verset de la Bible fait dire à Dieu : Je puis de ces pierres susciter des enfants d'Israël. S'il a fallu un Dieu pour établir qu'à propos du rapprochement de deux âmes, il s'en produirait une troisième, à plus forte raison aurait-il fallu un Dieu pour régler qu'en certaines circonstances une âme se manifesterait au sein d'éléments purement matériels. La philosophie et la religion n'auraient donc rien à craindre d'une solution favorable à la question des générations spontanées.

Pour en revenir au débat qui nous occupe, M. Bouchut distingue la vie d'avec les organes et d'avec l'âme. M. Bouillier veut établir l'identité du principe vital et de l'âme pensante. Jusqu'à présent l'animisme est resté dans les limites de l'hypothèse ; M. Bouillier a essayé de lui faire franchir ce degré et de le transporter sur le terrain de la certitude. Il a invoqué pour cela une certaine conscience de la vie. Nous avons vu que ce prétendu sens vital se borne à un toucher intérieur et à des sensations de plaisir et de peine, qui correspondent dans l'âme aux phénomènes de la vie, mais sans lui donner aucune lumière sur la nature de ces phénomènes. Il faut donc se borner à dire premièrement que l'âme peut être la cause de la vie quoiqu'elle n'en ait pas conscience, parce qu'elle n'a pas le sens intime de toutes ses actions et particulièrement de celles qui sont continues ; secondement que par cette supposition on aura l'avantage de diminuer le nombre des causes, mais ce sera toujours une supposition.

§ 4. L'âme se distingue du corps par sa permanence identique.

L'*unité* de l'âme empêche de la confondre avec le corps ; son *identité* ne la distingue pas moins de la masse corporelle. On entend par l'identité de l'âme ce fait qu'elle reste la même pendant tout le temps de son existence, sans augmentation ni diminution. Ce qui est simple ne peut ni augmenter ni diminuer : pour ce qui est simple augmenter c'est se doubler, diminuer c'est périr. La mémoire m'atteste directement, sans raisonnement, que je suis le même aujourd'hui qu'hier. Quelqu'un conçoit-il le moindre doute au sujet de son identité ? Si ce doute existait, le raisonnement viendrait le dissiper. En effet, tout acte intellectuel dure au moins deux moments : si l'être qui pense dans le second n'est pas celui qui pensait dans le premier, la pensée ne se suivra pas, elle recommencera sans cesse ; le moindre souvenir, la moindre comparaison devient impossible. L'âme est donc identique ; mais le corps ne l'est pas : il se renouvelle intégralement dans toutes ses molécules, en une période de cinq ou six ans. Cuvier disait que le corps humain, comme celui de tout animal, est une certaine forme dans laquelle passent perpétuellement un flux et reflux de molécules, sans qu'aucune s'y arrête ; tous les éléments en sont plusieurs fois renouvelés pendant la vie. Un être simple ne peut subir de renouvellement ; changer pour lui c'est disparaître tout entier. Ce qui pense dans le corps humain ne peut donc pas être une partie de ce corps, à moins que cette partie ne soit différente de toutes les autres, qu'elle ne végète pas, qu'elle ne se nourrisse pas, qu'elle ne soit ni pesante, ni résistante ; qu'elle n'ait pas besoin de se renouveler, c'est-à-dire qu'elle ne soit pas matière, et que par conséquent elle soit l'esprit ou l'âme que nous cherchons.

§ 5. L'âme se distingue du corps par sa liberté.

Tous les corps sont soumis à des lois inviolables. Ils obéissent fatalement à la force d'attraction universelle qui les porte les uns vers les autres, et à celle de cohésion qui forme le lien de leurs molécules. Les corps ne peuvent prendre d'eux-mêmes aucun mouvement, ni interrompre celui qui leur est donné du dehors. Représentez-vous le tableau de cette nature inerte : les sphères lancées dans l'espace y accomplissent sans variation le mouvement qui leur a été imprimé dès l'origine. La terre s'étend docilement autour de son centre et ne peut déplacer une seule de ses molécules ; les eaux dorment tranquilles ou sont entraînées sur les pentes par la force de gravitation. Les végétaux eux-mêmes, bien qu'ils se développent et croissent en un sens contraire à la gravitation ne peuvent varier ce mouvement et restent implantés au sol où ils ont pris naissance. Le corps humain est soumis comme les autres aux lois de l'attraction universelle et de la cohésion. Le voilà couché sous un arbre, et il semble partager le sommeil de tous les autres corps de la nature. Cependant, il se dresse tout à coup; il se détache du sol; il se porte en avant par une force qui se déploie en lui et qui ne vient pas du dehors. Il ne suit pas ce mouvement à l'infini, comme les autres corps; il s'arrête sans obstacle étranger, par un effort spontané qui naît en lui. Il reprend son mouvement, l'accélère, le ralentit, va et revient sur ses pas. Quel est donc ce corps privilégié qui marche librement, quand tous les autres obéissent à une fatalité inévitable? Il porte en lui-même un principe différent du corps, qui l'affranchit des lois communes, une âme immatérielle, douée d'une faculté motrice à laquelle il doit sa liberté.

Il recèle encore en lui d'autres facultés qui se développent dans uue certaine indépendance de la matière. Qu'y a-t-il de commun entre la pesanteur, la dureté, la chaleur et la pensée, l'inclination, la volonté? Sans récuser une notable influence du corps sur l'âme, comme de l'âme sur le corps, on doit reconnaître que les phénomènes de l'un ne sont pas en proportion des phénomènes de l'autre. Les liens dont le corps est chargé n'entravent pas l'essor de la pensée ni de l'amour. » Tu broies mon corps, disait Anaxarque au tyran de Chypre, tu ne broies pas mon âme. »

Mais c'est surtout dans la volonté que cette liberté éclate. Le corps peut quelquefois gêner la marche de notre intelligence, le déploiement de notre inclination et de notre faculté motrice; il est sans prise sur notre volonté. Le *moi* peut toujours vouloir; il peut toujours faire effort pour comprendre, pour aimer, pour mouvoir. Que le corps soit couché ou debout, sous l'impression du froid ou du chaud, du plaisir ou de la douleur, sain ou malade, intact ou mutilé, le moi peut toujours faire acte de volonté. Cette volition est tout à fait incoercible au corps ; c'est le trait le plus saillant de notre spiritualité.

§ 6. Si le corps était l'âme, toute impression serait une perception.

Nous ajouterons que, si le corps était l'âme, tout phénomène du corps serait un phénomène de l'âme ; or, les modifications des organes, d'où résultent d'ordinaire les sensations et les perceptions, ont lieu quelquefois sans produire cet effet. Le consul romain qui s'empare de Syracuse, recommande d'épargner la vie d'Archimède. Un soldat trouvant un homme profondément occupé d'une figure qu'il avait tracée sur le sol lui demande son nom, et n'obtenant pas de réponse, il le tue : c'était l'illustre géomètre. L'oreille d'Archimède a été frappée de la voix du soldat et cependant il n'a pas entendu ; ce n'est donc pas le corps qui entend. Nous pouvons par la volonté choisir entre nos perceptions : si nous entendons un concert, nous pouvons écouter tel instrument à notre fantaisie et laisser engourdir en nous la perception de tous les autres, bien qu'ils continuent de frapper notre oreille. Si c'était le corps qui entendît, comment pourrait-il se soustraire librement à l'action d'une partie des objets extérieurs ? Ce qui s'affranchit ainsi de la loi des corps, est-ce un objet corporel ? Ce qui n'agit pas comme la matière ne doit-il pas être nommé immatériel ?

§ 6. L'âme ne perçoit les impressions des organes que comme des objets extérieurs.

On a dit que ce que nous appelons l'objet extérieur n'est qu'une modification de notre organe, que le son est une vibration du tympan, la lumière une vibration de la rétine, etc. Quoi qu'il en soit de cette hypothèse, l'âme ne confond pas la modification de l'organe avec une modification d'elle-même. L'âme dit en parlant d'elle : *je connais*, *je* pense, *je* souffre ; mais elle ne dit pas : *je sonne*, *je* brille. Par exemple, lorsque dans les ténèbres je presse du doigt le globe de l'un de mes yeux, j'aperçois des lumières qui ne sont que dans l'organe et je ne prends pas ces lumières pour moi-même : donc je me distingue de mes organes. Il en est de même des tintements de l'oreille : je puis confondre ce bruit de l'organe avec les bruits extérieurs, je ne le confonds jamais avec l'une de mes pensées.

§ 7. L'âme a une étendue de puissance et non une étendue de substance.

Mais, dira-t-on, l'âme ne sent-elle pas dans toute l'étendue de notre corps? N'a-t-elle pas des perceptions jusque dans les extrémités des pieds et des mains, et sur toute la superficie corporelle? Ne doit-on pas en conséquence lui attribuer une sorte d'étendue? Cette étendue, répondrons-nous, ne ressemble pas à celle de la matière : celle-ci est impénétrable ; elle a des parties qui s'excluent mutuellement des mêmes points de l'espace ; l'âme a une étendue de puissance, par laquelle elle est présente sur tous les points du corps, sans se diviser, étendue pénétrable qui n'implique point de parties opposées les unes aux autres, et qui, par conséquent, ne suppose point la multiplicité des parties. C'est ce que Descartes exprime de la manière suivante : « Ma pensée ne peut pas tantôt s'étendre, tantôt se rassembler par rapport au lieu, à raison de sa substance, mais seulement à raison de sa puissance, qu'elle peut appliquer à des corps plus grands ou plus petits[1]. »

---

1. *OEuvres philosophiques*, édit. Ad. Garnier, t. III, p. 371, au bas.

L'âme n'a pas besoin de résider dans chaque partie du corps pour y percevoir et pour y agir. Elle n'est pas d'ailleurs le seul être qui agisse à distance. La molécule matérielle elle-même agit où elle n'est pas, comme on le voit, par l'attraction mutuelle des corps disséminés dans l'espace.

Le multitude simultanée des perceptions que je rapporte à des parties différentes de mon corps ne divise donc pas la simplicité de mon âme. Remarquez encore que je compare ces perceptions entre elles, soit, par exemple, la chaleur que je perçois par la main droite, et le froid que je perçois par la main gauche. Il faut un centre simple où se fasse cette comparaison ; car si mon âme était étendue, ou bien elle percevrait le froid et le chaud par des parties différentes, et la comparaison n'aurait pas lieu, ou bien la comparaison se ferait dans chaque partie, et il y aurait mille comparaisons à la fois et non pas une. C'est donc un principe simple qui est en nous la cause de la perception.

Toutes les fonctions du corps s'accomplissent par la multitude des parties ; toutes les fonctions de l'âme s'accomplissent par un principe simple. Leibniz suppose que la molécule du corps, quoique jouissant de plusieurs propriétés, est simple et indivisible quant à l'étendue. Cette supposition est admissible ; mais un corps se compose d'une infinité de ces molécules simples ou de ces monades, comme les appelle Leibniz, douées des propriétés physiques ; il ne peut posséder, au contraire, qu'une seule monade intelligente, aimante, volontaire et motrice ; car l'expérience et le raisonnement prouvent que ces derniers attributs ne peuvent appartenir, dans le même individu, qu'à un seul principe simple, ou, en d'autres termes, qu'un corps animé ne possède qu'une seule âme.

§ 8. Raisons de la distinction de l'âme et du corps prises de la destinée de l'homme.

La faculté motrice, l'inclination, l'intelligence et la volonté ne peuvent résider que dans un sujet simple et qui demeure identique; le corps est multiple et perpétuellement renouvelé dans toutes ses parties. Ce sujet simple et identique qui se connaît lui-même et qui d'ailleurs se distingue directement du corps est ce que nous appelons l'âme. Si à l'affaiblissement du corps paraît correspondre un certain affaiblissement de l'âme, c'est, comme l'a dit Aristote, que l'ouvrier est alors gêné par ses instruments; rendez-lui de meilleurs organes et il agira comme par le passé. A ces raisons intrinsèques qui nous font distinguer l'âme d'avec le corps s'ajoutent des raisons extérieures, prises de la destinée de l'homme et de l'ordre de l'univers.

Platon a démontré en plusieurs endroits de ses ouvrages la nécessité des peines et des récompenses à venir, et par conséquent d'une autre vie et de la séparation de l'âme et du corps [1]. On a fait valoir, dans les temps modernes, des raisons prises de la notion de l'infini et du désir de l'immortalité qui sont dans le cœur de l'homme, et que la Providence n'y a pas mis en vain. On peut y joindre encore des arguments empruntés de la bonté de Dieu et de la grandeur nécessaire de son œuvre. Dès qu'on admet que ce monde a une cause, on est peu à peu entraîné à croire que cette cause est parfaite [2]; si elle est parfaite, son œuvre doit contenir quelque chose de durable et d'immortel, pour qui tout le reste soit fait. Une succession d'êtres caducs et périssables, se rempla-

---

1. Voy. le *Phédon*, le *Phèdre*, le *Timée*, et la fin *Gorgias* de la *République*.
2. Voy. plus loin le chapitre de la foi naturelle.

çant les uns les autres, sans qu'il en demeure aucun, des apparitions éphémères s'évanouissant à jamais, pour laisser la place à d'autres apparitions tout aussi fugitives, ne seraient pas une œuvre sérieuse et digne d'un être parfait. Si quelque chose de cette œuvre doit demeurer à toujours, à qui appartient ce privilége? est-ce pour le règne minéral que l'univers a été construit? La terre et les eaux sont-elles un éternel théâtre dont l'homme ne soit que l'acteur passager? Le règne végétal a sa magnificence, ses harmonies toutes divines: est-ce à lui qu'appartient la durée immortelle, et l'homme n'a-t-il été créé que pour l'admirer un instant et finir? Le règne animal paraît le but des deux autres: il y trouve sa demeure et sa nourriture. Mais Dieu n'a-t-il fait le monde que pour le peupler d'animaux périssables? Nous apercevons au-dessus de ce règne ce qu'on pourrait appeler le règne humain: un être doué de raison, qui conçoit la loi du devoir et la notion du mérite, qui croit en une cause suprême et parfaite, qui se forme l'idée de l'infini, qui tend par son amour vers cette infinité, et par son intelligence s'impose l'obligation d'y adresser tous ses efforts. Cette créature ne l'emporte-t-elle pas sur toutes les autres, et n'est-elle pas l'élément durable et immortel que doit recéler la création?

Le but de notre existence n'est pas sur cette terre; nous y travaillons pour nous, et ce qui est mieux, pour les autres; mais nous n'y accomplissons pas une œuvre qui soit la fin de la création. Le laboureur cultive la terre: est-ce uniquement pour que la terre soit cultivée? C'est, dira-t-on, pour se nourrir lui et ses semblables: les hommes sont-ils sur la terre uniquement pour y être nourris? Ils font des vêtements, des maisons: est-ce là le but final de la Providence? Ils instruisent les enfants et s'instruisent eux-mêmes: à quoi bon cette instruction, si l'homme doit finir demain tout entier? Ils jugent les procès, ou ils défendent le pays; mais tout cela aboutit à une paix momentanée sur la terre. Cette paix bornée est-elle le terme de la création? Les métiers que nous exerçons sur ce globe ne sont donc qu'une forme extérieure, un masque sous lequel il faut découvrir notre condition véritable, et cette condition ne peut être qu'une préparation à une autre vie, et à une vie définitive et impérissable. Sans doute, ce n'est pas notre faible vertu qui nous donne droit à une vie immortelle; mais la bonté divine comble l'intervalle entre la petitesse du mérite et l'immensité de la récompense. Sans cette vie immortelle, la création n'a plus de but, elle ne nous semble pas digne de la perfection de Dieu; et s'il est permis de le dire, Dieu se doit à lui-même notre immortalité. Il saura du sein de ce corps qui se dissout au tombeau susciter une âme qui lui survive, qui se connaisse, qui se souvienne d'elle-même, qui lie l'existence à venir à l'existence passée, en un mot, qui dure et se conserve. L'homme doué de raison ne peut être destiné à vivre moins que les éléments inanimés qui forment sa demeure en ce monde; et Dieu n'a pas fait sortir la création du néant pour l'y replonger tout entière. Mais, dira-t-on encore, si Dieu n'existait pas? Nous ne voulons pas entreprendre ici de prouver que Dieu existe; nous y reviendrons plus loin, et, en attendant, nous serons satisfait, si l'on nous accorde que la distinction de l'âme et du corps découle comme une conséquence nécessaire du dogme de l'existence de Dieu.

CHAPITRE II.

DES PRINCIPALES THÉORIES SUR LA DISTINCTION DE L'AME ET DU CORPS.

§ 1. De l'existence de deux âmes dans l'homme.

Socrate a porté la lumière sur la distinction de l'âme et du corps; il fait voir que la première gouverne le second, comme la sagesse invisible de Dieu gouverne le monde visible [1]. Xénophon s'est inspiré des leçons de Socrate, lorsqu'il dit dans son traité moral de la *Cyropédie*, que, si l'âme est cachée aux yeux, on connaît à ses actions qu'elle existe; que les hommes sentent naturellement la distinction de leur âme et de leur corps, que sans cela ils ne croiraient pas à la survivance de l'âme, ne rendraient pas de culte aux mânes des morts, et ne regarderaient pas les homicides comme tourmentés par les âmes de ceux qu'ils ont fait périr; que l'esprit, loin d'être constitué par le corps, est gêné et comme emprisonné par les enveloppes corporelles; qu'à la dissolution du corps, il redevient plus libre et plus intelligent; que pendant le sommeil, qui est le frère de la mort, l'âme est douée de facultés qui lui manquent pendant l'état de veille; qu'elle se souvient mieux du

---

1. Xénophon, *Mémoires sur Socrate*, livre I, chap. IV, § 8.

passé, qu'elle juge mieux du présent, qu'elle va jusqu'à pressentir l'avenir, parce qu'elle jouit d'une plus entière liberté[1].

Platon, qui a suivi aussi les leçons de Socrate, se laisse quelquefois emporter aux caprices de l'imagination ; mais quand il reproduit les mêmes enseignements que son condisciple Xénophon, il leur donne plus d'étendue et de profondeur. « Celui qui se sert d'une chose, dit-il, ne peut être confondu avec elle : le cordonnier n'est pas la même chose que son alêne, ni que ses mains, ni que ses yeux, ni que tout son corps, car il se sert de tout cela. Qu'est-ce donc que l'homme ? Ce qui se sert du corps. Le corps obéit, il ne commande pas : il faut donc que quelque chose lui commande ; ce quelque chose est ce que nous appelons l'âme, ou l'homme à proprement parler. C'est mon âme qui parle à la vôtre par l'intermédiaire du corps. Se connaître soi-même, c'est connaître son âme. Notre corps est à nous, mais n'est pas nous. Aimer le corps d'Alcibiade, ce n'est pas aimer Alcibiade lui-même[2]. »

Socrate et Platon, en affirmant que l'âme est ce qui se sert du corps, la représentent comme le principe du mouvement, ou en d'autres termes ils lui attribuent une faculté motrice. Tout corps, dit Platon, dont le mouvement vient d'ailleurs est dit inanimé, ἄψυχον ; et tout corps dont le mouvement vient du dedans est dit animé ou portant une âme, Ἔμψυχον[3]. Mais Platon, dans le *Timée*. distingue deux espèces d'âmes : l'une immortelle, à laquelle appartient l'intelligence et qui a son siége dans la tête; l'autre mortelle, dont la première moitié est le

---

1. *Cyropédie*, livre VIII, chap. vii.
2. Platon, **Premier Alcibiade**, édit. Henri Étienne, t. II, p. 129, 130.
3. *Phèdre*, édit. H. E., t. III, p. 245.

principe du courage et de la colère, et réside dans la poitrine; et dont la seconde moitié éprouve les appétits corporels et est au-dessous du diaphragme, là où les dieux, dit-il, ont établi comme une crèche pour la nourriture du corps [1]. Il est vrai que le philosophe ne présente ces opinions que comme les rêves de sa fantaisie, et qu'il ne les affirmerait, dit-il, comme certaines, que si Dieu lui-même descendait du ciel pour les révéler [2]. De plus, il serait possible d'opposer au *Timée* d'autres dialogues de Platon, d'où l'on ferait ressortir la doctrine d'une seule âme. Il ne faut pas demander aux anciens une conséquence trop rigoureuse dans le développement de leurs doctrines. Ils ne composaient pas un seul grand ouvrage; ils écrivaient en des temps divers des œuvres détachées sans s'occuper de les concilier avec les autres. Au lieu de chercher péniblement à mettre tel philosophe ancien d'accord avec lui-même, il vaut mieux le présenter en toute simplicité avec ses manifestes contradictions.

Aristote a aussi distingué deux espèces d'âmes : l'une à laquelle il rapporte la locomotion, la sensation, les inclinations et les passions; qu'il appelle plus particulièrement l'âme, ψυχή, et qui, distincte du corps, périt toutefois avec lui; l'autre qu'il nomme l'intelligence, ὁ νοῦς, et qui est immortelle. Il prouve très-clairement que l'intelligence ne peut être le corps. « L'intelligence, dit-il, n'est ni une étendue ni un mouvement. Car si elle est une étendue, comment pensera-t-elle? Est-ce par le tout, ou par une partie? Si c'est par toutes ses parties, elle pensera donc plusieurs fois les mêmes choses. Si c'est par une partie, ou cette partie est une étendue et la même difficulté se présente, ou elle n'est pas étendue et elle est l'âme elle-même; les autres parties sont inu-

---

1. Platon, *Timée*, édit. H. E. t. III, p. 69, 70.
2. Platon, *Timée*, édit. H. E. t. III, p. 72.

tiles. Si la pensée est un certain mouvement du corps, comment ce mouvement s'arrêtera-t-il ? il ira à l'infini, car la matière est inerte et elle ne peut s'arrêter d'elle-même : or, nous voyons que notre pensée s'arrête et ne va pas à l'infini. La pensée ressemble plutôt à un repos ou à un temps d'arrêt qu'à un mouvement [1]. »

« On prétend, poursuit Aristote, que ce qui n'est pas étendu ne peut connaître l'étendue, et qu'un objet n'est connu que par son semblable ; qu'en conséquence, l'âme doit être composée des mêmes éléments que le corps, afin de pouvoir le connaître. Mais nous ne voyons pas que les os connaissent les os, ni que la chair connaisse la chair. D'après cette hypothèse, chaque être, ne pouvant connaître que son semblable, aurait une bien plus grande part d'ignorance que de connaissance, et, sur ce pied, Dieu, qui ne ressemble à aucun être, serait le plus ignorant de tous [2]. »

« Ce qui ferait croire, continue-t-il, que l'âme intelligente périt avec le corps, ce serait surtout l'affaiblissement intellectuel qu'on remarque dans la vieillesse. Mais l'acte ou la manifestation de l'intelligence ne peut se faire qu'au moyen du corps ; c'est le corps qui se flétrit chez le vieillard et qui gêne la pensée. Il arrive alors pour l'intelligence ce qui arrive pour la vue. Si le vieillard pouvait prendre les yeux de la jeunesse, il verrait aussi bien qu'elle. Changez le corps du vieillard, et la manifestation de sa pensée redeviendra ce qu'elle était ; car la manifestation de la pensée est le résultat commun de l'âme et du corps. Quant au pouvoir de penser, il ne dépend point du corps, il est impassible et incorruptible [3]. »

---

1. Aristote, *De l'Ame*, livre I, chap. III § 12.
2. *De l'Ame*, livre I, chap. V, § 4-10.
3. *De l'Ame*, livre I, chap. IV, § 12 et 13.

Il n'y a rien à répondre aux raisons par lesquelles Aristote prouve l'unité du principe intelligent ; mais nous regrettons qu'il n'ait pas enseigné que le principe de l'intelligence est aussi celui de la sensation, de l'inclination et du mouvement. Il paraît croire, comme nous l'avons dit, que ce dernier peut se séparer du corps et qu'il périt avec lui. « Il y a, dit-il, trois sortes de substances, οὐσίαι : l'une qui est le fond, ῾Υλη, et n'est déterminée en aucune façon, l'autre qui est la forme, la détermination, Μορφὴ καὶ εἶδος ; la troisième, qui est composée des deux premières. La première est une puissance, la seconde est une manifestation, un acte. Tout corps naturel ayant la vie, c'est-à-dire la nutrition, l'accroissement, le dépérissement, etc., est une substance du troisième ordre ou une substance composée. L'âme, ἡ ψυχή, est la forme ou la détermination ou l'acte, ἡ ἐντελέχεια, τὸ τί ἦν εἶναι, d'un corps naturel ayant non la vie, mais la puissance de vivre, c'est *une forme* ou un *acte substantiel* [1]. Ils ont donc raison ceux qui pensent que l'âme n'est pas sans le corps, bien qu'elle ne soit pas le corps [2]. Quant à l'intelligence, ὁ νοῦς, ou à la faculté spéculative, elle paraît être une autre espèce d'âme, et c'est la seule qui puisse se séparer du corps, comme ce qui est éternel se sépare de ce qui est périssable [3]. »

Aristote pour expliquer sans doute ce qu'il entend par cette âme qui est l'acte d'un corps ayant la puissance de vivre, cite l'exemple de ces plantes dont les parties, séparées du tronc, se mettent à vivre d'une vie qui leur est propre, comme si l'âme qui réside dans la plante totale était une en acte, ἐντελεχείᾳ, et multiple en puissance,

---

1. *De l'Ame*, livre II, chap. I, § 2-5 et 8.
2. *Ibid.*, livre II, chap. II, § 15.
3. *De l'Ame*, livre II, chap. II, § 10.

δυνάμει. Le philosophe y ajoute l'exemple des insectes que l'on coupe en morceaux et dont chaque membre séparé manifeste, dit-il, la sensation et la faculté motrice, et par conséquent, suivant lui, la conception et le désir, car, ajoute-t-il, là où est la sensation, là vient le cortége de la peine et du plaisir, et avec ce cortége le désir [1].

De ces explications on a cru pouvoir conclure qu'Aristote regardait l'âme comme un résultat des propriétés du corps, et on l'a compté parmi les matérialistes. On aurait dû considérer qu'il distinguait de l'âme périssable l'entendement, qui, pour Platon et pour Descartes lui-même, est la seule âme humaine. Quant à cette âme qui se manifesterait dans les branches coupées de certaines plantes, et dans les membres mutilés d'un insecte, nous avons plusieurs remarques à faire. Premièrement Aristote n'est pas fondé à dire que le plaisir, la peine, le désir et la conception accompagnent toujours la sensation. Nous montrerons plus loin qu'il y a des sensations sans plaisir ni peine et par conséquent sans désir; nous ferons voir aussi que la conception et la sensation sont deux faits différents qui peuvent s'isoler l'un de l'autre. Secondement, le philosophe est-il autorisé à prétendre qu'il y ait même une simple sensation dans le membre coupé d'un insecte? Un savant fort versé dans ces matières, Reimarus [2], fait observer que les mouvements des parties séparées du reste du corps, surtout dans les animaux les plus parfaits, ne paraissent pas annoncer une vie, une sensation, l'influence d'une âme, ni par conséquent la pluralité des âmes dans le corps total; il pense avec Haller qu'une impression extérieure

---

1. *De l'Ame*, livre I, chap. v, § 21, et livre II, chap. II, § 9.
2. Professeur de philosophie à Hambourg, vers le milieu du xviiie siècle, membre de l'Académie impériale des sciences de Saint-Pétersbourg, mort en 1768.

suffit pour donner des mouvements à ces organes. En effet, il y a même dans le corps vivant des mouvements nerveux et convulsifs qui n'émanent point de l'âme. Boerhaave rapporte qu'il coupa la tête à un coq pendant que l'animal courait de toute sa vitesse vers sa nourriture, et que le tronc poursuivit sa course pendant quelques instants. L'âme avait déjà donné la première impulsion à la machine du corps, et celle-ci une fois montée n'avait plus qu'à exécuter le mouvement. Pendant la vie, lorsque l'âme a lancé le corps avec impétuosité, elle n'est plus la maîtresse de le retenir : celui-ci va de lui-même et elle est souvent obligée de le laisser courir beaucoup plus loin qu'elle ne le voudrait ; il en est dans ce cas du corps vivant comme de celui qui a été séparé de la tête : puisque l'âme ne le peut arrêter, elle ne le conduit plus et il continue de lui-même à parcourir l'espace, suivant l'impulsion qui lui a été donnée[1].

Si des mouvements se continuent dans les membres coupés de l'insecte, si on y renouvelle le mouvement par un courant électrique, on n'en doit pas conclure qu'il y ait là une sensation et par conséquent la manifestation d'une âme. Il ne faut y voir qu'une contraction ou une extension semblable à celle qu'éprouvent les corps inanimés. Ces mouvements convulsifs, tels que le vol momentané de l'abeille à laquelle on a enlevé la tête, ne sont pas coordonnés les uns aux autres, ni dirigés ni variés comme ceux que nous rapportons à l'âme.

Mais on objecte que les morceaux détachés du polype deviennent des polypes à leur tour, et que les boutures de certaines plantes sont elles-mêmes des plantes en puissance, qui deviennent des plantes de fait, sitôt

---

1. Reimarus, *Observations physiques et morales sur l'instinct des animaux*, traduit par Reneaume de la Tache, Amsterdam, 1770, t. II, p. 150-154.

qu'elles trouvent des circonstances favorables. C'est ici qu'il faut admettre l'opinion d'Aristote que dans ces animaux et dans ces plantes l'âme est une en fait et multiple en puissance.

Leibniz, adoptant cette conception d'Aristote, se représente les corps inanimés comme formés de monades simples toutes égales, et les corps vivants comme renfermant une monade dominante, qui est l'âme dans l'animal et même dans la plante ; il admet que les membres des animaux et les rameaux des plantes ont aussi chacun une monade dominante, dont la puissance est neutralisée par la monade centrale, mais passe à l'acte et devient centre à son tour, sitôt que la première influence centrale ne se fait plus sentir [1].

Voici comment Reimarus que nous avons déjà cité développe cette théorie d'Aristote et de Leibniz. « Un polype est en quelque manière une plante qui marche. On voit paraître sur cette plante quelques excroissances en forme de boutons ; chacun de ces boutons est un jeune polype, qui encore attaché sur la tige mère, jouit déjà d'une vie propre, étend ses bras comme des filets pour y envelopper les insectes aquatiques, se détache par lui-même de la souche où il a pris naissance, et engendre à son tour des rejetons qui sortent de toutes les parties de son corps. Voilà pourquoi, si l'on coupe cette espèce de plante animale en plusieurs morceaux, chacune de ses parties devient en deux jours un polype parfait qui se meut, tend ses filets et saisit sa proie. Cette reproduction se fait à la manière de celle des plantes ; car toute plante est une machine qui contient en soi plusieurs autres petites machines. Chaque bourgeon, chaque nœud est une machine commencée qui a la faculté de se développer

---

1. OEuvres de Leibniz, édit, A. Jacques, deuxième série: *la Monadologie*, § 70 et *Principes de la nature et de la grâce fondée en raison*, § 4.

d'elle-même et de former une plante complète. De là vient la multiplication artificielle des plantes par les greffes, boutures, etc. Chaque polype est donc un animal qui porte en soi plusieurs polypes commencés ; ceux-ci se développent et se séparent eux-mêmes du tronc, ou en sont séparés artificiellement. En conséquence, tous les embryons de ces petits corps sont déjà pourvus d'âmes qu'il ne faut pas regarder comme matérielles et divisibles.... A côté de ces animaux-plantes, il faut placer les animaux qui paraissent séparés en plusieurs êtres particuliers et parfaits, mais qui ont néanmoins entre eux une telle liaison mécanique que tout l'ensemble ne forme qu'un seul animal. Tels sont les vers plats : quoique chaque anneau tienne exactement aux autres et qu'il en partage les sensations et les mouvements, il est cependant pourvu séparément des organes nécessaires et de tout ce qui constitue l'existence d'un animal parfait. Si l'on détache un de ces anneaux, il se meut, se nourrit s'accroît et se prolonge à son tour par la naissance de plusieurs autres anneaux. M. Linnée a regardé avec raison comme une chaîne de petits individus cet animal qui perçoit et se meut en commun, mais dont chaque membre ou chaque animalcule jouit en particulier de la vie, du sentiment et du mouvement ; il les compare aux plantes à plusieurs nœuds et aux monstres qui naissent attachés les uns aux autres.... Ces différentes âmes ne prennent-elles naissance dans chaque partie du corps qu'au moment de la séparation de cette partie ? Cela ne peut s'imaginer.... Ces âmes préexistaient avant la séparation et elles étaient subordonnées à l'âme principale, comme on voit plusieurs hommes occupés à faire mouvoir une machine sous la direction d'un seul maître qui règle tous les mouvements [1]. »

1. *Observations physiques et morales sur l'instinct des animaux*, t. II, p. 143-150.

Aristote, en regardant l'âme comme l'acte d'un corps qui a la vie en puissance, n'a entendu que cette âme d'abord subordonnée et latente dont parlent Leibniz et Reimarus ; il n'en a pas fait le résultat de l'action d'un corps étendu, mais bien le principe de cette action. Nous n'avons donc qu'un reproche à faire à sa doctrine, c'est d'avoir séparé la sensation, le désir, la faculté motrice, et même la conception Ἡ φαντασία d'avec l'intelligence supérieure, car ces facultés, dans les êtres où elles coexistent, ne peuvent appartenir à deux âmes différentes, comme nous avons essayé de le faire voir plus haut.

Aristote avait cependant aperçu cette vérité, car on trouve dans son traité de l'Ame les propositions suivantes : « Quelques-uns avancent que l'âme connaît par une partie, et qu'elle désire par une autre. Mais si l'âme a des parties, d'où lui vient l'unité ? ce n'est pas du corps, puisqu'il a lui-même des parties. Si quelque principe supérieur à l'âme lui donne de l'unité, c'est celui-ci qui est l'âme ; s'il est lui-même composé, il faudra lui chercher un principe qui le rende un et ainsi à l'infini ; si on le dit simple, pourquoi ne pas attribuer de prime abord la simplicité à l'âme [1] ? »

Nous aurons souvent l'occasion de signaler des contradictions dans les écrits d'Aristote. Elles n'étaient certainement pas dans ses leçons : il faut en accuser la manière dont elles ont été rédigées. On n'aura pas distingué ce qui dans la pensée d'Aristote était une objection, d'avec la réponse qu'il y opposait. Une traduction rapporte qu'une partie des ouvrages d'Aristote était écrite en dialogue. Nous serions portés à croire que le Traité de l'âme et la Métaphysique avaient cette forme, et qu'on aura exposé d'une seule teneur et comme faisant un seul discours les opinions différentes de deux inter-

---

[1]. *De l'Ame*, livre I, chap. v, § 17-19.

locuteurs. Il y aurait, pensons-nous, une restitution à faire des ouvrages d'Aristote, où se trouvent ces contradictions, et à marquer par des lettres ou par de simples tirets les passages qui se répondent ou se combattent comme les parties d'un dialogue.

§ 2. De l'opinion qui n'accorde à l'âme que l'entendement pur.

Saint Augustin avait fait observer que si l'âme s'imagine être un feu, un air subtil, ou le sang, ou une certaine disposition du cerveau, ou une quintessence distincte des quatre éléments, elle ne sait pas cela de science certaine et ne fait que le conjecturer ; qu'en conséquence tout ce qu'on peut affirmer de l'âme, c'est qu'elle pense et non pas qu'elle soit étendue. Si elle était un élément matériel, elle le saurait certainement comme elle sait certainement qu'elle pense [1]. Descartes a marqué plus fortement encore cette opposition de l'âme et des choses étendues : toutes les fois, dit-il, que j'ai l'idée d'étendue, j'ai l'idée de quelque chose qui n'est pas moi-même ; et toutes les fois que j'ai l'idée de moi-même, j'ai l'idée de quelque chose qui n'est pas étendu [2]. Quand on lui objectait que l'âme pourrait bien être au fond une propriété du corps étendu, et ignorer qu'elle le fût, il répondait comme saint Augustin : puisqu'elle sait qu'elle pense, si elle était étendue elle le saurait également ; l'étendue et la pensée sont non-seulement différentes, mais encore opposées, et l'une exclut l'autre. Nous avons vu en effet tout à l'heure dans Aristote comment la pensée est contraire à l'étendue et au mouvement. Mais pour Descartes, comme pour Aristote et Platon, l'âme

---

1. Saint Augustin, *de la Trinité*, livre X, chap. x.
2. *OEuv. phil.* de Descartes, édit. Ad. G., introduction, p. CXVI.

raisonnable ou l'entendement est la seule âme humaine. Descartes ne place pas dans une seconde âme le principe du mouvement et des inclinations : suivant lui le mouvement procède de la matière et ne dépend que de la disposition des organes ; et la faculté de sentir et d'imaginer n'appartient à l'âme qu'en tant qu'elle est jointe au corps. Il n'y a donc, aux yeux de ce philosophe, qu'une seule âme dans l'homme et cette âme ne possède en propre que l'entendement[1]. Mais comme nous l'avons vu plus haut, les autres facultés que nous attribuons à l'âme demandent aussi bien que l'intelligence un sujet simple et permanent, et si on peut les attribuer à un être composé de parties, toutes les raisons qu'on emploiera pour le prouver prouveront aussi qu'on peut lui accorder l'entendement.

§ 3. De l'opinion qui n'attribue à l'âme que la volonté.

Platon, Aristote et Descartes s'accordent donc à ne séparer tout à fait du corps que l'entendement ou l'intelligence. Un philosophe de nos jours[2] est allé encore plus loin : il n'a laissé dans l'âme que la volonté. Le *moi*, dit-il, ne peut se distinguer du corps, que s'il est une cause autonome, et il n'est une telle cause que dans la volonté. Rien de ce qui est involontaire ne fait partie du *moi*. Ce n'est pas seulement le plaisir et la peine, l'amour et la haine, l'espérance et la crainte que ce philosophe rejette dans le corps, ce sont les idées involontaires, les souvenirs spontanés, les croyances qui ne dépendent pas de notre volonté. Si la crainte agit sur notre corps et lui cause un certain saisissement, selon notre auteur, c'est le corps qui agit sur le corps ; l'âme n'intervient pas en

---

1. *OEuv. phil.* de Descartes, édit. Ad. G., introduction, p. CXVII et CXVIII.
2. M. Maine de Biran.

cela. Si la maladie nous inspire de la tristesse c'est toujours le corps qui agit sur le corps, sans que le moi y soit pour rien, et lorsque Turenne, à sa première bataille, se sentant trembler, s'adresse à son corps et lui dit : « Tu trembles, carcasse; mais si tu savais jusqu'où je *veux* te mener aujourd'hui, tu tremblerais encore bien davantage, » ce n'est pas l'âme de Turenne qui se gourmande elle-même, et qui tente d'étouffer ses craintes; c'est l'âme qui parle au corps, et qui cherche à en comprimer les mouvements. Jusque-là, notre philosophe ne s'écarte pas de Descartes; il lui reste encore fidèle en ajoutant : la connaissance des vérités absolues elles-mêmes n'appartient à l'âme que parce que la volonté est nécessaire pour l'acquisition de ces connaissances[1]. Enfin, suivant lui, la volonté constituant seule le *moi*, la perte de la volonté le détruit ; ce qu'on appelle l'*aliénation mentale* n'est autre chose que l'absence de la volonté ; le fou ne s'appartient pas à lui-même, il est *aliéné*, *alienus*, il appartient à un autre, c'est-à-dire à son corps.

Nous pensons, comme on l'a vu, que non-seulement la volonté, mais encore l'intelligence involontaire et de plus l'inclination et la faculté motrice font partie du moi, et ne peuvent appartenir au corps. Aristote a parfaitement démontré que l'intelligence, qu'il envisageait dans son action spontanée, c'est-à-dire lorsqu'elle est encore dépourvue du secours de la volonté, ne peut exister qu'en un sujet simple. Si l'on parvient à démontrer que la matière peut penser involontairement, on n'aura pas de peine à prouver qu'elle peut vouloir. Par la volonté libre, le *moi* se distingue encore plus fortement de son corps que par ses autres facultés, nous l'accordons; mais la

---

1. Voy. Descartes, *OEuv. phil.*, édit. Ad. G., t. I, p. 355, rat. XX.

conscience qui lui fait apercevoir sa volonté, lui fait apercevoir aussi sa pensée involontaire. Nous disons : *je* me souviens, comme nous disons *je* veux, et nous savons que dans l'un et dans l'autre cas, nous parlons d'autre chose que de notre corps.

De plus, à quels actes notre volonté s'applique-t-elle? A des actes dont nous avons connaissance : comment les vouloir si nous ne les connaissons pas? Il faut donc que la connaissance précède la volonté : si la connaissance précède la volonté, elle a donc été d'abord involontaire. Or cette connaissance involontaire doit résider dans le même être que la volonté; car je ne puis vouloir l'acte dont un autre aurait seul connaissance; on ne doit pas mettre la volonté en moi et la connaissance de l'acte voulu dans un autre; or c'est précisément ce qu'on fait quand on place la connaissance involontaire dans le corps. Sur ce pied, c'est moi qui veux, et c'est mon corps qui sait ce que je veux. Quant à moi je ne le sais pas, car pour le savoir, il faudrait que je l'eusse connu d'abord involontairement, et on me refuse la connaissance involontaire.

Troisièmement, ma volonté ne peut s'appliquer qu'à un acte qui me soit propre; elle est sans prise sur l'acte d'autrui : elle ne gouverne pas votre pensée, elle ne peut gouverner que la mienne. Si donc ma volonté s'applique à une pensée, non-seulement ce doit être à une pensée qui précède la volonté, mais encore à une pensée qui soit la mienne. Or, on suppose que ma volonté s'applique à la pensée d'autrui, quand on avance que toute pensée qui précède la volonté est dans le corps et non dans l'âme. Si l'on reconnaît que ma volonté ne peut s'appliquer qu'à ma pensée, et que j'ai pensé involontairement avant de penser volontairement, on reconnaît que j'existais avant de vouloir, et que l'âme n'est pas uniquement constituée par la volonté.

Répliquera-t-on que l'âme peut exister sans la volonté, mais non pas la conscience de l'âme ou le *moi* proprement dit, c'est-à-dire l'âme se connaissant elle-même? Nous répondrons qu'avant de vouloir se connaître, l'âme a dû se connaître d'abord involontairement, d'une manière confuse, car autrement la volonté de se connaître n'aurait pas où se prendre; la connaissance confuse et involontaire de moi-même a donc précédé la connaissance distincte et volontaire, et le *moi*, en entendant par ce mot seulement la conscience de soi-même, a précédé la volonté.

Le fou, dit-on, est un homme qui a perdu la volonté : donc c'est la volonté qui constitue l'intelligence. Nous avons sur ce sujet à faire plus d'une contestation. Premièrement le fou n'a pas perdu toute intelligence; secondement il n'a pas perdu la volonté. Le fou continue de percevoir les objets extérieurs, et quelquefois il se souvient du passé; mais comme on le verra plus loin, il pervertit ses perceptions et ses souvenirs par le mélange d'une conception et d'une croyance qui constituent précisément sa folie! Percevoir, se souvenir, concevoir, croire, sont des actes de l'intelligence; on ne peut donc pas dire que le fou ne soit plus un être intelligent. On n'est pas plus fondé à soutenir qu'il ait perdu toute volonté : il fait souvent effort pour chasser ses visions et ses croyances ; et alors même qu'il n'y réussit pas, il fait acte de volonté; souvent aussi il conserve volontairement ses illusions; il emploie sa volonté à lutter contre les raisons qu'on lui donne, et il accomplit volontairement les actes qui satisfont sa croyance. Ce n'est donc pas le défaut de volonté qui établit la différence entre le fou et l'homme sain d'esprit. Cette différence consiste en ce que le premier confond ses conceptions et ses perceptions et en ce que le second les distingue. On avance d'ailleurs des choses contradictoires quand on dit que la volonté seule constitue le *moi*, et que le fou, qui n'a plus sa volonté, ne s'appartient plus à lui-même. Il faudrait dire que le fou n'existe plus, et non qu'il appartient à autrui. Mais si l'âme du fou n'existe plus, comment revient-il à la raison? L'âme redescend donc alors dans le corps qu'elle avait cessé d'animer; mais où s'était-elle envolée pendant le cours de la folie?

La théorie que nous avons proposée donne à l'âme humaine plus de facultés qu'on ne lui en accorde ordinairement. Platon et Aristote ne lui attribuent que la raison pure, dégagée de tout commerce des sens, et ils placent dans une âme inférieure, dépendante du corps et périssant avec lui la faculté motrice, la sensation et l'inclination; et même Aristote rejette dans cette âme périssable la conception ou la représentation mentale des choses absentes. Descartes n'accorde à l'âme humaine la faculté de sentir et d'imaginer qu'en tant qu'elle est jointe au corps et il ne promet l'immortalité qu'à l'entendement pur. Enfin, un philosophe moderne ne laisse dans l'âme que la volonté et fait de tout le reste une fonction du corps. Nous avons essayé de montrer que la faculté motrice et l'inclination demandent un sujet simple et permanent, comme l'entendement et la volonté; que si l'on explique la sensation, l'amour, le souvenir par les mouvements de la matière, la même explication s'appliquera tout aussi bien à la volonté et à l'intelligence pure. C'est le même être qui meut, qui aime, qui connaît, applique sa volonté à tous ces actes. L'âme humaine se distingue donc du corps par quatre classes de facultés.

FIN DU LIVRE I.

LIVRE II.

DE LA MÉTHODE QUI CONVIENT A LA DÉTERMINATION DES FACULTÉS.

CHAPITRE I.

DESCRIPTION DE CETTE MÉTHODE.

§ 1. Ce n'est pas la différence des phénomènes, mais leur indépendance réciproque qui doit les faire attribuer à des causes différentes.

L'étude de l'âme ne se borne pas à décrire et à classer les objets comme l'histoire naturelle ; elle recherche les causes des faits, c'est-à-dire qu'elle s'efforce de déterminer les facultés qui produisent les phénomènes de l'âme, de même que la physique essaye de déterminer les propriétés qui causent les phénomènes des corps.

La méthode qui règle la recherche des causes a été instinctivement et confusément suivie à toutes les époques ; mais c'est Bacon qui l'a nettement décrite pour la première fois. Ce n'est pas seulement aux sciences physiques que s'applique la méthode exposée par ce grand philosophe, c'est encore aux sciences morales et particulièrement à l'étude des facultés de l'âme humaine, comme Bacon en a fait la remarque[1].

Il s'est introduit depuis quelque temps en France une

---

1. *Novum organum*, édit. Bouillet, lib. I, § 127.

fausse opinion sur la doctrine de Bacon. L'on a supposé qu'il avait regardé comme impossible l'observation de l'âme par elle-même, et on interprétait dans ce sens une phrase célèbre : « Si l'esprit humain, pour agir sur la matière, contemple la nature des choses et les œuvres de Dieu, son action est conforme aux lois de la nature et est déterminée par ces lois ; mais s'il se retourne sur lui-même, comme une araignée tissant sa toile, son action est vague et produit une doctrine dont les tissus sont admirables par la finesse du fil et du travail, mais frivoles et vains quant à l'usage[1]. » L'auteur parle ici non pas des philosophes qui étudient leur âme, mais des physiciens qui veulent connaître la nature extérieure, et qui, au lieu de contempler les œuvres de Dieu, retournent leur esprit sur lui-même, et inventent des hypothèses qui ne ressemblent pas à la réalité[2]. C'est ainsi qu'Aristote, au lieu d'observer le cours des astres, imagine que le cercle est la figure la plus parfaite, et qu'en conséquence les astres, dans leur cours, doivent décrire une circonférence de cercle. Voilà un de ces tissus frivoles que le philosophe anglais compare aux toiles de l'araignée. On aurait dû se souvenir d'ailleurs que Bacon, dans son traité *des Progrès et de la dignité des sciences*, divise la philosophie en trois parties : la philosophie divine, la philosophie naturelle et la philosophie humaine, et que dans le tableau qu'il trace de cette dernière, l'étude de l'âme et de ses facultés occupe une très-grande place.

Si la physique et l'étude de l'âme observent les phénomènes, l'une par les sens extérieurs, l'autre par la conscience, et ont ainsi un instrument différent, elles suivent la même méthode pour s'élever des phénomènes

---

1. *De augment. et dignit. scient.*, éd. Bouillet, ib. I, § 31.
2. *Novum organum* édit. Bouillet, lib. I. Aph. 62, 63, 95.

à la découverte des causes, c'est-à-dire à la détermination des propriétés dans les corps ou des facultés dans les esprits. Pour établir que deux phénomènes se rapportent à deux causes différentes, la physique exige : ou que ces deux phénomènes soient indépendants l'un de l'autre ; ou que, s'ils ne peuvent se séparer, ils se montrent au moins dans des proportions différentes. Ainsi la chute des corps solides et l'ascension des vapeurs sont deux phénomènes différents, et l'ancienne physique les attribuait à des propriétés diverses des corps ; mais les physiciens modernes, ayant remarqué que la vapeur ne monte qu'en même temps que l'air descend et pousse la vapeur, ils attribuent l'ascension des vapeurs à la même cause que la chute des solides, c'est-à-dire à la gravitation. Si la ténacité d'un corps était, comme on serait tenté de le croire avant l'expérience, en raison directe de sa densité, on aurait considéré ces deux phénomènes comme produits par une seule propriété. Mais l'expérience ayant montré qu'ils ne sont pas en proportion l'un de l'autre, la physique les a rapportés à deux propriétés dans les corps.

C'est sur cette indépendance réciproque des phénomènes que porte toute la méthode de Bacon. Il suppose qu'on recherche la cause de la chaleur et il demande qu'on dresse, 1° une table de toutes les circonstances où se produit la chaleur, c'est ce qu'il appelle *la table de présence* ; 2° une liste de toutes les circonstances où l'on croirait trouver la chaleur, et où elle ne se produit pas, c'est *la table d'absence* ; 3° une liste des quantités de la chaleur produite, c'est *la table des degrés*. Dans l'état actuel de nos expériences on trouverait, 1° sur la liste de présence, que la chaleur se manifeste dans des circonstances où il n'y a pas de lumière ; 2° sur la table d'absence, que la chaleur ne se produit pas dans des circonstances où se produit la lumière ; 3° sur la table des degrés que les quantités de la chaleur ne coïncident pas avec celles de la lumière. On renoncera donc jusqu'à nouvel ordre à croire que la chaleur et la lumière se rapportent l'une à l'autre comme l'effet à la cause, ou qu'elles soient deux effets de la même propriété[1]. On n'admettra cette dernière supposition que si l'on découvre que la lumière et la chaleur sont toujours en proportion l'une de l'autre, mais que l'une des deux est masquée par un obstacle qu'on avait jusqu'ici méconnu. C'est là le fond de ce que Bacon nomme la *méthode inductive*, nom regrettable, parce qu'il était déjà employé dans d'autres sens, et qu'il a donné le change sur la véritable pensée de Bacon.

Cette méthode doit s'appliquer à l'étude de l'esprit humain, comme nous l'avons dit plus haut. On objecte que le physicien ne voit pas les causes, c'est-à-dire les propriétés des corps, et que c'est pour cela qu'il les cherche, mais que l'esprit humain, ayant conscience de ses facultés, n'a pas à les induire des phénomènes. Nous répondons qu'à l'exception du pouvoir de vouloir, l'esprit n'a conscience de ses facultés qu'au moment où elles s'exercent, et que pour juger si elles sont distinctes les unes des autres, il doit observer si l'action de l'une est indépendante de l'action de l'autre, ou si au moins ces deux actions se manifestent ensemble à des degrés différents. L'indépendance des facultés ne se prouve donc que par l'indépendance des phénomènes, et la méthode inductive de Bacon est la seule qui convienne à la détermination des facultés.

Il ne suffit pas que deux phénomènes soient différents

---

1. A l'époque où a paru la première édition de ce traité, la physique était bien moins affirmative qu'elle ne l'est aujourd'hui sur les analogies et même l'identité de la chaleur et de la lumière. (*Note de l'éditeur.*)

pour être indépendants l'un de l'autre. Supposons que nous ayons à examiner ces deux couples de phénomènes, 1° le jugement et le raisonnement, 2° le souvenir des mots et le souvenir des figures : si l'expérience nous montre que le raisonnement contient trois jugements et que celui qui raisonne juge trois fois, il n'y aura entre le raisonnement et le jugement qu'une différence de degré, et ils devront se rapporter à la même cause; si au contraire, le souvenir des mots n'est pas toujours accompagné du souvenir des figures; si l'un n'est pas un degré qu'il faille franchir pour arriver à l'autre, nous reconnaîtrons ici deux phénomènes tout à fait indépendants et nous les rapporterons à deux facultés différentes, c'est-à-dire à deux genres de mémoire qui ne s'impliquent pas l'un l'autre. On voit dans l'exemple précédent que si la différence des phénomènes ne suffit pas pour qu'on les rapporte à des causes différentes, leur ressemblance n'est pas une raison pour qu'on les attribue à la même cause. Le souvenir des mots et le souvenir des formes sont deux souvenirs, mais cette ressemblance ne suffit pas pour établir un seul genre de mémoire.

Lorsque, par la méthode de Bacon, on a découvert les facultés de l'âme, on essaye d'en donner une classification, ou de les distribuer en genres et en espèces. On s'impose alors une tâche semblable à celle de l'histoire naturelle ou des sciences de classification, et la méthode qu'on doit suivre est celle qui est propre à ces sciences, c'est-à-dire qu'on doit faire des divisions distinctes, complètes et fondées sur des caractères importants.

Ainsi, 1° constater l'indépendance réciproque des phénomènes pour découvrir les causes; 2° classer les facultés d'après les caractères importants de ressemblance et de différence, telles sont les deux règles de la méthode psychologique.

§ 2. De la méthode propre à la détermination des facultés chez les anciens et chez les modernes.

Les dissentiments des philosophes sur l'analyse de l'esprit humain viennent, ou de ce qu'ils ont confondu la différence des phénomènes avec leur indépendance, et leur ressemblance avec leur identité, ou de ce qu'ils ont mal classé les facultés qu'ils avaient découvertes. De ces deux causes de désaccord, la première est la plus grave.

Platon n'a pas méconnu la méthode qui doit régler la recherche des facultés de l'âme, bien qu'il ne s'en soit pas rendu compte d'une manière explicite, comme Bacon. Quelques passages des *Dialogues* prouvent que Platon était dans la bonne voie : il démontre dans la République que l'aptitude à la science appartient à une autre cause que le courage, parce que ces deux caractères sont souvent séparés. La mémoire, dit-il, la présence d'esprit, la vivacité de conception et toutes les qualités semblables se rencontrent rarement avec la force et le courage. D'un autre côté, la fermeté et la constance, auxquelles on se fie volontiers dans la guerre, sont souvent aussi étrangères à la science qu'à la crainte, et l'étude ne cause aux guerriers que le sommeil et les bâillements[1]. C'est aussi par la séparation des phénomènes que, dans le *Théétète*, il distingue la connaissance d'avec la croyance, et que dans l'*Hippias*, il sépare le beau de tous les éléments qui sont d'ordinaire confondus avec la beauté.

Mais le lieu où il insiste le plus sur la méthode propre à la détermination des facultés, c'est le passage de la *République* où il établit sa division des facultés de l'âme en *désir, colère* et *raison*. Les désirs, αἱ ἐπιθυμίαι,

---

1. *Rép.*, édit. H. E., t. II, p. 503.

τὰ παθήματα, sont représentés dans la cité par les artisans; la colère, ἡ ὀργὴ, ὁ θυμός, par les guerriers, et la raison, ὁ λογισμὸς, ἡ φρόνησις, par les magistrats. Ces trois caractères ne se trouvent dans la cité à des degrés divers, que parce qu'ils existent plus ou moins dans les particuliers. Si la colère domine dans les citoyens, l'État est guerrier comme chez les Thraces, les Scythes et presque tous les peuples du Nord; si la raison l'emporte, l'État est ami des sciences comme chez les Athéniens; si le désir du gain est le plus répandu, l'État est marchand et commerçant comme chez les Phéniciens et les Égyptiens. Faut-il rapporter ces trois caractères à l'âme, sans distinction, ou à des facultés différentes? L'homme qui, sans marcher, meut ses bras, est à la fois en repos et en mouvement, mais par différentes parties de son corps : l'âme qui attire et repousse à la fois le même objet, agit donc aussi par des facultés différentes. Si quelque chose retient l'âme, quand elle éprouve la soif, il y a en elle autre chose que ce qui a soif et se porte comme la brute vers le breuvage; car l'âme ne peut faire, par la même faculté sur le même objet, deux actions contraires. Il ne faut pas dire d'un archer que ses mains poussent et tirent à la fois le même arc, mais qu'il le tire d'une main et qu'il le pousse de l'autre. Il y a donc dans l'âme qui résiste à la soif, quelque chose qui l'invite à boire et quelque chose qui le lui défend, et cette dernière partie est plus forte que la première. Dans ce cas, ce qui retient c'est la *raison*, ce qui pousse c'est le *désir*. Ce sont deux choses distinctes. Mais la *colère* est-elle un troisième élément, ou se confond-elle avec l'un des deux autres? Leontius, revenant du Pirée, aperçut des cadavres sur la place des supplices; il éprouvait le désir de les voir et en même temps il s'irritait contre son désir. Le désir l'emporta enfin, il courut vers la place et en ouvrant les yeux : « Méchants, s'écria-t-il, rassasiez-vous de ce beau spectacle ! » Cet exemple montre que la colère lutte quelquefois contre le désir et que, par conséquent, elle s'en sépare. Lorsque le désir veut faire violence à la raison, la colère vient au secours de celle-ci, mais la colère ne se joint jamais au désir pour combattre la raison. Lorsque nous avons offensé quelqu'un, plus nous sommes raisonnables, plus nous souffrons patiemment les représailles, et notre colère ne s'élève pas contre celui que nous avons offensé. Si nous sommes, au contraire, l'objet d'une injustice, notre colère s'enflamme, jusqu'à ce qu'elle obtienne vengeance ou qu'elle se calme, sous l'empire de la raison, comme le chien sous la main du berger, ou comme les guerriers sous l'autorité des magistrats. Voici maintenant comment la colère se distingue de la raison : Chez les enfants, la première se montre presque dès la naissance; la seconde vient plus tard, et chez quelques hommes elle ne vient jamais. Cette séparation de la colère et de la raison se montre encore mieux dans les animaux. On peut citer à l'appui de cette opinion ce vers d'Homère sur Ulysse :

Il frappe sa poitrine et gourmande son cœur[1].

Le poëte oppose ici la raison à la colère. Il y a donc autant de facultés dans l'âme que d'ordres de citoyens dans l'État. La raison doit commander, la colère doit la défendre, et le désir doit obéir. La première engendre la sagesse, la seconde le courage, et leur bon accord la justice et la tempérance[2].

Il résulte de ce passage que Platon reconnaît des facultés différentes : 1° quand les phénomènes se séparent les uns des autres, comme la connaissance et la croyance, le courage et l'amour de la science ; 2° et surtout lors-

1. *Odyss.*, XX, 17.
2. *Rép.*, édit. H. E., t. II, p. 435.

que ces éléments sont en guerre les uns contre les autres. Nous n'examinons pas quant à présent si Platon, qui a bien connu la méthode, l'a aussi bien mise en pratique, et si, par exemple, il n'aurait pas dû distinguer deux genres de colère : l'une qui s'unit à la raison et qui s'appelle indignation, l'autre qui s'unit aux passions égoïstes, et qu'il a signalée lui-même chez les animaux. Cette discussion nous ferait anticiper sur des explications qui trouveront mieux leur place ailleurs. Nous nous contentons en ce moment de montrer que Platon admettait que la différence des phénomènes est insuffisante pour marquer la distinction des facultés, et que pour l'établir il cherchait des actes qui fussent indépendants les uns des autres.

Aristote suit implicitement la même méthode, lorsqu'il déclare par exemple que l'âme sera distincte du corps, si l'on peut rapporter à l'une des phénomènes qui soient tout à fait indépendants de ceux qu'on rapporte à l'autre [1], ou lorsqu'il établit par l'indépendance des phénomènes que la faculté motrice n'est ni la faculté nutritive, ni la faculté sensitive, ni l'intelligence, ni le désir [2], etc. Mais il ne donne nulle part une description directe de la méthode qui convient à la détermination des facultés. Il s'est contenté de présenter tableau fidèle et ineffaçable de la méthode de déduction, qui part des propositions générales pour redescendre aux propositions particulières, et il a laissé à Bacon le soin de tracer les règles qui nous dirigent dans la recherche des causes.

Descartes ne s'est pas occupé de l'art de rattacher les phénomènes de l'âme à leurs différentes facultés. Si l'on consulte la seconde partie du *Discours de la Méthode*, et

---

1. *Traité de l'Ame*, livre I, chap. I, § 12 et 13.
2. *Ibid.*, livre III, chap. IX, § 4 et suiv.

les deux ouvrages posthumes : *Règles pour la direction de l'esprit* et *Recherches de la vérité par la lumière naturelle,* on trouvera dans ces immortels écrits des préceptes généraux qui recommandent de fonder la connaissance sur l'évidence et de la développer par des analyses complètes, mais ces préceptes conviennent à tous les genres de sciences et n'indiquent pas la marche particulière à celles qui recherchent les causes. Il y a même un passage de Descartes qu'on pourrait tourner contre la méthode de ces sciences : « L'auteur, dit-il, en parlant d'un ouvrage de Herbert, veut qu'il y ait en nous autant de facultés qu'il y a de diversités à connaître ; ce que je ne puis entendre autrement que, comme si à cause que la cire peut recevoir une infinité de figures, on disait qu'elle a en soi une infinité de facultés pour les recevoir. Mais je ne vois point qu'on puisse tirer aucune utilité de cette façon de parler, et il me semble plutôt qu'elle peut nuire en donnant sujet aux ignorants d'imaginer autant de diverses petites entités en notre âme. C'est pourquoi j'aime mieux concevoir que la cire par sa seule flexibilité reçoit toute sortes de figures, et que l'âme acquiert toutes les connaissances par la réflexion qu'elle fait, ou sur soi-même pour les choses intellectuelles, ou sur les diverses dispositions du cerveau pour les choses corporelles [1]. »

Si l'on rapporte à une seule propriété de la cire, à la flexibilité, toutes les figures qu'elle peut recevoir, c'est précisément parce que toutes y sont reçues sans exclusion. Mais toute âme qui produit un acte intellectuel est-elle également propre à produire tous les autres ? c'est la question qu'il faut se poser. Avec la méthode que Descartes adoptait il devait arriver à ne reconnaître

---

1. *OEuvres philosophiques,* édit. Ad. G., t. IV, p. 279-80.

qu'une seule propriété dans les corps et qu'une seule faculté dans l'âme, et il y est parvenu en effet. Pour lui, l'étendue est la substance des corps, et la mobilité des parties est la seule propriété d'où dérivent tous les phénomènes visibles[1]. Mais cette théorie n'explique pas pourquoi tous les corps n'ont pas le même degré de solidité, de ténacité, de capacité pour la chaleur, etc.; car si l'on dit qu'ils ont différentes aptitudes à tel ou tel mouvement, on rétablit la pluralité des propriétés, et il faut pour les déterminer avoir de nouveau recours à l'indépendance des phénomènes. De même, si l'on avance que l'âme acquiert toutes ses connaissances par une seule faculté, par la réflexion qu'elle fait soit sur elle-même, soit sur les dispositions du cerveau, on n'explique pas par là comment, par exemple, elle connaît quelquefois sans croire, ou croit quelquefois sans connaître; ou bien, si l'on dit qu'elle a plus ou moins d'aptitude à la réflexion sur tel ou tel objet, on rétablit la pluralité des facultés intellectuelles qu'on avait voulu éviter.

Depuis Descartes, les philosophes ont, à son exemple, souvent confondu la différence des phénomènes avec leur indépendance, et leur ressemblance avec leur identité. Nous n'avons d'exception à faire que pour un seul, qui n'a pas toujours bien suivi la méthode, mais qui l'a explicitement exposée en des termes précis. Ces termes méritent d'être rapportés, et ils résumeront ce que nous avons dit de la méthode propre à la détermination des facultés. « Lorsque deux sentiments, dit David Hume, s'accompagnent toujours au même degré, il faut les rapporter à la même cause. C'est ainsi que les physiciens pensent que la lune est retenue dans son orbite par la

---

1. *Ibid.*, édit. Ad. G., t. I, p. 288 et suiv., et t. III, p. 281 et suivantes.

même force qui fait tomber les corps vers la terre, parce que le calcul prouve que ces deux phénomènes s'accompagnent et sont en proportion l'un de l'autre. Cette manière de raisonner ne doit-elle pas produire autant de conviction dans les recherches morales que dans les recherches physiques [1]? »

1. *Essais philosophiques*, trad. franç., t. V, p. 153.

CHAPITRE II.

DIVISION DES FACULTÉS.

§ 1. La diversité des facultés ne divise point l'âme.

Nous entendons par facultés les causes des phénomènes de l'âme. Platon les appelait δυνάμεις[1]. La faculté est un pouvoir; nous examinerons plus loin comment nous arrivons à la notion du pouvoir et de la cause, et pourquoi les causes sont appelées propriétés dans les corps et facultés dans les âmes; chacun comprend le mot de *pouvoir* et par conséquent le mot *faculté*, et cela nous suffit quant à présent.

Une faculté ne doit pas être considérée comme distincte de l'âme. Le pouvoir s'identifie avec l'être qui le possède. Bossuet dit avec raison. « La mémoire n'est autre chose que l'âme en tant qu'elle retient et se ressouvient; la volonté n'est autre chose que l'âme en tant qu'elle veut et qu'elle choisit.... Toutes les facultés ne sont au fond que la même âme qui reçoit divers noms à cause de ses différentes opérations[2]. »

L'âme accomplit des actes indépendants les uns des autres, qui nous font connaître en elle des pouvoirs in-

1. *Rép.*, édit. H. E., II, 477, b.
2. *De la connaissance de Dieu et de soi-même*, chap. i, § 20, à la fin.

dépendants, mais ces pouvoirs ne sont pas hors les uns des autres ni hors de l'âme, et ils n'en brisent pas l'unité. Le monde physique lui-même présente une image de l'indivisibilité de l'âme et de la pluralité de ses facultés : les physiciens admettent que les propriétés se pénètrent dans la molécule ; que là où se trouve la solidité, se trouvent aussi, quoique à des degrés divers, la ténacité, la ductilité, et les propriétés qui produisent la chaleur, la couleur, le son, l'odeur, la saveur ; que tout cela occupe le même point de l'espace et du temps. Leibniz accordait même la simplicité à la monade corporelle, mais il établissait que pour faire un corps qui est divisible, il faut plusieurs monades, tandis qu'il n'en faut qu'une pour faire une âme, qui est indivisible.

Les facultés, si nombreuses qu'on les admette, se rapportent donc toutes au même *moi* ; ce *moi* simple se retrouve entier et indivisible dans la connaissance, dans la croyance, dans l'amour, dans la volonté. Toutes ces facultés se pénètrent mutuellement ; il n'y a pas le *moi* de l'intelligence, le *moi* de la volonté ; il n'y en a qu'un seul pour toutes. Comment le moi est-il un et divers, nous ne pouvons le dire ; mais la conscience nous montre qu'il a ces deux qualités. Les facultés existent donc, indépendantes les unes des autres, sans diviser l'âme et sans la multiplier.

§ 2. De l'ancienne division des facultés en sens et raison.

Après avoir déterminé les facultés par l'indépendance des phénomènes, il faut distribuer ces facultés en différentes classes, suivant leurs ressemblances.

La classification la plus ancienne est celle qui comprend toutes les facultés sous deux titres, les *sens* et la *raison*. Elle est déjà employée par Socrate, qui probablement ne l'avait pas inventée et la prenait dans le langage commun. « Les dieux, dit-il, ont accordé aux hommes les sens αἰσθήσεις, appropriés à chaque objet particulier, par le moyen desquels nous jouissons de tous les biens, et la raison λογισμός, par laquelle réfléchissant sur ce que nous sentons et nous rappelant le passé, nous apprécions l'utilité de chaque chose et inventons les moyens de nous assurer les biens et d'éloigner les maux[1]. »

Ainsi Socrate attribue aux sens la connaissance des objets particuliers, les plaisirs et les peines; et à la raison la connaissance des phénomènes intérieurs, la mémoire du passé, la prévision de l'avenir, et aussi la *dialectique*, ou la formation des idées générales et abstraites[2].

Platon, dans un passage de la *République*, établit que l'âme a trois facultés : le désir, la colère et la raison ; mais partout ailleurs il revient à la division de Socrate, et se contente d'opposer les sens et la raison. Il dit qu'on entend par le mot sentir αἰσθάνεσθαι tous les actes de l'âme qui s'accomplissent à l'aide du corps[3], et il rapporte aux sens non-seulement la vue, l'ouïe, l'odorat, etc., mais les plaisirs et les peines, les désirs et les craintes[4]; quant à la raison[5], il lui attribue les mêmes actes que Socrate et de plus la connaissance de l'essence immuable des choses[6], des vérités mathématiques[7] et des vérités nécessaires[8].

---

1. Xénophon, *Mémoires*, livre IV, chap. III, § 11.
2. Xénophon, *Mémoires*, livre IV, chap. V, § 11 et chap. VI, § 1.
3. *Théétète*, édit. H. E., t. I, p. 186.
4. *Théétète*, édit. H. E., t. I, p. 155, d. e.
5. Λογισμός, *Phédon*, édit., H. E., t. I, p. 65 ; λόγος, *Phédon*, édit. H. E., t. I, p. 66 ; διάνοια, *Phédon*, édit. H. E., t. I, p. 65 ; *République*, édit. H. E. t. II, p. 510, a ; φρόνησις, *Phédon*, édit. H. E., t. I, p. 110 ; ψυχὴ αὐτὴ καθ' αὑτήν, *Phédon*, édit. H. E., t. I, p. 65, c.
6. *Phédon*, édit. H. E., t. I, p. 81 ; *Cratyle*, édit. H. E., t. I, p. 439 ; *Phèdre*, édit. H. E., t. III, p. 247, c. d. e.
7. *Rép.* édit. H. E., t. II, p. 526 a.
8. Aristote, *Dern. anal.*, l. I, chap. XXXIII, § 1.

Socrate et Platon font encore rentrer dans la raison la liberté, Ἐλευθερία, qu'ils définissent le pouvoir de bien faire, et qui, disent-ils, ne nous est ravie que par les passions [1].

Cette division est claire, et naturelle, fondée sur un fait assez important, c'est-à-dire sur l'intervention du corps dans une partie des actes de l'âme. Mais peut-être est-elle incomplète et néglige-t-elle des caractères plus importants encore que celui qu'elle considère? Premièrement, la connaissance des objets corporels est ici confondue avec la peine et le plaisir, l'amour et la haine; cette connaissance serait mieux placée dans la même classe que la mémoire, la prévision de l'avenir et les autres facultés intellectuelles. Secondement, si l'on entend par le mot *sentir* les actes de l'âme qui s'accomplissent à l'aide du corps, on ne doit pas rapporter aux sens toutes les inclinations, car si les sens ont leurs peines et plaisirs, la raison a aussi les siens. Socrate indique lui-même au nombre des plaisirs de l'esprit celui de rechercher les causes des phénomènes; par exemple, pourquoi dans une lampe la flamme éclaire sans réfléchir les objets, tandis que le cuivre n'éclaire pas et réfléchit les images; pourquoi l'huile entretient la flamme, tandis que l'eau éteint le feu [2]? Il distingue entre l'amour corporel et l'amour intellectuel [3].

Platon fait les mêmes distinctions dans le *Philèbe*, le *Phèdre*, le *Charmide* et le *Banquet* [4].

Si l'on met d'un côté les connaissances et les peines et plaisirs des sens, il faudra donc mettre de l'autre les

---

1. Xénophon, *Mém.* livre IV, chap. v; Platon, *Charmide*, édit. H. E., t. II, p. 163.
2. Xénophon, *Banquet*, § 7.
3. *Id. ibid*, § 8.
4. *Philèbe* édit. H. E., t. II, p. 32, 47, 50, 51, 62. *Phèdre*, édit. H. E., t. III, p. 233, d. c.; *Charmide*, édit. H. E. t. II, p. 154; *Banquet*, édit. H. E., t. III, p. 214 et suiv.

connaissances et les peines et plaisirs de la raison. Mais la limite entre les sens et la raison est-elle assez bien marquée pour servir à une bonne division? Si l'on entend par *sens* toutes les facultés que l'âme exerce à l'aide du corps, la conception d'un objet absent doit-elle faire partie des sens? Platon pense que cette conception, Εἰκασία, est indépendante du corps[1]; Aristote, les Scholastiques, et Descartes disent, qu'elle ne peut exister qu'à l'aide des organes corporels, et ils en font un *sens intérieur* qu'ils opposent à la vue, à l'ouïe, etc., nommés *sens extérieurs* parce que leur organe paraît au dehors[2]. Il faut donc essayer de classer les facultés de l'âme par les caractères qu'elles présentent en elles-mêmes, sans considérer l'entremise des organes corporels.

La division de Socrate et de Platon confond dans la même classe des facultés qui devraient être distinguées. Socrate définit la liberté, le pouvoir de bien faire, et il la rapporte à la raison; il a été suivi en cela par son plus illustre disciple, qui regarde la liberté comme une dépendance de la raison. « Connais-tu, dit Platon, un désir, ἐπιθυμία, qui ne se rapporte pas au plaisir, ou une volonté, βούλησις, qui ne se rapporte pas au bien[3]? » Nous montrerons plus loin que l'homme ne possède pas seulement la liberté de vouloir bien faire, mais aussi la liberté de vouloir faire le mal. Si l'ascendant de la raison était pour nous irrésistible, on ne pourrait pas dire que nous y obéissions librement. Quand on suppose que quiconque connaît le vrai et le bon les suit,

---

1. *Rép.*, édit. H. E., t. II, p. 511, d. e.
2. Aristote, *de l'Ame*, livre I, chap. I, § 12 et livre III, chapitre III, § 4. Saint Thomas, *Somme théologique*, Iʳᵉ partie, question 78, article 4. *Descartes*, édit. Ad. G., introduction, p. CI et CII. Bossuet, *Connaiss. de Dieu et de soi-même*, chap. I, article 5.
3. *Charmide*, édit. H. E., t. II, p. 163.

on ne distingue pas entre raison et volonté; mais s'il ne suffit pas de connaître le bien pour le vouloir, si tout en connaissant le bien nous voulons le mal, il y a lieu de distinguer la volonté ou la liberté non-seulement d'avec les passions mais d'avec la raison, et c'est une distinction qui ne se trouve pas dans la division commune des sens et de la raison.

Aristote ne s'est pas attaché à donner une classification des facultés; il se contente de blâmer celle de Platon. « C'est, dit-il, un embarras de savoir combien l'âme a de facultés; car, en un sens, elles sont infinies : il y a non-seulement celles que quelques-uns désignent, comme la partie raisonnable, la partie irascible et la partie concupiscible, τὸ λογιστικὸν καὶ θυμικὸν καὶ ἐπιθυμητικὸν, ou, comme on dit encore, la partie raisonnable et la partie irraisonnable, τὸ λόγον ἔχον καὶ τὸ ἄλογον; mais il en est d'autres qui sont séparées des facultés ordinairement reconnues, plus que celles-ci ne sont séparées entre elles. Il y a par exemple la faculté *nutritive*, τὸ τρεπτικὸν, qui appartient aux plantes et aux animaux, la faculté sensitive, τὸ αἰσθητικόν, qu'il ne serait pas facile de placer ni dans la partie raisonnable ni dans la partie irraisonnable, et encore la faculté représentative ou imaginative, τὸ φανταστικόν, qui se sépare de toutes les autres. L'inclination, τὸ ὀρεκτικὸν, paraît aussi différer, en acte et en puissance, de toutes les autres facultés, et cependant il serait ridicule de l'en séparer; car, dans la partie raisonnable, l'inclination devient la volonté, et dans la partie irraisonnable, elle devient le désir et la colère[1]. »

De ces critiques d'Aristote, les unes sont justes, les autres ne le sont pas. Aristote, qui attribue aux *sens* la *connaissance* des objets extérieurs particuliers, est bien

---

1. *De l'Ame*, livre III, chap. IX, § 2 et 3.

fondé à dire que les sens ne se placent facilement ni dans la raison, qui agit sans le secours du corps, ni dans la partie irraisonnable, qui comprend le désir et la colère et ne contient pas de *connaissance*. Suivant Aristote, l'imagination, entendue comme conception d'un objet absent, ne peut se passer du corps : elle ne devra donc figurer ni dans la raison, qui est indépendante du corps, ni dans la partie concupiscible ou irascible de l'âme. Quant à l'inclination, Aristote dit à bon droit qu'elle devient le désir et la colère, mais à tort qu'elle devient la volonté, car nous montrerons qu'il ne suffit pas d'une inclination conforme à la raison, pour constituer la volonté. Il ne peut d'ailleurs reprocher à Platon d'avoir négligé l'inclination, puisqu'il l'identifie lui-même avec le désir et la colère, et qu'il ne la distingue pas non plus d'avec la volonté.

La critique d'Aristote, sur la connaissance par les sens et la faculté imaginative, prouve l'inconvénient de fonder la division des facultés de l'âme sur l'entremise des organes corporels. Quand on renonce à cette base, on ne trouve pas d'embarras à placer la connaissance sensitive et l'imagination dans l'intelligence, c'est-à-dire dans la classe des facultés intellectuelles, et à les séparer ainsi de la classe qui renferme les inclinations.

En dehors du passage où le disciple de Platon censure la classification de son maître, il fait plusieurs fois l'énumération des facultés de l'âme, mais de diverses manières. D'un côté, il nomme la faculté nutritive, la faculté sensitive, l'inclination, la locomotion, l'intelligence[1]; de l'autre, il supprime de cette liste la locomotion et il y ajoute la volonté [2]; il paraît distinguer ici l'incli-

---

1. Δυνάμεις δὲ τῆς ψυχῆς εἴπομεν θρεπτικόν, αἰσθητικόν, ὀρεκτικόν, κινητικὸν κατὰ τόπον, διανοητικόν. *De l'Ame*, livre III, chap. III, § 1.

2. Βουλευτικόν. *Ibid.*, livre III, chap. X, § 4.

nation et la volonté, quoiqu'il ait donné ailleurs la volonté comme un mode de l'inclination ; il ne reproduit ni d'un côté ni de l'autre l'imagination, τὸ φανταστικόν, qu'il reprochait à Platon d'avoir oubliée dans sa division des facultés.

De ces énumérations diverses, on pourrait faire sortir la classification suivante : 1° l'intelligence, τὸ διανοητικόν, comprenant les connaissances par les sens et sans le secours des sens, ainsi que les croyances que nous décrirons par la suite ; 2° l'inclination, τὸ ὀρεκτικόν, renfermant tous les penchants et les plaisirs et peines qui en dérivent, tant ceux que l'on rapporte aux sens que ceux que l'on rapporte à la raison ; 3° la faculté motrice, τὸ κινητικὸν κατὰ τόπον, qu'il faut reconnaître pour une faculté de l'âme ; 4° la volonté, τὸ βουλευτικόν, qu'il faut distinguer de l'inclination et de l'intelligence.

Après Socrate, Platon et Aristote, on ne trouve plus dans l'antiquité de travaux originaux sur l'étude de l'âme. Cicéron se borne à reproduire en partie le tableau de la philosophie grecque, et il traduit à peu près la phrase où Socrate fait la division générale des facultés et que nous avons rapportée plus haut. « La principale différence qui existe, dit-il, entre l'homme et la bête, c'est que celle-ci n'étant conduite que par les sens, *sensus*, s'attache uniquement à ce qui est devant elle, au temps présent, et n'a presque aucun sentiment du passé ni de l'avenir ; tandis que l'homme doué de la raison, *ratio*, par laquelle il prévoit les effets et remonte aux causes, embrasse d'un coup d'œil l'origine et le progrès des événements, compare les rapports, lie et enchaîne l'avenir au présent, contemple facilement le cours entier de la vie, et fait les apprêts nécessaires pour le remplir[1].

---

1. *De Officiis*, lib. I, cap. IV.

Dans les temps modernes, l'étude de l'âme recommence avec Descartes; ce grand novateur suit cependant l'antiquité dans la division de nos facultés. Il applique le nom de pensée à tous les actes de l'âme. De nos pensées, les unes ont l'âme elle-même pour origine; les autres sont causées par le corps. Les pensées que l'âme produit par elle-même, comme disait Platon, αὐτὴ καθ' αὑτήν, sont : 1° les volontés, qui s'appliquent soit à l'intérieur de l'âme, comme quand nous voulons aimer Dieu, soit à notre corps, comme quand nous voulons le mouvement de nos membres ; 2° les perceptions ou connaissances, telles que la perception des choses purement intelligibles et l'imagination des choses qui n'existent pas; perceptions que Descartes comprend sous le nom de raison, d'entendement, d'intellect ou d'intellection pure. Les pensées causées par le corps sont : 1° les rêveries et les songes; 2° les perceptions du son, de la lumière, etc.; 3° la faim, la soif, la douleur, etc.; 4° la colère, la haine, l'amour et les autres passions[1]. »

Cette division semble différer de celle de Socrate et de Platon en ce qu'elle distingue la raison d'avec la volonté, mais la distinction est plutôt dans les mots que dans les choses. « La liberté ou la volonté, dit Descartes, consiste seulement en ce que pour affirmer ou nier, pour suivre ou fuir les choses que l'entendement nous propose, nous agissons de telle sorte que nous ne sentons point qu'aucune force extérieure nous y contraigne; car afin que je sois libre, il n'est pas nécessaire que je sois indifférent à choisir l'un ou l'autre des deux contraires; mais plutôt, d'autant plus que je penche vers l'un, soit que je connaisse évidemment que le bien et le vrai s'y rencontrent, soit que Dieu dispose ainsi

---

1. *OEuvres philosophiques*, édit. Ad. G., introd., p. ci.

l'intérieur de ma pensée, d'autant plus librement j'en fais choix et je l'embrasse.... Si je connaissais toujours clairement ce qui est vrai et ce qui est bon, je ne serais jamais en peine de délibérer quel jugement et quel choix je devrais faire, et ainsi je serais entièrement libre sans jamais être indifférent[1]. » Descartes ne fait donc pas de distinction sérieuse entre la raison et la liberté; plus la raison nous domine, plus, suivant lui, nous sommes libres; il n'y a que les passions qui diffèrent de la liberté. Du reste, Descartes, dans sa classification générale, attribue aux sens, ou aux facultés qui s'exercent à l'aide du corps, non-seulement la perception du son, de la lumière, etc., mais encore tous les penchants, toutes les inclinations de notre nature, quoiqu'il ait distingué lui-même ailleurs un amour sensitif et un amour raisonnable[2], une joie et une tristesse physiques, une joie et une tristesse intellectuelles[3].

La classification de Descartes a donc aussi le défaut de séparer ce qui devrait être réuni et de réunir ce qui devrait être séparé. Ce philosophe pousse encore plus loin que les anciens la tentative de fonder la distinction des opérations de l'âme sur la part que les organes corporels prennent à ces opérations : il rapporte les rêveries et les songes à ce qu'il appelle les esprits animaux, et les perceptions et les passions soit aux nerfs, soit aux manières diverses dont les esprits animaux pénètrent dans les pores du cerveau[4]; mais il ne suit ici d'autre guide que son imagination.

---

1. *OEuvres philos.*, édit. Ad. G., t. I, p. 140-1.
2. *Ibid.*, introd., p. cxii et lettre xxii.
3. *Ibid.*, introd., p. cv et cvi.
4. *Ibid.*, introd., p. cxviii.

§ 3. De la division des facultés en faculté motrice, inclinations, intelligence et volonté.

Depuis Descartes, la division générale des facultés a reçu quelques changements qui ne sont pas sans importance. Malebranche, Arnauld et Leibniz considèrent les sens comme des sources de connaissance et ils ne confondent pas avec ceux-ci les inclinations ou les tendances de la nature humaine[1]. Bossuet sépare la volonté d'avec la raison, plus fortement que ne l'avait fait Descartes, en reconnaissant que l'homme peut vouloir faire le mal, même lorsqu'il connaît clairement le bien[2].

Locke, de son côté, fait une division très-nette : 1° la connaissance par les sens, qu'il appelle perception, mais dont il a tort de faire dériver tout l'entendement; 2° la plaisir et la peine, l'amour et la haine ; 3° la volonté, la seule faculté qui lui paraisse mériter le nom de puissance active et se distinguer ainsi de toutes les autres, qui sont passives, c'est-à-dire qui n'agissent pas d'elles-mêmes[3]. Enfin Thomas Reid établit une classification dans laquelle figurent l'intelligence, l'inclination et la volonté libre ; et en montrant que l'âme donne au corps certains mouvements sans le concours de la volonté, il reconnaît cette faculté motrice que les cartésiens ont refusée à l'âme, mais que les anciens philosophes avaient tous distinguée du corps, quoiqu'ils ne l'eussent pas placée dans le tableau général des facultés[4].

---

1. Malebranche, *Recherche de la vérité*, livre I, chap. x, § 6, et livre IV, chap. III, § 1. Arnauld, *Des vraies et des fausses idées*, chap. II et suiv. Leibniz, *Nouveaux essais sur l'entendement humain*, livre I, chap. II, § 9, livre II, chap. xx, § 9.
2. Bossuet, *Traité du libre arbitre*.
3. *Essai sur l'entendement humain*, livre II, chap. xx.
4. Voy. *Critique de la philosophie de Thomas Reid*, par Ad. Garnier. Paris, Hachette, p. 45 et suiv.

En résumé, la division la plus ancienne et la plus commune des facultés de l'âme est celle qui les range sous deux titres : les sens et la raison ; mais cette division, marquée par une limite qui n'est pas encore assez étudiée, devient incertaine lorsqu'on veut classer quelques phénomènes, tels que le souvenir et l'imagination des objets corporels. De plus, elle sépare de l'intelligence les connaissances obtenues par les sens extérieurs, et elle confond avec ces derniers tous les penchants, toutes les inclinations de la nature humaine. Enfin elle ne met en évidence ni la faculté que l'âme possède de mouvoir le corps, ni le vrai caractère de la volonté, c'est-à-dire la liberté.

Nous nous arrêtons donc à la classification qui distribue les facultés de l'âme sous les quatre titres suivants : 1° la faculté motrice ; 2° les inclinations ; 3° l'intelligence ou les facultés intellectuelles ; 4° la volonté. Nous ne rapportons à la faculté motrice que les mouvements dont l'âme a conscience, ceux qu'elle peut vouloir, parce qu'elle a conscience de les avoir d'abord produits involontairement. Nous laissons à d'autres le soin d'examiner s'il faut lui attribuer la nutrition, la sécrétion, la circulation du sang, etc., dont elle n'a jamais conscience [1]. Nous entendons par inclination, comme Descartes [2], Pascal [3] et Malebranche [4], la disposition de l'âme à rechercher certains objets, à jouir ou à souffrir, à aimer ou à haïr, en présence ou à l'idée de ces objets. Nous comprenons sous le nom d'intelligence, d'esprit, d'entendement ou de raison, non-seulement les faits intellectuels qui dépassent la portée des sens, mais aussi les connais-

---

1. Voy. plus haut, livre I, chap. I, § 2 ; et plus loin, livre III, chapitre I.
2. *OEvres philos.* édit. Ad. G., t. I, p. CXI et 117.
3. *Pensées*, édit. Faug., t. I, p. 191.
4. *De la recherche de la vérité*, livre IV.

sances que nous devons à cette dernière origine. Enfin, nous employons le mot de volonté, pour signifier non pas l'inclination raisonnable, ni seulement le pouvoir de choisir entre différents biens, mais le pouvoir de choisir entre le bien et le mal, c'est-à-dire la véritable liberté.

Des quatre divisions précédentes, la faculté motrice et la volonté expriment chacune un seul pouvoir de l'âme ; les inclinations et l'intelligence comprennent plusieurs facultés. Nous devons justifier cette classification, en montrant qu'elle est fondée sur l'indépendance réciproque des phénomènes. Premièrement, l'âme meut quelquefois le corps instinctivement, c'est-à-dire sans connaissance et sans volition, comme lorsque le nouveau-né déploie ses membres et remue ses lèvres pour la première fois ; elle meut aussi le corps sans peine ni plaisir, sans amour ni haine, comme il arrive souvent dans la production du geste naturel. Le mouvement pouvant se séparer de la passion, de la volition et de la connaissance, doit donc être rapporté à une autre faculté que ces trois phénomènes.

Secondement, le plaisir et la peine peuvent exister sans le mouvement, comme le plaisir de la méditation et les peines du souvenir ; sans la volition et même contre la volition, car si notre volition était la maîtresse, la peine n'existerait pas et le plaisir serait plus vif et plus durable ; sans la connaissance, comme une douleur de tête, qui ne nous fait percevoir ni forme ni résistance, une tristesse vague qui ne se rattache à aucune cause, ou enfin un contentement indéterminé dont nous ne pouvons indiquer l'origine. En conséquence, les inclinations qui sont les sources des plaisirs et des peines doivent se distinguer de la faculté motrice, de l'intelligence et de la volonté.

Troisièmement, la connaissance n'est pas toujours accompagnée du mouvement : le peintre immobile contemple dans sa pensée l'image qu'il va exprimer sur la toile; ni du plaisir ou de la peine : il y a des objets de connaissance qui nous laissent indifférents; ni enfin de la volition, car celle-ci s'applique seulement à une connaissance qui a été involontaire.

Quatrièmement enfin, la volition est toujours précédée des autres phénomènes, car pour vouloir agir il faut connaître l'acte, et pour le connaître il faut l'avoir accompli; puisqu'elle est précédée des autres phénomènes, elle s'en sépare. D'un autre côté, elle ne réussit pas toujours à opérer les actes auxquels elle s'applique : ainsi nous voulons le mouvement et quelquefois il ne s'accomplit pas; nous voulons aimer et nous restons indifférents; nous voulons rappeler une pensée, et elle s'obstine à nous fuir. La volonté est donc une faculté à part, et non, comme on l'a dit quelquefois, le mode des autres facultés.

Voyons maintenant quels sont les caractères communs qui nous permettent de renfermer dans une même classe, d'un côté les inclinations, et de l'autre les facultés intellectuelles.

Les inclinations ont des caractères généraux qui sont faciles à saisir. 1° Elles se manifestent toutes par le plaisir et la peine, par l'amour et la haine, qui sont, à proprement parler, les *passions*. Nous entendons par ce dernier terme, comme Malebranche et Leibniz, les modes ou les manifestations des tendances ou des inclinations [1]. 2° Chaque passion a son contraire : le contraire du plaisir est la peine, celui de la haine est l'amour, et chaque passion se change souvent en son contraire; les facultés intellectuelles n'ont pas leur contraire, mais seulement leur contradictoire : on dit savoir et ne pas savoir, mais

---

1. Malebranche, *Recherche de la vérité*, 4ᵉ édit. Paris, 1678, livre V, chap. 1, p. 289. Leibniz. *Nouv. essais*, livre II, chap. xx, § 9.

il n'y a pas entre l'un est l'autre la même opposition qu'entre aimer et haïr. Ne pas savoir ou ignorer est une négation ; haïr est un état positif. 3° Les inclinations agissent plus fortement sur le corps que les facultés intellectuelles. 4° Les premières sont moins soumises à l'empire de la volonté que les secondes et que la faculté motrice. 5° Elles sont semblables par leur nature, elles ne diffèrent que par leur objet.

Les facultés intellectuelles comprennent la connaissance et la croyance. Connaître est un fait aussi simple, aussi indéfinissable que jouir, souffrir et vouloir ; on ne peut que le constater par des exemples. Nous connaissons, soit des objets qui existent en dehors de notre pensée, tels que le corps, ou qui n'existent que dans notre pensée, comme le cercle parfait. La croyance est également indéfinissable : elle se rapporte à la connaissance, parce qu'elle en est une anticipation ou un supplément. Nous croyons, par exemple, que la nature est stable avant d'en avoir connu la stabilité, mais cette stabilité deviendra pour nous un objet de connaissance. Nous croyons qu'Alexandre a existé, quoique nous ne l'ayons pas vu, mais cette existence a été connue par d'autres. Ceux qui ne sont pas astronomes croient que le soleil est à environ trente-quatre millions de lieues de la terre, quoiqu'ils n'aient pas mesuré cette distance, mais elle est pour d'autres un objet connu. Tel est donc le rapport de la croyance avec la connaissance : nous ne croyons que ce qui pourra être pour nous ou pour un autre un objet de connaissance. Voilà pourquoi la connaissance et la croyance ont été comprises sous le même nom, sous celui de l'intelligence. Les facultés intellectuelles sont donc celles qui, tout en s'appliquant à des objets divers, se ressemblent en ce que leur rôle consiste à connaître ou à croire, c'est-à-dire à acquérir la connaissance ou à y suppléer.

Les facultés intellectuelles sont plus souvent en action que toutes les autres. Pendant l'état de veille, nous ne sommes jamais sans connaissance ou croyance, quoique nous soyons souvent sans mouvement, sans volition et dans la plus complète indifférence. Le plaisir et la peine s'émoussent vite; notre nature ne paraît pas faite pour résister à la présence assidue de l'un ou de l'autre : l'intelligence se procure le repos en remplaçant l'acte d'une faculté intellectuelle par l'acte d'une autre. La volonté est celle de toutes nos facultés qui se repose le plus souvent : l'acte qu'elle a souvent voulu, nous le continuons en son absence par l'habitude. Les facultés intellectuelles sont moins soumises à la volonté que la faculté motrice, mais elles le sont plus que les inclinations et l'on verra plus loin les perfectionnements que la volonté apporte à l'intelligence.

FIN DU LIVRE II.

LIVRE III.

LA FACULTÉ MOTRICE.

CHAPITRE I.

DÉTERMINATION DE LA FACULTÉ MOTRICE.

§ 1. Distinction de la faculté motrice et de la volonté.

La faculté motrice est celle qui se manifeste le plus tôt. A peine la créature humaine est-elle déposée sur sa première couche, qu'elle meut ses lèvres, agite ses membres et tend les muscles de la poitrine et de la gorge qui produisent la voix et le cri. Nous ignorons si à ce moment la créature connaît, jouit, souffre ou veut; nous pouvons le croire, mais nous savons très-certainement qu'elle produit des mouvements. C'est une première raison pour que nous fassions connaître d'abord la faculté motrice. De plus, l'action de cette faculté est la plus simple de toutes, et par conséquent la plus facile à étudier. Enfin, toutes les autres facultés agissent sur elle, tandis qu'elle n'agit sur aucune : elle n'a de pouvoir que sur le corps.

Presque tous les anciens ont reconnu cette faculté, presque tous les modernes l'ont méconnue. Ils l'ont confondue avec la volonté; c'est donc de la volonté que nous devons surtout la distinguer. Le *moi* ne peut vouloir faire que ce qu'il a fait d'abord involontairement et par lui-même. Je ne puis vouloir user que d'un pouvoir que je me connais, et je ne puis le connaître que si je l'ai exercé d'abord sans le vouloir. Je veux entendre, parce que j'ai d'abord entendu sans le vouloir; je veux me souvenir, parce que je me suis souvenu involontairement. Si je n'avais pas entendu, si je ne m'étais pas souvenu, comment pourrais-je vouloir entendre et me souvenir? C'est ainsi que je veux mouvoir le bras, parce que je l'ai d'abord mis moi-même en mouvement sans le vouloir, par une faculté qui m'est propre et qui n'est pas la volonté[1].

Ma volonté fortifie mes autres facultés, mais elle ne les crée pas, et ne les remplace pas. *J'entends volontairement, je vois volontairement, je meus volontairement :* le dernier terme de ces propositions peut se supprimer, et il reste ces mots : *j'entends, je vois, je meus*, c'est l'expression de l'acte de mes facultés, dépourvu du concours de la volonté. Celle-ci peut être présente ou absente; mais elle ne peut s'ajouter qu'à mes propres facultés. Je ne puis vouloir l'acte d'autrui; et pour l'âme, l'acte du corps est l'acte d'autrui. Quand je veux penser, je veux ma pensée, je ne veux pas la vôtre ; je ne puis donc vouloir l'action de mon corps, pas plus que l'action du corps d'autrui ; je ne puis vouloir que mon action. Si donc je veux certain mouvement, c'est qu'il est mon action et non l'action de mon corps, c'est que la faculté motrice dont il dépend fait partie de moi-même et non du corps. En résumé, ma volonté n'a de prise que sur mes propres actes : je ne veux jamais le mouvement du soleil et je veux le mouvement de mon bras : donc je connais en moi un pouvoir de mouvoir mon bras, distincte de ma volonté.

§ 2. La conscience nous atteste l'action de la faculté motrice.

On objecte à tort que nous n'avons pas conscience de

[1]. Voy. plus haut, livre I, chap. I, § 1.

l'action de cette faculté motrice. Lorsque nous éprouvons la résistance d'un corps, nous avons conscience d'une action que nous exerçons contre ce corps : cette action est précisément celle de notre faculté motrice. Il ne faut pas dire que c'est l'action de notre volonté, car souvent, dans un mouvement involontaire, nous rencontrons un obstacle et nous en percevons involontairement la résistance : ce n'est donc pas à l'aide de la volonté que l'âme perçoit la résistance des corps, mais à l'aide de la faculté motrice.

Bien plus, nous sentons non-seulement la résistance du corps étranger contre notre corps, mais la résistance de notre propre corps contre nous-mêmes. Quand je soulève lentement le bras, je sens un poids contre lequel je lutte et auquel je dois céder, si je tiens le bras levé trop longtemps. Ce sentiment de la résistance des corps étrangers et de notre propre corps a lieu avec ou sans le concours de la volonté. Il est plus distinct avec la volonté, mais sans la volonté il existe encore; car, ainsi que nous l'avons dit, la volonté fortifie, mais ne remplace pas l'action des autres facultés. Ce n'est donc pas notre volonté qui meut directement notre corps, puisque ce n'est pas elle qui perçoit la résistance. L'effort musculaire n'est pas toujours un effort volontaire, quoi qu'on en ait dit ; il est nécessairement spontané avant d'être volontaire. L'effort involontaire qui nous donne le sentiment de la résistance est l'action de notre faculté motrice sur le nerf et sur le muscle, qui sont les instruments de cette faculté ; **nous avons conscience** de cet effort, nous avons donc conscience de l'action de notre faculté motrice.

Ajoutons encore une remarque : nous nous souvenons du degré de résistance que nous a opposé un corps contre lequel nous avons agi même involontairement; il faut pour cela nous souvenir du degré de force que nous avons déployé contre lui. Si nous nous souvenons de ce degré de force, nous en avons conscience, car on ne se souvient que des actes dont on a eu conscience, ainsi que nous le verrons par la suite.

§ 3. Les mouvements instinctifs.

Les mouvements que nous rapportons à l'âme, parce qu'ils nous donnent le sentiment de la résistance soit de notre corps, soit des corps étrangers, et parce que nous pouvons les recommencer volontairement, se divisent en deux classes qui comprennent : 1° les mouvements instinctifs ; 2° les mouvements habituels.

Les mouvements instinctifs sont ceux qui précèdent l'action de la volonté ; les mouvements habituels sont ceux qui continuent après que cette action a cessé. Puisque ces mouvements sont les uns antérieurs, les autres postérieurs à l'action de la volonté, ils prouvent que la faculté motrice de l'âme est indépendante de la volonté.

Les mouvements instinctifs correspondent soit à l'intelligence, soit à l'inclination. Si le mouvement accompagnait toujours l'action de l'intelligence et celle de l'inclination, il n'y aurait pas lieu d'établir dans l'âme une faculté motrice distincte de l'inclination et de l'intelligence : deux phénomènes qui s'accompagnent toujours et dans la même proportion doivent être rapportés à la même cause. Il faudrait dire que l'inclination et l'intelligence sont elles-mêmes les facultés motrices. Mais la pensée et la passion peuvent ne se trahir au dehors par aucun geste. D'un autre côté, nous avons fait remarquer que l'âme produit quelquefois des mouvements qui ne sont déterminés ni par une connaissance, ni par une émotion[1] ; il faut donc maintenir la distinction de ces trois facultés : l'intelligence, l'inclination et la faculté motrice,

1. Voy. plus haut, livre II, chap. II § 3.

quoique la dernière se développe le plus souvent sous l'influence des deux premières.

Les mouvements instinctifs qui correspondent à l'action de l'intelligence sont d'abord les mouvements nécessaires pour l'exercice de la perception sensitive. L'œil droit et l'œil gauche sont mis en mouvement par des muscles et des nerfs indépendants les uns des autres; le nouveau-né donne instinctivement aux deux yeux un mouvement tel que les deux axes visuels sont en convergence vers l'objet. Sans cet instinct, l'enfant ne se servirait pas des deux yeux à la fois : l'un des deux lui deviendrait inutile ou troublerait la perception de l'autre. La nature inspire encore à l'enfant de mouvoir les paupières, soit pour répartir sur le globe de l'œil le liquide salutaire qui s'échappe des glandes intérieures de cet organe, soit pour le défendre contre les atteintes du dehors.

Bientôt l'enfant se dresse de lui-même sur les genoux de sa nourrice ; il donne à son corps l'attitude droite, qui est l'un des priviléges de l'humanité et il dément ainsi de bonne heure l'opinion de ceux qui prétendent que l'allure naturelle de l'homme est celle des animaux. Condillac dit, en parlant de sa statue qui représente la créature humaine : « Rencontrant enfin une élévation, elle est curieuse de découvrir ce qui est au-dessus d'elle, et elle se trouve, comme par hasard, sur ses pieds[1]. » L'attitude droite n'est pas l'effet du hasard ; la forme du pied et celle de tout le corps de l'homme prouvent qu'il est destiné à se tenir et à marcher debout; il suffit d'ailleurs d'envisager cette impulsion naturelle qui porte l'enfant à se dresser et à former des pas, en se soutenant d'abord à nos bras ou aux objets qui l'entourent et en s'abandonnant bientôt seul dans l'espace, avec une joie visible, qui signale l'instinct satisfait. Ces premiers mou-

---

1. *Traité des Sensations*, édit. originale, t. I, p. 248-9.

vements instinctifs sont destinés, entre autres fins, à favoriser l'exercice des sens extérieurs. Il est bon en effet que les organes de la vue et de l'ouïe soient placés dans une position élevée, et que par conséquent le corps se dresse : si l'homme rampait comme le serpent, le plus petit objet, l'herbe des champs ferait obstacle à sa vue ; le son lui arriverait avec moins de facilité, brisé qu'il serait par les inégalités du sol et les embarras qui en couvrent la surface. L'instinct qui dresse le corps et lui fait garder l'attitude droite est donc en harmonie avec la perception des sens extérieurs les plus importants. L'homme, dit Socrate, est le seul des animaux auquel les dieux ont accordé l'attitude droite ; elle lui permet de voir plus loin et plus haut et de mieux éviter les obstacles[1].

D'un autre côté, l'enfant, en cédant au besoin de mouvoir ses membres, de marcher, de courir, de sauter, trouve les occasions d'appliquer le sens du toucher à des surfaces très-diversement situées. Il apprend ainsi que certaines étendues et formes tangibles coïncident avec certaines étendues et certaines formes de la couleur, et que ces dernières diminuent de grandeur et de vivacité selon que les premières sont plus éloignées. Il est donc instruit à juger de la présence, de l'approche et de l'éloignement des corps solides, par l'inspection des changements qui surviennent dans l'étendue et dans la vivacité des couleurs.

Après les mouvements qui facilitent la perception des sens, viennent ceux qui décèlent la nature de nos conceptions intérieures. Quand nous pensons à une haute montagne, nous redressons notre corps et portons les yeux en haut ; nous baissons les yeux et la main vers la terre, si nous parlons de quelque chose de petit. La conception d'une sphère nous fait quelquefois tourner la

---

1. Xénophon, *Mém.*, livre I, chap. IV, § 2.

main sur elle-même, comme si nous voulions palper le corps auquel nous pensons. C'est ainsi que suivant l'objet qui occupe notre intelligence, on voit changer nos gestes, le jeu des muscles de notre visage et tout notre aspect. L'instabilité des idées produit celle des mouvements; la fixité de la pensée produit l'immobilité du corps.

Mais c'est surtout à la vue de nos semblables que notre mouvement se multiplie et se varie. Nous sommes alors portés à produire des gestes et des accents, non par imitation, car où prendrions-nous notre modèle? mais par une impulsion instinctive de la nature. « Le geste est un effort de l'âme pour se communiquer à travers le corps et faire passer dans l'âme de celui qui entend, ce qu'elle sent et ce qu'elle voit[1]. » L'enfant au berceau produit des gestes et des accents, au sens desquels sa mère ne se méprend pas. L'aveugle n'a pas vu nos gestes et il en fait de pareils. Le sourd-muet n'entend pas nos cris, il n'entend même pas ceux qu'il pousse, et non-seulement il a ses cris avec des accents divers, mais il produit même des articulations et il prononce instinctivement des syllabes. Dans tous les pays, le geste pour appeler est le même, le geste pour chasser est semblable. Un mouvement de la tête signifie l'affirmation, un autre la négation, un troisième le doute. L'âme qui pense est la seule qui puisse si bien approprier les mouvements à la pensée; l'âme qui interprète les signes est la seule qui puisse les produire. Ces mouvements se produisent instinctivement, sans le concours de la volonté; ils émanent donc, comme nous l'avons dit, d'une force motrice involontaire.

Les mouvements instinctifs qui correspondent aux in-

---

1. *Pensées de Domat*, à la suite des *Pensées de Pascal*, édit. Faug., t. II, p. 415.

clinations ne sont pas moins remarquables. Nos inclinations se partagent en trois classes : la première se rapporte à des objets personnels, la seconde à nos semblables, la troisième au bien, au vrai, et au beau. Pour satisfaire aux besoins du premier genre, la nature porte le nouveau-né à étendre et à mouvoir les membres, ce qui facilite la circulation du sang ; à remuer les lèvres sitôt que la mamelle lui est présentée, à sucer le lait[1], à faire entendre des accents qui annoncent, non pas encore des pensées, mais des souffrances ou des jouissances.

Bientôt se développent d'autres instincts de la même classe. L'enfant, avons-nous dit, se dresse de lui-même, forme des pas, et plus tard se met à marcher et à courir. Cet instinct est fortifié par un autre qui nous apprend à conserver l'équilibre et à le recouvrer quand il est perdu, soit en déployant nos membres, soit en portant vivement notre corps du côté opposé à celui vers lequel il inclinait. S'il fallait prévoir et vouloir tous les mouvements nécessaires pour nous préserver d'une chute, nous serions à terre avant d'avoir eu le temps, nous ne disons pas de les accomplir, mais seulement d'y penser; heureusement l'instinct devance ici la volonté. Quelquefois même le premier combat la seconde : essayez de tenir les yeux ouverts pendant qu'une autre personne fait semblant d'y porter un coup, et vous reconnaîtrez le pouvoir de l'instinct. Un homme qui se jette dans un fleuve, pour y chercher la mort, se retrouve souvent malgré lui les bras suspendus aux arbres du rivage, et l'on en a vu recommencer jusqu'à trois fois cette lutte de la volonté toujours vaincue par l'instinct.

L'enfant est disposé par la nature à saisir les objets mobiles et à les porter à sa bouche, et, si l'odorat et le

---

[1]. Flourens, *Résumé des observations de Fréd. Cuvier, sur l'instinct et l'intelligence des animaux*, 2ᵉ édit. p. 144.

goût l'y invitent, à les broyer pour s'en nourrir. Condillac, qui, pour simplifier l'explication des phénomènes de l'âme, veut les attribuer tous à une seule cause, à la sensation, méconnaît les instincts et, suivant lui, c'est par des essais et des expériences diverses que l'homme arrive à trouver les aliments qui lui conviennent[1]. S'il eût observé les mouvements du nouveau-né, il l'aurait vu aller naturellement et droit au but sans tâtonnements et sans hasard.

Ce n'est pas assez que l'âme produise les mouvements nécessaires pour nourrir notre corps et le développer, elle se charge encore de le défendre contre les attaques subites, et, pour cela, elle lui donne soit un mouvement de fuite, soit un mouvement de défense involontaire. De même que le petit de l'animal fuit ou se défend sans l'avoir voulu et prévu, et menace l'ennemi avec des dents et des cornes qui ne sont pas nées encore[2], de même, quand nous sommes surpris par une attaque soudaine, l'âme porte instinctivement le corps à la fuite, et il nous faut faire un acte de volonté et de courage pour le tenir ferme devant le danger; ou bien elle le porte à la défense et à l'attaque, et le coup est rendu avant que nous ayons formé le dessein de le rendre. « Dans une grande colère, dit Bossuet, le corps se trouve plus prêt à insulter l'ennemi et à l'abattre, et se tourne tout à cette insulte.... Au contraire, la crainte se tourne à l'éloignement et à la fuite qu'elle rend vite et précipitée plus qu'elle ne le serait naturellement[3]. »

Tels sont les mouvements qui accompagnent celle de

---

1. *Traité des Sensations*, édit. orig. t. II, p. 136-9.
2. Galien, cité par Flourens. *Résumé des observations de F. Cuvier sur l'instinct et l'intelligence des animaux*, 2ᵉ édit., p. 197.
3. *OEuvres philosophiques* de Bossuet, édit. de Lens, Paris, 1843, p. 113 et 148. Cette édition se recommande par des notes d'une érudition choisie et d'une philosophie exacte.

nos inclinations qu'on peut nommer l'instinct de conservation. D'autres inclinations qu'on appelle d'un seul nom l'amour-propre, telles que la confiance en soi-même, l'émulation, l'ambition, l'amour de la gloire, ne donnent lieu qu'à des gestes et à des attitudes qui peignent le caractère au dehors. L'orgueilleux porte la tête haute, renverse le haut du corps en arrière, marche à grands pas, se fraye un chemin à travers la foule, et se place instinctivement devant les autres. Ses gestes sont amples, sa voix élevée; ses sourcils se froncent, ses paupières s'ouvrent peu et les coins de sa bouche s'abaissent. L'expression de l'ambition et de l'amour de la gloire diffère peu de celle de l'orgueil.

Les inclinations qui se rapportent aux êtres animés trouvent aussi dans la faculté motrice des moyens d'expression et de satisfaction. Ce n'est pas d'après les leçons d'un maître extérieur que la mère sourit à l'enfant; personne n'a enseigné à l'homme à serrer la main d'un ami, à presser dans ses bras l'objet de son amour. La sympathie que nous éprouvons pour le malheur et pour le danger de nos semblables nous emporte involontairement à leur secours, ou nous tient enchaînés sur le théâtre de leurs douleurs, alors même que nous n'y pouvons remédier. C'est là le secret de cette curiosité avide et en apparence cruelle, qui, en présence du navire près de s'engloutir dans les flots, retient la foule sur le rivage, le corps penché, la bouche béante, les bras tendus en avant, s'approchant autant que possible des malheureux qui vont périr.

L'amour du vrai, du bien et du beau, se manifeste par l'attitude calme et grave de toute la personne. L'amour du vrai ou de la connaissance, ce qu'on appelle la curiosité, prise dans un sens favorable, est servi dans l'enfance par un mouvement instinctif et presque machinal de décomposition et de destruction, qu'elle exerce sur tous les objets à sa portée. Il est favorisé aussi par le mouvement d'imitation, au moyen duquel l'enfant copie tout ce qu'il voit et tout ce qu'il entend ; mouvement qui est purement instinctif, car l'enfant ignore d'abord le plaisir et l'utilité que lui procurera l'imitation. Le mouvement d'imitation est quelquefois irrésistible, comme celui qui nous fait reproduire le geste, l'accent, l'inflexion de la voix, le rire et jusqu'au bégayement des personnes qui nous entourent ; c'est pour ainsi dire l'excès de la précaution prise par la nature pour faciliter notre éducation. Il appartient aux parents et aux maîtres d'empêcher que ce mouvement d'imitation ne tourne au préjudice de l'enfance, et pour cela ils doivent ne l'entourer que de bons modèles.

Nous parlerons plus loin de l'imitation volontaire et du plaisir qu'elle nous cause, nous ne traitons ici que de l'imitation involontaire. L'enfant copie involontairement par ses actes les actions de ses semblables, et il essaye de représenter même les formes et les couleurs des objets inanimés. C'est ainsi que le jeune pâtre, sans maître, sans avis, et par la seule impulsion de la nature, s'est souvent emparé d'un morceau de craie et a tenté de dessiner sur le rocher une chèvre de son troupeau. Cet instinct d'imitation est donc non-seulement l'auxiliaire de l'amour du vrai, mais encore de l'amour du beau ; il est en rapport avec les sciences et les beaux-arts. Lorsque le jeune artiste aura conçu un modèle intérieur plus beau que les objets de la nature, sa main sera impatiente de réaliser au dehors la conception de son esprit, et l'habileté qu'elle aura acquise en obéissant à l'instinct d'imitation lui sera profitable pour exécuter les créations du génie[1].

L'audition de la musique nous porte à balancer notre

---

1. Voy. plus loin, livre VI, sect. II, chap. II.

corps en cadence ; il est facile d'observer cet instinct dans l'enfant qui sur les bras de sa mère, avant même d'avoir formé ses premiers pas, marque la mesure par le mouvement de ses membres. Ce mouvement devient bientôt l'objet d'une vive inclination. Les populations les plus barbares ont leurs danses originales. « Les peuples de Madagascar, dit Buffon, aiment tous à chanter et à danser... Les nègres du Sénégal se plaisent à sauter au bruit d'une calebasse ou d'un tambour... Les femmes de l'Arabie aiment la musique et la danse au point d'en être transportées, et il leur arrive même de tomber en convulsion, lorsqu'elles s'y livrent avec excès [1]. » Un matelot anglais, qui vécut longtemps seul dans une île déserte et qui servit, dit-on, de modèle à l'auteur du *Robinson*, se mettait quelquefois, pour charmer ses ennuis, à chanter ou à danser au milieu de ses chats et de ses chèvres [2].

Il nous est donc permis de croire que le dessin, le chant et la danse sont naturels à l'homme et que le mouvement instinctif ne contribue pas seulement à l'entretien et au bien-être du corps, mais aussi à la nourriture et au plaisir de l'esprit.

Telle est l'admirable harmonie que la Providence a établie entre l'intelligence, l'inclination et la faculté motrice. Le corps ne peut se plier, d'une manière si précise et pour ainsi dire si délicate, aux demandes de l'intelligence et de l'inclination, qu'à la condition que le principe même de l'inclination et de l'intelligence, c'est-à-dire l'âme, soit aussi le principe immédiat des mouvements du corps. D'ailleurs, pour nous répéter encore, l'âme ne

---

1. *Variétés dans l'espèce humaine*, édit. Bernard, t. III, p. 279, 299, 312.
2. Woodes Roger, cité par Walter Scott, *OEuvres complètes*, trad. franç. édit. 1828, t. X, p. 359.

peut vouloir reproduire ces mouvements qu'après les avoir d'abord accomplis involontairement, et enfin ces mouvements lui donnent tous, dans l'occasion, le sentiment de la résistance d'un obstacle extérieur, et, par conséquent, la conscience de sa propre action sur cet objet étranger.

§ 4. Les mouvements habituels.

Nous avons parlé des mouvements qui précèdent la volonté ; parlons maintenant de ceux qui lui succèdent. Lorsque l'âme meut le corps volontairement, elle le fait pour un certain dessein : elle en règle les mouvements, elle les presse ou les ralentit, les fortifie ou les affaiblit suivant la fin qu'elle se propose. C'est ainsi que le musicien exerce volontairement sa main à se mouvoir sur l'instrument avec énergie ou délicatesse, avec vivacité ou lenteur. Après que la volonté a ainsi longtemps gouverné la faculté motrice, la première peut rester absente ou s'occuper d'un autre dessein, la seconde continue le mouvement d'elle-même. Le mouvement est devenu habituel, et il a pris quelque chose de la marche à la fois aveugle et infaillible de l'instinct. C'est par la succession du mouvement habituel au mouvement volontaire que l'artiste devient habile. S'il fallait que sa volonté fût sans cesse présente et assistât au détail de tous les mouvements qu'il exécute, elle ne pourrait suffire à une œuvre de longue durée. L'artiste se fie aux mouvements dont il s'est formé l'habitude ; il réserve son attention pour ceux qui lui sont moins familiers, et quand il a réduit ces derniers à l'état d'habitude, il applique à d'autres sa volonté, et c'est ainsi qu'il étend et perfectionne son talent.

Le mouvement habituel est si facile que nous l'opérons sans en avoir conscience, à moins qu'il ne rencontre quelque obstacle nouveau. Quand nous avons coutume de faire un certain chemin, notre corps le fait, pour ainsi dire, de lui-même, pendant que l'intelligence et la volonté sont occupées ailleurs, et nous sommes quelquefois très-étonnés de nous trouver sur une route habituelle, quoique nous ayons formé au départ le projet de ne pas la suivre. Nous ne parvenons à détruire une habitude qu'en nous en formant une autre.

Le mouvement habituel n'est pas plus que le mouvement instinctif l'œuvre actuelle de la volonté, puisque c'est par l'absence de la volonté qu'il se caractérise, et comme il peut nous donner aussi le sentiment de la résistance, s'il rencontre un obstacle nouveau, il faut donc l'attribuer à la faculté motrice dont l'âme est douée.

Cette faculté agit en concordance avec la pensée et l'inclination, et quelquefois avant que l'inclination et l'intelligence se soient développées. Quelquefois aussi elle agit sous le coup, pour ainsi dire, de la pensée et de la passion, et c'est surtout par l'influence de cette dernière que son action est le plus modifiée. Certaines passions, telles que la colère, en augmentent l'énergie et font exécuter aux muscles des efforts qu'on ne pourrait recommencer de sang-froid. D'autres passions, comme la crainte, la tristesse, le désespoir, enchaînent ou abattent la faculté motrice. Mais rappelons une dernière fois, en finissant, que si cette faculté est souvent déterminée à l'action par l'intelligence et par l'inclination, elle ne l'est pas nécessairement et qu'elle peut agir en leur absence ; il faut donc les reconnaître comme trois différentes manifestations de la même âme. La faculté motrice c'est l'âme elle-même en tant qu'elle meut. L'âme meut sans avoir de poids, sans se mouvoir et sans être mue[1]. Elle ne communique pas un mouvement emprunté, elle meut spontanément et d'elle-même ; elle n'est pas un instrument, mais une source ou un principe de mouvement.

1. Aristote, *De l'Ame*, livre III, chap. x, § 7.

CHAPITRE II.

OPINION DES PRINCIPAUX PHILOSOPHES SUR LA FACULTÉ MOTRICE.

§ 1. Théorie des anciens.

Il nous reste à faire connaître les opinions des principaux philosophes sur la faculté qui vient de nous occuper.

Socrate et Platon l'ont reconnue, quoiqu'ils ne l'aient pas placée dans la division générale des facultés. « Ton âme, dit Socrate à Aristodème, est la maîtresse de ton corps et le elle manie comme elle le veut[1]. » — « Quelle autre chose que l'âme, dit à son tour Platon, te paraît contenir et conduire le corps pour le faire vivre et marcher[2]? » Et ailleurs : « Personne ne craindra de dire que la faculté de se mouvoir soi-même ne soit l'essence et la définition de l'âme, car tout corps dont le mouvement vient d'ailleurs est dit inanimé, et tout corps dont le mouvement vient du dedans est dit animé[3]. » Ailleurs encore : « Celui qui se sert d'une chose se distingue de cette chose : le cordonnier ne se confond pas avec son alêne; il se sert aussi de ses mains et de ses

---

1. Xénophon, *Mém.*, liv. I, chap. IV, § 9 et 17.
2. *Cratyle*, édit. H. E., t. 1, p. 400, a.
3. Ἔμψυχον, Phèdre, édit H. E., t. III, p. 245, e.

yeux. L'homme est donc autre chose que son corps, dont il se sert. Qu'est-ce donc que l'homme? ce qui se sert du corps. Or, ce qui se sert du corps, c'est l'âme[1]. »

Contrairement à Socrate et à Platon, qui reconnaissent la faculté motrice et ne la font pas figurer dans la division générale des facultés, Aristote la place dans l'une des énumérations qu'il donne des pouvoirs de l'âme[2]; mais quand il vient aux détails, il la fait évanouir et la confond avec l'intelligence et l'inclination agissant de concert. « Quant au mouvement de locomotion, dit-il, il paraît que la cause n'en est pas dans la faculté nutritive, car le mouvement s'accomplit toujours pour un but, et est accompagné ou d'une conception ou d'une inclination qui se rapporte à ce but. Rien de ce qui n'éprouve ni inclination, ni aversion ne se meut, si ce n'est par une force étrangère; autrement les plantes auraient aussi la locomotion. La faculté motrice n'est pas non plus la faculté sensitive, car il y a beaucoup d'animaux qui ont la sensation et qui sont immobiles. Ce n'est pas davantage la raison et ce que nous appelons l'intellect, τὸ λογιστικὸν καὶ ὁ καλούμενος νοῦς; car la connaissance dégagée des sens ne nous fait connaître rien de pratique, et ne dit rien sur ce qui est désirable ou ne l'est pas; tandis que le mouvement est toujours accompagné d'inclination ou d'aversion. Quant à la connaissance pratique, si elle aperçoit quelque chose de redoutable ou de désirable, elle ne nous pousse pas pour cela à l'éviter ou à le rechercher.... Elle peut même nous conseiller de le faire sans qu'il se produise de mouvement.... C'est ainsi que celui qui a la science médicale ne guérit pas pour cela; il faut que quelqu'un agisse suivant la science, mais ce n'est pas la science qui agit. Enfin ce

---

1. *I Alcibiade*, édit. H. E., t. II, p. 150, a.
2. Voy. plus haut, livre II, chap. II, § 2.

n'est pas non plus l'inclination toute seule, ἡ ὄρεξις, qui est le principe de la locomotion, κυρία τῆς κατά τόπον κινήσεως, car les hommes tempérants résistent à leurs appétits et à leurs désirs pour obéir à la raison, τῷ νῷ. Ce qui meut c'est le concours de l'inclination et de l'intelligence, si l'on fait rentrer dans celle-ci la conception représentative ou imaginative, ἡ φαντασία; car beaucoup d'animaux se meuvent contrairement à la raison et d'après l'imagination, et d'autres se meuvent qui n'ont pas la raison mais l'imagination seulement [1]. »

Aristote distingue donc la faculté motrice d'avec la faculté nutritive, la faculté sensitive, la connaissance théorique, la connaissance pratique et l'inclination ; mais il a cru que l'inclination jointe à la connaissance pratique ou à l'imagination est la cause du mouvement. Il avait réfuté lui-même cette conclusion, en citant l'exemple des hommes tempérants qui résistent à leurs désirs, quoiqu'ils conçoivent ou imaginent le but auquel les pousse l'inclination. Ce sont là ces contradictions dont nous avons essayé plus haut d'indiquer la cause [2].

Quand même l'âme, en concevant et en aimant une action morale, serait, ce qui n'est pas, irrésistiblement entraînée à l'accomplir, ne lui faudrait-il pas pour cela une faculté motrice distincte de la conception et de l'inclination, puisque chacune de ces deux dernières, prise séparément, agit sans entraîner le mouvement du corps? Ce qui n'est pas dans les parties ne peut être dans le tout. Nous croyons donc devoir maintenir l'existence d'une faculté motrice distincte de l'inclination et de l'intelligence, comme de la volonté.

---

1. *De l'Ame*, livre III, chap. ix, § 5 et suiv., chap. x, § 1 et suivants.

2. Voy. livre I, chap. ii, § 1, à la fin.

§ 2. Théorie des modernes.

La philosophie moderne est, depuis Descartes, tout à fait opposée à l'opinion qui fait de la faculté motrice un attribut de l'âme. Voici sur ce sujet la théorie de Descartes : L'âme de l'homme n'est pas triple : on ne peut la considérer comme un genre dont la pensée, la force végétatrice et la force motrice soient les espèces. L'âme raisonnable est la seule âme humaine; les autres ne sont que certaines dispositions des parties du corps. Il y a en nous deux principes de mouvement : l'un est immatériel, c'est la substance qui pense ; et la seule part qu'elle ait au mouvement de notre corps consiste en une certaine inclination de la volonté vers tel ou tel mouvement, d'après laquelle les esprits animaux se dirigent; l'autre est matériel : ce sont les esprits animaux qui, venant du cœur, entrent dans les pores du cerveau et dans les nerfs, souvent sans la participation de l'âme. L'acte de marcher, de manger, de respirer, procède de la matière et ne dépend que de la disposition des organes[1].

Nous nous sommes attachés dans le chapitre précédent à distinguer la faculté motrice d'avec la volonté : nous n'ajouterons qu'un mot sur ce sujet. On suppose ici que les esprits animaux se mettent en mouvement, à propos d'une certaine décision de la volonté, ou même d'un certain désir, car il serait possible qu'en cet endroit Descartes entendît l'un ou l'autre par les mots *inclination de la volonté*. Mais comment les esprits animaux peuvent-ils se mouvoir d'eux-mêmes, précisément dans la direction conforme à notre volonté ou à notre désir? Si la volonté ou le désir exerce une influence sur les esprits animaux, il faut dire que la volonté et le désir sont doués d'une force motrice; mais nous avons vu que l'âme

---

1. *OEuvres philosophiques*, édit. Ad. G., introd., p. cxvii.

meut le corps même sans volonté et sans désir[1] ; il faut donc reconnaître que l'âme est douée d'une force motrice pure et spéciale. Si vous dépouillez l'âme de cette force motrice, on ne comprend plus comment le corps se meut, à moins que Dieu ne le mette lui-même en mouvement, dans une direction conforme à notre volonté ou à notre désir.

Cette conséquence a été reconnue par l'un des disciples de Descartes, par Malebranche ; mais au lieu de retourner la conséquence contre le principe, il l'a développée et il en a fait sa théorie. Malebranche pouvait dire : si l'âme ne meut point le corps, c'est Dieu qui le met en mouvement ; or Dieu ne meut pas notre corps, donc c'est l'âme ; mais il a dit : l'âme ne meut point notre corps, donc c'est Dieu qui le met en mouvement, les phénomènes de l'âme et ceux du corps n'ont pas d'influence les uns sur les autres ; ils ne sont réciproquement que des *occasions* à propos desquelles Dieu intervient et fait correspondre les mouvements du corps aux desseins de l'âme, les idées de celle-ci aux mouvements de celui-là. Tel est le système des *causes occasionnelles* ainsi qu'on l'a nommé ; telle est la théorie qui a frappé l'imagination de Malebranche. « C'est, dit-il, l'auteur de notre être qui exécute dans notre corps les volontés de notre âme ; *semel jussit, semper paret*. Il remue notre bras même lorsque nous nous en servons contre ses ordres, car il se plaint par ses prophètes que nous le faisons servir à nos désirs injustes et criminels. Toutes ces causes particulières des philosophes ne sont que des chimères que le malin esprit tâche d'établir pour ruiner le culte du vrai Dieu[2]. »

---

1. Voy. plus haut, même livre, chap. I, § 3, *les Mouvements instinctifs*.
2. *Recherche de la vérité*, livre VI, chap. III, et livre III, 2ᵉ partie, chap. I-VI.

C'est la difficulté de comprendre comment l'âme agit sur le corps et le corps sur l'âme, qui a déterminé le philosophe à invoquer cette intervention divine, qu'on a comparée à l'apparition des dieux dans le dénoûment de la tragédie antique; mais l'action des corps les uns sur les autres, n'est pas plus facile à entendre que celle du corps sur l'esprit et de l'esprit sur le corps. Aussi Malebranche a-t-il été obligé d'étendre de proche en proche les effets de l'intervention céleste et de faire de notre monde un poëme plus merveilleux que l'Iliade[1]. Une bille est en mouvement, elle en rencontre une autre immobile : celle-ci se meut au simple contact de la première, peut-être même sans contact. La physique admet que les deux parties les plus voisines d'un même corps ne se touchent point; à plus forte raison, peut-on supposer qu'il n'y ait pas de véritable contact entre deux corps qui paraissent se toucher. Quoi qu'il en soit, la seconde bille, à une certaine approche de la première, se met en mouvement et s'y met avec une force égale à celle que l'autre a perdue. Comment se fait cette communication miraculeuse? C'est ici que nous aurions besoin de recourir à l'opération spéciale de Dieu; il nous serait commode de supposer comme Malebranche, qu'à l'approche de la première bille, Dieu donne directement un certain mouvement à la seconde; cependant nous n'avons pas recours à une pareille explication. Il nous suffit de concevoir que Dieu a doué les corps de certaines propriétés, qui se manifestent dans les occasions prévues par lui, et qu'il agit ainsi par des lois générales. L'action de l'âme sur le corps et du corps sur l'âme, n'est pas plus merveilleuse que celle dont nous

---

1. Voy. *De la recherche de la vérité*, livre VI, 2ᵉ partie, chap. III, et l'éclaircissement qui s'y rapporte; et *les Méditations chrétiennes*, Vᵉ médit.

venons de parler; il ne doit pas nous en coûter davantage de l'expliquer de la même manière, c'est-à-dire par des facultés ou des propriétés que Dieu a déposées dans les êtres sortis de ses mains.

L'action des corps entre eux, disons-nous, est tout aussi incompréhensible que celle de l'âme sur le corps et du corps sur l'âme ; Leibniz l'a compris, mais au lieu d'en conclure qu'il fallait admettre l'action réciproque de l'âme et du corps sans l'entendre, il en a conclu qu'il fallait rejeter même l'action mutuelle des corps. Il a tenté d'établir que les substances, soit animées, soit inanimées, sont sans influence les unes sur les autres. Il paraissait donc naturellement conduit à professer la doctrine de Malebranche, et à supposer que Dieu lui-même accomplit l'acte d'une substance à propos de l'acte des autres, mais il ne voulut pas, dit-il, imposer au créateur ce rôle d'ouvrier laborieux, continuellement aux ordres des substances par lui créées. Dans sa théorie, toutes les substances se développent d'elles-mêmes et indépendamment les unes des autres. Si elles paraissent s'accorder, comme par exemple l'âme et le corps, cet accord ne résulte pas d'une influence de l'une sur l'autre, mais de deux actions indépendantes et simultanées, comme celles de deux horloges parfaitement réglées, qui sonneraient en même temps la même heure, tout en obéissant à des ressorts différents. L'esprit et le corps n'agissent donc pas l'un sur l'autre, mais en harmonie l'un avec l'autre, et cette *harmonie* est réglée dès la création, et elle est par conséquent *préétablie*. « Je soutiens, dit Leibniz, que les âmes ne changent rien dans la force ni dans la direction des corps, et qu'il faut se servir de l'harmonie préétablie pour expliquer l'union de l'âme et du corps[1].... La matière ne saurait produire du plaisir, de la douleur ou du sentiment en nous : c'est

---

1. *Nouv. Essais*, livre II, chap. XXIII, § 28.

l'âme qui se les produit à elle-même, conformément à ce qui se passe dans la matière [1].... Tout ce qui est proprement une substance ne fait qu'agir, car tout lui vient d'elle-même après Dieu, n'étant point possible qu'une substance créée ait de l'influence sur une autre [2].... »

En résumé, si l'âme ne peut agir sur le corps, les corps ne peuvent agir les uns sur les autres, car cette dernière action n'est pas plus facile à comprendre que la première. Il faut ou que Dieu se charge de modifier une substance à propos des changements d'une autre, comme le veut Malebranche, ou que chaque substance se développe de son côté, sans aucune action réciproque, comme le veut Leibniz. Si nous supposons l'action réciproque des corps, il ne doit pas nous en coûter davantage d'admettre l'action de l'âme sur le corps, qui n'est pas plus mystérieuse. D'ailleurs, la conscience nous atteste cette action dans le sentiment de l'effort de notre faculté motrice. L'action de l'âme sur le corps se fortifie, s'allège, se règle avec la volonté ; elle est en concordance avec l'intelligence et l'inclination, et cependant elle est quelquefois indépendante de l'inclination, de l'intelligence et de la volonté : il faut donc l'attribuer à un pouvoir spécial de l'âme, à une influence naturelle, comme le dit Euler, en un mot à une faculté motrice [3].

Cette faculté a été reconnue implicitement dans les temps modernes par Thomas Reid, qui attribue à l'âme une grande partie des mouvements instinctifs et habituels que nous avons rapportés plus haut [4]. Elle n'est pas un être intermédiaire entre l'âme et le corps, c'est une faculté de l'âme. Je meus mon corps volontairement,

---

1. *Ibid.*, livre IV, chap. III, § 1.
2. *Ibid.*, livre II, chap. XXI, § 12.
3. *Lettres de L. Euler à une princesse d'Allemagne*, édit. Cournot, t. I, p. 322 et 324.
4. Œuvres complètes, trad. fr., t. VI, p. 1 et suiv.

donc je l'ai mû nvolontairement, car je ne puis vouloir faire que ce que j'ai fait d'abord sans le vouloir. De plus, dans les mouvements involontaires, je sens la résistance des corps étrangers contre mon corps et même de mon corps contre moi ; je ne sens la réaction que parce que je suis cause de l'action ; je meus donc ce corps moi-même dans certains mouvements involontaires; si je le meus, c'est que j'ai le pouvoir de le mouvoir. C'est ce pouvoir que nous appelons la faculté motrice.

De cette théorie, il résulte deux conséquences sur lesquelles nous devons nous expliquer. Premièrement, si nous rapportons la faculté motrice à l'âme, il semble que nous devions accorder une âme à la brute, puisqu'il est incontestable que la brute dirige les membres de son corps.

Depuis Descartes, il est reçu en philosophie que les animaux n'ont point d'âme. Le philosophe avait voulu tracer une séparation profonde entre l'animal et l'homme; mais les conséquences de sa doctrine ont trompé ses intentions et se sont tournées contre lui. Expliquer les actes des animaux par un principe purement matériel, c'est faciliter la voie à ceux qui rendent compte des actes de l'homme par un simple jeu de la matière. On n'a qu'à tourner contre l'âme humaine les arguments de Descartes sur l'âme des animaux. Il voulait nous élever infiniment au dessus de la brute, en nous réservant le privilége de l'âme, mais en détruisant l'âme de l'animal, il aide à nous dépouiller de la nôtre et il nous déprime dans le rang des choses inanimées et mécaniques.

Nous avons vu que Descartes distinguait dans l'homme les actes qui sont causés par l'âme et ceux qui sont causés par le corps[1]. Il refuse les premiers à l'animal et ne lui accorde que les seconds, mais sans conscience. « Les

---

1. Voy. plus haut livre II, chap. II, § 2.

brutes, dit-il, voient et sentent, mais sans avoir conscience de leur vision et de leur sentiment[1]. Il lui paraît que la conscience ne peut avoir lieu sans une âme, voilà pourquoi il refuse la conscience aux animaux, mais il suppose que la vue et le sentiment peuvent se passer d'une âme et voici comment il se l'explique : « La lumière réfléchie du corps d'un loup dans les yeux d'une brebis cause quelque changement dans son cerveau qui fait passer les esprits animaux dans les nerfs et détermine le mouvement de la fuite[2]. » Mais si ce jeu mécanique produit dans l'animal la vue, la crainte et la fuite, quels actes n'expliquera-t-on pas dans l'homme par le mouvement des esprits animaux ? En supposant que la vue et le sentiment dans l'animal soient toujours dépourvus de conscience, nous dirons qu'ils n'en demanderaient pas moins un principe simple. Les raisonnements qui démontrent la simplicité de l'âme s'appuient, comme on l'a vu plus haut sur la vue sans conscience et sur le mouvement involontaire, aussi bien que sur les idées de l'entendement pur. Si la vue et le sentiment se partagent les molécules du corps, rien n'empêche que l'idée du triangle ne subisse le même partage, et voilà l'homme réduit à son corps.

« Mais, dit Descartes, il est plus plausible de faire mouvoir comme des machines les vers de terre, les moucherons, les chenilles, que de leur donner une âme immortelle[3]. » Si Descartes refuse une âme aux animaux, c'est par la crainte de leur accorder l'immortalité. Mais quoi qu'en dise Descartes, la simplicité de l'âme ne suffit pas pour la rendre indestructible. Si elle a pu commencer, elle peut finir. Descartes, dit lui-même au même lieu : « Les substances sont incorruptibles, à moins que Dieu

---

1. Descartes, édit. Ad. G., II, 1re part. Chap. XXII; III, p. 329.
2. *Ibid.*, t. II, p. 150.
3. Descartes, édit. Ad. G., t. III, p. 327.

ne leur retire son concours [1]. » Dieu peut donc retirer son concours à l'âme et la laisser périr.

Ce qui résulte de la simplicité de l'âme et de la distinction de l'âme et du corps, c'est que la dissolution du dernier ne dissout pas la première qui n'a point de parties ; que l'âme peut survivre au corps, et même lui survit naturellement, mais non par une force intrinsèque que Dieu ne puisse détruire. Ce n'est donc pas la simplicité de l'âme humaine qui fonde son immortalité, c'est la bonté de Dieu. Dieu nous donne l'idée du devoir, l'idée du mérite attaché à l'accomplissement de la vertu, la conception et l'amour de l'infini; nous espérons que tout cela ne nous a pas été donné en vain : tels sont les fondements de notre espérance en une vie immortelle. Tous ces fondements manquent chez la brute ; on n'aperçoit en elle aucune idée d'un devoir qui combatte la passion; elle ressent le dommage, mais non pas l'injure ou l'injustice, elle ne se fait pas l'idée du mérite ou du démérite; elle n'a point la pensée et l'amour de l'infini, et par conséquent, il n'est pas probable que Dieu l'ait destinée à une autre existence que celle de cette terre. On peut donc attribuer une âme à la brute sans lui accorder pour cela l'immortalité. Aussi Fénelon et Leibniz se sont-ils séparés de Descartes sur la question de l'âme des animaux [2].

La théorie qui attribue à l'âme la faculté motrice engendre une conséquence plus importante encore. On s'étonnera de ce que nous accordions à l'âme une puissance qui ne lui est utile que pendant son séjour sur la terre. Quand l'âme, dira-t-on, aura quitté le corps, que fera-t-elle de cette faculté? Leibniz nous fournit la réponse. Frappé des harmonies établies entre le corps et

---

1. Descartes, édit. Ad. G., t. I, p. 120.
2. Fénelon, dialogue intitulé *Aristote et Descartes;* Leibniz, *Nouveaux Essais*, livre II, chap. xi, et livre IV, chap. xvi.

l'âme, il ne les regardait pas comme destinés à une passagère union ; il inclinait à croire que l'âme, ne serait jamais sans quelque espèce de corps[1]. Nous partageons ce sentiment : la faculté motrice dont l'âme est douée nous fait penser avec Leibniz que l'âme ne sera jamais sans *quelque espèce de corps ;* qu'elle aura toujours à conduire une étendue plus ou moins pure, une sorte de matière transfigurée, au moyen de laquelle elle continuera de percevoir les œuvres de Dieu et les enveloppes visibles des autres intelligences ses semblables. Ainsi, loin de reculer devant cette seconde conséquence de notre théorie, nous nous y portons, avec empressement, heureux de rencontrer sur cette route l'autorité de Leibniz, et convaincus que cette résurrection de la chair ou cette conservation d'un corps épuré doit donner plus de fermeté et plus de lumière à notre espérance d'une vie à venir.

1. *Nouveaux Essais*, édit. A. Jacques, avant-propos, p. II, et livre II, chap. xv, § 11.

FIN DU LIVRE III.

LIVRE IV:

LES INCLINATIONS.

CHAPITRE I.

DE L'INCLINATION ET DE LA PASSION EN GÉNÉRAL.

§ 1. Différence de l'inclination et de la passion.

L'inclination est la disposition à jouir de la présence d'un objet et à souffrir de son absence, ou à jouir de son absence et à souffrir de sa présence. Le plaisir et la peine que l'inclination détermine s'appellent, suivant le degré de leur vivacité, l'émotion ou la passion [1]. Les émotions et les passions sont les modes inséparables de l'inclination [2]. Le plaisir et la peine causés par un objet des sens s'appellent jouissance et souffrance, et par un objet de l'intelligence, joie et tristesse.

La jouissance et la souffrance sont des sensations : elles se circonscrivent dans une certaine partie du corps; la joie et la tristesse sont des sentiments qui n'affectent en particulier aucun de nos organes.

La disposition à jouir et à souffrir précède le plaisir et la peine; lorsque le plaisir et la peine ont eu lieu l'inclination devient l'amour ou la haine. L'amour et la

---

1. Descartes, *OEuvres philos.*, éd. Ad. G., p. CI-CVIII.
2. Malebranche, *Recherche de la vérité*, livre V. chap. I, 4ᵉ édit., Paris, 1678, p. 289.

haine supposent donc la connaissance de l'objet agréable ou désagréable; ils sont toujours en proportion du plaisir et de la peine.

Le désir et l'aversion, qui impliquent l'absence de l'objet aimé ou haï, se proportionnent à l'amour et à la haine.

L'espérance est le désir accompagné d'un jugement sur le retour probable de l'objet aimé; la crainte est l'aversion accompagnée d'un jugement semblable à l'égard de l'objet haï.

La certitude de la perte d'un bien produit une peine, qu'on appelle le regret; la certitude de l'absence d'un mal produit un plaisir, qu'on appelle sécurité.

L'amour pour la cause de notre bien se nomme reconnaissance, la haine pour la cause de notre mal s'appelle ressentiment. Il y a deux genres de reconnaissance et de ressentiment. L'une ne suppose pas la conception morale et s'adresse à la cause involontaire et même inanimée de notre bien ou de notre mal. Par exemple, nous aimons et nous plaçons en un lieu honorable l'épée qui nous a défendu dans un grand danger; nous gardons avec soin une lettre qui nous a fait connaître un événement heureux pour nous. « Nous nous mettons en colère contre la pierre qui nous a blessé; un enfant la frappe, un chien la mord, un homme emporté la maudit.... Lorsque le mal que nous avons éprouvé est considérable, l'objet qui l'a causé nous devient tellement odieux, que nous prenons plaisir à le brûler, à l'anéantir[1]. » L'autre genre de reconnaissance et de ressentiment implique l'idée morale et s'applique à l'homme qui a fait plus que son devoir envers nous, ou qui a violé ses obligations à notre égard. Reid, pour distinguer ces deux genres de reconnaissance

---

1. Adam Smith, *Traité des sentiments moraux*, part. II, sect. III.

et de ressentiment, faisait remarquer que le premier nous est commun avec les animaux, et il lui donnait le nom de reconnaissance et de ressentiment animal.

Le ressentiment, comme nous l'avons remarqué en traitant de la faculté motrice, nous porte à faire un usage spontané de nos armes naturelles, ou à employer celles que le hasard peut nous mettre sous la main.

Dans les premiers moments de la perte d'un bien, nous souffrons de son absence, et cette absence donne lieu aux mêmes émotions que la présence d'un mal; de même, dans le premier moment de l'interruption d'un mal, nous en jouissons comme de la présence d'un bien.

Parvenu à un haut degré l'amour s'appelle passion dans un sens particulier; l'aversion se nomme horreur, la crainte terreur, le regret désespoir et le ressentiment colère.

Le plaisir et la peine sont les seules passions simples; toutes les autres sont mêlées d'éléments intellectuels. En effet, ni le plaisir ni la peine n'impliquent la connaissance de l'objet qui les produit, tandis que l'amour et la haine, le désir et l'aversion, etc., ne peuvent exister sans la connaissance de leur cause [1].

Descartes a décrit les principales passions, qui sont suivant lui : l'admiration ou l'étonnement, l'amour, la haine, la joie, la tristesse, le désir et l'aversion [2]. Descartes donnait pour origine à l'amour et à la haine la connaissance des qualités utiles ou nuisibles de l'objet; il aurait dû, en conséquence, placer la joie et la tristesse avant l'amour et la haine; car, pour savoir qu'une chose nous est bonne ou mauvaise, il faut en avoir joui ou souffert.

Nous ne saurions non plus admettre que l'étonnement

---

1. *Ignoti nulla cupido*, Ovide, *Ars amat.*, III, 397.
2. *OEuvres philos.*, édit. Ad. G., t. I, p. 381.

soit notre première émotion. « Lorsque, dit Descartes, la première rencontre de quelque objet nous surprend et que nous le jugeons être nouveau.... cela fait que nous l'admirons et en sommes étonnés; et comme cela peut arriver avant que nous connaissions aucunement si cet objet nous est convenable ou s'il ne l'est pas, il me semble que l'admiration est la première de toutes les passions[1]. » Sans contredit nous pouvons nous étonner de la nouveauté d'un objet avant de savoir s'il nous est convenable ou non; mais nous pouvons aussi jouir ou souffrir d'un objet, et, par suite, l'aimer ou le haïr sans nous en être étonnés. L'enfant qui savoure la douceur du lait, le jeune homme qui prend de l'amour pour une jeune fille, avec laquelle il a grandi, l'avare qui couve son trésor, ont-ils commencé par admirer la nouveauté de l'objet qui les charme? L'étonnement est un état très-complexe de l'esprit, loin d'être une passion simple et primitive. Il suppose que nous avons déjà connu beaucoup de choses; que nous croyons à la stabilité et à la généralité des phénomènes de la nature; que cette croyance est troublée par la découverte d'une nouveauté et que nous en éprouvons de la peine ou du plaisir. Celui qui débuterait dans la connaissance ne s'étonnerait pas, car il manquerait de termes de comparaison. Celui qui aurait des connaissances confuses ne s'étonnerait pas non plus, car il ne remarquerait pas les différences. D'un autre côté, à mesure que nos connaissances s'augmentent, notre étonnement diminue, parce que nous possédons un plus grand nombre de termes de comparaison, et que nous trouvons plus facilement une classe dans laquelle nous pouvons ranger l'objet qui paraît seul de son espèce. Les éléments de l'étonnement appartiennent donc en plus grand nombre à l'intelligence qu'à la passion. Il

---

1. *OEuvres philos.*, édit. Ad. G., t. I, p. 376.

dépend d'un certain état moyen de l'esprit, où les connaissances ne sont ni trop rares ni trop abondantes et de l'induction qui nous fait aimer à ranger les objets dans des classes et les phénomènes sous des lois. Nous ne pouvons donc admettre l'étonnement ni comme une passion simple, ni comme un état primitif de l'esprit.

§ 2. Division des inclinations.

Toute inclination jouit de la présence de son objet et souffre de son absence, et surtout de la présence de l'objet contraire; toute inclination a donc deux modes : d'une part, la passion gaie, dont les degrés sont le plaisir, l'amour, le désir, l'espérance, la sécurité et la reconnaissance; de l'autre, la passion triste, dont les degrés sont la peine, la haine, l'aversion, la crainte, le regret et le ressentiment. Nous ne diviserons donc pas les inclinations en plaisir et peine, amour et haine, etc., puisque ces phénomènes sont les modes inséparables de l'inclination; nous les distinguerons par les objets auxquels elles s'attachent, en suivant sur ce point l'autorité de Descartes. « Je sais bien, dit-il, que communément dans l'école on oppose la passion qui tend à la recherche du bien, laquelle seule on nomme *désir*, à celle qui tend à la fuite du mal, laquelle on nomme *aversion*. Mais d'autant qu'il n'y a aucun bien dont la privation ne soit un mal, ni aucun mal considéré comme une chose positive, dont la privation ne soit un bien, et qu'en recherchant par exemple les richesses, on fuit nécessairement la pauvreté, en fuyant les maladies on recherche la santé, et ainsi des autres, il me semble que c'est toujours un même mouvement qui porte à la recherche du bien, et ensemble à la fuite du mal qui lui est contraire. J'y remarque seulement cette différence, que le désir qu'on a, lorsqu'on tend vers quelque bien, est accompagné d'amour et ensuite d'espérance et de joie, au lieu que le même désir, lorsqu'on tend à s'éloigner du mal contraire à ce bien, est accompagné de haine, de crainte et de tristesse.... Il y aurait plus de raison de distinguer le désir en autant de diverses espèces qu'il y *a de divers objets qu'on recherche*; car, par exemple, la curiosité, qui n'est autre chose qu'un désir de connaître, diffère beaucoup du désir de gloire, et *celui-ci du désir de vengeance*, et ainsi des autres[1]. »

Descartes n'a cependant pas profité de l'ouverture qu'il donnait ici pour la classification des inclinations, et il a mieux aimé en décrire seulement les modes, c'est-à-dire les passions.

Parmi les exemples qu'il cite pour faire comprendre comment on pourrait diviser les inclinations par leurs objets, il oppose le désir de vengeance à la curiosité et au désir de la gloire. Mais la vengeance n'est pas l'objet direct et primitif d'une inclination; on ne désire la vengeance que par haine de celui qui nous a privé d'un bien désiré pour lui-même. Le désir de la vengeance est donc un désir dérivé, et non un désir primitif. La connaissance ou la science, au contraire, est désirée pour elle-même, et la gloire est recherchée sans autre but que la gloire. Descartes ayant reconnu ailleurs que le désir de vengeance est un accompagnement de la colère, et que la colère est un mode de toutes les inclinations[2].

Tel est donc le *criterium* qui nous fera reconnaître les inclinations simples et primitives : autant il y aura d'objets désirés pour eux-mêmes, autant il y aura d'inclinations.

Descartes a fait voir que la peine et le plaisir ne doivent pas être rapportés à des facultés différentes, en montrant

---

1. *OEuvres philos.*, édit. Ad. G., t. I, p. 390-391.
2. *OEuvres philos.*, édit. Ad. G., t. I, p. 451-2.

qu'ils sont inséparables l'un de l'autre, et qu'il n'y a aucun bien dont la privation ne soit un mal. Pascal a dit après lui : « Nous sommes si malheureux, que nous ne pouvons prendre plaisir à une chose, qu'à condition de nous fâcher si elle réussit mal : ce que mille choses peuvent faire et font à toute heure. Qui aurait trouvé le secret de se réjouir du bien, sans se fâcher du mal contraire, aurait trouvé le point. C'est le mouvement perpétuel[1]. » Cependant il faut reconnaître que certaines personnes sont plus sensibles à la peine et d'autres au plaisir. Les premières gardent plus longtemps l'émotion pénible, les secondes l'émotion agréable. Les premières seront donc plus disposées à la passion triste et à ses suites, c'est-à-dire à la haine, à la crainte et au ressentiment; les secondes à la passion gaie et à ses modes, qui sont l'amour, l'espoir et la reconnaissance. Il y a un caractère morose que les événements heureux n'empêchent pas de désespérer. Corneille par exemple était mélancolique ; il lui fallait des sujets plus solides pour espérer et pour se réjouir que pour se chagriner ou pour craindre[2]. Il y a une humeur enjouée que les mécomptes et les revers n'empêchent point d'espérer toujours. Johnson a peint ce caractère dans le personnage de Rasselas, qui, après s'être promis le bonheur, d'abord dans le mariage, puis dans les emplois et les honneurs, puis dans la retraite au milieu des champs, toujours dans le lieu qu'il n'avait pas visité encore, ne rencontrant la félicité nulle part, et, voyant arriver sa dernière heure, conçoit une nouvelle espérance dans la félicité de la vie à venir. Cette pente plus inclinée vers la joie ou vers la tristesse est un des éléments les plus essentiels de la diversité des caractères.

1. *Pensées*, édit. Faug., t. I, p. 194.
2. Fontenelle, *Vie de Corneille*.

Nous devons observer que les inclinations existent chez les différents hommes à différents degrés, car chacun a reçu de Dieu un don particulier [1]. Les passions ne se manifestent donc pas chez tous à propos des mêmes inclinations : tel homme qui sera presque indifférent à la perte de ses richesses, pourra être poussé à une violente colère si l'on porte atteinte à sa réputation. Un autre perdra l'honneur sans donner de grandes marques de regret et tombera dans le désespoir en perdant ses biens. « Plusieurs animaux montrent dans la défense de leurs petits une fureur dont ils donnent à peine un signe quand il s'agit de leur propre salut [2]. »

La plupart des philosophes, dans la classification qu'ils ont donnée des inclinations, ont confondu les inclinations et les passions, c'est-à-dire les inclinations et leurs modes. Nous avons vu que Platon, dans un passage de la République, avait divisé l'âme en trois facultés : le désir, αἱ ἐπιθυμίαι, τα παθήματα, la colère et le courage, ἡ ὀργὴ, ὁ θυμός, et la raison, ὁ λογισμὸς, ἡ φρόνησις. Au désir il rapporte la faim, la soif, l'instinct du sexe et l'amour des richesses, qui ne sont désirées, suivant lui, que pour satisfaire aux trois premiers besoins. Cette classe a été appelée dans le moyen âge l'appétit concupiscible. Au courage il rattache l'amour de la domination, de la victoire, de la gloire et des honneurs. C'est ce que la scolastique a nommé l'appétit irascible, et ce que Bossuet propose d'appeler l'appétit courageux [3]; enfin, à la raison Platon attribue l'amour de la science Φιλομαθία : c'est ce qu'on a appelé l'appétit raisonnable. Comme chacune de ces facultés domine en des âmes différentes, Platon reconnaît trois espèces d'hommes : l'espèce cupide, Φιλοκερδές;

---

1. *Sed unus quisque proprium donum habet ex Deo*, 1. Cor. vii, 7.
2. Reid, trad. franç., t. VI, p. 85.
3. *Connaissance de Dieu et de soi-même*, chap. i, § 6.

l'espèce belliqueuse ou querelleuse, Φιλόνεικον ; et l'espèce philosophe, Φιλόσοφον. Elles ont entre elles la différence qu'on observe entre Cerbère, le lion et l'homme [1]. Mais le mot de cupide n'est pas un nom convenable pour exprimer la faim, la soif et l'instinct du sexe, et, comme on le verra plus loin, il n'est pas exact de dire que les richesses ne soient pas désirées pour elles-mêmes. L'amour de la domination, de la victoire et des honneurs excite sans contredit la colère et le courage ; mais la faim, la soif, l'amour du sexe et même l'amour de la science ne l'excitent pas moins. La colère, comme nous l'avons dit, n'est qu'un mode de nos inclinations et non une faculté primitive.

Aristote, dans le deuxième livre de sa République, fait une énumération des passions. Il distingue la colère, le calme, l'amour, la haine, la crainte, l'assurance, la honte, la faveur, la compassion, l'indignation, l'envie et l'émulation [2]. Nous avons montré que la colère, la haine, la crainte et l'amour pris dans un sens général comme l'entend Aristote, sont les modes de toutes nos inclinations; nous verrons plus loin que la honte et l'indignation sont des déplaisirs qui se rapportent à l'amour de la vertu, et que la faveur et la compassion appartiennent à l'amour de nos semblables. Aristote montre dans quelles circonstances naissent le calme ou l'apaisement de la colère et l'assurance ou l'apaisement de la crainte ; il n'envisage donc pas ces deux états comme des inclinations primitives de l'âme, mais comme des plaisirs succédant à des peines, et par conséquent comme des passions ou des modes d'inclination. De toute cette liste, l'émulation, dont l'envie est un excès coupable, doit être seule considérée comme une disposition particulière de l'âme, et non

---

1. *Répub.*, édit. H. E., t. II, p. 581.
2. Ὀργή, πραότης, φιλία, μῖσος, φόβος, θάρσος, αἰσχύνη, χάρις, ἔλεος, νεμέσις, φθόνος, ζῆλος. (*Rhétorique*, livre II, chap. II-XI.)

comme le mode d'une autre inclination. Au surplus, Aristote n'a pas commis la faute de donner les passions pour les inclinations elles-mêmes. Si l'on voulait connaître son avis sur la nature de ces dernières, il faudrait le chercher dans le premier livre de la Rhétorique, où il énumère les choses qui nous sont naturellement agréables et détermine par là nos inclinations naturelles. Ces choses qui nous plaisent par elles-mêmes sont, suivant lui, la coutume, le repos, les objets des appétits sensuels, la prééminence, la réputation, le changement, la science, le merveilleux, l'imitation, nos semblables, nous-mêmes et ce qui vient de nous, nos enfants et nos ouvrages [1]. Il ne restait au philosophe grec qu'à développer ce sujet, pour faire un traité complet des inclinations.

Malebranche a le premier, ce nous semble, nettement distingué les inclinations et les passions. Il met au nombre des passions l'amour, la haine, la joie, la tristesse, le désir, etc., et il divise les inclinations en curiosité, amour de soi et amour des hommes. Il comprend dans l'amour de soi l'amour de l'être et l'amour du bien-être : le premier est, suivant lui, l'amour de la puissance, de l'élévation, de l'indépendance ; le second est l'amour des plaisirs sensuels. Malebranche avertit que l'on peut diviser l'amour de soi en plusieurs manières, soit parce que nous sommes composés de deux parties différentes, d'âme et de corps, soit parce qu'on peut faire des distinctions par les différents objets qui sont utiles à notre conservation [2].

Nous adoptons, comme on l'a vu, la distinction de Malebranche entre les inclinations et les émotions ou passions, mais nous ne pouvons recevoir sa division des inclinations, pour plusieurs motifs. La satisfaction du be-

---

1. *Rhétorique*, livre I, chap. IX.
2. *Recherche de la vérité*, livre IV, chap. III, § 1 et 2, et ch. XIII; et livre V, ch. I.

soin des sens nous paraît se rapporter plutôt à l'amour de l'être qu'à l'amour du bien-être ; au contraire l'amour de l'élévation et de la puissance nous semblerait plutôt faire partie de l'amour du bien-être que de l'amour de l'être. De plus, nous ne voyons pas de place dans cette classification pour l'amour du beau proprement dit ni pour celui de la vertu.

D'après le conseil de Descartes, nous diviserons les inclinations suivant leurs objets. La première classe comprendra les inclinations relatives à des objets qui nous sont personnels, comme l'aliment, la propriété, la domination, la gloire, etc., que nous n'aimons pas à partager avec autrui. Ces inclinations, que Platon renfermait à tort sous le titre de désirs et de courage, n'en forment pas moins un groupe bien séparé des autres, et marqué d'un caractère commun très-important : ce sont des inclinations égoïstes. La seconde classe contiendra les inclinations qui nous portent vers des objets non personnels, comme le bien moral, le vrai, le beau, dont nous ne voulons pas nous faire une possession exclusive, et au partage desquelles nous sommes heureux d'admettre les autres hommes. C'est là que se trouve ce que Malebranche appelait la curiosité et Platon l'amour de la science. Enfin la troisième classe se composera des inclinations qui s'adressent à nos semblables, telles que le besoin de société, l'amitié, les affections de la famille, etc.

Il y a sur la nature des inclinations deux opinions extrêmes. Suivant les uns, elles sont toutes désintéressées ; elles tendent vers un objet dont elles n'ont pas encore éprouvé les qualités utiles ou agréables. Le nouveau-né aspire le lait, avant d'en connaître la douceur ; l'homme fait court après la gloire et la puissance, sans savoir s'il en retirera quelque utilité. Il obéit à son instinct. « Un homme, dit David Hume, n'est pas plus égoïste lorsqu'il cherche sa propre gloire que lorsqu'il se propose le bonheur d'un ami¹. » Sans doute l'inclination, dans son premier développement, ignore le plaisir qu'elle va rencontrer ; mais elle ne demeure pas longtemps dans cet état d'ignorance. Sitôt qu'elle a connu le plaisir elle devient l'amour. L'amour connaît les charmes de son objet, et l'on peut dire qu'il est intéressé lorsqu'il s'adresse à des objets dont il veut la possession exclusive.

Suivant d'autres, toutes les inclinations sont intéressées: « Nous ne travaillons nous-mêmes au bonheur d'autrui que parce que ce bonheur nous est agréable. Toutes les inclinations ne sont donc que des transformations de l'amour de soi². » Singulier amour de soi qui fait, par exemple, que l'amant de la gloire s'impose les plus rudes travaux, les plus cruelles privations, et va jusqu'au sacrifice de la vie, et que l'avare se laisse mourir de faim sur son monceau d'or. Mais enfin, dit-on, je n'aime la gloire et la richesse que parce qu'elles me plaisent, parce qu'elles flattent le moi ; c'est donc moi-même que j'aime en elles ; il n'est donc pas nécessaire de compter tant d'amours, il n'y en a qu'un : c'est l'amour de soi.

Nous répondrons d'abord qu'on ne gagne rien à de pareilles simplifications. Si l'un s'aime soi-même entouré de richesses, et l'autre décoré des rayons de la gloire, ce sont des manières fort différentes de s'aimer ; et il faut toujours arriver à compter ces différences de nature, qui font la diversité des caractères.

Mais, de plus, ne faut-il pas distinguer de ces inclinations, qui nous portent vers des objets personnels dont nous ne souffrons pas le partage, celles qui s'adressent à des objets non personnels, tels que la beauté d'un soleil couchant, la grandeur d'âme d'un Régulus, les découvertes d'un Newton ? Bien loin d'exclure les autres hom-

---

1. *OEuvres philos.*, trad. franç., t. I, p. 76.
2. Voy. entre autres Condillac, *Traité des Sensations*, 1ʳᵉ édit., t. I, p. 76.

mes de ces spectacles magnifiques, nous les y convions au contraire, et nous sentons notre plaisir se doubler par celui qu'ils éprouvent. N'est-ce pas une exagération que de flétrir ces inclinations du nom d'égoïstes ? Quant à celles qui nous entraînent vers nos semblables, si, comme on le prétend, c'est nous-mêmes que nous aimons en eux, au moins faut-il convenir que nous ne leur témoignons cet amour qu'en nous gênant un peu en leur faveur, et en leur donnant un peu de notre bien-être.

Pascal a dit : la politesse est : incommodez-vous. Mais, si non contents de nous imposer quelque gêne, nous allons jusqu'à sacrifier au bonheur d'autrui notre propre bonheur et même notre vie, comme une mère le fait souvent à l'égard de son enfant, n'est-ce pas abuser des mots que d'appliquer ici le nom d'égoïsme ?

Nous verrons plus loin qu'il y a un véritable amour-propre qui n'est ni l'amour de la richesse, ni celui de la gloire, ni surtout l'amour des objets non personnels comme la vérité et la vertu, ni l'amour de nos semblables, mais l'amour de notre personne elle-même, l'adoration de notre moi, dont l'excès engendre la présomption et l'orgueil : c'est à cet amour qu'il faut réserver le nom d'amour de soi.

Ainsi, de nos inclinations, les unes nous portent à des objets que nous ne voulons partager avec personne ; les autres s'adressent à des biens qui se doublent par le partage ; d'autres enfin se rapportent à des êtres animés pour lesquels nous sommes disposés à sacrifier une part de notre jouissance, et quelquefois notre bonheur tout entier. Elles se distinguent ainsi profondément de celles qui ne nous demandent pas de sacrifice, et surtout de celles dont la nature est de s'y refuser. Ce sont des groupes très-séparés qu'il ne faut pas confondre sous l'appellation commune d'amour de soi.

CHAPITRE II.

LES INCLINATIONS QUI SE RAPPORTENT A DES OBJETS PERSONNELS.

§ 1. Besoin de l'aliment.

L'homme est probablement, comme l'animal, guidé par l'odorat dans le choix de sa nourriture. « Il est curieux, dit Reid, de voir une chenille, qui est destinée à vivre d'une seule plante, voyager sur des milliers de feuilles d'une autre espèce, sans goûter d'une seule, jusqu'à ce que, parvenue à celles qui forment sa nourriture naturelle, elle s'y jette aussitôt et les dévore avec avidité[1]. »

La nature varie les goûts des peuples et les approprie aux aliments que chaque pays doit fournir. Dans une expédition au pôle nord, on fit goûter des viandes aux Esquimaux. Ils n'y prirent pas de plaisir; l'huile ayant plus d'analogie avec le poisson, qui est leur nourriture naturelle, ils burent à grands flots celle qu'on leur présenta[2].

Il y a, dit Platon, des désirs nécessaires ἀναγκαῖαι ἐπιθυμίαι auxquels nous ne pouvons résister, comme la faim et la soif, et des désirs qui ne sont point nécessaires, comme

---

1. Trad. franç., t. VI, p. 34.
2. *Découvertes aux régions arctiques*, par le capitaine Ross.

celui des mets variés et recherchés[1]. Ce désir libre n'en est pas moins une dépendance du premier. Certaines odeurs, comme celles des fleurs, sont agréables sans nous porter à nous faire une nourriture des objets dont elles émanent ; cependant, mêlées à quelques aliments, au laitage, par exemple, elles en rendent la saveur plus exquise. La nature a-t-elle voulu, par ces douces odeurs, nous exciter elle-même à varier nos mets et à satisfaire ainsi quelque nécessité secrète de l'estomac, ou faut-il voir dans l'amour des odeurs une inclination qui, pour emprunter le langage de Malebranche, ferait partie, non de l'amour de l'être, mais de l'amour du bien-être ?

On doit rapporter à l'appétit de la nourriture l'instinct de la chasse, qui est naturel chez quelques animaux et probablement chez l'homme. Parmi les animaux, les uns cherchent leur proie sur la terre, les autres dans l'air, les autres dans les eaux. N'y aurait-il pas aussi des peuples naturellement chasseurs, pêcheurs, pasteurs ou laboureurs ? Les peuplades de l'Arabie ont peine à passer de la vie nomade à la vie agricole ; celles de l'Amérique du Nord aiment mieux mourir que de renoncer à la chasse et de s'enfermer dans les clôtures des champs ou des villes. L'habitant du Nord-Land, en Suède, préfère la pêche au labourage : lorsqu'un essaim de poissons s'est montré dans les eaux, il est impossible de retenir les travailleurs dans les champs : ils courent au rivage.

Bossuet pensait que l'agriculture et l'art pastoral ont été révélés directement à l'homme par son créateur[2]. Les anciens regardaient aussi ces deux arts comme les effets d'une révélation divine. Il est permis d'y voir une inspi-

---

1. *Rép.*, édit. H. E., t. II, p. 559, a. b.
2. *Histoire universelle*, 1re partie, 1re époque, édit. Didot l'aîné, 1814, t. I, p. 12.

ration de la nature. L'art pastoral ne nous est pas exclusivement réservé et certains animaux le partagent avec nous. « Quelques races de fourmis élèvent et nourrissent dans des sortes d'étables d'autres espèces d'insectes, et principalement des pucerons, qu'elles soignent pour les traire et pour en obtenir un aliment assuré dans les temps de disette, comme nous tenons en domesticité nos vaches, nos chèvres, nos brebis[1]. »

Il est un autre art qui se rattache à l'appétit et sur lequel nous voulons encore appeler l'attention : c'est l'art de produire le feu. La nature nous a refusé des organes propres à digérer la crudité de certains végétaux et celle de la chair des animaux ; nous suppléons à ce défaut par le feu qui amollit ces aliments. Si l'on considère quelle serait la condition de l'homme sans cette découverte, on doutera que la Providence l'ait abandonné aux tourments de l'expérience, et l'on serait tenté d'y voir une inspiration du Créateur.

Lucrèce suppose que le spectacle des objets embrasés par la foudre, ou des arbres que les vents enflamment en les froissant avec violence les uns contre les autres, a pu instruire les hommes à produire le feu; que l'exemple du soleil, dont la chaleur adoucit l'amertume et la dureté des fruits, a pu nous conduire à employer le feu pour attendrir la chair des animaux[2].

On dira qu'il ne faut pas beaucoup de raisonnement pour s'agiter quand on a froid, pour frapper ses mains l'une contre l'autre, observer que la chaleur résulte de ce choc ainsi que du frottement de la main sur le bois, ou du frottement de deux morceaux de bois l'un contre l'autre, et arriver à les frotter si fort qu'ils s'enflamment.

---

1. Duméril, *Éléments des sciences naturelles*, 4ᵉ édit., t. II, p. 132.
2. *De rerum natura*, livre V, vers 1090 et suiv.

Mais comment se fait-il que certains singes de la grande espèce, qui manient le bois, s'en servent comme d'instrument, et font des raisonnements assez compliqués, ne font jamais celui qui les conduit à produire du feu dont ils auraient quelquefois grand besoin. On a vu un singe prendre la clef de la chambre où il était renfermé, l'enfoncer et la tourner dans la serrure et ouvrir la porte. Un autre étant trop petit pour atteindre à la serrure, alla chercher une chaise et s'en fit un marchepied[1]. Un troisième prit une pierre pour casser la noix qu'on lui avait donnée, et, comme celle-ci s'enfonçait dans le sol sous ses coups, il la plaça sur une tuile pour la frapper avec plus de succès. On raconte l'histoire d'un autre singe qu'une chaîne trop courte empêchait d'atteindre une noix qu'il convoitait : un valet en passant près du singe ayant laissé tombé une serviette, celui-ci s'en empara et s'en servit pour amener à lui l'objet de sa convoitise. Cependant ce même singe, placé en hiver près d'un feu qui s'éteignait, n'eut jamais l'idée de prendre du bois à un monceau voisin et de le jeter dans le feu, quoiqu'il eût vu plusieurs fois les valets lui en donner l'exemple et quoiqu'il fût transi de froid. N'est-ce pas la Providence qui, tout en accordant aux animaux des instincts merveilleux, leur a refusé l'instinct nécessaire pour faire le feu, afin qu'ils ne pussent pas détruire les ouvrages de l'homme ? Serait-il bien téméraire de croire que cette Providence, traitant l'homme avec plus de faveur que les animaux, l'ait conduit pour ainsi dire par la main à cette découverte si utile, soit en lui faisant remarquer plus particulièrement les origines naturelles du feu, soit en lui faisant accomplir instinctivement les actes qui le produisent ? Si l'on excepte des peuplades

---

1. Flourens, *Résumé des observ. de Fréd. Cuvier sur l'instinct et l'intelligence des animaux*, 2ᵉ édit., p. 42-43.

qui se distinguent à peine de la brute et chez lesquelles ne se sont pas encore développés tous les instincts de l'humanité, on verra que l'usage du feu se trouve chez des tribus sauvages, très-peu avancées pour les arts du raisonnement. Il est permis de penser qu'elles sont conduites en cela, par une espèce d'instinct. Nous reconnaîtrons dans la suite de cet ouvrage des inspirations de la nature, tout aussi merveilleuses et pour des fins peut-être moins nécessaires. — Les anciens supposaient que l'homme avait appris de Prométhée l'art de faire le feu, mais nous n'avons pas à nous préoccuper de cette opinion, puisqu'ils attribuaient au même demi-dieu la révélation de l'idée de l'avenir, qui est cependant bien naturelle chez les hommes et qu'ils trouvent spontanément dans leur esprit, sans avoir besoin des leçons de personne.

§ 2. Goût du bien-être corporel.

Nous sommes disposés par la nature à jouir de certaines perceptions du toucher. Une surface polie et douce, une température tiède ou fraîche nous causent d'agréables sensations. Il y a un toucher intérieur répandu sur tous les tissus internes de notre corps, dont les perceptions s'amortissent par la continuité, mais redeviennent sensibles pour quelque temps, lorsqu'elles ont été interrompues et que la cause de leur interruption disparaît. Par exemple, si la circulation du sang s'est un instant arrêtée dans l'un de nos membres, nous éprouvons une douce sensation au retour du sang dans nos veines[1] ; si notre cœur a un instant cessé de battre, c'est pour nous un moment de bien-être que celui où le cœur reprend son mouvement régulier. La peine étant

---

1. Platon, *Phédon*, édit. H. E., t. I, p. 60, b. c. d.

inséparable du plaisir, il est inutile de faire remarquer que toutes ces agréables sensations du toucher n'existent qu'à la condition de céder la place aux sensations pénibles, causées par les perceptions contraires; mais la peine est ici, comme partout, une indication que la nature n'est point satisfaite et un aiguillon à chercher l'objet ou l'état qui lui plaît. Le plaisir est une indication contraire et un encouragement à nous maintenir dans les circonstances qui le font naître. « Tout ce qui est contre la nature, dit Platon, est douloureux ; tout ce qui s'accomplit selon ses lois est agréable... Lorsque l'harmonie se dérange dans les animaux, la douleur prend naissance ; quand l'harmonie se rétablit, le plaisir se fait sentir[1]. »

Nous plaçons naturellement notre corps dans la situation qui lui est la plus commode, c'est-à-dire la plus propre à lui épargner les pénibles sensations du toucher extérieur et intérieur, et même à lui procurer les sensations contraires ; cet instinct s'exerce même pendant le sommeil.

§ 3. Goût de l'activité physique.

Les perceptions de la faculté motrice doivent être distinguées de celles du toucher ; une tendance de notre nature nous porte à rechercher les premières comme les secondes. Nous avons déjà parlé de la perpétuelle mobilité des enfants. Nous l'avons d'abord envisagée comme le déploiement spontané de la faculté motrice et l'effet d'un instinct qui précédait le plaisir ; nous la considérons ici comme l'objet d'un amour qui se déploie en connaissance de cause. Platon conseille aux mères et aux

---

1. *Timée*, édit. H. E., t. III, p. 81, d. e.; *Philèbe*, édit. H. E., t. II, p. 31.

nourrices de ne point gêner cet amour du mouvement ; il les engage à promener leur nourrisson dans leurs bras et à lui faire éprouver le balancement du navire. Il leur rappelle le plaisir causé par le mouvement que nous donne le cheval ou la voiture, et il leur propose l'exemple des animaux que l'on fait marcher même pendant l'absence de leur maître, et de ces oiseaux privés que l'on promène sur le poing[1]. En effet, le mouvement est un besoin de tous les animaux, et, lorsque nous nous faisons porter et traîner par le cheval, nous tournons à notre profit son instinct prédominant. « L'activité corporelle est surtout un besoin pour les enfants. Dans les pauvres familles où ils aident la mère aux soins du ménage, ils éprouvent plus de plaisir que dans les familles riches, où les occupations de la mère sont les travaux à l'aiguille, la lecture, etc. Les enfants aiment mieux ceux de leurs jouets qu'ils peuvent déplacer, remuer, manier, démonter, briser même, que ceux qu'ils sont obligés de contempler. Les figures sculptées et mobiles leur plaisent plus que les images peintes fixées à la muraille[2]. » Frédéric le Grand remarquait que l'homme était par la disposition de ses membres et par son instinct du mouvement, plutôt destiné à la course qu'à la méditation. Heureusement, il y a plus d'un instinct dans l'espèce humaine ; mais il était bon que celui du mouvement fût accordé à une créature placée sur ce globe qui ne peut être fécondé que par l'œuvre du corps.

C'est, en effet, à ce besoin d'activité physique qu'il faut rapporter l'amour du travail manuel. Les moines de l'ordre de Saint-Benoît montraient qu'ils connaissaient la nature de l'homme, quand ils entremêlaient l'œuvre

---

1. *Des lois*, édit. H. E., t. II, p. 790, d.
2. Mme Necker de Saussure, *Éducation progressive*, 1ʳᵉ éd., t. 1, p. 271 ; t. II, p. 159.

des mains à celle de l'esprit. Des savants, des poëtes, des magistrats se délassent de la méditation par les soins du jardinage ou par les occupations de quelque atelier privé. Pascal avait bien compris ce penchant à l'action lorsqu'il regardait l'oisiveté forcée comme un châtiment, et qu'il disait : « Quand un soldat se plaint de la peine qu'il a, ou un laboureur, etc., qu'on les mette sans rien faire[1]. » Ce besoin d'action se retrouve dans l'amour du pouvoir physique, dans ce plaisir que nous goûtons, non-seulement à nous assujettir les objets de la nature matérielle, à les plier, à les façonner, à les rompre, mais encore à lutter contre nos semblables et à courber leur force sous la nôtre : ainsi s'expliquent les jeux des athlètes et l'amour du combat[2].

§ 4. Penchant d'un sexe pour l'autre.

Toutes les inclinations qui précèdent nous font éprouver des peines et des plaisirs qui se manifestent dans certaines parties du corps, c'est-à-dire des sensations proprement dites. Il en est de même du penchant d'un sexe vers l'autre. Nous désignons sous ce mot une inclination dont l'objet est physique, et qu'il ne faut pas confondre avec l'amour, un sentiment du cœur, dont nous parlerons plus loin. Ce penchant, une fois satisfait, laisse les personnes indifférentes l'une à l'autre. Le but que se propose la nature dans cet instinct est la conservation de l'espèce, mais ce but est ignoré d'abord des deux individus qui se recherchent. L'amour du sexe est une sensation; l'amour des enfants est un sentiment, comme on le verra plus tard.

---

1. *Pensées*, édit. Faug., t. II, p. 43.
2. Voy. *la Psychologie et la Phrénologie comparées*, par Ad. Garnier, p. 279-286.

§ 5. Amour de certains lieux.

Si la nature inspire aux hommes et aux animaux la recherche de leur proie, elle se charge aussi de les diriger vers les lieux où se trouvera cette nourriture. Ils doivent d'abord n'être émus que par l'attrait du lieu, sans connaître ce qu'il leur réserve. Plus tard, ils l'aimeront aussi pour la proie qu'ils y trouveront; ils l'aiment d'abord uniquement pour lui-même. « Lorsque les petits de la cane sont conduits pour la première fois au bord de l'eau, ils sentent leur élément et s'y jettent poussés par l'impulsion de la nature[1]. » Le hibou, la fauvette, l'alouette et l'aigle habitent à des étages différents de la région des airs. Entre les variétés des lièvres et des chevreuils, il y en a qui se plaisent dans la plaine, d'autres sur la montagne. Le bouquetin et le chamois s'élèvent jusque sur le sommet des rochers arides. « C'est par instinct que, parmi les oiseaux, quelques-uns émigrent et voyagent[2]. » On a voulu attribuer à l'expérience et au raisonnement les émigrations des oiseaux de passage. « Ils avaient connu, disait-on, la dureté de l'hiver; ils allaient chercher un climat mieux approprié à leur faiblesse : ils partaient aux premiers froids et revenaient aux premières chaleurs. » Mais des espèces tout aussi intelligentes et tout aussi faibles que ces voyageurs passent l'hiver dans nos climats. Des journées froides viennent souvent se mêler aux jours de l'été sans provoquer l'émigration. Les oiseaux ont-ils fait le compte des jours de l'été, et veulent-ils qu'il soit complet? Non, ils attendent leur heure et n'obéissent qu'à leur instinct. L'oiseau captif dans l'intérieur d'un appartement, où il ne

---

1. Buffon, *du Canard*.
2. Flourens, *Résumé des observations de Frédérick Cuvier sur l'instinct et l'intelligence des animaux*, 2ᵉ édit., p. 30.

sent point la rigueur de la saison, redouble ses mouvements dans sa cage, au moment de l'année où l'instinct voyageur le presse comme tous ceux de sa race.

Ne trouverait-on pas aussi quelques hommes d'humeur naturellement voyageuse, d'autres d'un tempérament sédentaire ? « J'ai rencontré, dit un illustre publiciste, des hommes de la Nouvelle-Angleterre prêts à abandonner une patrie où ils auraient pu trouver l'aisance, pour aller chercher la fortune au désert. Près de là, j'ai vu la population française du Canada se presser dans un espace trop étroit pour elle, lorsque le même désert était proche; et tandis que l'émigrant des États-Unis acquérait avec le prix de quelques journées de travail un grand domaine, le Canadien payait la terre aussi cher que s'il eût encore habité la France[1]. » Il y a des hommes qui demeurent aux environs d'une capitale et qui n'y ont jamais mis le pied. Kant n'est pas sorti, dit-on, des murs de Kœnigsberg, et Alfieri, au contraire, s'écrie : « Il est vrai que changer de place est pour moi le plus grand des biens, et rester le plus grand des efforts[2]. » Un Anglais aveugle, nommé Holman, avait la passion des voyages ; il chargeait un domestique de lui décrire les lieux qu'il traversait. Il parcourut la France, l'Italie ; il gravit le Vésuve et se fit conduire à Pétersbourg, à Moscou, à Kasan, à Tobolsk. Il allait s'embarquer au Kamtschatka, lorsque l'empereur de Russie, surpris de ce goût des voyages dans un aveugle, le prit pour un espion de l'Angleterre, envoya à sa poursuite et le fit ramener jusqu'aux frontières de la Pologne. Cet aveugle a publié le récit de ses voyages[3].

1. Alexis de Tocqueville, *De la démocratie en Amérique*, 1re édit., t. II, p. 245.
2. *Vie de Victor Alfieri*, traduction de Petitot, Paris, 1809, t. I, p. 239.
3. Londres, Whittaker, 1825.

Si l'instinct conduit l'abeille dans le creux des rochers, l'hirondelle dans les angles des pierres, le castor au bord des eaux, il est très-vraisemblable qu'un goût du même genre et marqué des mêmes variétés, se manifeste aussi parmi les humains. La Providence a voulu que toute la terre fût habitée et elle a fait des hommes d'humeur différente, pour qu'ils ne vinssent pas tous s'étouffer dans la même région. Des peuples entiers se plaisent les uns sur le bord de la mer, les autres sur les montagnes. Peut-être voudra-t-on attribuer ce goût au pouvoir de l'habitude; mais, parmi des hommes élevés dans le même lieu, ne voyons-nous pas que ceux-ci sont emportés par un instinct voyageur, ceux-là retenus par un goût sédentaire; que tels sont portés vers les montagnes, tels vers les plaines, les uns vers les fleuves et les mers, les autres vers les rochers secs et arides. Ce sont ces derniers qui se plaisent dans les rues étroites des villes, tandis que les premiers ont besoin de reposer leurs yeux sur la verdure des prairies, et d'étendre leurs regards dans le vaste espace d'un ciel libre et d'un immense horizon.

§ 6. Amour de la possession.

La nature nous conduit à notre insu vers le but qu'elle se propose et qui est finalement notre bien : elle nous pousse vers des objets dont nous découvrons plus tard l'usage, mais que nous recherchons d'abord pour eux-mêmes. C'est ce qu'on a vu dans les instincts précédents, c'est ce qui paraît encore dans l'inclination de l'homme et de quelques animaux à s'emparer de certains objets. Ces objets n'ont pas une utilité présente; on ne le prévoit même pas, et cependant on prend plaisir dans leur possession. C'est par instinct, disait Frédérick Cuvier, que certains animaux font des provisions, et que le chien enfouit dans la terre les restes de son repas[1]. Parmi les insectes, l'abeille et la fourmi, dès qu'elles viennent au jour, conservent l'une le miel qu'elle produit, l'autre les grains qu'elle trouve dans la campagne ; ni l'une ni l'autre n'ont connu l'hiver, pour lequel les poëtes leur supposent de la prévoyance. Elles le passeront d'ailleurs dans une sorte d'engourdissement, et leurs provisions serviront à nourrir les larves sorties des œufs de celles qui sont fécondes. Mais elles ne peuvent prévoir même cette utilité des objets qu'elles amassent ; elles ne sont donc présentement sensibles qu'au plaisir d'amasser. Le campagnol et le mulot font des magasins : la prévoyance, dit-on, convient à la faiblesse ; mais le renard et le loup, qui sont beaucoup plus forts, se font aussi des approvisionnements. C'est, dit-on, la conséquence de la faim dont ils ont souffert[2] ; mais le daim, le chevreuil, le cerf, le lion, le tigre ont aussi senti la faim, et aucun de ces animaux ne prend le soin d'amasser, quoiqu'ils ne le cèdent en intelligence, ni au loup ni au renard. Si parmi des animaux d'égale force et d'égale intelligence, les uns se plaisent à entasser des provisions, tandis que les autres n'y songent pas, l'inclination naturelle peut seule expliquer cette différence. Il faut donc qu'il y ait chez quelques animaux un instinct de la possession, qui leur fasse trouver un plaisir spécial dans l'objet possédé, sans qu'il leur soit présentement d'aucun profit, et c'est par là seulement qu'on explique les exemples qui précèdent et l'acte de certains oiseaux qui, comme le corbeau et la pie, vont même jusqu'à dérober quelques-uns des objets à notre usage.

Cet instinct des animaux ne nous aide-t-il pas à comprendre la conduite de certains hommes, qui entassent

---

1. Flourens, *Résumé des observations de Frédérick Cuvier sur l'instinct et l'intelligence des animaux*. 2ᵉ édit., p. 30 et 61.

2. *Lettres sur les animaux*, par G. Leroy, Nuremberg et Paris, 1781, p. 97.

pour le seul plaisir d'entasser; dont les uns accumulent une multitude d'objets disparates, qui ne peuvent jamais leur être d'aucun service; dont les autres, loin de tirer parti des provisions qu'ils amassent, n'y voient d'autre utilité que l'entassement lui-même; ne veulent point se dessaisir des fruits de leur cellier, du vin de leur cave, des écus de leur cassette; ne reçoivent leurs revenus que pour les replacer en capitaux, et percevoir de nouveaux intérêts, qu'ils placent encore; se désespérant à l'idée qu'il faudra quitter tout cela un jour, et qu'on entre dépouillé au tombeau?

Ce n'est pas la crainte de manquer des moyens de vivre qui les pousse, car combien d'entre eux n'ont-ils pas entassé les biens qui assureraient l'existence d'un grand nombre d'hommes? Ce n'est pas le désir de surpasser les autres en richesses, car la plupart cachent leurs trésors.

Le but de la nature est dépassé dans la conduite de ces avares; en effet, elle ne se propose pas de créer des vices. Si nous citons leur exemple, c'est que l'instinct de la possession n'étant chez eux balancé par aucun autre, et se trouvant porté à l'excès, est plus facile à reconnaître pour ce qu'il est; il apparaît marqué de la spécialité que lui a donnée la nature. Dans la limite ordinaire, cette inclination nous porte à nous mettre en possession de certains objets, à nous faire un plaisir de les garder, même sans en prévoir l'usage; et la Providence nous ménage ainsi, à notre insu, des ressources pour des besoins imprévus.

Un enfant loue la fourmi de n'être pas prêteuse; il n'aime pas à voir ses possessions entre les mains d'autrui; et il pousse des cris, si l'on emporte hors de la maison quelque objet qui appartienne à sa mère[1].

Un père ne pouvait fixer l'esprit de ses enfants sur des

---

1. Mme Necker de Saussure, *Éduc. progress.* 1re édit., t I, p. 248.

leçons d'histoire naturelle; il leur dit que les objets de la leçon appartiendront à celui qui la retiendra le mieux, et il soutient ainsi leur attention jusqu'à la fin.

L'instinct de la possession, qui nous porte à saisir des objets dont nous découvrirons l'utilité par la suite, doit nous pousser aussi à nous emparer d'une place pour notre demeure. La nature, avons-nous dit, conduit les animaux vers l'élément où ils doivent trouver leur nourriture et les fait exécuter des voyages ou mener une vie sédentaire en des lieux d'un certain aspect; mais elle inspire à quelques-uns de se faire dans ces lieux une place à part, d'où ils renvoient les autres animaux. Certains même, qui changent de lieu, comme l'hirondelle, se choisissent dans chaque région un domicile auquel ils reviennent. L'aigle a son canton dans lequel il ne laisse entrer aucun rival; des oiseaux beaucoup plus faibles : le rossignol, le rouge-gorge s'arrogent le même droit; une compagnie de chamois s'établit sur une montagne et en expulse tous ceux qui ne sont pas du troupeau. Cet instinct agit sans que l'animal ait connu les ressources du lieu, et ait pu juger si elles suffisent à la nourriture d'un plus ou moins grand nombre d'animaux de son espèce. Il s'arroge donc un certain lieu, sans autre objet que le lieu lui-même.

Quelques animaux ont donc leur possession immobilière; comment l'homme n'aurait-il pas la sienne? Le plaisir que nous goûtons à posséder des objets mobiliers, le cède encore à celui que nous fait éprouver la possession d'une part de cette terre. Nous aimons instinctivement à nous faire à chacun notre place, dans laquelle nous ne voulons pas être troublés.

Platon pensait qu'on ne désire les richesses que pour la satisfaction des besoins du corps[1]; mais l'avare re-

---

1. *Les Lois*, édit. H. E., t. II, p. 831, b. c. d.

nonce à tous les plaisirs et se laisse mourir de faim. Platon a pris le but éloigné et final de la nature pour le but prochain et spécial auquel l'homme est poussé par l'instinct de possession.

« Mais, a-t-on dit, le *mien* est près du *moi*; l'amour de l'un dérive de l'amour de l'autre; les choses qui nous appartiennent sont comme une extension de notre personne. Voilà pourquoi nous nous plaisons à posséder, à voir que certains objets portent pour ainsi dire notre attache et comme notre nom. Il ne faut donc considérer le prétendu amour de la possession que comme une forme de l'amour de nous-mêmes. »

Nous avons déjà réclamé contre cette prétention de faire sortir de l'amour de soi toutes les inclinations, et nous avons dit qu'il fallait réserver le nom d'amour-propre à cette infatuation de soi-même dont l'excès produit l'orgueil.

Un avare aime souvent mieux son argent que ses enfants : l'Harpagon de Molière en est la preuve. Si l'amour de soi causait son amour pour l'argent, il causerait aussi son amour pour ses enfants, car ceux-ci le touchent d'aussi près que ses richesses. Tel homme s'aime beaucoup lui-même et aime peu ses proches; tel autre aime ses enfants et dissipe sa fortune, un troisième conserve son argent au prix de mille privations pour les siens et pour lui-même : c'est une preuve que des inclinations spéciales nous attachent à nous-mêmes, à nos proches, à nos biens, et qu'il ne faut pas faire sortir toutes ces inclinations d'une seule origine.

L'instinct de la possession se complique de l'instinct du pouvoir pour former l'amour de la propriété. Il faut distinguer entre la possession et la propriété : la première est l'occupation actuelle de la chose; la seconde est l'attribution de l'objet à ma personne, même quand je n'en fais pas usage. L'animal ne comprend et ne désire que la possession : l'homme veut de plus la propriété qui est le pouvoir de se servir de la chose, de la donner et même de la détruire. Un enfant demande un objet : vous répondez qu'on le lui prête; mais il veut qu'on le lui donne. Il distingue entre la possession et la propriété. Prêter et donner ont le même effet pour l'usage de la chose, mais non pour la satisfaction de l'instinct de propriété. L'enfant aime mieux être propriétaire d'un objet dont il ne se sert pas que de se servir d'un objet dont il n'est pas propriétaire.

La propriété satisfait donc à deux instincts, à celui de la possession et à celui du pouvoir. Dugald Stewart nous semble avoir eu tort de ne la rapporter qu'au dernier [1]. Il n'a pas aperçu l'instinct de la possession que nous partageons avec les animaux et qui domine dans l'avare. En effet, ce qui flatte l'avare ce n'est pas le droit de donner et de détruire, mais le plaisir de garder, d'accumuler, d'entasser, et au lieu de disposer librement de ses biens, il aimerait mieux les emporter avec lui au tombeau.

On a proposé de nos jours d'établir une forme de société où il n'y aurait pas de propriété particulière. On froissait par là deux inclinations d'un seul coup : celle de la possession et celle du pouvoir. On prétendait que le soldat aime ses armes et son cheval, quoiqu'ils appartiennent à l'État; que le commandant s'attache à sa forteresse comme à sa propre maison et que les conservateurs des musées publics s'occupent de les agrandir et y prennent intérêt, comme à des biens qui leur seraient propres. Mais le zèle de ces derniers pour les dépôts publics, ne les empêche pas d'avoir leurs collections particulières, auxquelles ils portent encore plus d'amour.

---

1. *Philosophie des facultés actives et sociales de l'homme*; trad. franç., t. 1, 67.

Le commandant préfère la plus modeste maison, si elle est à lui, à la somptueuse demeure qu'on peut lui offrir dans les bâtiments de l'État; et le soldat en quittant les drapeaux serait heureux de garder ses armes et son cheval. Ceux qui se proposent de changer la société doivent donc se persuader que, dans l'établissement des lois au lieu de gêner les instincts de la nature, il faut les contenter, au contraire, et faire en sorte, par exemple, que le plus grand nombre possible de citoyens aient leur place au soleil et leurs biens particuliers.

David Hume, dans un de ses écrits, avance que la propriété ne résulte pas d'un instinct primitif, et qu'elle est la suite des institutions humaines. « La propriété, dit-il, s'acquiert ou par occupation, ou par industrie, ou par prescription, ou par héritage, ou par contrat, etc. Peut-on penser que la nature, par un instinct primitif, nous ait appris à connaître toutes ces différentes façons d'acquérir? Les mots *héritage* et *contrats* présentent des idées très-complexes; des milliers de volumes n'ont pas encore suffi pour les expliquer clairement. Comment la nature, qui ne donne aux hommes que des instincts très-simples, aurait-elle pu renfermer dans un instinct des objets si compliqués et si arbitraires? Aurait-elle formé un être raisonnable sans laisser rien à faire aux actes de sa raison? Les lois positives peuvent transférer la propriété : c'est donc par un autre instinct primitif, que nous reconnaissons l'autorité des lois et des magistrats, et que nous fixons les bornes de leur pouvoir. Pour maintenir la tranquillité publique, les sentences des juges même les plus iniques doivent avoir le droit de déterminer la propriété : dira-t-on que nous avons des idées innées de Préteur, de Chancelier, de Commissaires? Tous les oiseaux de la même espèce font leur nid de la même façon dans tous les siècles et dans tous les pays : c'est en quoi nous voyons la force de l'instinct;

mais les hommes bâtissent leurs maisons de différentes manières : c'est en quoi nous voyons la force de la raison et de l'usage. Comparez l'instinct de la génération avec l'établissement de la propriété[1]. »

Voici ce qu'on peut lui répondre : l'instinct de la possession est flatté par l'objet possédé, sans s'occuper de son origine. La transmission par héritage, donation ou testament, satisfait au besoin du pouvoir ou aux inclinations du cœur. Il n'y a rien là de compliqué, rien qui ne soit conforme à la marche de la nature. La complication et le raisonnement arrivent, lorsqu'il faut interpréter les intentions quelquefois mal exprimées des contractants, rapprocher autant que possible les successions indirectes de la succession directe qui est la plus conforme au cœur de l'homme, et pour cela compter les degrés de parenté, limiter un droit par un autre et concilier les intérêts, ce qui fait établir par exemple la prescription. Pour tout cela le raisonnement est nécessaire et l'instinct primitif est dépassé. C'est pour la solution de ces questions compliquées qu'interviennent les milliers de volumes, les lois, les magistrats, le Préteur, le Chancelier et les Commissaires. Mais ils ne sont pas moins indispensables pour la solution des questions d'*État*, dans lesquelles il s'agit d'établir la filiation de telle ou telle personne, et cependant David Hume n'en conclura pas que la filiation et les affections qui en découlent soient les effets des institutions civiles.

Si l'instinct de la génération est partout le même, l'instinct de la propriété produit aussi partout le même résultat, c'est-à-dire le besoin que chacun éprouve d'avoir sa place et sa chose. Quant à la diversité des formes de la propriété et de la transmission, elle n'est pas plus grande que la diversité des conditions qui règlent, chez

---

1. *OEuv. philos.*, trad. franç., t. V, p. 77 et suiv.

les différents peuples, le rapport des sexes et les cérémonies du mariage. On voit dans ces diverses coutumes l'effet des inclinations naturelles et aussi le travail de la raison, qui cherche les meilleurs moyens d'en procurer le contentement. Voilà comment l'instinct se concilie avec l'intelligence, et comment la nature n'a point créé un être raisonnable, sans laisser rien à faire à sa raison.

Mais David Hume nous dispense lui-même de cette réponse, car dans un autre de ses écrits il a reconnu, en ces termes, la spécialité de l'instinct de la possession : « Nous voyons, tous les jours, des hommes jouissant de richesses considérables, qui, sans héritiers, sur le bord de la fosse, se refusent la satisfaction des besoins les plus impérieux et s'exposent à tous les maux de l'indigence. Un usurier à l'agonie, auquel on présente un christ, croit qu'on lui demande un prêt sur gage et conteste sur la somme qu'il peut prêter. Un autre se sentant mourir, appelle le magistrat et lui remet, pour des œuvres charitables, un billet de cent livres sterling, payable *après sa mort*. Quand le magistrat se retire, il le rappelle pour lui proposer d'escompter ce billet en retenant l'intérêt. Un troisième destine ses biens à la construction d'un hôpital après sa mort, mais il diffère de jour en jour de dresser son testament, et il faut qu'on lui propose de payer les frais de l'acte, pour qu'il ne meure pas intestat.... L'avare, dit Pope, est aussi esclave que le nègre employé aux mines. Toute la différence entre eux, c'est que l'un déterre l'or et que l'autre l'enterre[1]. »

N'oublions pas, toutefois, que l'intention de la nature n'est pas d'instituer l'avarice, et que chez l'avare l'amour de la possession est poussé au delà des justes bornes et demanderait à être tempéré par la raison.

---

1. *OEuvres philosop.*, traduc. franç., t. VI, p. 178 et suiv.

§ 7. Instinct de la construction.

Chercher sa nourriture, s'emparer d'un certain élément, de certaines choses et d'une certaine place, tout cela ne suffit pas à quelques animaux. Il y en a qui se filent des vêtements : la teigne se fait un fourreau d'étoffe [1]. D'autres bâtissent des abris, des forts, des magasins ou des pièges. On pourrait croire que la construction n'est qu'un mode de l'instinct d'activité physique dont nous avons parlé. Mais quelquefois l'activité corporelle est extrême sans qu'elle se tourne vers la construction, et l'amour de la construction n'est pas toujours accompagné d'un grand besoin de mouvement. L'instinct de construction diffère donc de l'instinct d'activité physique.

Le renard se creuse un terrier, dont il masque l'entrée par des feuilles ou des broussailles, et dont les galeries sont disposées de manière à ne pas craindre l'inondation. Le fourmilion dispose une fosse en entonnoir, dont les bords, formés d'un sable mobile, s'écroulent sous les pieds des insectes qui passent, et les laissent tomber dans le fond du cratère, où leur ennemi les saisit et les dévore. Les mygales construisent une trappe, sous laquelle elles se blottissent jusqu'à ce qu'elles entendent venir leur proie. Les fourmis ne se contentent pas de creuser des magasins sous la terre, elles les étayent par des brins de paille et de bois. L'oiseau ramasse des herbes, des mousses et des plumes, ou se dépouille quelquefois lui-même d'une partie de son duvet, et il entrelace ces délicats matériaux en tournant sur lui-même et en se servant de sa queue comme d'un fouloir et d'un compas. Un architecte, dont le talent naturel est encore plus remarquable, le castor pétrit l'argile sous la forte écaille de

---

1. Duméril, *Éléments des sciences naturelles*, 4ᵉ édit., t. II, p. 115.

sa queue et construit des murailles, des écluses, des galeries, des tours et des rotondes. Enfin, quelques insectes font subir aux matières qu'ils empruntent du dehors une préparation interne dans leur estomac, et ils les emploient les uns, comme l'araignée, à tisser des toiles pour prendre des prisonniers ; les autres, comme le ver à soie, à filer les rideaux de la demeure où doit s'accomplir une mystérieuse métamorphose ; d'autres encore, comme la guêpe, le frelon et l'abeille, à se former des palais pour l'habitation de leur reine et de sa postérité.

L'animal, au moment où il construit, ne connaît pas la fin que la nature assigne à cette construction. Le fourmilion ne sait pas qu'une proie tombera dans ce cratère ; l'oiseau ignore que ses petits reposeront mollement dans ce nid ; le ver ne prévoit pas la transformation qu'il va subir, ni la chaleur que lui donneront ces vêtements de soie. Ces animaux ne sont donc sensibles qu'au plaisir présent de construire. Leur œuvre n'est pas l'effet d'un autre besoin actuellement senti. F. Cuvier a étudié avec le plus grand soin un castor qui avait été pris tout jeune sur les bords du Rhône, et qui, ayant été allaité par les soins d'une femme, n'avait pu rien apprendre de ses parents. Le naturaliste l'avait placé dans une cage grillée, et l'animal donna de lui-même les premières marques de son instinct. On le nourrissait habituellement avec des branches de saule, dont il mangeait l'écorce ; on s'aperçut bientôt qu'après les avoir dépouillées, il les coupait par morceaux et les entassait dans un coin de la cage. L'idée vint de lui fournir des matériaux avec lesquels il pût bâtir, c'est-à-dire de la terre, de la paille et des branches d'arbres. On le vit former de petites masses de cette terre à l'aide de ses pieds de devant, puis les pousser ou les transporter, les placer les unes sur les autres, les presser fortement jusqu'à ce qu'il en résultât une masse compacte et solide, enfoncer alors un bâton dans cette masse; en un mot, bâtir et construire. Deux vérités sont ici de toute évidence : l'une, que cet animal ne devait rien à *la société des siens*, source première, selon Buffon, de l'industrie des castors; et l'autre, qu'il travaillait sans autre motif que son travail lui-même, poussé par un besoin aveugle; car, comme le dit F. Cuvier, aucun bien-être ne pouvait résulter pour lui de toutes les peines qu'il se donnait[1].

Après cet intéressant exemple, est-il besoin de faire remarquer que si le renard se construit un terrier, tandis que le loup se borne à se cacher et ne s'enfuit jamais dans la terre, ce n'est pas que le premier soit plus rusé que le second, car les ruses de l'un valent celles de l'autre, quoiqu'elles soient différentes; ce n'est pas non plus à cause de la faiblesse du renard, puisque le lièvre, plus faible encore, ne se creuse pas de retraite.

La construction comme l'approvisionnement dont nous avons parlé plus haut ne seraient-ils pas le résultat du degré de l'intelligence chez les animaux? La construction suppose la conception d'un plan, et par conséquent une assez grande force intellectuelle. Mais cette conception est toute spéciale et peut se trouver dans un être qui, sous tous les autres rapports, ait une faible intelligence, par exemple des perceptions obscures, une mémoire courte et une faible induction. Si l'approvisionnement et la construction étaient chez l'animal l'effet d'une aptitude générale à bien percevoir, à se souvenir exactement et à induire avec habileté, il manifesterait toutes ces capacités de plusieurs autres façons; il ne se bornerait pas, soit à un approvisionnement, soit à une construction qu'il fait toujours à peu près de la même manière : il surpasserait sous tous les autres rapports les animaux qui n'a-

---

1. Flourens, *Résumé des observations de F. Cuvier, sur l'intelligence des animaux*, 2ᵉ édit., p. 109.

massent ni ne construisent. Or, l'éléphant, le chimpanzé, l'orang-outang, qui ne font ni approvisionnement ni édifice, ont une intelligence générale bien supérieure à celle de la fourmi et du castor. « On voit, dit Frédérick Cuvier, les actions instinctives se compliquer de plus en plus à mesure que l'on descend des classes supérieures aux classes inférieures. L'action instinctive du chien, qui enfouit les restes de son repas, est un acte bien simple. Rien n'est plus compliqué, au contraire, que l'action instinctive de l'abeille, de l'araignée, de la fourmi. L'instinct croît à mesure que décroît l'intelligence générale [1]. »

L'instinct de construction existe évidemment chez certains animaux : existe-t-il aussi chez certains hommes? On en voit qui aiment à bâtir et qui, s'ils ne sont pas architectes, menuisiers ou maçons, se plaisent à suivre les travaux du maçonnage, de la menuiserie et de l'architecture. « Il y a, dit Pascal, des pays entiers qui sont tout de maçons, d'autres tout de soldats. Sans doute que la nature n'est pas si uniforme, c'est donc la coutume qui fait cela et qui entraîne la nature ; mais quelquefois aussi la nature surmonte et retient l'homme dans son instinct, malgré toute la coutume, bonne ou mauvaise [2]. » Bossuet dit que les hommes ont appris de leur créateur l'agriculture et l'art pastoral, comme nous l'avons remarqué, et de plus l'art de tisser et peut-être celui de construire [3]. L'inspiration naturelle est le moyen le plus ordinaire par lequel le créateur instruit la créature. Il emploie ce moyen à l'égard de l'animal et aussi à l'égard de l'homme. Si l'on observe les enfants, on en verra quelques-uns manifester plus que d'autres l'instinct de

---

1. Flourens, *Résumé des observations de Frédérick Cuvier sur l'instinct et l'intelligence des animaux*, 2ᵉ édit., p. 61 et 62.
2. *Pensées*, édit. F., t. II, p. 56.
3. *Histoire universelle*, 1ʳᵉ partie, 1ʳᵉ époque, édit. Didot aîné, 1814, t. I, p. 12.

travailler les étoffes et celui de construire. Ils ont comme une manie d'élever les uns sur les autres tous les objets à leur portée; ou bien, armés d'un couteau, ils sont toujours occupés à tailler, à couper, à façonner, à ajuster. Nous savons que le penchant à l'imitation explique bien des actions chez l'homme et surtout chez l'enfant; mais l'imitation ne choisit pas, elle copie tout ce qui peut être copié : or, si quelques enfants se plaisent surtout à s'emparer de quelque étoffe et à la travailler, ou s'ils aiment principalement à se faire de leurs propres mains des constructions et des demeures, il est permis de croire qu'un goût particulier leur fait choisir ces actes au milieu de tant d'autres qu'ils pourraient également imiter. Dans toutes les régions, l'homme se fait des abris; aucun peuple, si grossier qu'il soit, ne se contente du creux des arbres ou des rochers. Les peuples s'emparent des matériaux que leur donne la nature extérieure, et ils les disposent à leur façon. Ils ont d'ailleurs, comme nous le verrons, une conception idéale de la forme : il n'est pas probable que la nature leur ait fourni cette conception, comme l'objet d'une pure contemplation intellectuelle, mais qu'elle les pousse, par une inclination spéciale, à la réaliser au dehors. L'exécution de ces formes idéales a produit la première cabane et le premier temple élevé à la Divinité. L'homme a une intelligence générale bien supérieure à celle de l'animal, et l'on ne verra jamais chez lui l'instinct produire des œuvres aussi uniformes que chez les animaux. La variété des constructions suivant les pays, ne doit pas faire révoquer en doute l'instinct de construction de même que les diversités des mets chez les différents peuples ne fait pas nier le côté instinctif de l'appétit.

Qu'on observe les faits, que l'on compare les hommes entre eux, et l'on verra qu'avec une part égale d'éducation et d'intelligence générale, les uns sont plus disposés que les autres à façonner les objets extérieurs, et nonseulement plus habiles à concevoir des plans de construction, ce qui tient à l'intelligence, mais plus impatients et plus heureux de les exécuter, ce qui rentre dans l'inclination.

§ 8. Amour des habitudes.

Par la recherche de l'aliment, les plaisirs du goût, de l'odorat, du toucher et de l'activité physique, par le penchant vers l'autre sexe, par le goût de certains lieux, l'amour de la possession et la construction d'un abri, la nature nous fait prendre possession de ce monde; mais il fallait nous y maintenir et la Providence y a pourvu en nous inspirant l'amour des habitudes, une appréhension irréfléchie pour certains objets, dont le danger n'est pas immédiatement découvert par la raison, et en particulier une crainte instinctive de la mort, enfin un esprit naturel de ruse qui nous défend au moins aussi bien que la force.

Parlons d'abord de l'amour des habitudes. L'exercice prolongé de notre force motrice et de notre intelligence nous rend plus habiles dans l'usage de ces deux facultés, et nous fait goûter du plaisir à les exercer. Ce n'est pas le seul penchant que détermine en nous la pratique : elle nous attache à des objets qui nous étaient d'abord indifférents ; leur seul titre à nous plaire est d'avoir été longtemps sous nos yeux ou entre nos mains. Une situation dans laquelle nous avons longtemps vécu est à coup sûr conforme à notre sûreté : rien n'était donc plus sage de la part de la nature, ni plus d'accord avec le soin qu'elle prend de notre conservation que de nous attacher à cette situation par cela seul qu'elle s'est prolongée. Telle est la fin que se propose la Providence dans l'inclination qu'elle nous donne pour les objets de notre habitude.

Retenue dans de justes limites, cette inclination nous empêche de courir le risque de téméraires changements.

Elle est d'ailleurs balancée en nous par l'amour de la nouveauté, dont nous parlerons dans la suite. On s'étonne au premier abord que notre nature puisse contenir deux inclinations contraires, et cependant elles ne sont pas inconciliables; elles se tempèrent l'une par l'autre, et le plus heureux des caractères est celui où se trouve un juste mélange des inclinations opposées. Supposez dans un homme l'amour de la nouveauté sans contre-poids: il se lancera dans des entreprises toujours nouvelles et ne prendra pas le temps d'assurer son succès quelque part; prêtez-lui l'amour de l'habitude sans un principe qui le combatte: il demeurera au même point, comme une eau stagnante qui se corrompt par le repos et se purifierait par le mouvement. Mais si vous lui accordez assez d'amour du changement pour hasarder quelque nouvelle tentative, et assez d'amour des habitudes pour ne tenter que des entreprises mûrement réfléchies, vous le mettrez dans la condition la plus favorable à sa sûreté et à son perfectionnement. D'ailleurs les dispositions ne se montrent pas chez tous les hommes au même degré, et leur inégale distribution contribue à former cette diversité des caractères si utile à la société, pour la diversité des fins qu'elle doit remplir. Une nation, dont tous les membres seraient trop attachés à leurs habitudes, ne ferait aucun progrès dans son agriculture, dans son commerce, dans ses lois; un peuple amoureux tout entier de la nouveauté ne se donnerait la peine de cimenter aucun établissement. Dans l'État, comme dans la famille, la diversité des **humeurs, qui coïncide assez souvent avec la** diversité des âges, produit un tempérament qui est également utile à la solidité et au progrès de la société.

La pratique qui nous attache à des objets d'abord indifférents, nous fait prendre plaisir même à des objets autrefois désagréables. C'est à cette cause qu'il faut rapporter ces appétits factices pour des choses qui nous ont d'abord causé une sensation pénible mais vive, tels que le tabac, les liqueurs fortes, etc. « Comme le mieux pour nous, dit Thomas Reid, est de conserver à nos appétits la direction que leur a donnée la nature, il faut nous garder d'acquérir des appétits étrangers à notre constitution primitive : ils sont toujours inutiles et très-souvent pernicieux [1]. »

C'est à notre raison d'empêcher que l'amour des habitudes ne s'égare sur des choses incommodes et nuisibles, et ne nous éloigne de celles qui pouvant nous servir n'auraient d'autre défaut que leur nouveauté. « Lorsque, dit Adam Smith, on a souvent vu deux choses associées, l'imagination acquiert l'habitude de passer de l'une à l'autre. Quand même il n'y aurait aucune beauté réelle dans leur rapprochement, si l'usage les a une fois liées, nous trouvons quelque inconvenance dans leur séparation : l'une des deux nous semble gauche et déplacée sans celle qui l'accompagne ordinairement. Un habit nous paraît incomplet, lorsqu'il manque de quelques-uns des ornements inutiles dont il est ordinairement surchargé, et l'oubli d'un seul bouton suffirait pour nous le faire trouver désagréable. Lorsqu'il y a quelque convenance naturelle dans l'union de deux objets, l'usage accroît le sentiment de cette convenance : les personnes accoutumées à voir des choses de bon goût éprouvent plus de répugnance, lorsqu'elles rencontrent des choses grossières ; celles qui ont été habituées au désordre et à la malpropreté ont bientôt perdu tout sentiment de l'élégance. Les modes d'habillement et de coiffure, qui paraissent ridicules à un étranger ne semblent pas telles au peuple qui les a depuis longtemps adoptées. Ce qu'on appelle le vers burlesque dans la langue anglaise est le vers héroïque dans la langue française. Le vers bur-

---

1. Reid, trad. franç., t. VI, p. 38, 39.

lesque en français est au contraire presque le même que le vers héroïque de dix syllabes en anglais. Rien ne paraîtrait plus ridicule en anglais qu'une tragédie écrite en vers alexandrins, et en français, qu'une tragédie écrite en vers de dix syllabes[1]. »

Ce passage d'Adam Smith nous rappelle que le professeur Kant, ayant pris l'habitude de fixer les yeux sur l'un de ses auditeurs, fut un jour très-choqué de voir un bouton de moins à l'habit de cette personne. Il eut beaucoup de peine à s'y accoutumer ; mais il y était parvenu, lorsque l'auditeur fit réparer son vêtement. Le philosophe surpris de trouver remplie la place qu'il s'était alors habitué de trouver vide et ne voulant pas se donner le travail de contracter une nouvelle habitude, pria l'auditeur de faire enlever ce bouton malencontreux.

Les exemples que nous venons de rapporter montrent les égarements de l'inclination, mais ils nous font mieux voir sa spécialité et mieux comprendre l'importance des bonnes et salutaires coutumes.

§ 9. Appréhensions instinctives.

La nature veille encore au salut des êtres animés en leur inspirant certaines appréhensions, sans que l'expérience ait montré le danger des objets qui suscitent ces craintes. Chaque animal devine son ennemi et fuit ou se met en défense avant la première attaque. Il a peur aussi de ce qui lui est inconnu : pour empêcher le renard de rentrer dans son terrier, il suffit de placer à l'entrée un objet nouveau pour lui. Le chien aboie après le visiteur qui ne lui est pas connu. Il ne suit pas volontiers une personne qui passe d'un lieu éclairé dans un lieu obscur. Le cheval se jette de côté à une apparition subite, ou à

---

1. *Théorie des sentiments moraux*, part. V, chap. I.

l'explosion d'un bruit soudain. Quelques animaux ont une appréhension générale et vague, sans objet déterminé ; ils prennent des précautions sans motif présent de crainte. Le renard change de terrier sans besoin ; et avant de se choisir ou de se construire un nouveau gîte, il inspecte tous les environs et ne se fixe qu'après s'être assuré qu'ils ne renferment aucun danger pour lui[1]. D'autres, pour assurer la tranquillité de leur troupe, posent des sentinelles, comme l'outarde, l'oie sauvage, le singe, le chevreuil et le chamois ; d'autres encore, pour ne pas être surpris à l'improviste, tournent sans cesse la tête de tous les côtés, et l'on a pris pour une marque d'inattention chez l'étourneau et la linotte, le signe de la circonspection la plus attentive.

L'homme ne partage-t-il pas ces appréhensions instinctives de l'animal ? Un bruit subit, un éclat de tonnerre, une apparition imprévue, un éclair éblouissant ne nous causent-ils pas un effroi soudain? « Les maux même impossibles nous font quelquefois peur. Nous frissonnons sur le bord d'un précipice, quoique nous soyons en parfaite sûreté et qu'il ne dépende que de nous de faire un pas en arrière. La présence de l'abîme influe sur l'imagination et y produit une sorte de croyance du danger[2]. » C'est ainsi que les animaux qu'on soulève de terre pour les embarquer témoignent leur effroi par leur tremblement ou leur immobilité. « Le plus grand philosophe du monde, sur une planche plus large qu'il ne faut, s'il y a au-dessous un précipice, quoique sa raison le convainque de sa sûreté, son imagination prévaudra. Plusieurs n'en sauraient soutenir la pensée sans pâlir et suer[3]. »

1. Leroy, *Lettres sur les animaux*, 1781, p. 37.
2. David Hume, *OEuvres philosophiques*, trad. franç., t. IV, p. 8.
3. Pascal, *Pensées*, édit. Faug., t. II, p. 49.

Les ténèbres nous trouvent-elles aussi rassurés que la lumière du jour? « Il est peu de dangers avec lesquels un esprit ferme ne se familiarise quand il les voit sous une forme déterminée et sensible, tandis que les plus braves ont tressailli dans l'obscurité pour un péril imaginaire[1]. » Silvio Pellico dit en parlant de l'effroi que lui inspiraient les ténèbres de son cachot : « Chaque matin ces égarements d'esprit s'évanouissaient, et, tant que durait la lumière du jour, je me sentais le cœur si bien raffermi contre ces terreurs, qu'il me semblait impossible que je dusse encore en être poursuivi; mais, au coucher du soleil, je recommençais à frissonner, et chaque soir ramenait les extravagantes visions de celui qui avait précédé[2]. »

Les enfants se mettent à trembler et à pleurer dans la solitude. « N'allons pas de ce côté, se disaient deux enfants en bas âge, il n'y a personne, on pourrait nous faire quelque mal. » Ils ne réfléchissaient pas que s'il n'y avait personne pour les défendre, il n'y avait personne pour les attaquer. L'homme mûr se défend à peine de frémir dans un vaste désert dont il n'aperçoit pas les limites.

L'apparition de ce qui nous est inconnu nous trouble comme les animaux. La plupart des peuplades sauvages fuient au premier aspect des navigateurs européens. Remises de leur première frayeur, elles s'approchent avec des intentions malveillantes et cherchent à se débarrasser de ces étrangers qu'elles prennent pour des ennemis. Une seconde peur leur fait ainsi surmonter la première. Dans tous les pays, mais surtout chez les peuples qui paraissent aux premiers temps de l'histoire, les étrangers et les inconnus sont suspects et redoutés.

---

1. W. Scott, *Notice sur Anne Radcliffe*, *OEuvres complètes*, traduction française, édit. 1828, t. X, p. 195.
2. Silvio Pellico, *Mes prisons*, première trad. franç., p. 193.

« Voici l'ordonnance de la pâque : Aucun étranger n'en mangera... Tu ne feras pas alliance avec les Cananéens... Tu les frapperas et les détruiras et tu ne leur feras pas de grâce[1]. » Moïse n'épargne que le forain, c'est-à-dire l'étranger qui demeure parmi son peuple, et l'Égyptien, chez qui l'Israélite a été étranger[2]. En Égypte, Joseph ne reçoit pas d'abord ses frères à sa table, parce que, pour les Égyptiens, ce sont des étrangers[3].

Lorsque l'objet inconnu joint la laideur à la nouveauté, notre peur augmente ; certains animaux malgré leur faiblesse, nous répugnent et nous effrayent par leur hideux aspect : tels sont le crapaud, le scorpion, le serpent, la chauve-souris, un insecte même : l'araignée.

Enfin, comme il y a des animaux dont la circonspection craintive s'émeut sans objet présent de crainte, il y a aussi des hommes qui ont un effroi général et anticipé, sans motif déterminé d'inquiétudes. Rollin fait une belle peinture des terreurs vagues de Denys le Tyran ; il le montre habile à se créer des chimères qui le faisaient trembler[4]. « L'esprit de l'homme, dit David Hume, est sujet à certaines peurs inexplicables qui viennent soit des malheurs publics et privés, soit d'une *humeur triste*, soit de toutes ces causes à la fois. Dans une telle disposition on redoute, de la part de pouvoirs mystérieux une multitude de maux inconnus, et si les objets réels de terreur viennent à nous manquer, l'âme active à son préjudice, et, *cédant à son penchant*, se forge des objets d'effroi imaginaires, à la malveillance desquels on n'assigne pas de limites[5]. »

Mais, dira-t-on, comment la nature nous inspire-t-elle

---

1. Exode xii, 43 ; xxiii, 32. *Deutéronome*, vii, 2, 4.
2. Exode xii, 49 ; xxii, 21 ; xxiii, 9. *Lévitique*, xviii, 24 ; xxv, 35, 36. *Deutéronome*, xxxiii, 6.
3. *Genèse*, xliii.
4. *Traité des études.*
5. *Essays and treatises*, London, 1772, vol. I, p. 69.

des craintes pour des objets qui ne sont pas redoutables, tels que la couleuvre, l'araignée, etc.? C'est qu'ils ressemblent à d'autres objets dangereux, contre lesquels la Providence veut nous prémunir. Ainsi la couleuvre est innocente, mais la vipère peut être funeste, et, à première vue, il n'est pas facile de les distinguer ; les araignées de nos climats sont inoffensives ; mais quelques-unes des pays méridionaux sont venimeuses. Une haute tour bordée d'un parapet n'offre aucun danger, il n'en est pas de même d'une montagne à pic. Ni la solitude, ni les ténèbres ne sont funestes par elles-mêmes ; mais si l'on est pris de quelque mal subit dans le désert ou dans la nuit, on n'a point de secours et le danger s'aggrave. La nature épargne à l'homme toutes ces réflexions; elle les prévient par une crainte instinctive. Cette crainte est plus étendue que les objets vraiment dangereux ; mais qui peut s'en plaindre? La Providence n'assure-t-elle pas mieux ainsi la fin qu'elle se propose? En ce cas, comme en beaucoup d'autres, elle agit avec une surabondance de forces. Quel est le chêne, par exemple, dont tous les glands soient ressemés ou appliqués à quelque usage? N'y a-t-il pas autour du globe une bien plus grande quantité d'air qu'il n'en faut pour la respiration des êtres qui l'habitent. La Providence nous a donné la raison pour corriger l'instinct dans ce qu'il a d'excessif, comme pour défricher les forêts, dont le trop grand accroissement étoufferait l'homme sur ce globe. Il n'est pas une de nos inclinations dont le développement entier ne fût nuisible et ne demande à être réglé par la raison. Ainsi, cette peur générale dont nous avons parlé, celle qui s'inquiète de tout sans objet déterminé d'inquiétude, peut engendrer, si nous n'y mettons ordre, la plus grossière superstition[1]. Mais, en opposant à la

---

1. David Hume, au même lieu.

crainte instinctive les leçons de l'expérience, l'homme empêche que ses instincts ne se changent en vices. La volonté, opposant les enseignements de la raison aux exigences des inclinations et particulièrement aux répugnances spontanées de la nature, constitue le courage moral. La crainte instinctive est aussi balancée en nous par le courage physique qui vient de la confiance en nous-mêmes, du besoin de la domination et de la tendance à déployer nos forces matérielles.

Il est une appréhension que nous ne partageons pas avec les animaux : c'est la crainte de la mort dont les animaux ne peuvent se former l'idée. Nous aimons la vie de toute l'horreur que nous inspire la mort. Socrate supposait que l'amour de la vie nous était inspiré « par le spectacle de tant de merveilles et la jouissance de tant de biens que les dieux ont départis aux mortels[1]. » Nous accordons que la jouissance des biens terrestres augmente notre amour de la vie; la perte de ces biens pourrait nous causer une affliction profonde, mais non ce tremblement qui prend les âmes les plus fortes à l'aspect de la mort : la douleur n'est pas la peur. Celui qui approche les derniers moments avec le plus de tranquillité, fait effort sur lui-même pour conserver ce sang-froid.

Les hommes les plus malheureux préfèrent la vie à la mort, comme nous le voyons dans ces apologues que La Fontaine emprunte à l'antiquité. Socrate dit avec raison que la peine de mort est la plus capable de contenir les méchants[2]; et ces méchants, qui sont-ils pour la plupart? ceux que leur misère pousse au crime, ceux qui manquent de tous les biens de ce monde, et que cependant on effraye par la menace du trépas. Mais les

---

1. Xénophon, *Mém.*; livre II, chap. II.
2. Au même lieu.

plus malheureux, dira-t-on, ceux, par exemple, qui ont été condamnés pour toujours au dur châtiment de la prison, sont soutenus par l'espoir d'en sortir, et le trépas seul fait laisser toute espérance. Nous l'avons dit tout à l'heure, ceux même qui goûtent tout le bonheur possible sur la terre, n'éprouvent pas seulement, en quittant la vie, la douleur profonde que doit causer la perte de la félicité, mais un effroi particulier qui vient des mystères du tombeau. On répliquera qu'il y a des malheureux qui s'arrachent la vie, et préfèrent la mort au malheur; qu'on prend soin d'éloigner des condamnés à la peine capitale les instruments à l'aide desquels ils pourraient hâter leur fin. Nous répondrons que le nombre des malheureux qui se donnent la mort est infiniment petit en comparaison de cette multitude d'infortunés de toute espèce qui peuplent les campagnes, les grandes villes, les prisons, les bagnes, et qui libres de choisir entre mille genres de mort, aiment mieux souffrir que mourir. Quant aux condamnés à la peine capitale, on comprend qu'ayant à choisir entre deux morts, l'une plus ignominieuse sous les yeux du peuple, l'autre secrète dans l'ombre du cachot, ils préfèrent la seconde à la première. Et encore, combien y en a-t-il qui attentent à leur vie et qui domptent cette répugnance que nous éprouvons à tourner nos mains contre nous-même? Ne voit-on pas aussi quelques hommes, qui, voulant la mort et n'ayant pas la force de se la donner, en luttant contre la nature, commettent un crime pour recevoir le trépas de la main du bourreau?

Cassius, pour mourir, emprunte le secours d'un affranchi; et Brutus ne se jette sur son épée[1], qu'après avoir supplié en vain ses amis de lui donner le coup mortel.

---

1. Plutarque, *Vie de Brutus*.

On craint, dira-t-on peut-être, une souffrance particulière et plus vive que toutes les autres dans la perte de la vie? Cela est possible; mais cette crainte fait justement partie de l'effroi instinctif que nous essayons de faire reconnaître, car elle ne vient pas de l'expérience. C'est l'inconnu, c'est le mystère qui nous effraye dans la mort et qui nous la fait redouter plus que tous les malheurs et toutes les souffrances connues.

« Persée, dit Plutarque, montra après sa défaite une autre maladie encore plus honteuse que celle de l'avarice : ce fut l'amour de la vie. Cette passion lui fit perdre le seul avantage que la fortune ne puisse ôter aux malheureux : je veux dire la compassion. Ayant demandé à être conduit devant Paul-Émile, il se prosterna le visage contre terre et embrassant les genoux du vainqueur, il proféra des paroles si déshonorantes, et descendit à des prières si basses, que le général romain ne put les souffrir ni les entendre[1]. »

Un prisonnier qui, pendant toute sa captivité, a fait preuve d'une grande force d'âme, raconte ainsi l'horreur dont il fut saisi dans un incendie de sa prison : « On cria : Au feu! Où était alors cette héroïque résignation que je me croyais si sûr de posséder au moment de la mort? Pourquoi l'idée d'être brûlé me donnait-elle la fièvre, comme s'il y avait moins de douleur à être étranglé que brûlé? Je fis cette réflexion, et j'eus honte de ma peur; j'avais été sur le point de crier au geôlier de m'ouvrir, mais je me contins; néanmoins j'avais peur. Voilà donc, me dis-je, quel sera mon courage, si, échappé à la flamme, je me vois mené à la mort : je saurai me contenir, je déroberai ma lâcheté aux regards, mais je tremblerai... Ah! n'est-ce pas aussi du courage que

---

1. *Vie de Paul-Émile*, traduction de Ricard, édit. 1832, t. III, p. 310.

d'agir comme si on ne tremblait pas, lorsqu'on se sent trembler[1] ? »

La vue d'un cadavre nous cause un saisissement soudain.

« La mort, dit Pascal, est plus aisée à supporter sans y penser que l'idée de la mort sans péril[2]. » Un jeune homme, sourd et aveugle, privé, par conséquent, de l'aspect du ciel et de la campagne, et en grande partie de la société humaine, ne communiquant avec son père et ses sœurs que par le toucher, étranger à la plupart de ces biens qui, dit-on nous retiennent dans cette vie, ne pouvait cependant supporter l'idée de la mort. Son père tomba malade et mourut : le sourd et aveugle errant dans la maison vint à mettre la main sur le corps froid et inanimé de son père, il sortit épouvanté. A quelque temps de là, il devient lui-même malade; le lit dans lequel on le place est celui où son père était mort; il n'y veut pas rester et ne demeure tranquille qu'après qu'on l'a transporté dans un autre[3]. Les animaux mêmes ne peuvent supporter la vue du cadavre d'un animal de leur espèce. Le cheval, à cet aspect, recule et se cabre, on ne pourrait le contraindre à passer sur cet obstacle.

Nous sommes disposés, avant toute réflexion, à plaindre le sort de celui dont nous apprenons la mort. La duchesse de Bourgogne, quoiqu'elle eût beaucoup à se plaindre du Dauphin, son beau-père, ne put cependant retenir ses larmes lorsqu'elle apprit la mort de ce prince. Le duc de Saint-Simon, témoin de sa compassion, l'accusait de peu de sincérité ; elle répondit : « Je ne puis, en votre présence, ni dissimuler mon ressentiment, ni cependant résister au mouvement de la pitié. » Si nous

---

1. Silvio Pellico, *Mes prisons*, première trad. franç., p. 209.
2. *Pensées*, édit. Faug., t. II, p. 40.
3. *Bibliothèque britannique de Genève*, mars et décembre 1813, t. III, p. 310, et t. LIV, p. 418.

perdons quelqu'un qui nous soit cher, nous pleurons sur nous sans doute, mais nous pleurons aussi sur lui. Notre horreur instinctive pour la mort nous fait supposer qu'il est malheureux. Nous admirons le courage de ceux qui conservent la sérénité de l'âme jusqu'à l'heure suprême, comme Socrate qui, en recevant la coupe du poison, adresse au serviteur des *Onze* des paroles de douceur et de reconnaissance ; comme Charles le Sage qui, en mourant essuie les larmes de ses enfants et de sa femme, et leur demande de le laisser en paix *achever son travail*. La séparation de l'âme et du corps est, en effet, un travail pour tous, pour le malheureux sans espoir, comme pour le favori de la fortune.

En vain la raison nous démontre-t-elle que la mort n'est que l'absence du sentiment, ou le commencement d'une autre vie ; que, dans le premier cas, elle n'a rien d'effrayant ; que, dans le second, la bonté de Dieu peut être plus grande encore que nos crimes ; notre âme résiste à la raison ; elle se rejette en arrière à l'aspect du trépas. L'idée de la destruction ne lui cause pas de la tristesse, mais de l'épouvante, et la foi la plus ferme en la grâce céleste, jointe à la conscience d'une bonne vie, ne peut apaiser les mouvements de la nature. Entendez la voix de saint Bernard : « Ma chair n'est point de fer ou d'airain, s'écrie-t-il. Je suis homme, sujet au péché, esclave de la mort, et j'ai peur de ma mort et de la mort des miens : *Mortem meam et meorum horreo.* » Cet amour instinctif de la vie est un lien plus fort que toutes les raisons par lesquelles on essayerait de persuader à un malheureux de conserver l'existence, et c'était le meilleur moyen pour la Providence d'assurer notre conservation[1].

---

1. Voyez pour d'autres exemples, *la Psychologie et la Phrénologie comparées*, par Adolphe Garnier, p. 311-314.

§ 10. Instinct de ruse.

Il faut rapprocher des appréhensions naturelles l'instinct de la ruse, qui concourt aussi à la conservation des êtres animés.

Certains animaux se cachent pour guetter leur proie. D'autres avec les mêmes besoins, la même faiblesse et la même intelligence, n'ont pas idée de cette précaution. Le renard arrive près de sa proie en se traînant [1]; le chat et la martre font de même ; l'écureuil et le pivert, lorsqu'ils voient leur ennemi tourner autour de l'arbre sur lequel ils sont placés, tournent en même temps, de manière à lui demeurer toujours invisible. La perdrix grise couvre son nid de feuillage [2]. La loutre, la fouine, le cerf, le renard, le duc, la chouette, l'engoulevent ne font leurs expéditions que la nuit; le loup s'avance à bas bruit, d'une marche qui lui est propre et à laquelle on a donné son nom. Sa femelle s'embusque souvent à quelque défilé, tandis qu'il se met en quête d'une proie ; il l'attaque et la poursuit, jusqu'à ce que la louve la reprenne au passage avec des forces fraîches qui rendent en peu de temps le combat inégal [3].

Il ne suffit pas de se cacher, il faut inspirer la crainte à l'ennemi et le tromper par quelques feintes démonstrations. Tel chien aboie et se porte en avant : on pourrait croire qu'il cherche le combat, mais si l'ennemi se retourne, le chien recule ; si l'ennemi s'avance, le chien bat en retraite ; il n'a donc voulu qu'effrayer et n'avait pas l'intention de s'engager dans la lutte. Faire prendre le change à l'ennemi, c'est plus que lui dérober une marche, c'est en simuler de fausses ; la ruse en ce cas

---

1. Leroy, *Lettres sur les animaux*, 1781, p. 38.
2. Id., *ibid.*, p. 39.
3. Id., *ibid.*, p. 34 et 178.

demande plus d'imagination. Le cerf, le daim, le chevreuil, le lièvre, vont et reviennent sur leurs pas pour brouiller leur voie, sautent de côté pour l'interrompre, feignent de rentrer à leur gîte et s'en éloignent par plusieurs bonds à la suite les uns des autres[1]. La femelle du cerf et celles du daim et du chevreuil courent au-devant du chien, les écartent de leur progéniture, les détournent par une fuite simulée et ne reviennent que lorsque le péril est passé[2]. Ces actions ne peuvent s'expliquer que par l'instinct. Le lapin et le lièvre sont deux animaux d'espèces bien voisines, comment se fait-il que le premier se creuse des terriers et n'ait point recours aux ruses du second, et que celui-ci emploie tant de stratagèmes sans penser à se creuser un terrier? On ne peut voir dans ces actes si divers d'animaux dont au reste l'intelligence et les besoins sont à peu près les mêmes, que la différence de la disposition naturelle. Chez l'un, c'est l'instinct de la construction qui domine; chez l'autre, c'est l'instinct de la ruse.

L'instinct de la ruse comme beaucoup d'autres est plus visible dans les animaux que dans l'homme. Ce dernier, poussant plus loin que l'animal l'expérience et le raisonnement, semble souvent faire par raison ce que l'animal fait évidemment par une impulsion de la nature. Mais l'observation attentive découvre une aptitude ou un goût naturel dans ce qui semble chez l'homme le résultat du raisonnement. De deux personnes possédant le même degré d'intelligence, et ayant reçu la même éducation, l'une se tirera d'embarras par une multitude de stratagèmes, l'autre sera perdue avant d'avoir inventé une seule ruse. Où trouver plus de délicatesse d'esprit, plus de pénétration subtile et de profonde méditation que chez

---

1. Leroy, *Lettres sur les animaux*, 1781, p. 56, 62, 63, 64, 184.
2. Id., *ibid.*, p. 65-6.

le grand Arnauld, et chez son ingénieux ami Nicole ? Et cependant ces deux hommes, si habiles dans les matières compliquées de la théologie et de la philosophie, étaient incapables de rien cacher ni de rien simuler pour leur sûreté personnelle. Ils déjouaient sans le vouloir les précautions de leurs amis, et se livraient eux-mêmes. Arnauld trahissait à chaque instant son secret ; il avait trouvé une retraite à l'hôtel de Longueville, à condition qu'il n'y paraîtrait qu'en habit séculier. Il fut attaqué de la fièvre ; Mme de Longueville ayant appelé le médecin Brayer, le fait monter chez le malade, qu'elle lui donne comme un gentilhomme de ses protégés. Celui-ci demande des nouvelles. « On parle, dit le médecin, d'un livre nouveau qu'on attribue à M. Arnauld ou à M. de Sacy ; mais je ne le crois pas de ce dernier, il n'écrit pas si bien. — Que voulez-vous dire ? s'écrie Arnauld, mon neveu écrit mieux que moi. » Brayer s'étonne, puis se met à rire, et, descendant chez Mme de Longueville : « Le malade ne va pas mal, dit-il ; mais il faut ne lui laisser voir personne et surtout ne pas le laisser parler. » Bientôt, craignant d'être recherché même chez la duchesse, Arnauld va se loger au faubourg Saint-Jacques, dans un réduit ignoré. Ses amis lui envoient un médecin. Arnauld, toujours curieux de nouvelles, demande à celui-ci comme à l'autre ce qu'on dit dans Paris. « Rien d'intéressant, si ce n'est que M. Arnauld est arrêté. — Oh ! pour le coup la nouvelle est un peu difficile à croire ; c'est moi qui suis Arnauld. » Le médecin lui remontre son imprudence. La duchesse de Longueville, avertie, le renvoie chercher et ne veut se reposer que sur elle-même du soin de lui porter sa nourriture. Cette princesse, étonnée des indiscrétions qui échappaient souvent à Arnauld et à Nicole, disait qu'elle aimerait mieux confier son secret à un libertin [1].

1. *Biographie universelle* de Michaud, article *Arnauld*.

En regard de ce portrait on pourrait placer l'image de ces hommes naturellement secrets, qui dissimulent les choses les plus indifférentes et dont Molière disait :

C'est de la tête aux pieds un homme tout mystère
. . . .
Et jusques au bonjour il dit tout à l'oreille [1].

Philippe II d'Espagne était remarquable par son goût de la dissimulation. Il évitait de regarder son interlocuteur en face et tenait les yeux baissés ou laissait flotter son regard. Il était discret au point d'ensevelir par goût dans le silence ce qui aurait pu se divulguer sans inconvénient. Il était faux et impénétrable, faisant bonne mine jusqu'au bout à ceux qu'il avait résolu de perdre. Aussi, disait-on en Espagne qu'entre le rêve du roi et le couteau il n'y avait aucune différence, et l'appelait-on le père des dissimulations [2].

D'autres ajoutent à la dissimulation, la ruse active, la feinte et la supercherie. Ils sont féconds en expédients, et savent toujours se tirer d'affaire. Semblables à ces animaux rusés qui, emportés par l'instinct, font de fausses marches, de fausses rentrées ou de faux *rembuchements*, sans objet présent d'inquiétudes [3], certains hommes inventent des piperies pour le plaisir de les inventer, comme ce personnage que Corneille a dépeint dans la comédie du *Menteur*. « Quoique les personnes, dit Pascal, n'aient pas d'intérêt à ce qu'elles disent, il ne faut pas conclure de là qu'elles ne mentent pas ; car il y a des gens qui mentent simplement pour mentir [4]. »

Qu'on examine la conduite de ces *Pythius* qui, pour

---

1. Le *Misanthrope*, acte II.
2. Prévost Paradol, *Analyse des relations des ambassadeurs vénitiens*.
3. Leroy, *Lettres sur les animaux*, édit. 1781, p. 56.
4. *Pensées*, édit. Faug., t. I, p. 196.

mieux vendre leur maison de campagne, concentrent pour un moment sur les eaux qui la bordent tous les pêcheurs du pays [1]; de ces médecins qui, pour répandre leur nom, envoient leur domestique les demander à la porte des grands seigneurs; de ces auteurs qui savent faire que les papiers publics raniment de temps en temps et à propos l'attention sur leur personne; de ces hommes qui aiment à usurper des noms et des titres, surtout de ces faux Warwick, de ces faux Richard, de ces faux Démétrius, de ces faux ducs de Normandie, qui feignent tout un personnage, supposent toute une vie et parviennent à faire une si grande multitude de dupes, on verra que leur conduite ne peut s'expliquer que par une disposition particulière, par un art naturel de l'imposture et du manége.

Nous citerons pour finir, sur ce sujet, le tableau que Plutarque a tracé d'Alcibiade : « Il arriva dans Athènes des ambassadeurs de Lacédémone. Ils avaient plein pouvoir pour finir tous les différends, à des conditions justes et raisonnables. Le sénat agréa leurs propositions et l'assemblée du peuple fut indiquée au lendemain pour en délibérer. Alcibiade, qui voulait la guerre et qui craignait l'issue de cette assemblée, fit croire aux Spartiates que, s'ils déclaraient leurs pleins pouvoirs, le peuple prendrait un ton de maître et les forcerait de tout lui accorder; qu'il fallait agir avec moins de franchise, et, tout en faisant de justes propositions, ne pas dire qu'on eût l'autorisation de conclure. Le lendemain, les ambassadeurs se présentent à l'assemblée du peuple et parlent dans le sens que leur avait recommandé Alcibiade. Alors celui-ci s'emporte contre eux, les traite de fourbes et de perfides, et dit qu'ils ne sont venus que dans de mauvaises intentions. Le sénat s'indigne, et le peuple s'irrite. Les ambassadeurs

---

1. Cicér., *De off.*, III, 14.

sont renvoyés et Alcibiade, nommé général, fait conclure sur-le-champ un traité d'alliance entre les Athéniens et les peuples d'Argos, de Mantinée et d'Élide.... C'est dans le même esprit de ruse qu'Alcibiade fit couper la queue à son chien, qui était remarquable par sa beauté et sa taille et qui lui avait coûté soixante-dix mines (environ six mille trois cents livres). Tant que les Athéniens s'entretiendront de cela, s'écria-t-il, ils ne diront rien de pis sur mon compte.... Il n'y avait point de manières qu'il ne sût feindre, point de coutumes auxquelles il ne sût s'accommoder : à Sparte, frugal et austère, livré aux exercices du corps; en Ionie, délicat, oisif et voluptueux; en Thrace, toujours à cheval ou à la chasse; surpassant, chez le satrape Tissapherne, par sa dépense et par son faste, toute la magnificence des Perses. Ce n'est pas qu'il passât réellement avec cette indifférence à des habitudes contraires, ni qu'il se fît dans ses mœurs un changement véritable ; mais c'est qu'il savait se couvrir du masque le plus convenable à sa sûreté. A Lacédémone, si l'on n'eût considéré que son extérieur, on pouvait lui appliquer ce vers :

Est-ce Achille ou son fils? c'est Achille lui-même.

et dire de lui : ce n'est pas un étranger, c'est un Spartiate formé par Lycurgue; mais, en approfondissant ses véritables inclinations et en le jugeant sur les actions qui en étaient la suite, on eût dit : *Ah ! c'est toujours la femme d'autrefois*[1]. »

Alcibiade était enclin à la mollesse et à la volupté; mais, à côté de ce penchant, on en aperçoit clairement un autre, c'est l'inclination à la feinte, par laquelle il se fait remarquer entre tous les Grecs, naturellement rusés, et se trans-

---

1. Plutarque, *Vie d'Alcibiade*, traduction de Ricard, édit. 1832, t. III, p. 100-116.

forme à sa guise en citoyen de tous les pays. Plutarque paraît attribuer cette conduite au calcul, mais il a raconté l'histoire de bien des héros qui n'avaient ni moins d'expérience ni moins d'ambition qu'Alcibiade, et qui n'étaient pas comme lui féconds en stratagèmes; tels sont Coriolan, les deux Gracques, les deux Caton, Pompée, etc.; leur goût naturel ne les portait pas à la ruse.

La réputation des Grecs est ancienne; on redoutait leurs tromperies du temps d'Homère. Virgile a répété cette accusation, et, de notre temps, leur nom est encore synonyme d'habile et de trompeur. Les peuples du midi paraissent plus portés à la feinte que les peuples du nord. Les premiers prodiguent les paroles et les gestes; ils ont l'air de mettre leur pensée plus en dehors, mais ce n'est pas leur vraie pensée. Les seconds sont plus sobres de mots et de mouvements, mais ce qu'ils laissent paraître est plus sincère. Ni les uns ni les autres n'apportent à cela d'intention calculée : ils suivent leur nature.

Les instincts se montrent à des degrés divers chez les différents peuples, comme chez les différents individus. Ils sont d'ailleurs le plus souvent balancés et compensés par des instincts contraires. Il y a, comme on le verra plus loin, un besoin d'épanchement qui limite l'instinct de la ruse. Un léger excédant de l'un sur l'autre suffit pour dessiner un caractère; il est probable, en effet, que tous les instincts sont dans tous les hommes, au moins en germe, et que la nature n'a laissé aucun mortel entièrement au dépourvu sous aucun rapport. L'homme est d'ailleurs muni de sa raison, tant pour suppléer à l'instinct en défaut, que pour en tempérer l'excès.

§ 11. *Confiance en soi-même.*

Il semble que, pour aborder notre première entreprise, nous ayons besoin de connaître d'avance l'étendue de nos forces ; mais comment les connaître avant d'en avoir usé? La nature se charge de résoudre ce problème. Sitôt que nous sommes parvenus à nous distinguer des autres et à nous former l'idée du *moi*, elle nous inspire une telle complaisance pour ce *moi*, que notre imagination lui prête gratuitement toutes les vertus ; c'est à ce penchant qu'il faut réserver le nom d'amour-propre ou d'amour de soi qu'on a le tort, comme nous l'avons dit, d'étendre à toutes les inclinations. Nous avons donc confiance en nous-mêmes, avant que l'expérience nous ait appris à mesurer nos forces, et quand cette confiance est retenue en de justes bornes par la raison, elle est salutaire, car sans elle on ne sortirait pas de l'inaction.

La nature ne se borne pas à nous faire bien présumer de nos qualités ; elle cache encore à nos yeux nos défauts, quoiqu'ils frappent les regards d'autrui, et elle empêche que nous ne soyons découragés par le spectacle de notre imperfection.

> Lynx envers nos pareils, et taupes envers nous,
> Nous nous pardonnons tout et rien aux autres hommes :
> On se voit d'un autre œil qu'on ne voit son prochain.
>   Le fabricateur souverain
> Nous créa besaciers, tous de même manière,
> . . . .
> Il fit pour nos défauts la poche de derrière [1].

Un autre poëte a dit :

> Mais toujours leur raison, soumise et complaisante
> Au-devant de leurs yeux met un voile imposteur [2].

La raison dont parle ici le poëte est une croyance produite par l'amour-propre. On se fait illusion, même sur

---

1. La Fontaine, *Fables*, I, 7.
2. Jean-Baptiste Rousseau, *Odes*, I, 3.

les défauts physiques qui devraient nous sauter aux yeux. Saint-Simon nous apprend que le duc de Bourgogne ne s'aperçut jamais qu'une de ses épaules était plus haute que l'autre, et qu'à son insu le tailleur mettait un coussin à ses habits pour réparer l'inégalité naturelle. C'est surtout pour les défauts corporels qu'il faut louer la Providence de nous avoir fabriqués de la façon dont parle La Fontaine. Comme ces imperfections sont involontaires et irrémédiables, il est heureux que le Créateur nous en ait caché la vue et épargné le chagrin.

L'opinion exagérée de notre mérite est l'orgueil : « Un défaut qu'on apporte en naissant, dit Platon, que tout le monde se pardonne, et dont par conséquent personne ne travaille à se défaire, c'est ce qu'on appelle l'amour-propre. L'ami s'aveugle sur ce qu'il aime; notre ignorance nous paraît science, etc., c'est pourquoi il faut se garder de l'excès dans cet amour [1]. » L'orgueil, au reste, ne fait que mieux prouver la spécialité du penchant que nous décrivons ici, car l'orgueil n'est pas la conscience de nos avantages réels, mais le rêve d'un mérite imaginaire. « Je sens mon cœur, s'écrie Rousseau, et je connais les hommes. Je ne suis fait comme aucun de ceux que j'ai vus ; *j'ose croire n'être fait comme aucun de ceux qui existent.* Si je ne vaux pas mieux, au moins je suis autre. Si la nature a bien ou mal fait de *briser le moule dans lequel elle m'a jeté*, c'est ce dont on ne peut juger qu'après m'avoir lu.... Que chacun d'eux découvre à son tour son cœur au pied de ton trône avec la même sincérité, et puis qu'un seul te dise, s'il l'ose : *Je fus meilleur que cet homme-là*[2]. »

Un médiocre écrivain dramatique de l'Angleterre, Cumberland, dit dans ses mémoires : « Je n'ai jamais

---

1. *Les lois*, édit. H. E., t. II, p. 734, b, c.
2. *OEuvres complètes*, édit. Desoer, 1822, t. I, p. 3-4.

irrité le public par une résistance opiniâtre à ses jugements ; je me suis toujours retiré quand il me notifiait que je n'étais pas le bien venu. La seule faute dont j'aie été coupable, c'est de n'avoir pas jugé un de mes ouvrages plus mauvais par la seule raison que le public n'en pensait pas de bien[1]. »

Si nous blâmons cette folle présomption de soi-même, si nous rions avec Socrate d'un Glaucon qui veut gouverner les Athéniens et ne sait rien ni de l'art militaire, ni de l'agriculture, ni du commerce, ni des impôts, ni des mines, etc.,[2] nous applaudissons à un Thémistocle qui se jugeait égal à Miltiade ; à un Pompée, qui disait, suivant Cicéron : « Ce qu'a bien pu faire Sylla, pourquoi ne le ferai-je pas à mon tour ? » à un César, qui s'écriait : « Je n'ai besoin que de la dixième légion pour combattre les Germains : ils ne sont pas plus redoutables que les Cimbres, et je ne me crois pas inférieur à Marius[3]. » N'est-ce pas une noble et heureuse présomption, que celle qui soutient Louis XIV, lorsque les ministres, éperdus de la mort de Mazarin, lui demandent à qui désormais ils auront affaire, et qu'il leur répond : « A moi ? » Les trente premières années du gouvernement de Louis XIV ne comprennent-elles pas l'époque la plus glorieuse de l'ancienne France pour la guerre, l'industrie, le commerce, l'agriculture, les sciences et les arts, et ne justifient-elles pas la confiance en soi-même que le jeune prince avait reçue de la nature ?

Personne n'a mieux fait ressortir que Pascal et l'aveuglement de l'orgueil et le ressort que nous donne une légitime assurance. « L'orgueil, dit-il d'une part, con-

---

1. Walter Scott, *Notice sur Cumberland*, trad. franç., édit. 1828, t. X, p. 150-151.
2. Xénophon, *Mém.*, livre III, ch. VI.
3. Plutarque, *Vie de César*, trad. de Ricard, édit. 1832, t. VIII, p. 34.

trepesant toutes les misères, ou il cache ces misères, ou, s'il les découvre, il se glorifie de les connaître, » et de l'autre il ajoute : « malgré la vue de toutes nos misères, qui nous touchent et nous tiennent à la gorge, nous avons un instinct que nous ne pouvons réprimer, qui nous élève[1]. »

Hume dit que l'homme est la créature la plus misérable et la plus orgueilleuse. C'est une contradiction : l'on n'est pas misérable quand on est plein de soi-même ; « les hommes méprisent la nature humaine en général, mais chacun se prise en particulier[1]. » Le même écrivain, qui a si bien peint le découragement que produit l'appréhension propre à certains caractères, oppose à ce tableau l'essor que nous fait prendre la confiance instinctive en nous-mêmes. « Mais l'esprit de l'homme, dit-il, est également sujet à une présomption, qui vient de la prospérité, ou d'une santé florissante, ou d'une abondance de forces, ou d'une *humeur hardie et confiante*. Dans une telle disposition de l'esprit, l'imagination se remplit de conceptions grandes, mais confuses, auxquelles ne peut se comparer aucune des beautés ou des joies de ce monde sublunaire[3]. »

La confiance en soi-même, jointe à l'instinct de l'activité corporelle, c'est-à-dire au besoin d'user de ses forces matérielles, de dompter les résistances et de vaincre les obstacles, produit le courage physique.

Cet amour de soi ne nous fait pas seulement bien présumer de nous-mêmes, mais encore de notre fortune. « Un sentiment de confiance au bonheur prévaut sur la crainte dans la nature humaine : on le voit par le succès des loteries[4]. » Nous croyons que la fortune ne voudra

---

1. *Pensées*, édit. Faug., t. II, p. 81 et 89.
2. Leibniz, *Essais sur la bonté de Dieu, etc.*, § 258.
3. *Essays and treatises*, London, 1772, vol. I, p. 70.
4. Bentham, *Traités de législation*, Paris, 1802, t. II, p. 28.

pas nous abandonner, qu'elle a pour nous cette préférence que nous avons pour nous-mêmes et nous nous livrons pleins d'assurance au hasard des événements. Tout aveugle que soit cette confiance, ou précisément parce qu'elle est aveugle, elle nous soutient, elle nous porte en avant et nous donne le courage de braver les chances inconnues de l'avenir et de nous relever même des chances malheureuses du passé.

Cette impulsion est ralentie par l'appréhension générale dont nous avons parlé précédemment. Nous avons dit que deux penchants contraires peuvent se trouver dans le même homme ; heureux celui qui est également partagé de l'un et de l'autre. La confiance en nous-mêmes toute seule devient l'orgueil, nous pousse à des tentatives au-dessus de nos forces et nous perd ; l'appréhension toute seule nous arrête devant l'entreprise la plus facile et ne nous perd pas moins. Une égale mesure de confiance et de défiance nous empêche de nous précipiter, mais non d'avancer ; on ne reste pas dans l'inaction, on ne s'élance pas au delà des limites raisonnables, on marche avec circonspection, mais on marche.

§ 12. L'émulation.

Un autre puissant aiguillon que nous fait sentir la nature et qui nous pousse au perfectionnement de nous-mêmes, c'est l'émulation. Nous voulons surpasser nos semblables ou au moins les égaler ; nous souffrons de nous voir devancés par les autres. Le zèle que l'émulation nous donne est profitable à tous, lorsqu'il s'applique à des mérites réels et non à de frivoles avantages. Les hommes voulant s'élever les uns au-dessus des autres, l'espèce humaine monte tout entière et de siècle en siècle accomplit de nouveaux progrès.

Cette inclination, comme toutes les autres, a besoin

d'être réglée par la raison. L'envie est l'excès ou l'égarement de l'émulation, comme l'orgueil est l'excès de la confiance en soi-même. « L'envie, dit Socrate, consiste à s'attrister du bonheur de ses amis. Quelques-uns vont au secours de leur ami dans le malheur et ils s'affligent de le voir heureux[1]. » — « Je mets en fait, dit Pascal, que si tous les hommes savaient ce qu'ils disent les uns des autres, il n'y aurait pas quatre amis dans le monde. Cela paraît par les querelles que causent les rapports indiscrets qu'on en fait quelquefois[2]. » — « Combien il fut dur pour moi, s'écrie Alfieri, en rencontrant des compagnons de mon adolescence, de les voir m'éviter du plus loin qu'ils m'apercevaient, et lorsqu'ils étaient surpris par ma présence, me saluer à peine d'un air glacé ou détourner la tête.... Cela me fit beaucoup de peine et m'en aurait fait encore davantage, si quelques-uns de ceux qui avaient conservé de la bienveillance pour moi, ne m'eussent averti que les uns me traitaient ainsi parce que j'avais écrit des tragédies, les autres parce que j'étais revenu dans le pays avec une grande quantité de chevaux, et mille petitesses pareilles[3]. » Nous voyons encore dégénérer l'émulation dans cette lettre que Plutarque rapporte comme ayant été écrite par Alexandre à Aristote. « Je n'approuve pas que vous ayez donné au public vos livres des sciences acroamatiques. En quoi donc serons-nous supérieurs aux autres hommes, si les sciences que vous m'avez apprises deviennent communes à tout le monde ? J'aimerais mieux encore les surpasser par les connaissances sublimes que par la puissance.[4] »

Si l'émulation nous a été donnée, ce n'est pas pour nous faire refuser aux autres les connaissances et les

---

1. Xénophon, *Mém.*, livre III, chap. IX. Platon, *Philèbe*, § 29.
2. *Pensées*, édit. Faug., t. I, p. 210.
3. *Vie d'Alfiéri*, trad. de Petitot, Paris, 1809, t. II, p. 145.
4. *Vie d'Alexandre*, trad. de Ricard, édit. 1832, t. VII, p. 250.

divers avantages que nous possédons; c'est pour nous pousser à imiter ou même à surpasser les biens qu'ils possèdent sans les en dépouiller. L'émulation est un iustrument de progrès, nous en faisons par l'envie un instrument de décadence.

Les deux espèces de rivalités ont été bien dépeintes par Hésiode au commencement du poëme des Œuvres et des Jours. « Il n'y a pas qu'une seule rivalité ; on en voit deux sur la terre : l'une digne des éloges du sage, l'autre qui mérite son mépris ; toutes deux animées d'un esprit différent, car la seconde excite la guerre désastreuse et la discorde.... c'est la nuit obscure qui l'enfanta. Quant à la première, le grand fils de Saturne, habitant au sommet des cieux, la plaça sur les fondements mêmes de la terre, pour qu'elle vécût parmi les humains et leur devînt propice. Elle pousse au travail le mortel le plus indolent. L'homme oisif qui jette les yeux sur le riche s'empresse à son tour de labourer, de planter, de bien gouverner sa maison ; le voisin est jaloux du voisin qui tâche de s'enrichir. Cette rivalité est utile aux mortels. Le potier rivalise avec le potier, l'artisan avec l'artisan, le mendiant avec le mendiant, et le chanteur avec le chanteur. »

C'est la seconde espèce de rivalité qui est l'émulation légitime ; c'est celle qui animait Thémistocle et César dans les traits si connus que nous rapporte Plutarque. « Thémistocle, dans sa jeunesse, entendant vanter partout les exploits de Miltiade, restait souvent pensif et rêveur, passait les nuits sans sommeil et ne fréquentait plus les festins publics. Lorsque ses amis, surpris de ce changement de vie, lui en demandaient la raison, il leur répondait que les trophées de Miltiade l'empêchaient de dormir[1]. » Pendant son séjour en Espagne, César lisait,

---

1. *Vie de Thémistocle*, trad. de Ricard, édit. 1832, t. II, p. 165.

un jour de loisir, l'histoire d'Alexandre : il se mit à penser et à verser des larmes ; ses amis étonnés lui en demandent la cause : « N'est-ce pas pour moi, leur dit-il, un juste sujet de douleur, qu'Alexandre, à l'âge où je suis eût déjà conquis tant de royaumes, et que je n'aie encore rien fait de mémorable [1]. »

C'est cette émulation qu'un gouvernement sage peut employer aux succès de l'industrie, du commerce, de l'agriculture, des arts et des sciences, en instituant des luttes solennelles et d'éclatantes récompenses.

L'émulation dans l'ordre politique est l'amour de l'égalité, amour que la raison concilie avec le respect des droits fondés sur le mérite. Demander la supériorité et même l'égalité politique avec l'infériorité des talents, c'est l'effet de la passion aveugle, c'est l'envie ; mais la raison nous a été donnée pour éclairer l'inclination, et la raison nous dit que le commandement appartient aux plus dignes.

Il y a encore un autre égarement de l'émulation ; c'est lorsqu'elle s'attache aux avantages du corps, de la naissance, de la fortune, en un mot aux biens que l'on tient du hasard et non de ses propres efforts. S'estimer beaucoup pour ce genre de supériorité, ou chercher à le conquérir, c'est ce qu'on appelle la vanité. L'estime de soi et l'émulation doivent s'appliquer uniquement aux avantages qu'il y a du mérite à remporter, c'est-à-dire, à la science, aux beaux-arts et à la vertu.

§ 13. L'amour du pouvoir.

Aimer à vaincre un obstacle matériel, c'est éprouver le plaisir d'exercer la faculté motrice ; aimer à plier la conduite des autres à nos desseins, c'est goûter un plaisir

---

1. *Vie de César*, même trad., t. VIII, p. 22.

intellectuel, c'est ressentir l'amour de la domination. Si tous les hommes étaient également possédés de cet amour, la société serait impossible ; elle ne le serait pas moins, si aucun n'avait de goût pour conduire les autres. Ici encore la nature pourvoit à notre sûreté par une merveilleuse harmonie de moyens divers : en même temps qu'elle met dans le cœur de quelques-uns le goût très-vif de la domination, elle dispose le plus grand nombre à la soumission et à la docilité. Il suffit de jeter les yeux sur les réunions d'hommes, pour apercevoir cette diversité de caractères : quelques-uns, c'est heureusement le plus petit nombre, se plaisent à mener leurs semblables ; ils font prévaloir leur avis, exécuter leur dessein ; tandis que le reste, comme nous le verrons plus loin, peu soucieux de diriger, aiment mieux sacrifier leurs opinions que de lutter pour les faire prévaloir, et suivent le courant sans trop de répugnance et quelquefois avec plaisir.

L'amour de la domination se montre même chez quelques animaux qui vivent en troupes. « Dans un troupeau de gros bétail, dit Thomas Reid, il y a des rangs et une hiérarchie. Quand il s'y présente un nouveau venu, il doit se battre contre chacun de ses compagnons, pour que son rang soit fixé. Il cède à ceux qui sont plus forts que lui, et prend autorité sur ceux qui sont plus faibles[1]. » Frédérick Cuvier fait la même observation : « Les chevaux sauvages vont par troupes ; ils ont un chef qui marche à leur tête, qu'ils suivent avec confiance, qui leur donne le signal de la fuite et du combat[2]. » Le chien de berger n'exerce-t-il pas un commandement sur le troupeau qu'il conduit, et aurions-nous pu le dresser à cet empire, s'il n'avait pas possédé un instinct naturel

---

1. *Critique de la philosophie de Thomas Reid*, par Ad. Garnier, p. 51.
2. Flourens, Ouvrage cité, 2ᵉ édit., p. 70-71.

dont nous avons profité ? Il y a des races de fourmis qui s'emparent d'autres races plus faibles, les réduisent en esclavage et les font travailler au profit de la tribu victorieuse [1].

Revenons à la société humaine. Ni la famille, ni la nation ne peuvent se passer d'un gouvernement, et le gouvernement ne peut exister, si le plus grand nombre n'est disposé à la docilité par sa nature plus que par sa raison, et si quelques-uns n'ont le goût inné de l'empire. Ce goût leur est nécessaire, soit pour s'emparer du pouvoir à travers les luttes de leurs rivaux, soit pour le maintenir contre les résistances qu'on leur oppose à chaque pas.

Le caractère impérieux se fait remarquer dès l'enfance. Voyez les enfants dans leurs jeux : il y en a un parmi eux qui est le général, s'ils forment une armée, et le cocher, si c'est un équipage. Alcibiade donna de bonne heure les marques de son esprit dominateur. « Étant encore fort jeune, il jouait aux osselets dans une rue étroite. Comme c'était son tour de les jeter, il voit venir une charrette chargée. D'abord il crie au conducteur d'arrêter.... Cet homme avançant toujours, les autres enfants se retirent, mais Alcibiade se jetant par terre devant les chevaux : Passe maintenant si tu veux, dit-il au charretier. Cet homme épouvanté fit reculer sa voiture, et les spectateurs effrayés coururent à Alcibiade en jetant de grands cris [2]. » On ne sait rien de l'enfance de Napoléon, si ce n'est qu'à Brienne, lorsque ses camarades élevaient dans leurs jeux des forteresses de neige, c'est lui qui commandait l'attaque.

L'émulation ne suffit pas pour expliquer l'amour de

---

1. Duméril, *Éléments des sciences naturelles*, 4ᵉ édit., t. II, p. 132.
2. Plutarque, *Vie d'Alcibiade*, trad. de Ricard, édit. 1832, t. III, p. 85.

la domination. L'émulation se contente de tel ou tel avantage ou les veut tous ; l'amour de la domination n'en veut qu'un : c'est celui de commander. Cet enfant qui range les autres comme ses soldats ou les dirige comme ses chevaux, leur laisse la prééminence dans les travaux de la classe ; il ne leur envie pas la supériorité littéraire, mais il garde l'empire. Tel autre qui l'emporte dans les études, se laisse volontiers conduire comme un soldat ou comme un cheval. Le peuple romain n'enviait pas aux Grecs leur prééminence dans les sciences et les beaux-arts ; ce qu'il voulait, c'était le gouvernement du monde[1].

On dira peut-être que l'émulation, satisfaite par un avantage, se relâche sur les autres, et qu'ainsi l'amour de la domination n'est qu'une des formes de l'émulation. Mais si parmi les sujets divers d'émulation un homme ne s'attache qu'à un seul et dédaigne tous les autres, c'est qu'il y est conduit par une inclination particulière. Solon disait de Pisistrate, que si l'on avait pu ôter de son âme la soif de dominer, il n'y aurait pas eu dans Athènes de meilleur citoyen ni d'homme plus fait pour la vertu[2]. Pisistrate surpassait donc ses concitoyens par des qualités morales qui auraient pu suffire à son émulation ; il y joignait même la supériorité des richesses, et, cependant, il préférait le pouvoir à tous ces avantages, et il exposa pour le saisir, sa fortune, et même sa vie et celle de ses enfants.

Louis XIV, qui cédait volontiers la prééminence à Racine pour la poésie, à Condé pour les talents mili-

---

1. Tu regere imperio populos, Romane, memento ;
   Hæ tibi, erunt artes, pacisque imponere morem,
   Parcere subjectis et debellare superbos.

(Virgile, *Énéide*, livre VI, v. 852 et suiv.)

2. Plutarque, *Vie de Solon*, traduction citée, t. II, p. 54.

taires, était si jaloux de son pouvoir, que la moindre rivalité sur ce point lui portait ombrage. Colbert et Louvois ménagèrent avec un soin extrême cette jalousie particulière. Le dernier, pour ranger le roi à son avis, sans le faire paraître, présentait au prince le projet qu'il croyait le meilleur, accompagné de deux ou trois autres fort mauvais, et laissait le choix au souverain. Celui-ci ne manquait pas de choisir le projet raisonnable, et croyait gouverner, en abondant à son insu dans l'opinion de son ministre. Quand Mme de Maintenon désirait faire prendre quelque décision elle en faisait parler au roi, le soir, chez elle, par les ministres; le roi la consultait, et elle disait ses raisons, en affectant la plus complète indifférence. Les raisons, ainsi présentées, prévalaient sans être suspectes au maître. Dangeau, voulant perdre auprès du roi le duc de Saint-Simon, qu'on parlait d'envoyer en ambassade à Rome, n'eut autre chose à faire que de louer le futur ambassadeur de son esprit entreprenant, plein de vues nouvelles, et formé pour le gouvernement. La docilité de Chamillart fut le mérite qui lui fit confier trois ministères à la fois; mais, à la différence de Louvois, Chamillart ne savait pas présenter au roi des projets parmi lesquels il y en eût un d'excellent; le roi assez habile pour bien choisir, ne l'était pas assez pour inventer, surtout dans sa vieillesse, et il vit la fin de son règne bien différente du commencement. Saint-Simon, qui nous transmet tous ces détails sur le caractère de Louis XIV, nous signale encore le cardinal Albéroni comme dévoré de la soif du pouvoir, et préférant la domination à tous les autres avantages; puis Mme des Ursins, qui, précipitée du gouvernement des Espagnes, se réfugia à Rome, et se mit à gouverner la petite et pauvre maison du prétendant d'Angleterre, tant il lui était nécessaire, dit-il, d'avoir quelque chose à gouverner.

On dira encore que le pouvoir n'est désiré que pour les richesses et le bien-être qu'il procure. Quelques-uns, en effet, surtout dans les sociétés modernes, où le gouvernement est gêné par les assemblées publiques, ne désirent la puissance que pour les profits qui en sont la suite; mais ce n'étaient pas les richesses qui tentaient l'ambition d'un César, d'un Louis XIV ou d'un Napoléon; ils prodiguaient plutôt les richesses pour conserver la puissance.

Nous avons dit que l'amour de la domination n'est pas également réparti chez tous les hommes. Quand il se trouve en défaut dans le père de famille, qui est fait pour gouverner ses enfants et sa maison, c'est un dommage pour le bon ordre intérieur. « Un enfant doit être imbu avec le lait de l'idée que la volonté paternelle est quelque chose de sacré... L'emploi du raisonnement suppose chez l'être à qui on l'adresse le droit de n'être pas convaincu... Vous pouvez compter que toutes les fois que vous commencez un exposé de motifs, l'enfant ne vous écoute que tout juste ce qu'il faut pour vous mettre dans votre tort en vous réfutant [1]. »

Comme il y a un chef naturel de la famille, il y a des chefs naturels de l'État : ce sont les hommes qui joignent au goût de la domination les talents nécessaires pour l'exercer dans l'intérêt de tous. Ceux qui n'aiment pas le pouvoir ne doivent pas se laisser porter à la direction des affaires; car ils laisseront naître l'anarchie. Il est à regretter qu'un prince héréditaire, lorsque son esprit est droit et son cœur juste, n'ait pas le goût du pouvoir. Si Louis XVI avait eu cette inclination, il l'aurait satisfaite contre les résistances de la cour et contre les empiétements du peuple; au lieu d'obéir tour à tour aux partis,

---

[1]. Mme Necker de Saussure, *Éducation progressive*, 1re édit., t. I, p. 255-257.

et d'être le spectateur et enfin la victime de nos révolutions, il aurait accompli par lui-même le bien qu'il méditait, et la France ne l'aurait pas payé de tant de malheurs et de crimes.

Le goût de l'indépendance ou de la liberté est un degré inférieur de l'amour de la domination. Celui qui veut gouverner les autres veut à coup sûr se gouverner lui-même; mais beaucoup se contentent de se régir à leur fantaisie, sans rien entreprendre sur la liberté étrangère. La nature, par la diversité des caractères, forme l'harmonie des sociétés, quelquefois l'amour de la liberté se concilie dans le même esprit avec l'amour de la règle et de l'obéissance. Les âmes les mieux trempées sont celles où se trouve ce tempérament d'indépendance et de docilité : goûtant le plaisir de se gouverner à leur gré quand cela ne blesse pas l'intérêt des autres, elles aiment à se plier à la règle, pour ce qui touche à l'ordre général. Dans les degrés divers de la hiérarchie sociale, hiérarchie naturelle puisque la société vient de la nature, on obéit au-dessus de soi, et l'on commande au-dessous. Tout le monde trouve donc l'occasion de satisfaire ces deux penchants et c'est un nouvel exemple de la manière dont s'accordent dans le même cœur les inclinations opposées.

§ 14. L'amour de la louange.

Une inclination dont l'objet nous est encore personnel et qui cependant nous dispose déjà favorablement pour nos semblables, c'est l'amour de la louange. Le regard des hommes nous encourage et nous enflamme. Combien peu s'imposeraient dans la solitude les travaux auxquels ils se condamnent, pour obtenir un signe d'approbation de leurs contemporains ou la louange d'une postérité qu'ils ne verront jamais. Tel, qui soutenu par la présence de ses semblables, affronte l'ennemi sans hésiter, se déroberait par une prompte fuite, s'il n'était vu de personne et s'il avait la certitude de n'être jamais découvert.

La Fontaine, ce grand connaisseur du cœur humain, disait à Mme de la Sablière :

> Iris, je vous louerais, il n'est que trop aisé ;
> Mais vous avez cent fois notre encens refusé ;
> En cela peu semblable au reste des mortelles
> Qui veulent tous les jours des louanges nouvelles.
> Pas une ne s'endort à ce bruit si flatteur,
> Je ne les blâme point : je souffre cette humeur.
> Elle est commune aux dieux, aux monarques, aux belles.
> Ce breuvage vanté par le peuple rimeur,
> Ce nectar que l'on sert au maître du tonnerre
> Et dont nous enivrons tous les dieux de la terre,
>   C'est la louange, Iris [1].

On accuse quelquefois l'homme vertueux de ne rechercher que la louange et d'agir plutôt pour cet intérêt que pour la vertu : c'est reconnaître que l'homme attache un haut prix à l'estime de ses semblables et que la louange est l'objet d'une passion primordiale. Nous croyons que l'homme aime la vertu pour la vertu, mais nous croyons aussi qu'il aime la louange pour elle-même. « La louange, dit Xénophon inspiré par Socrate, est l'aiguillon des âmes. Elle devient un besoin aussi impérieux pour les uns, que le manger et le boire pour les autres. Je donne les plus beaux vêtements à ceux de mes esclaves qui travaillent le mieux [2]. »

Quelques philosophes, poussés par le désir très-légitime de simplifier les explications et de diminuer les causes des phénomènes, ont supposé que nous recherchons l'estime ou la louange, parce qu'elle nous procure

---

1. *Fables*, liv. X, 1re.
2. *Économique*, XIII.

le pouvoir ou les richesses. Mais les enfants sont sensibles à l'éloge et au blâme sans en considérer les suites. Ce soldat, qui craint la honte s'il recule devant l'ennemi, ne craint pas de perdre par là son pouvoir ni ses richesses, et la seule récompense qu'il ambitionne est un signe d'honneur. Plutarque raconte qu'aux premiers jeux olympiques qui suivirent la bataille de Salamine, Thémistocle ayant paru dans le stade, les Grecs oublièrent les combattants et eurent tout le jour les yeux fixés sur lui : qu'ils le montraient aux étrangers et battaient des mains, et que Thémistocle, hors de lui-même, avouait à ses amis que ce jour le payait de tout ce qu'il avait souffert pour la Grèce [1]. Au passage de l'Hydaspe, en présence de l'armée de Porus, Alexandre entraîné par le courant avait peine à se soutenir, parce que le fond était glissant. Ce fut alors que selon Onésicritus il s'écria : O Athéniens, à quels périls je m'expose pour mériter vos louanges! [2]. Rien ne le mettait hors de lui-même et ne le rendait inexorable, comme d'apprendre qu'on avait mal parlé de lui : il faisait voir alors qu'il mettait sa réputation au-dessus de sa vie et de l'empire même [3]. Nous avons vu le moderne Alexandre au comble de sa puissance en proie à la même colère pour la même raison. A la lecture des journaux anglais et de leurs insultes, il entrait en fureur comme le lion de la fable piqué par le moucheron [4].

Une des meilleures preuves que la louange n'est souvent recherchée pour aucun autre avantage qu'elle-même, c'est le désir que nous avons d'un nom immortel. Épicure pensait que la louange n'était désirée que comme

---

1. *Vie de Thémistocle*, traduction de Ricard, édit. 1832, t. II, p. 186.
2. Plutarque, *Vie d'Alexandre*, trad. citée, t. VII, p. 339.
3. *Id.*, *ibid.*, t. VII, p. 312.
4. Pelet de la Lozère, *Opinions de Napoléon*, p. 274.

moyen de nous procurer autre chose, mais lui-même, tout en croyant qu'il n'existerait pas au delà du tombeau, désirait tellement qu'on se souvînt de lui avec estime, que, par ses dernières volontés, il enjoignit à ses héritiers de célébrer annuellement sa naissance et de donner tous les mois une fête à ses disciples : quel autre avantage que la louange espérait-il retirer de cette fête? Cicéron observe avec justesse, que la doctrine de ce philosophe était réfutée par son testament [1]. Notre croyance à l'immortalité de l'âme nous fait penser que nous serons sensibles après la mort à l'approbation des hommes ; mais cette approbation sera dépouillée de toute la suite qu'elle peut entraîner pour nous sur la terre ; la louange décorera un nom, qui ne pourra jouir ni de la puissance ni de la fortune.

Loin que la louange soit désirée pour quelque autre avantage, ce sont souvent les autres avantages qui sont désirés pour la louange. Combien de guerriers ne recherchent la victoire que pour l'honneur qu'elle procure ! Combien d'écrivains n'amassent de connaissances que pour le nom qui s'y attache ! Tel qui se croit exempt de la soif des éloges y cède comme les autres. « Johnson, dit Walter Scott, s'éleva beaucoup contre la vanité de Richardson, qui était flatté qu'on eût trouvé son roman de *Clarisse* sur la table du frère du roi de France ; il fut lui-même très-fier de rencontrer son dictionnaire dans le cabinet de toilette de lord Scarsdale. Mais trouver un ouvrage dans les cabinets des grands, qui achètent tous les livres dont l'auteur a quelque renom, n'est pas une preuve aussi éclatante de renommée que de le voir dans la chaumière du pauvre, qui a dû pour l'acheter s'imposer quelque sacrifice [2]. » Cette dernière gloire est celle

---

1. Thomas Reid, trad. franç., t. VI, p. 44, 45.
2. *Notice sur Richardson, OEuvres complètes*, traduction française ; édit. 1828, t. IX, p. 140.

dont a joui Walter Scott lui-même dans son pays, et en faisant remarquer qu'elle est supérieure à celle de Richardson et de Johnson, il ne se montre pas plus modéré que les deux autres dans son amour de la louange.

Si la gloire est l'objet de notre ambition, le blâme et le déshonneur sont redoutés quelquefois plus que la mort. Combien d'hommes se sont arraché la vie pour éviter la honte. L'obscurité et l'oubli suffisent même à notre tourment. Montesquieu ayant à se plaindre des critiques de Tournemine, feignait malignement, pour le punir, de n'en avoir jamais entendu parler.

L'amour de la louange a besoin comme l'émulation d'être réglé par la raison. Ce n'est que pour les avantages qui dépendent de nous, et principalement pour les mérites de l'intelligence et de la vertu, qu'il faut aimer à être loué. Mais nous sommes si altérés de la louange que nous ne mettons souvent aucune délicatesse dans notre choix. Trajan plaçait sa gloire dans l'équitable gouvernement du monde, et Néron cherchait la sienne dans la conduite d'un char. Nous prenons des éloges de toute main et même la flatterie, car nous ne nous inquiétons pas toujours de savoir si les éloges sont sincères.

Faut-il voir dans l'amour de la louange un mode de l'estime de soi-même ? David Hume l'avait d'abord pensé : « Si nous cherchons, disait-il, à être applaudis, ce n'est pas par une passion primordiale, c'est parce que les applaudissements confirment la bonne opinion que nous avons de nous-mêmes. Il en est de nous à cet égard comme d'une jolie femme qui aime à voir ses charmes réfléchis dans le miroir... Les éloges ne nous flattent guère lorsqu'ils ne tombent pas sur les qualités dans lesquelles nous croyons exceller... Si la qualité que nous possédons, quelque précieuse qu'elle soit, n'est pas hautement estimée des autres, elle flatte moins notre amour-propre, comme par exemple la tranquillité d'âme. L'opinion d'autrui entre donc pour beaucoup dans notre amour-propre[1]. » Nous répondrons qu'on accepte la louange, même pour les qualités qu'on ne possède pas ; nous aimons que nos semblables aient de nous une opinion plus haute que nous-mêmes. Ce que nous désirons, ce n'est donc pas une confirmation du mérite que nous croyons avoir, c'est une considération supérieure à notre mérite. Sachant l'estime qu'on attache frivolement à la naissance et aux richesses, ne cherchons-nous pas quelquefois à étaler aux yeux une fausse noblesse et une fausse opulence? N'y a-t-il pas des hommes qui se sont attribué les œuvres d'autrui, uniquement pour recueillir l'honneur d'un mérite qui leur était tout à fait étranger? tant la louange nous paraît désirable pour elle-même, tant nous aimons à faire figure dans l'esprit de nos semblables! N'est-on pas frappé des efforts d'Alexandre, quoiqu'il fût déjà bien grand, pour se grandir encore aux yeux des Barbares, qui ne devaient jamais le voir? « L'armée d'Alexandre refusant de passer le Gange, il se laissa fléchir et se disposa à retourner sur ses pas, après avoir imaginé, avec une vanité de sophiste, tout ce qui pouvait donner une opinion exagérée de sa puissance. Il fit faire des armes, des mangeoires et des mors d'une grandeur et d'un poids extraordinaires, et les dispersa de côté et d'autre dans la campagne. Il dressa aussi en l'honneur des dieux plusieurs autels qui avaient soixante-quatorze coudées de haut, aussi larges que des tours, et sur lesquels on lisait ces inscriptions : A mon père Ammon ; à Hercule, mon frère ; à Minerve prévoyante ; à Jupiter Olympien ; aux Cabires de Samothrace ; au soleil des Indes ; à mon frère Apollon[2]. »

Ce n'est donc pas notre image réelle que nous aimons

---

1. *OEuvres philosophiques*, trad. franç., t. IV, p. 32-35.
2. Plutarque, *Vie d'Alexandre*, trad. Ricard, édit. 1832, t. VII, p. 343 et 406.

à voir se réfléchir dans l'opinion d'autrui, mais notre image agrandie, sans que nous prévoyions même qu'aucun avantage puisse nous revenir de cet agrandissement. Ce n'est pas l'estime de nous-mêmes qui est la cause de notre goût pour l'estime d'autres, c'est l'estime d'autrui qui augmente encore l'estime déjà si grande et si prévenue que nous avons pour nous. Aussi David Hume a-t-il écrit dans un autre de ses essais : « L'amour de la gloire est la passion des grandes âmes, c'est le *premier* mobile de leurs actions et de leurs entreprises. Il nous fait jeter un coup d'œil sévère sur notre conduite. Cette habitude de veiller sur nous tient en haleine les sentiments d'équité et nous inspire le respect de nous-mêmes et d'autrui. Ce respect est le gardien le plus sûr de toutes les vertus. Il diminue le prix des plaisirs matériels et nous porte à acquérir la beauté morale et intérieure et les perfections qui conviennent à l'être raisonnable [1]. » Dans ce passage, l'amour de la gloire est présenté comme une inclination primordiale. L'auteur dépasse même le but, car cette inclination ne doit pas être le *premier* mobile des grandes âmes, mais seulement le second : elle ne doit venir qu'après l'amour de la vertu ; mais il faut reconnaître qu'elle en double les forces.

Nous emprunterons à l'éloquence de Pascal des traits qui marquent fortement les effets de l'amour de la louange. « La plus grande bassesse de l'homme est la recherche de la gloire, mais c'est cela même qui est la plus grande marque de son excellence ; car quelque possession qu'il ait sur la terre, quelque santé et commodité essentielle qu'il ait, il n'est pas satisfait s'il n'est dans l'estime des hommes... C'est la plus belle place du monde ; rien ne peut le détourner de ce désir, et c'est la qualité la plus ineffaçable du cœur de l'homme. Et

---

[1]. *OEuvres philosophiques*, trad. franç., t. V, p. 227.

ceux qui méprisent le plus les hommes et qui les égalent aux bêtes, encore veulent-ils en être admirés et crus, et se contredisent eux-mêmes par leur propre sentiment : leur nature, qui est plus forte que tout, les convainquant de la grandeur de l'homme plus fortement que la raison ne les convainc de leur bassesse... La vanité est si ancrée dans le cœur de l'homme, qu'un soldat, un goujat, un cuisinier, un crocheteur se vante et veut avoir ses admirateurs ; et les philosophes même en veulent. Et ceux qui écrivent contre veulent avoir la gloire d'avoir bien écrit, et ceux qui le lisent veulent avoir la gloire de l'avoir lu : et moi, qui écris ceci, ai peut-être cette envie, et peut-être que ceux qui le liront[1]...»

La confiance en soi-même, l'émulation, l'amour du pouvoir et l'amour de la louange sont quelquefois compris en français sous le titre commun d'amour-propre. Cela ne veut pas dire que les trois dernières inclinations dérivent de la première. On l'a cru et on a dit : c'est parce que je m'aime que je veux surpasser les autres, exercer le pouvoir et obtenir la louange. Nous accordons que ces avantages flattent l'amour que nous avons pour nous ; mais il faut pour cela que nous les estimions en eux-mêmes, que nous les regardions comme des biens, qu'ils nous rendent heureux, car autrement nous n'en désirerions pas la possession. Nous avons donc pour la prééminence, pour le pouvoir, pour la louange, des inclinations distinctes de celle qui nous porte à nous aimer et à nous estimer nous-mêmes. Le vraie raison pour laquelle on confond ces inclinations sous le nom d'amour-propre, c'est qu'elles nous attachent à des biens qui nous sont personnels et que nous n'aimons pas à partager ces biens avec nos semblables.

---

1. *Pensées*, édit. Faug., t. I, p. 208, et t. II, p. 80.

CHAPITRE III.

LES INCLINATIONS QUI SE RAPPORTENT A DES OBJETS NON PERSONNELS.

§ 1. L'amour du bien moral.

Les inclinations que nous avons rangées dans la première classe, et qui forment ce qu'on appelle d'ordinaire l'instinct de conservation et l'amour-propre, nous attachent à des biens que nous voulons posséder à l'exclusion de nos semblables : l'appétit est jaloux de l'objet qu'il convoite; il en est de même de l'amour du pouvoir, de l'amour de la louange, etc. Mais l'amour pour le bien, pour le vrai, pour le beau, ne se fait pas de son objet une possession qui lui soit propre. Nous ne voulons pas exclure les autres du plaisir que nous causent la vertu, la science, la poésie, les chefs-d'œuvre de la nature et de l'art; nous les appelons, au contraire, au partage de notre joie, et nous la sentons doubler par la joie qu'ils éprouvent. Celui qui, après avoir fait couler une statue en bronze par un habile artiste, ordonne de briser le moule, laisse pervertir son amour du beau par son amour de soi-même. Il cherche un avantage personnel, une victoire sur ses semblables; il flatte son amour de la supériorité, peut-être son amour de la propriété, mais non son amour de la beauté. Pour admirer nous n'avons pas besoin de posséder, ni surtout d'empêcher les autres d'admirer avec nous.

La langue française distingue quatre classes d'affections : celles du corps, celles de l'amour-propre, celles de l'esprit et celles du cœur. Cette division n'est pas satisfaisante, parce qu'elle semble se fonder sur le siège hypothétique de nos affections, mais elle n'en contient pas moins des groupes bien séparés. Les deux premiers comprennent les inclinations qui se rapportent à des objets personnels ; le troisième renferme l'amour du bien, du vrai et du beau. La langue, en appelant ce dernier amour une affection de l'esprit et non de l'amour-propre ou du corps l'a distingué à la fois des appétits sensuels, des désirs égoïstes et des amours jaloux. Elle donne à entendre que les affections de l'esprit résident dans une sphère plus élevée et plus pure, où règne le plus entier désintéressement ; où l'homme est spectateur et non possesseur : et tandis qu'elle applique aux affections du corps le nom d'appétits, à celles de l'amour-propre le nom de désirs, mots qui emportent toujours avec eux l'idée d'une aspiration vers un bien personnel, elle exprime les affections de l'esprit par le nom d'admiration, qui implique une sorte de soumission de l'âme, une abnégation de toute vue personnelle et de tout retour sur soi-même.

Parmi les objets de notre admiration, la vertu occupe le premier rang. Nous la préférons au génie : elle nous procure les plus vives et les plus douces émotions. « Le plaisir de la science est sans mélange, dit Platon, mais il n'est le partage que d'un très-petit nombre d'hommes... Au-dessus de ce plaisir vrai et pur sont les plaisirs qui naissent de la tempérance et tous ceux qui suivent la vertu, comme le cortége d'une déesse [1]. »

---

1. *Philèbe*, édit. H. E., t. II, p. 63.

Le plaisir que nous fait goûter le témoignage de notre bonne conscience s'appelle la satisfaction morale ; le déplaisir de la mauvaise conscience est, suivant le degré, le repentir ou le remords. Nous éprouvons un sentiment d'admiration pour l'auteur d'une bonne action, et d'indignation pour l'auteur d'une action coupable. Si nous sommes l'objet du bienfait ou de l'injustice, notre admiration se change en reconnaissance et notre indignation en ressentiment. Rousseau a peint éloquemment cette dernière émotion. « La douleur du corps, quoique vive, dit-il, m'était peu sensible ; je ne sentais que l'indignation, la rage, le désespoir. Mon cousin, dans un cas à peu près semblable et qu'on avait puni d'une faute involontaire comme d'un acte prémédité, se mettait en fureur à mon exemple et se montait, pour ainsi dire, à mon unisson. Tous deux dans le même lit, nous nous embrassions avec des mouvements convulsifs, nous étouffions, et quand nos jeunes cœurs un peu soulagés pouvaient exhaler leur colère, nous nous levions sur notre séant et nous nous mettions tous deux à crier cent fois de toutes nos forces : *Carnifex! carnifex! carnifex!* Je sens en écrivant ceci que mon pouls s'élève encore ; ces moments me seront toujours présents, quand je vivrais cent mille ans. Ce premier sentiment de la violence et de l'injustice est resté si profondément gravé dans mon âme, que toutes les idées qui s'y rapportent me rendent ma première émotion, et ce sentiment, relatif à moi dans son origine, a pris une telle consistance en lui-même et s'est tellement détaché de tout intérêt personnel, que mon cœur s'enflamme au spectacle ou au récit de toute action injuste, quel qu'en soit l'objet et en quelque lieu qu'elle se commette, comme si l'effet en retombait sur moi [1]. »

Si l'indignation et le ressentiment font à l'âme de si

---

1. *OEuvres complètes*, édit. 1822, t. I, p. 30.

profondes blessures, la satisfaction morale, l'admiration, la reconnaissance lui apportent les plus vives délices. « La disposition la plus favorable pour le bonheur est l'amour de la vertu, qui nous fait prendre intérêt à la société, qui arme nos cœurs contre les assauts de la fortune, modère nos passions, et nous fait trouver du plaisir à vivre avec nous-mêmes[1] ! »

Pascal a fortement marqué la supériorité de la grandeur morale sur tous les autres genres de grandeur. « Les grands génies ont leur empire, leur éclat, leur grandeur, leur victoire et leur lustre, et n'ont nul besoin des grandeurs charnelles.... Ils sont vus non des yeux mais des esprits : c'est assez. Les saints ont leur empire, leur éclat, leur victoire, leur lustre, et n'ont nul besoin des grandeurs charnelles ou spirituelles.... Ils sont vus de Dieu et des anges, et non des corps ni des esprits curieux : Dieu leur suffit. Archimède sans éclat serait en même vénération. Il n'a pas donné de bataille pour les yeux, mais il a fourni à tous les esprits ses inventions. O qu'il a éclaté aux esprits! Jésus-Christ, sans biens et sans aucune production de science au dehors, est dans son ordre de sainteté. Il n'a point donné d'inventions, il n'a point régné, mais il a été humble, patient, saint, saint, saint à Dieu, terrible aux démons, sans aucun péché. O qu'il est venu en grande pompe et en une prodigieuse magnificence aux yeux du cœur, qui voient la sagesse! Il eût été inutile à Archimède de faire le prince dans ses livres de géométrie, quoiqu'il le fût. Il eût été inutile à Notre-Seigneur Jésus-Christ, pour éclater dans son règne de sainteté, de venir en roi, mais il est bien venu avec l'éclat de son ordre!... Il y en a qui ne peuvent admirer que les grandeurs charnelles,

---

1. David Hume, *OEuvres philosophiques*, trad. franç., t. VII, p. 201.

comme s'il n'y en avait pas de spirituelles, et d'autres qui n'admirent que les spirituelles, comme s'il n'y en avait pas d'infiniment plus hautes dans la sagesse. Tous les corps, le firmament, les étoiles, la terre et ses royaumes ne valent pas le moindre des esprits; car il connaît tout cela et soi-même; et les corps : rien. Tous les corps et tous les esprits ensemble et toutes leurs productions ne valent pas le moindre mouvement de charité; cela est d'un ordre infiniment plus élevé[1]. »

§ 2. L'amour du vrai et du merveilleux.

L'intelligence a deux faces : la connaissance et la croyance. Nous aimons à exercer ces deux facultés de notre esprit; nous nous plaisons à connaître et à croire, nous recherchons le vrai et le merveilleux, les œuvres de la science et celles de la poésie[2].

« Tous les hommes, dit Aristote, désirent naturellement la connaissance. On en trouve la preuve dans le plaisir que leur causent les perceptions extérieures, surtout celles qui s'exercent par les yeux. Elles sont aimées pour elles-mêmes sans aucun motif d'utilité[3]. » Pascal ajoute : « Nous brûlons du désir de trouver une assiette ferme et une dernière base constante pour y édifier une tour qui s'élève à l'infini[4]. »

Nous avons une estime naturelle pour les qualités rares de l'esprit, pour les grands travaux de l'intelligence. « On raconte que Milon s'avança dans le stade d'Olympie en portant un bœuf vivant sur ses épaules : lesquelles aimeriez-vous le mieux posséder de ces forces

---

1. *Pensées*, édit. Faug., t. II, p. 331-2.
2. Voyez la nature de la science et de la poésie, plus loin, livre VIII, chap. III.
3. *Métaphysique*, livre I, § I.
4. *Pensées*, édit. Faug., t. II, p. 71.

du corps, ou de celles du génie de Pythagore[1]? » Pascal a développé cette pensée de l'antiquité, et l'a parée de toutes les pompes de son éloquence. « L'homme n'est qu'un roseau, le plus faible de la nature, mais c'est un roseau pensant. Il ne faut pas que l'univers entier s'arme pour l'écraser : une vapeur, une goutte d'eau suffit pour le tuer. Mais quand l'univers l'écraserait, l'homme serait encore plus noble que ce qui le tue, parce qu'il sait qu'il meurt, et l'avantage que l'univers a sur lui, l'univers n'en sait rien. Toute notre dignité consiste donc en la pensée. C'est de là qu'il faut nous relever, non de l'espace et de la durée, que nous ne saurions remplir. Travaillons donc à bien penser : voilà le principe de la morale[2]. » Les derniers mots de ce fragment de Pascal s'éclaircissent par les paroles suivantes : « L'homme est visiblement fait pour penser; c'est toute sa dignité et tout son mérite; et tout son devoir est de penser comme il faut; or, l'ordre de sa pensée est de commencer par soi et par son auteur et sa fin[3]. » Bien penser, c'est s'étudier d'abord soi-même; la connaissance de soi-même est pour Pascal la base de la morale, comme l'avait enseigné autrefois Socrate[4], et le fondement de la connaissance de Dieu, comme l'a depuis démontré Bossuet[5]. La curiosité humaine s'attache à la connaissance de l'homme, à celle de la nature et à celle de Dieu. Nous sommes pleins d'admiration pour les travaux d'un Aristote, d'un Euclide, d'un Archimède, d'un Galilée, d'un Descartes, d'un Newton, d'un Cuvier. Nous aimons à connaître toutes les ressemblances que présentent les êtres si divers de la nature, en même

---

1. Cicéron, *De Senectute*, x.
2. *Pensées*, édit. Faug., t. II, p. 84.
3. *Id.*, *ibid.*
4. Xénophon, *Mémoires*, livre III, 1-11; livre IV, 2.
5. *OEuvres philosophiques*, édit. de Lens, p. 11.

temps que nous nous plaisons à en savoir toutes les différences; nous aspirons à découvrir les lois générales qui se cachent sous la diversité apparente des phénomènes. Nous n'avons pas besoin qu'on nous démontre l'utilité de la science, nous aimons la science pour elle-même et pour le seul plaisir de savoir[1]. C'est dans les sciences abstraites, et particulièrement dans ce qu'on appelle les mathématiques transcendantes, que l'intelligence de l'homme s'est développée de la manière la plus étendue : cependant l'utilité de ces sciences est peu connue, et il faut même, pour la prouver, une discussion qui n'est pas à la portée de tout le monde; ce n'est donc pas leur utilité qui attire à elles; on ne s'est même occupé de cette utilité que pour répondre à ceux qui voulaient les déprécier comme inutiles[2]. Dans les inventions les plus admirables de la mécanique, ce qui nous émeut, ce qui nous étonne et nous charme, c'est moins l'utilité ou le but de la machine que l'appropriation des moyens à la fin, et par conséquent le problème intellectuel que l'esprit a résolu. Adam Smith a bien fait ressortir cette vérité : « Une montre qui retarde de deux minutes par jour est méprisée de celui qui est curieux d'horlogerie; il la vendra peut-être deux guinées, et en achètera cinquante guinées une autre qui ne retardera que d'une minute en quinze jours.... Cette personne n'en sera pas plus exacte pour cela, ni plus occupée de savoir précisément l'heure qu'il est. Elle s'intéresse donc beaucoup moins au but de la montre qu'à la perfection des moyens destinés à atteindre ce but[3]. »

« Quand nous parlons du désir de la connaissance, dit Thomas Reid, nous ne bornons pas son influence aux

---

1. Virg., *Géorg.*, II, 490.
2. Adam Smith, *Théorie des sentiments moraux*, partie IV, chap. II.
3. *Théorie des sentiments moraux*, partie IV, ch. I.

études du philosophe, elle se trahit de mille autres manières. Tel veut savoir tous les propos du village.... Quand les hommes s'inquiètent et se tourmentent pour connaître des choses qui n'ont ni importance, ni utilité pour eux ou pour les autres, c'est une frivole et vaine curiosité ; mais on reconnaît là encore la fausse direction d'un principe naturel, et même on en voit mieux la force que quand il s'attache à des objets dignes d'être connus [1]. »

On trouve une preuve touchante du pur amour de la science dans ces dernières paroles de notre illustre contemporain Augustin Thierry. Devenu aveugle au milieu de ses travaux, il se consolait, par la méditation, de la perte de ses yeux, et il avait fait, comme il le disait lui-même, *amitié avec les ténèbres.* « Avec l'étude, ajoutait-il, on traverse les mauvais jours sans en sentir le poids ; on se fait à soi-même sa destinée, on use noblement sa vie. Voilà ce que j'ai fait et ce que je ferais encore, si j'avais à recommencer ma route : je prendrais celle qui m'a conduit où je suis. Aveugle et souffrant sans espoir et presque sans relâche, je puis rendre ce témoignage, qui de ma part ne sera pas suspect : il y a au monde quelque chose qui vaut mieux que les jouissances matérielles, mieux que la fortune, mieux que la santé elle-même : c'est le dévouement à la science [2]. »

Nous aimons à voir, à toucher le vrai, le réel, et nous aimons aussi à rêver dans le vague espace du possible. C'est là le domaine de la poésie. Nous cherchons l'explication de tous les mystères, et nous goûtons aussi les mystères inexplicables. Peut-être même ces derniers piquent-ils davantage la curiosité de l'esprit. La poésie a donc, comme la science, sa racine dans l'intelligence humaine.

---

1. *OEuvres complètes*, trad. franç., t. VI, p. 44.
2. *Dix ans d'études historiques*, préface.

« Le merveilleux nous séduit; ce qui le prouve, c'est que tous ceux qui racontent chargent leur récit pour plaire[1]. »

Nous ne nous arrêterons pas à raconter la superstition et la poétique crédulité des peuples barbares; nous ferons seulement remarquer le goût qu'on avait encore pour les miracles vers la fin de la civilisation antique, au commencement de la civilisation moderne, dans le premier et le second siècle après Jésus-Christ. Apollonius de Tyanes n'est que le plus célèbre des thaumaturges qui remplissaient alors le monde. Apulée fut sérieusement accusé de magie et de sorcellerie. Les vies des grands hommes, écrites dans le même temps par Plutarque, fourmillent de miracles. Voici les plus remarquables de ceux qui ornent la vie d'Alexandre. Olympias conçut Alexandre de Jupiter Ammon, qui la visita sous la forme d'un dragon. Philippe, observant le dieu à travers la porte, fut ébloui et eut un œil aveuglé. Une statue d'Orphée, faite de bois de cyprès, se couvrit de sueur au moment du départ d'Alexandre pour l'Asie. Après le passage du Granique, une fontaine, près de la ville de Xanthus, en Lycie, se détourna de son cours sans aucune cause visible, et jeta, du fond de ses eaux, une table de cuivre sur laquelle étaient gravés d'anciens caractères, exprimant que l'empire des Perses allait bientôt finir et qu'il serait détruit par les Grecs. La mer se retira devant le roi, pour le laisser passer à pied sec sur un golfe de la Pamphylie. Lorsqu'il se dirigea vers le temple de Jupiter Ammon, le dieu fit tomber des pluies abondantes, qui apaisèrent la soif des soldats, et comme les bornes qui servaient d'indices aux guides étaient confondues, il parut une nuée de corbeaux, qui se mit à la tête de l'armée, qui l'attendait quand elle

---

1. Aristote, *Poétique*, XXIV, Τὸ δὲ θαυμαστὸν ἡδύ.

s'arrêtait, et qui, la nuit, l'appelait par ses cris et l'empêchait de s'égarer. A la bataille d'Arbelles, Alexandre éleva sa main droite vers le ciel et pria les dieux de donner la victoire aux Grecs, s'il était le fils de Jupiter Ammon. Le devin Aristandre, qui était à cheval auprès du roi, fit remarquer aux soldats un aigle qui planait au-dessus de la tête du héros et dont le vol se dirigeait contre l'ennemi. Pour pénétrer en Perse, le roi fut conduit par un guide qui parlait la langue des deux pays, et qui lui avait été prédit par la Pythie quand il était encore enfant. Lorsque après son expédition dans l'Inde il voulut rentrer à Babylone, Néarque, nouvellement arrivé de la grande mer par l'Euphrate, lui dit que les bergers de la Chaldée étaient venus annoncer qu'Alexandre périrait s'il entrait dans la ville, et un jour, au moment où ce prince, après avoir joué à la paume, voulut reprendre ses habits, il vit un homme assis sur le siége du roi, vêtu de la robe royale et la tête ceinte du diadème. Cet homme garda longtemps le silence; il finit par dire qu'il était venu là par l'ordre de Sérapis et disparut. Alexandre tomba dans une profonde tristesse et se défia dès lors de la protection des dieux.

Si Plutarque avait dit que tous les prétendus prodiges sont le fruit de l'imagination, il n'aurait satisfait que le côté philosophique ou scientifique de notre esprit; mais il affirme qu'ils peuvent être l'œuvre merveilleuse de la puissance divine[1], et il flatte ainsi le côté poétique de notre âme, il rouvre la carrière de la conjecture; il nous donne l'occasion de chercher. Au lieu de nous enfermer dans le cercle borné de la science, il nous lance dans le champ des suppositions poétiques, qui s'étend à l'infini.

Le moyen âge a été aussi épris du merveilleux que

---

1. Trad. de Ricard, édit. 1832, t. III, p. 231.

l'antiquité elle-même; bien plus, la renaissance des lettres et de la philosophie au seizième siècle n'éteignit pas le goût de l'astrologie et la croyance à l'intervention du démon et de Dieu même dans les aventures les plus frivoles[1].

L'amour du merveilleux subsista au milieu des lumières du dix-septième et du dix-huitième siècle. On en trouve une preuve, entre autres, dans un mémoire sur la vie de Pascal, écrit par sa nièce. Parmi les pauvres femmes à qui la mère du géomètre avait l'habitude de donner l'aumône, il y en avait une qui passait pour sorcière. La mère de Pascal, qui n'était point crédule, se moqua longtemps de ce bruit; mais son fils, encore en très-bas âge, tomba dans une maladie de langueur, accompagnée d'une grande aversion pour l'eau et d'une jalousie singulière : il ne pouvait souffrir de voir son père et sa mère s'embrasser, ni même rester l'un près de l'autre. Cette maladie durait depuis plus d'une année; on assura aux parents qu'un sort avait été jeté sur l'enfant par la sorcière. Le père, homme savant, grave et pieux sans superstition, fit venir cette femme pour aviser aux moyens d'étouffer les bruits qui couraient sur elle. Il fut fort surpris de la voir tomber à ses genoux et lui avouer que, l'ayant autrefois prié en vain de solliciter pour elle un procès, elle avait jeté un sort sur l'enfant pour se venger. Elle ajouta que ce sort pouvait être transporté sur la tête d'un animal qui en mourrait, et elle se fit livrer un chat, qui en effet mourut d'une manière extraordinaire. Elle ordonna d'appliquer sur les intestins du malade un médicament formé de neuf sortes d'herbes, cueillies avant le lever du soleil par un enfant qui n'eût pas sept ans. Le père de Pascal se prêta

---

1. Voy. entre autres *Vie de Benvenuto Cellini*, trad. franç., p. 183, 350, 360.

aux volontés de la sorcière. Le malade, après avoir paru tout à fait mort, ressuscita pour ainsi dire à l'heure prédite par la devineresse, guéri de sa haine pour l'eau et de sa jalousie pour les caresses mutuelles de son père et de sa mère. L'auteur du récit observe que le père, aveuglé par sa tendresse pour son fils, ne fit pas attention alors que tout cela ne pouvait se faire que par des invocations au démon, et que cette pensée lui vint dans l'esprit longtemps après, et avec elle le repentir d'avoir causé ce scandale [1].

Ce récit contient des détails très-précis et très-nombreux qui lui donnent l'air de la bonne foi et de la vérité; il nous surprend, nous intéresse et nous amuse parce qu'il flatte le côté poétique de l'intelligence humaine. David Hume, l'un des esprits les plus nets et les plus fermes des temps modernes, s'exprime ainsi sur notre amour du surnaturel : « On nous affirme un événement dont le merveilleux va jusqu'à l'absurdité : nous n'en serons que mieux disposés à l'admettre par la raison même qui devrait nous le faire rejeter. La passion pour le merveilleux étant une émotion agréable, nous dispose à croire les miracles; et ceux mêmes qui ne les croient pas et qui ne peuvent goûter le plaisir de cette croyance, se plaisent à en prouver le contre-coup en s'amusant à les faire croire aux autres. Avec quel empressement ne reçoit-on pas les relations surprenantes des voyageurs, leurs descriptions de monstres terrestres et marins, etc. [2] »

J. J. Rousseau se fait remarquer par les deux inclinations opposées de l'intelligence : d'un côté, il a le goût de la science et de la clarté : il enchaîne une longue suite de conséquences avec l'art d'un habile logicien; et

---

1. Rapport de M. Cousin à l'Académie française sur les pensées de Pascal, 1re édition, p. 390-394.
2. OEuvres philosophiques, trad. franç., t. II, p. 27.

de l'autre, il se plaît aux hypothèses ; il prend ses principes dans le domaine de l'imagination, il aime et il crée des fictions. On se rappelle cette histoire de sa superstitieuse enfance. « La peur de l'enfer, raconte-t-il, m'agitait souvent... Je me dis ; Je vais jeter cette pierre contre l'arbre qui est vis-à-vis de moi ; si je le touche, signe de salut ; si je le manque, signe de damnation. Tout en disant ainsi, je jette ma pierre d'une main tremblante et avec un horrible battement de cœur, mais si heureument qu'elle va frapper au beau milieu de l'arbre, ce qui véritablement n'était pas difficile, car j'avais eu soin de le choisir fort gros et fort près. Depuis lors, je n'ai plus douté de mon salut[1]. »

Nous ne sommes pas aujourd'hui plus exclusivement raisonnables que ne l'était Rousseau, c'est-à-dire que nous avons comme lui un esprit de superstition, une disposition à rechercher les choses extraordinaires, une porte ouverte sur le champ du possible. « Byron, dit l'auteur des mémoires sur sa vie, croit sincèrement aux visions surnaturelles, car sa physionomie prend une expression grave et mystérieuse, quand il aborde un sujet de cette nature. Il m'a raconté avec le sang-froid de la conviction, que le spectre de M. Shelley était apparu dans un jardin. Les hommes les plus savants, les plus habiles logiciens ont quelquefois donné dans la superstition, témoin Johnson... La superstition ne se bornait pas chez Byron aux revenants ; il croyait aux bons et aux mauvais jours, répugnait à rien entreprendre le vendredi, à voir **renverser la salière**, tomber le pain ou casser un miroir[2]. »

Notre intelligence, comme nous l'avons dit et comme on le verra mieux plus loin, accomplit deux actes diffé-

---

1. *OEuvres complètes*, édit. 1822, t. I, p. 425.
2. *Mémoires sur la vie de lord Byron*, par la comtesse de Blessington.

rents, dont l'un est de connaître et l'autre de croire. C'est un plaisir pour nous de déployer ces deux forces intellectuelles. Le besoin de connaître engendre les sciences; le plaisir de croire produit la poésie. Il ne faut donc pas craindre que la poésie s'exile de la terre; elle est une hôte naturelle de notre âme. Les deux faces de la beauté intelligible sont le vrai et le merveilleux; d'un côté la science, de l'autre la fiction; les serviteurs de cette double beauté sont, aux différents âges de l'histoire, Thalès et Homère, Socrate et Sophocle, Euclide et Théocrite, Galilée et le Tasse, Descartes et Corneille, Bacon et Shakspeare, Cuvier et Byron.

Entre la science et la poésie se place l'éloquence. Elle emprunte son éclat tantôt de la vérité, tantôt de la fiction; elle est une logique et une science des passions chez Démosthènes; elle est une poésie et une croyance chez Bossuet.

§ 3. L'amour du beau proprement dit ou du beau sensible. — Caractère de ce genre de beauté.

Le mot de beauté a une acception générale, qui s'étend au bien moral, au vrai, au merveilleux et à certains objets sensibles dont nous devons indiquer la nature. Le bien moral constitue la beauté morale; le vrai et le merveilleux forment la beauté intellectuelle; la beauté sensible se trouve dans les objets corporels qui sont comme les emblèmes d'un bon emploi de l'intelligence, ou d'un bon sentiment de l'âme, et qui aussi reflètent pour ainsi dire le beau intellectuel ou le beau moral.

Quel est le caractère commun de ces différentes beautés? C'est de s'adresser à l'esprit et non aux sens : ce qui flatte les sens peut être agréable; il n'y a de beau que ce qui flatte l'esprit. Le beau moral ou le bien fait goûter les plaisirs de la conscience; le beau intellectuel ou le vrai et le merveilleux, ne charment que l'intelligence; enfin les objets perceptibles aux sens ne sont beaux que si par les pensées ou les sentiments qu'ils expriment, ils causent quelque plaisir non dans les sens, mais dans l'âme.

Le beau sensible est donc un objet corporel, mais qui n'a pas pour effet de satisfaire les besoins du corps. Les odeurs et les saveurs sont destinées à exciter l'appétit, elles sont bonnes ou agréables, elles ne sont pas belles. La plupart des qualités saisies par le toucher et par la faculté motrice, sont dans le même cas : le chaud et le froid, le sec et l'humide, la dureté et la mollesse n'ont aucun caractère de beauté. Il est rare que le toucher dépourvu du secours de la vue, saisisse une étendue assez vaste ou une forme assez développée pour qu'elle paraisse belle. C'est à la vue et à l'ouïe qu'est réservé l'avantage de nous faire saisir et goûter la beauté sensible.

Les éléments de la beauté sensible sont la grandeur, la forme, la couleur, le mouvement et le son. Ces éléments peuvent être agréables, sans être beaux : dans ce cas ils touchent les sens; ils ne deviennent beaux que s'ils transportent le plaisir dans la sphère de l'esprit.

En traitant des facultés intellectuelles, nous ferons voir que la couleur, la forme et le son peuvent être l'objet d'une conception idéale qui diffère des conceptions de la mémoire, et que l'idéal surpasse le réel en beauté. Mais la beauté de l'idéal ne réside que dans les pensées et les sentiments qu'il exprime.

§ 4. Le beau n'est pas l'utile.

L'amour du beau est donc l'amour de ce qui flatte l'âme et non les sens; il est sous ce rapport l'opposé de l'amour de l'utile. L'utile s'adresse au corps; le beau ne s'adresse qu'à l'esprit. Dans les mémoires de Xénophon, Socrate paraît un instant ramener le beau à l'utile. « Le bouclier, dit-il, est beau quand il pare les coups; le javelot est beau quand il est lancé vite et loin. — Tu confonds, répond Aristippe, le beau et le bon. — Tout ce qui est beau est bon sous le même rapport, reprend Socrate. La vertu est à la fois belle et bonne pour la même fin. Un homme est dit, sous le même rapport, bel et bon Καλὸς κἀγαθός. Toutes les choses qui servent aux hommes, sont à la fois belles et bonnes, en tant qu'elles sont d'un bon usage. — Un panier à fumier est donc beau? — Oui, s'il est bien approprié à sa fin, comme un bouclier d'or est laid, s'il n'est pas approprié à la sienne. — Une même chose peut donc être belle et laide?— Oui, et bonne et mauvaise. Ce qui est bon pour la faim est mauvais pour la fièvre, etc. Les choses sont belles et bonnes, lorsqu'elles conviennent à l'usage auquel elles sont destinées. La commodité d'une maison en constitue la beauté véritable. Il faut que le soleil y entre pendant l'hiver et passe par-dessus pendant l'été... Quant aux peintures et aux ornements, ils ôtent plus de plaisirs qu'ils n'en donnent. Les cuirasses bien ajustées pèsent moins sur le corps que celles qui ne le sont pas; ceux qui achètent des cuirasses diversement travaillées et dorées, mais allant mal, me paraissent avoir acheté une incommodité ciselée et dorée[1]. »

Dans le Banquet, Xénophon fait encore dire à Socrate : « Pour quel usage avons-nous des yeux? — Pour voir. — Les miens sont donc plus beaux que les tiens. — Comment cela? — Parce que les tiens ne voient qu'en ligne droite et que les miens, qui sont à fleur de tête, voient de tous les côtés; et quant au nez, le tien ne saisit que les odeurs qui viennent de la terre, le mien aspire

---

1. *Mémoires*, livre III, chap. VIII et X, § 9.

celles qui se répandent de toutes parts[1]. » Mais comme à la fin du Banquet Xénophon fait condamner Socrate par les convives, on peut croire que Socrate ne prenait pas au sérieux la doctrine qui identifie le beau et l'utile. L'utilité a certainement son genre de beauté; car elle est un exemple de l'appropriation des moyens à la fin et une preuve d'un bon emploi de l'intelligence. Sous ce rapport, le panier à fumier lui-même peut avoir sa beauté. La faute serait de renfermer la beauté exclusivement dans l'utilité. Aussi voyons-nous par d'autres passages des Mémoires de Xénophon, que son incomparable maître avait bien compris que la beauté sensible réside dans l'expression des qualités intellectuelles et morales. « Il alla voir Parrhasius le peintre, et lui dit : « Imites-tu aussi ce qu'il y a dans les âmes de plus séduisant, de plus propre à exciter l'amitié, l'amour, ou cela est-il inimitable ? — Comment imiter, Socrate, ce qui n'a ni dimension, ni couleur; ce qui est tout à fait invisible ? — Mais la bienveillance et la haine ne se peignent-elles pas dans le regard ? — Oui. — Tu peux donc les représenter l'une et l'autre dans les yeux. Ceux qui sentent de la sympathie pour le bonheur ou le malheur de leurs amis, te paraissent-ils avoir le même visage que ceux qui restent indifférents ? — Non vraiment, le visage des premiers est radieux ou sombre ? — Cela peut donc aussi se représenter ? — Sans contredit. — Et encore la magnanimité et l'indépendance, la bassesse et la servilité, la modération et la prudence ou la violence et la grossièreté, tout cela se manifeste sur le visage et dans l'extérieur, soit pendant le repos, soit pendant le mouvement. — Tu dis vrai, Socrate. — Tout cela peut donc s'imiter ? — J'en conviens. — Et que nous est-il plus agréable de contempler ? Est-ce l'expression des mœurs

---

1. *Banquet*, chap. v, § 3.

honnêtes et aimables ou celle des mœurs honteuses et détestables? — Il y a une grande différence, Socrate[1]. » Le philosophe entre une autre fois chez Cliton le statuaire et lui démontre que l'artiste doit exprimer par la forme extérieure les actes intérieurs de l'âme.

Le plaisir que nous goûtons à voir l'âme se manifester ainsi à travers l'enveloppe corporelle, ne peut être rapporté à l'amour de l'utilité. Un poëte allemand a bien exprimé le désintéressement de l'amour de la beauté, lorsqu'à l'aspect de la sainte Cécile peinte par Raphaël, il s'est écrié que, dût-on être soi-même anéanti, on n'en souhaiterait pas moins l'éternelle durée de ce chef-d'œuvre[2]. Si nous n'étions occupés que de l'utile, nos actions seraient tout autres. Pourquoi l'homme, qui se bâtit une maison, s'efforce-t-il de donner aux appuis de son toit la forme régulière d'un prisme ou d'un cylindre? Pourquoi taillez-vous le papier sur lequel vous écrivez, avec la règle et l'équerre? Tous ces objets nous seraient-ils d'un moins bon usage, quand leur figure serait moins symétrique? L'enfant lui-même s'émeut à la vue d'une beauté inutile : il admire les ciselures d'un vase, le chapiteau d'une colonne; il accueille d'une manière très-différente l'objet qui flatte son appétit et celui qui s'adresse à son goût intellectuel. Dans ce dernier cas sa joie est plus sereine et plus expansive; il appelle tous ceux qu'il aime, pour qu'ils jouissent de son bonheur; il ne craint pas ici de faire partager son plaisir[3]. L'amour de l'utilité est égoïste et solitaire; l'amour du beau est désintéressé et sociable; il recherche la sympathie, il s'augmente en se partageant.

---

1. *Mémoires*, livre III, chap. x, § 1.
2. Goethe, *Mémoires sur sa vie*.
3. Mme de Saussure, *Éducation progressive*, ou *Étude du cours de la vie*.

§ 5. Théorie de Platon sur le beau.

Platon consacre le dialogue que l'on a appelé le grand Hippias à examiner la nature de la beauté. Il cherche une beauté absolue et immuable, et il dit que cette beauté ne réside ni dans une belle femme, parce que celle-ci est laide en comparaison d'une déesse; ni dans un métal brillant tel que l'or, parce que si l'or est beau pour représenter la tunique de Minerve, il ne l'est pas pour en représenter les yeux, le visage, les pieds ou les mains; ni dans les richesses, la santé, la considération, ou une belle mort après une vie bien remplie, parce que toutes ces choses ne seraient pas belles si on voulait les approprier aux dieux; ni dans la convenance, parce la convenance fait quelquefois paraître belles des choses qui ne le sont pas; ni dans l'utile, car ce qui est utile pour le mal n'est pas beau; ni dans les plaisirs de la vue ou de l'ouïe, puisque les institutions et les lois sont belles sans flatter l'ouïe ou la vue; ni enfin dans un beau discours, parce que pour savoir en quoi consiste un beau discours, il faut connaître le beau en lui-même, ce qui fait un cercle vicieux. Platon finit par conclure que le problème de la beauté est difficile[1], et il n'en donne pas la solution.

Nous nous expliquerons plus loin sur la théorie de Platon qui suppose aux qualités abstraites et générales une existence extérieure et indépendante des objets concrets. Nous nous bornerons ici à faire remarquer qu'il y a de la beauté dans chacun des exemples successivement rejetés par Platon, dans une belle femme, dans un métal brillant, dans la gloire, dans une belle mort, dans

---

1. Χαλεπὰ τὰ καλά. *Le grand Hippias*, édit. H. E., t. III, p. 287-295.

l'utilité, dans les choses qui plaisent à la vue et à l'ouïe, dans les institutions et les lois, dans l'éloquence; mais que la beauté ne réside pas tout entière dans un seul de ces exemples, et que c'est pour cela qu'on ne peut pas dire, le beau est une belle femme, un beau métal, une belle loi, etc. Ce qu'on doit chercher, ce n'est pas une beauté qui existe en dehors des choses belles, mais un caractère commun qui fasse que toutes ces choses sont belles. Nous avons essayé de montrer que ce caractère commun c'est de charmer l'esprit et non les sens : telle a été en effet la propriété de la beauté morale, et intellectuelle et même de la beauté sensible qui passe par l'ouïe et la vue mais pour aller jusqu'à l'esprit.

§ 6. Théorie de Plotin.

Plotin, qu'on peut regarder comme le fondateur de l'école néo-platonicienne d'Alexandrie, a bien vu la nature immatérielle de la beauté. Être corps et être beau, dit-il, sont deux choses différentes, qui peuvent se séparer l'une de l'autre, tandis que la beauté est inséparable de la science et de la vertu, qui sont les qualités de l'âme immatérielle c'est-à-dire simple ou une. L'âme étant d'une nature supérieure à tous les autres êtres, se réjouit et tombe en extase lorsqu'elle aperçoit au dehors des êtres identiques ou au moins analogues à son essence. Les choses extérieures empruntent leur beauté des choses intérieures.

Mais Plotin a tort de croire que les choses intérieures sont belles, non comme qualités intellectuelles ou morales, mais comme éléments d'un principe simple et un. Il est entraîné ainsi à ne voir la beauté que dans l'unité et à placer l'unité où elle n'est pas. Pour Plotin la lumière du soleil est belle parce qu'elle est simple; il en est de même des feux scintillants de la nuit ; il en est de même de l'or, des sons élémentaires, de la forme, que ce philosophe regarde aussi comme une chose indivisible. La couleur, dit-il, est belle, parce qu'elle est un principe incorporel, un esprit, une forme, qui maîtrise le principe ténébreux de la matière. Le feu est supérieur en beauté à tous les autres corps, parce qu'il est le plus subtil de tous ; il se rapproche le plus des êtres incorporels, parce qu'il rejette tous les autres corps, tandis que tous les autres le reçoivent. L'âme ne devient laide que par les plaisirs corporels, c'est-à-dire par un mélange avec le corps ; la laideur chez elle est l'addition d'une substance étrangère, ou la perte de la pureté et de la simplicité. La laideur pour l'or vient de son mélange avec d'autres substances. La grandeur d'âme n'est-elle pas le mépris des choses d'ici-bas ? La méditation n'est-elle pas l'intelligence se détachant de tous les objets de la terre et s'élevant jusqu'aux cieux ? L'âme ainsi purifiée devient une figure, un verbe, un être incorporel, une intelligence, une émanation de la Divinité, source unique de la beauté ! Pour l'âme le bien et le beau, c'est de se rendre semblable à Dieu. Au premier rang de la beauté est donc le beau identifié avec le bien, c'est-à-dire l'être suprême ; au second rang l'intelligence, qui dérive de lui et qui fait la beauté de l'âme ; au troisième les beautés corporelles, qui sont elles-mêmes enfantées par l'intelligence. Afin d'arriver à la source du beau, il faut nous purifier et chercher à nous mettre face à face avec la Divinité. Le moyen d'apercevoir cette beauté ineffable, c'est de nous abstenir de tout regard vers les choses de ce monde, c'est de ne jamais tourner les yeux vers les substances corporelles. Ne nous arrêtons point aux beautés terrestres, qui ne sont que des images, des ombres ; élevons-nous vers la beauté qui en est le type original. Au lieu d'ouvrir nos yeux, fermons-les, pour éveiller en nous cette faculté intérieure que tous possèdent, mais dont si peu connaissent l'usage. Cette faculté ne peut contempler du premier coup les beautés trop éclatantes ; il faut l'habituer à considérer d'abord les sentiments moraux, puis les actes des gens de bien, puis les âmes de ceux qui ont accompli ces actes, et pour cela rentrer en soi-même, et si l'on n'y trouve pas le caractère de la beauté, épurer son âme jusqu'à ce que la lumière de la vertu y éclate. Si l'on parvient à n'être plus qu'une pure lumière sans forme et sans limites, un pur regard, c'est alors qu'on peut contempler la beauté. L'âme ne reconnaît point le beau, si d'abord elle ne devient belle. Que chacun de nous devienne beau et presque divin, s'il veut apercevoir la beauté et la divinité[1].

Il y aurait peu de chose à changer peut-être dans la doctrine de Plotin pour la rendre conforme à la vérité. Si, comme nous avons essayé de le montrer, la beauté réside dans l'intelligence et la vertu, et dans le symbole sensible de ces deux qualités de l'âme, Dieu qui est la sainteté, et la raison suprême, est par cela même la suprême beauté ; au second rang est la raison humaine, sous sa double forme d'intelligence et de vertu, au troisième les choses sensibles ou les symboles de la raison divine ou humaine. L'âme, en devenant de plus en plus raisonnable, se détache des choses terrestres, devient de plus en plus belle et de mieux en mieux disposée à goûter l'intelligence et la vertu ; et, sous ce rapport, il est vrai de dire qu'il faut être beau soi-même pour aimer la beauté. Mais on se laisse tromper par des métaphores si on croit que l'âme en suivant la raison devienne plus une et qu'en suivant le corps elle perde son unité. La simplicité de l'âme est un bien qu'elle ne peut perdre, alors même qu'elle laisse affaiblir son intelligence et sa vertu. Ce qui est beau dans l'âme, ce n'est donc pas l'unité, c'est la

---

1. *Sur le beau*, passim.

vertu et l'intelligence. L'unité peut se trouver dans les éléments de la matière : Leibniz compose celle-ci de monades aussi simples que l'âme elle-même; cette simplicité ne suffit pas pour leur conférer la beauté, parce qu'elle ne suffit pas pour leur donner les qualités intellectuelles et morales. Si l'on nie que les éléments de la matière soient simples, on ne pourra pas le nier au moins de l'unité mathématique. Or, qui peut dire que cette unité contienne toute la beauté en elle seule ? L'âme est une, parce qu'elle est raisonnable et que la raison ne peut résider que dans un principe simple, mais elle n'est pas raisonnable, parce qu'elle est une. Il ne faut pas croire que tout ce qui est un et simple devienne par cela même intelligent et moral. Ce n'est pas, quoi qu'en dise Plotin, l'unité qui fonde la beauté de l'or, du son, de la figure, de la couleur, du feu et de la lumière, car ces choses ne sont ni indivisibles ni incorporelles; c'est l'intelligence ou la qualité morale dont elles présentent l'expression. Plotin voit bien que la beauté extérieure et corporelle vient de la beauté intérieure et incorporelle, mais de ce que cette beauté incorporelle appartient à l'âme, qui est simple, il a tort de conclure qu'il n'y a pas d'autre beauté que l'unité ; car il y a des choses simples qui ne sont pas belles. Ce détachement des choses terrestres que le philosophe Alexandrin conseille à notre âme, cette ascension vers la Divinité donne de la beauté à l'âme, non parce qu'elle la rend plus une, mais parce qu'elle la rend plus raisonnable c'est-à-dire plus capable d'intelligence et de vertu.

§ 7. Théorie des Cartésiens.

Descartes n'a pas fait un traité de la beauté; il n'a pris ce mot que dans le sens de la beauté sensible, et l'on voit par quelques phrases de son *Traité des passions*, de son *Abrégé de la musique* et de ses *Lettres*, qu'il faisait consister cette beauté dans la régularité, la proportion et l'expression. Il dit qu'un objet visible n'est beau que si ses parties sont entre elles en proportion arithmétique, en d'autres termes, s'il n'est pas trop compliqué et qu'il renferme la variété qui est agréable en toutes choses; que la beauté d'une œuvre d'art ne consiste pas dans le mérite de la difficulté vaincue, que la fin de la musique est de plaire et d'émouvoir et que ses moyens sont le rhythme, l'intonation et le pouvoir naturel que possèdent les sons d'exciter les divers sentiments de notre âme[1]. La théorie de Descartes sur la beauté sensible nous paraît excellente et ne demande que plus de développements.

Deux philosophes de l'école Cartésienne, Hutcheson et le père André, ont publié, l'un en 1725, l'autre en 1741, un traité sur le beau, où ils prennent ce mot dans toutes les acceptions qu'il peut recevoir. Le premier fait remarquer, que nous apercevons la beauté des objets sensibles avant de découvrir leur utilité, que la beauté n'est pas seulement l'objet des sens extérieurs, puisque nous la trouvons dans les théorèmes de géométrie, dans les vérités universelles et dans les causes générales; que la beauté est, 1° originale ou absolue, 2° comparative ou relative; la première étant considérée dans l'objet, abstraction faite de toute autre, la seconde étant une beauté d'imitation[2].

La beauté absolue des formes corporelles est constituée, suivant Hutcheson, par l'accord de l'unité et de la variété, de telle sorte que dans deux objets où l'une des deux qualités est égale, la beauté est en raison directe du degré de l'autre qualité. Il rattache à la même loi la

---

1. *OEuvres philosophiques*, édit. Ad. G., p. CIV, CV.
2. *Recherches sur l'origine de nos idées de beauté et de vertu*, traité I, sect. I, § 6, 11 et 16; et sect. II, § 4.

beauté que nous présentent le mouvement et la forme des corps célestes, les lois du monde physique, et même les théorèmes de géométrie, qui contiennent sous une seule forme générale une multitude de vérités particulières. Quant à cette beauté supérieure qui brille dans l'attitude du corps, le geste et le visage de l'homme, il croit comme nous qu'elle vient des qualités morales, dont elle est l'expression. Il pense que quelques-uns des dissentiments du goût sur la beauté sensible viennent de la différence des objets de notre estime morale; que le guerrier admire davantage une figure martiale, le prêtre un visage où respire la piété ; il remarque que l'amour donne à la physionomie une expression particulière et que l'amant est véritablement plus beau pour la personne qu'il aime que pour celle qui le laisse indifférent[1].

La beauté relative ou comparative lui paraît résulter d'une sorte d'unité entre la copie et l'original, et il n'est pas nécessaire, dit-il, que l'original lui-même soit beau, car on se plaît au portrait fidèle de la vieillesse, à la description pittoresque d'un site horrible. La beauté des harmonies de la nature vient aussi, suivant le philosophe écossais, de l'appropriation des moyens à la fin et par conséquent d'une sorte d'unité entre l'exécution et l'intention, entre l'œuvre et le plan[2].

La théorie de Plotin renfermait la beauté dans l'unité considérée comme attribut de l'âme; la théorie d'Hutcheson tend à limiter la beauté dans l'unité considérée comme œuvre de l'intelligence. Hutcheson reconnaît cependant que nous estimons naturellement la pénétration du jugement, la sûreté de la mémoire, la promptitude de l'invention[3]; et en effet tout cela fait partie de

---

1. *Recherches*, etc., traité I, section II, § 1-13; section III, § 1, 7. Traité II, section VI, § 3-9.
2. *Ibid.*, traité I, section IV, § 1-6; section V, § 1-21.
3. *Ibid.*, traité II, section III, § 10.

la beauté intellectuelle. Il savait donc que l'intelligence nous paraît belle par elle-même et il n'avait pas besoin d'en expliquer la beauté par l'unité, qui n'est que l'un des effets de l'intelligence.

Le philosophe n'a pas non plus méconnu la beauté morale; il consacre tout le second traité de son ouvrage à prouver l'existence du désintéressement et de la vertu, et il place avec raison la beauté morale dans l'intention plutôt que dans l'action elle-même [1]. Hutcheson a donc reconnu les trois genres de beauté, quoique dans la beauté sensible et intellectuelle, il se soit presque entièrement arrêté à l'unité.

Nous avons à lui reprocher aussi d'avoir dit que la beauté n'est pas une qualité des objets, mais une idée suscitée dans l'esprit, de même que, suivant lui, le chaud et le froid, l'amertume et la douceur, ne sont pas des qualités, mais de pures sensations [2]. Nous verrons plus loin que le chaud et le froid, l'amertume et la douceur sont dans les objets; il en est de même de la beauté. Il ne faut pas confondre la qualité de l'objet avec le plaisir et l'amour qu'elle suscite dans notre âme; le plaisir vient de la beauté et non la beauté du plaisir. Par exemple, si l'accord de l'unité et de la variété nous paraît beau comme expression de l'intelligence qui y préside, le mot de beau s'applique ici à l'œuvre de l'intelligence et non au plaisir ou à l'amour excités par cette œuvre. Malgré les taches que nous venons de montrer dans la théorie d'Hutcheson, nous le regardons cependant comme un des philosophes qui aient répandu le plus de lumière sur la question de la beauté : il a mieux que tout autre démontré l'indépendance et l'universalité du sentiment de la beauté; il a fait remarquer que personne ne préfère sans

---

1. *Recherches*, etc., traité II, section III, § 1; section VI, § 3-9.
2. *Ibid.*, traité I, section I, § 9 et 16.

nécessité pour le plan de sa maison le trapèze au carré ; que les beautés de l'histoire sont généralement goûtées et qu'elles tiennent soit aux qualités morales des caractères, soit à l'unité qui préside à toute une longue suite d'actions. Il ajoute que l'éducation ne saurait donner le sentiment de la beauté à celui qui ne l'a pas naturellement ; enfin, recherchant la cause finale de l'amour de la beauté, l'auteur observe que les axiomes généraux sont plus faciles à retenir, qu'il en est de même des objets réguliers, et que Dieu, en agissant par des lois générales et en nous les faisant trouver belles, contribue à nos plaisirs en même temps qu'il nous permet d'établir des prévisions et de travailler ainsi sûrement à notre bonheur[1].

Le père André reconnaît, comme nous l'avons fait, trois espèces de beautés : la beauté sensible, la beauté intellectuelle ou spirituelle et la beauté morale. Dans chacune de ces trois espèces il introduit trois degrés, qui sont le beau essentiel, le beau naturel et le beau arbitraire. Le premier lui paraît éternel et indépendant même de Dieu ; le second, d'institution divine, et le troisième, d'institution humaine. Il serait trop long de reprendre ici tous les exemples qu'il a cités et de montrer, d'une part, que ce qu'il appelle le beau arbitraire a ses raisons naturelles ; de l'autre, que ce qu'il nomme le beau essentiel ne peut se passer de Dieu, soit pour être créé, soit pour nous y rendre sensibles, et se confond ainsi avec le beau naturel. Nous aurions aussi à soutenir contre le père André, comme nous l'avons fait contre Plotin et contre Hutcheson, que la beauté ne peut pas se ramener à l'unité, et à montrer les vains efforts que tente le philosophe français pour faire rentrer dans l'unité la beauté morale. Nous nous contenterons, pour indiquer combien le jugement

---

1. *Recherches*, etc., traité II, section VI, § 1-12 ; section VII § 1-5 ; section VIII, § 1-4.

d'un homme sensé peut être égaré par les habitudes et les préjugés de son temps, de remarquer que l'auteur regarde le droit d'aînesse comme étant de l'ordre du beau naturel et par conséquent d'institution divine.

§ 8. Theories de Kant et de Hégel.

Nous n'avons pas l'intention de faire une histoire complète des théories sur la beauté, mais de donner une idée des plus importantes; nous dirons donc un mot de celles de Kant et de Hégel. Le premier de ces philosophes ne voit la beauté que dans l'harmonie ou l'accord des moyens à la fin. L'idée de fin, de but, de cause lui paraît une idée produite par l'esprit lui-même et non reçue du dehors ou fournie par le spectacle des objets soumis à nos sens. Si cette idée s'applique facilement, dit-il, aux objets sensibles soumis à notre observation, nous disons que le spectacle est beau; si cette application est rendue difficile par quelque désordre apparent des objets, nous disons que le spectacle est sublime. La beauté et la sublimité n'appartiennent donc pas aux choses extérieures, puisque c'est notre esprit qui leur impose le caractère de l'harmonie, sans que nous puissions affirmer que cette harmonie leur appartienne en effet, et le degré de la beauté ne dépend pas d'une qualité inhérente aux objets, mais de la faculté que nous éprouvons à leur imposer l'idée de fin ou d'harmonie qui est dans notre esprit[1]. Cette théorie est conforme au système général de Kant sur l'intelligence humaine, ainsi que nous le verrons plus loin, nous n'en ferons donc pas ici la critique; nous nous contenterons de reprocher à Kant de n'avoir placé la beauté que dans l'idée de but et de fin, appliquée au spectacle de la nature extérieure, et d'avoir ainsi oublié

---

1. Voy. *Critique du jugement.*

la beauté des œuvres de l'esprit, la beauté de la vertu, et cette partie de la beauté sensible qui consiste dans l'expression des qualités de l'intelligence et du cœur.

Hégel s'attache principalement à donner l'explication de la beauté sensible. Suivant ce philosophe, l'art doit être placé à côté de la religion et de la philosophie, ce sont trois modes différents de manifester Dieu ou la force libre et universelle. L'art représente cette force par des objets sensibles ; il n'en est pas la plus pure expression ; la philosophie qui le manifeste par la pensée est supérieure à l'art, et l'absorbe aujourd'hui. La religion est également au-dessus de l'art, parce qu'elle s'affranchit de la matière et emploie le sentiment. Depuis la réforme, l'esprit s'est retiré de plus en plus dans la méditation intérieure, et l'art a perdu de son importance. La force libre ou la vie est déjà dans la nature inanimée, mais elle apparaît plus encore dans les êtres organisés et surtout dans l'esprit, car si la nature est une œuvre divine, Dieu agit encore mieux dans l'esprit de l'homme. Ce qui fait le mérite des tableaux hollandais, c'est qu'ils expriment la liberté de ce peuple qui a conquis un empire sur les flots. Le héros grec est supérieur au guerrier romain parce qu'il est plus indépendant. Le prince est plus libre que l'homme du peuple : en conséquence, sa vie est plus belle, et c'est pour cela que le théâtre nous en offre le tableau plutôt que l'histoire des gens de basse condition. La mission de l'art est de représenter sous des formes sensibles le développement de la vie, et surtout de l'esprit, d'une force libre qui ne reçoit pas sa détermination du dehors et qui porte en elle-même ses destinées[1].

Sans nous occuper des vues de Hégel sur les rapports de l'esprit de Dieu et de l'esprit de l'homme, c'est-à-dire du fond même de sa philosophie, ce qui serait l'objet

---

1. Voy. *Cours d'Esthétique.*

d'un traité de théologie naturelle, nous nous bornerons à toucher ce qui est présentement de notre sujet. Si la beauté sensible consiste, comme nous l'avons fait voir, dans la manifestation de l'intelligence et des qualités morales, l'intelligence et la vertu étant des manifestations de l'esprit, force libre et indépendante, il semble qu'on pourrait dire avec Hégel que la beauté n'est rien autre chose que la manifestation de la liberté. Mais de même que, comme nous l'avons dit, à propos du système de Plotin, l'esprit n'est pas beau en tant qu'indivisible, mais en tant qu'intelligent et moral, de même ce n'est pas la liberté qui fait la beauté de l'âme, mais l'emploi de cette liberté. L'âme peut se servir de son indépendance pour le bien comme pour le mal ; elle n'est pas moins libre dans le crime et dans l'ignorance volontaire que dans la recherche de la vérité et l'accomplissement du sacrifice ; ce n'est donc pas la liberté qui est belle en elle-même et qui fait la beauté des représentations de l'art, c'est la liberté déployant les qualités intellectuelles et morales.

Il y a dans les traités de Kant et de Hégel d'excellentes observations de détail, dont les artistes feront leur profit ; mais ces observations n'ont aucun rapport avec la thèse générale qu'elles devraient démontrer et développer. Ainsi, lorsque ces philosophes se renferment dans leurs axiomes supérieurs, ils n'en peuvent faire aucune application à la réalité, et lorsqu'ils descendent à des règles applicables, ils sont bien loin de leurs théories suprêmes et quelquefois même ils leur tournent le dos.

En résumé, on distingue trois genres de beauté : la beauté morale, la beauté intellectuelle et la beauté sensible. Il doit y avoir une essence générale qui leur confère à toutes trois le nom de beauté, car, où il n'y a qu'un nom, il n'y a qu'une seule chose. Nous ne dirons pas avec Plotin que l'essence du beau soit l'unité, car il y a des unités qui ne sont pas belles ; ni avec Hégel que ce soit l'expression de la force libre, car la liberté mise au service du mal n'est pas belle ; nous dirons que le beau est ce qui passe par-dessus le sens et va charmer l'esprit. Tel est le caractère commun du beau ou de la beauté morale, de la science et de la poésie ou du beau intellectuel, et enfin de la beauté sensible ou des œuvres de la nature et des arts qui parlent à l'âme par les pensées et le sentiment qu'ils expriment.

§ 9. Du sublime et du gracieux.

La beauté, prise dans un sens général, présente, comme nous l'avons dit, trois faces qui sont la beauté morale, la beauté intellectuelle et la beauté sensible.

Chaque ordre de beauté a trois degrés, qu'on appelle le sublime, le beau proprement dit et le gracieux. Ces degrés se mesurent sur la force moyenne de l'humanité. Les œuvres de la vertu et de l'intelligence et celles de la nature et de l'art, s'appellent sublimes, si elles dépassent la mesure commune des hommes ; gracieuses, si elles restent au-dessous de cette mesure ; belles, si elles sont au même niveau. « Il y a, dit Pascal, un certain modèle d'agrément et de beauté qui consiste en un certain rapport entre notre nature faible ou forte, telle qu'elle est, et la chose qui nous plaît[1]. » La sublimité appartient à ces constructions de l'Égypte, qui surpassent de tant de coudées la demeure ordinaire des hommes, à ces hautes chaînes de montagnes qui semblent les points d'appui des cieux, à cette voûte sans limite où se perd notre regard, à cette multitude de globes qui roulent dans l'espace infini ; elle appartient aux travaux de ces hommes qui calculent les révolutions célestes, qui prédisent le retour des astres et l'apparition des astres nouveaux ; aux vastes

---

1. *Pensées*, édition Faug., t. I, p. 255.

compositions d'un Homère, d'un Platon, d'un Aristote, d'un Bossuet; surtout à ces vertus qui semblent surmonter les forces de l'humanité, à l'intégrité sans tache d'un Aristide, à l'intrépidité d'un Léonidas, à la charité d'un saint Vincent de Paul. La beauté proprement dite brille dans les œuvres qui sont plus à notre portée, dans les monuments harmonieux de la Grèce, dans les lignes onduleuses des collines et des vallées, dans l'ordre régulier d'un livre de géométrie ou d'un traité d'histoire naturelle, dans les vertus qui ne dépassent pas la limite du devoir, dans la tempérance, la véracité, l'amour du travail, le courage, la justice. Au-dessous, dans un degré, où se montrent cependant encore les qualités du cœur et de l'esprit, et ce qui est plus approprié à la femme et à l'enfant, apparaît la grâce : ce sont des choses délicates et légères, comme une lyre, un trépied, une coupe, une colombe, une fleur, une élégie, une pastorale, une chanson, un sourire et ces vertus aimables qu'on appelle l'innocence, l'indulgence, un cœur ouvert et compatissant. La sublimité, la beauté et la grâce n'offrent donc pas de différences essentielles, mais seulement des différences de degré.

§ 10. Instinct de la pudeur.

La forme humaine est la plus belle de toutes les formes, parce qu'elle est la plus expressive : l'intelligence et les qualités morales s'y manifestent par l'attitude, par la physionomie, par la couleur même. Mais quelques parties défigurent cette beauté; leurs actes la déshonorent. Aussi le goût de la beauté et un certain instinct irréfléchi qui la devance nous porte-t-il à cacher cette laideur. On prétend que la pudeur est le résultat de l'éducation, et qu'elle ne se trouve pas chez toutes les nations de la terre. Nous répondrons que les peuples grossiers, vivant au milieu de toutes les souffrances, absorbés par le soin de leur conservation et la crainte des périls sans cesse renaissants, n'ont pas le temps de laisser développer en eux les instincts les plus délicats. Nous voyons des traces de ce misérable état dans quelques chaumières de nos campagnes, où toute une famille entassée en une même chambre, qu'ils partagent souvent avec les animaux, est trop occupée par les besoins du corps, pour être sensible à ceux de l'esprit. Remarquons cependant, que même dans la barbarie, certains actes s'accomplissent en secret, et qu'il en est ainsi chez un grand nombre d'animaux, tels que le chat, l'éléphant, le singe. « Il entre dans la conduite de la louve, dit l'auteur des *Lettres sur les animaux*, une sorte de coquetterie, commune à toutes les femelles qui font un choix ; elle dissimule ou même refuse ce qu'elle désire, et il est assez vraisemblable, qu'il entre du choix dans son association, car elle s'enfuit avec celui qui reste son mari et se dérobe aux autres prétendants[1]. » Ce n'est pas le sentiment de la beauté qui porte quelques animaux à cacher certains actes, c'est un instinct irréfléchi, qui se trouve aussi chez l'homme ; mais chez nous cet instinct est fortifié par le goût de la beauté sensible, et pour cette raison, nous plaçons la pudeur à côté de l'amour du beau. Dans tous les temps et dans tous les lieux où la vie devient plus heureuse, les formes du corps sont plus régulières, la couleur du teint s'éclaircit, l'esprit se cultive, le goût de la beauté se développe, l'amour prend naissance, la jalousie l'accompagne, la promiscuité disparaît et la pudeur fleurit. Toutes ces choses s'appellent et s'enchaînent. On voit commencer la pudeur chez quelques nations sauvages. Du temps de Platon, la plupart des peuples barbares croyaient que la vue d'un homme nu était un spectacle honteux[2]. « Les

---

1. Leroy, *Lettres sur les animaux*, édit. 1781, p. 34.
2. *Les lois*, trad. de M. Cousin, t. IV, p. 257.

femmes des Hottentots, dit Buffon, sont naturellement très-modestes, les Zélandais sont décents.... Les femmes des Caraïbes ont de la modestie et sont assez réservées[1]. » Suivant la relation d'un voyageur contemporain, dans certaines parties de la Nouvelle-Hollande, l'homme ne peut soumettre la femme, qu'en l'entraînant au désert et et en l'étourdissant sous ses coups[2]. Un autre voyageur de notre temps, en décrivant les danses lascives des Malaises, observe cependant qu'elles se couvrent le visage des pans de leur ceinture, dans les moments trop hardis de leur pantomime[3].

Quant aux actes impudiques, dont on accuse les nations civilisées, nous ferons observer que ce sont des égarements momentanés, des rébellions passagères qui tranchent sur le ton ordinaire de la conduite. A côté de ces déréglements d'un jour, on aperçoit les progrès des plaisirs délicats de l'esprit, et par conséquent de la décence. S'il y a dans le *Pentateuque* quelques exemples de grossièreté, on y trouve un grand nombre de preuves de modestie. « Sem et Japhet mirent un manteau sur leurs épaules, et marchant à reculons, ils couvrirent la nudité de leur père sans la voir[4]. » — « Si un homme, dit Moïse, a suborné une jeune fille dans les champs, l'homme seul mourra, car la jeune fille a appelé au secours et elle n'a pas été entendue[5]. » Sparte, Athènes et Rome élèvent une statue à la pudeur. Elles ordonnent que les femmes demeurent renfermées dans l'intérieur des maisons, ainsi qu'on l'avait fait chez les Égyptiens, chez les Hébreux et

---

1. *Variétés dans l'espèce humaine*, *OEuvres complètes*, édition 1804, t. III, p. 267, 309, 321.
2. Dumont d'Urville, *Voyage de* l'Astrolabe *autour du monde*.
3. Ch. Lavollée, *Colonies européennes de l'Asie orientale*, Revue nouv., t. XIV, p. 89.
4. *Genèse*, IX, 23.
5. *Deut.*, XXII, 25.

comme cela se pratique encore par tout l'Orient. Dans l'ancienne Asie, la femme de Candaule ne peut supporter d'avoir été vue sans vêtement par un autre homme que son époux, et elle se venge par la mort du coupable qui l'a soumise à cet outrage [1]. La reine Atossa, fille de Cyrus et femme de Darius Ier, eut une grande répugnance à laisser voir au médecin une tumeur qu'elle avait au sein, et qui avait fait de grands progrès [2]. Polyxène, Olympias, César lui-même en recevant le coup mortel, prennent soin de ranger leurs vêtements pour tomber avec honnêteté [3]. »

Nous convenons qu'il faut faire à la coutume une grande part dans ce qu'on appelle la décence, mais il y a une limite qui n'est franchie en aucun lieu, sans choquer l'instinct spécial de la pudeur et le sentiment naturel de la beauté, et sans porter préjudice à la pureté de l'amour. Cette limite se marque par une répugnance instinctive. Au delà, la pudeur se complique par une association d'idées, qui peut s'étendre plus ou moins, suivant les circonstances et les usages, mais qui tient toujours à un fond naturel. Les exemples empruntés à quelques nations sauvages, qui d'ailleurs ont été fort exagérés, s'expliquent, comme nous l'avons dit, par la misère, par la laideur et par la grossièreté d'esprit de ces races. Il n'y a chez elles presque aucune trace d'amour, de mariage, ni de goût pour la beauté. Nous répétons que la douceur de la vie, la beauté du corps, le goût du beau, l'amour, la constance et la pudeur se tiennent par la main. Contemplons la marche des nations civilisées, nous verrons toutes ces choses accomplir le même progrès; car la civilisation n'est que la prédominance des goûts délicats sur les appé-

---

1. Hérodote, livre I, chap. x-xii.
2. *Ibid.*; livre III, chap. cxxiii.
3. Justin, livre XIV, vers la fin. Euripide, *Hécube*, v. 568. Ovide, *Métam.*, livre XIII. Suétone, *Vie de César*, chap. lxxxii.

tits grossiers, la victoire de l'intelligence sur les sens, de l'esprit sur le corps.

C'est vers l'âge de puberté que naturellement le sentiment de la pudeur s'éveille. Chez le plus grand nombre des tribus barbares, la nudité n'est complète que jusqu'à cette époque. A ce moment, un fruit de l'arbre de la science nous révèle notre nudité. « Adam et sa femme étaient tous deux nus et ils ne le prenaient pas à honte.... La femme voyant que le fruit de l'arbre était bon à manger, et que cet arbre était désirable pour donner de la science, en prit du fruit, elle en mangea et elle en donna à son mari, et les yeux de tous deux furent ouverts : ils connurent qu'ils étaient nus et ils entrelacèrent des feuilles de figuier et ils s'en firent des ceintures[1]. » Cette histoire est celle de l'humanité tout entière. Il est impossible de mieux représenter l'éveil subit et spontané de l'instinct de la pudeur, et d'en indiquer plus chastement l'occasion.

L'amour a sa décence ; s'il la conservait toujours, il aurait une plus longue durée. C'est ici qu'il faut goûter les charmes de cette fable de Psyché, où l'antiquité nous a laissé les leçons les plus utiles et les plus méconnues. Pour que l'amour intellectuel, le plus pur, le plus dévoué, le plus exquis et le plus désirable des amours, ne se change pas en l'amour des sens, grossier, égoïste, brutal et passager, il faut appeler le secours du mystère, redoubler les voiles, épaissir la nuit, spiritualiser les sens, transfigurer les corps. L'Amour craint les yeux de Psyché, il ne l'aborde point pendant le jour, il lui fait entendre seulement une musique céleste, des voix mystérieuses, il la visite la nuit sous la forme d'un enfant, et il s'enfuit avant l'aurore. Psyché, la beauté intellectuelle, avait renversé le culte de Vénus ou de la beauté sensible.

---

1. *Genèse*, II, 25 ; III, 6-10.

« On disait qu'une nouvelle semence tombée des étoiles du ciel, avait produit, non dans les eaux, mais sur la terre, une nouvelle Vénus, ayant pour attribut la fleur de la virginité. Sa renommée s'étend, elle gagne les îles voisines et bientôt les terres et les provinces éloignées. On accourt par de longs voyages, par d'immenses traversées, pour jouir de ce spectacle glorieux. Personne à Cnide, personne à Paphos, personne même à Cythère, pour visiter le temple de Vénus. Plus de sacrifices à la déesse; ses temples se dégradent; les coussins de ses autels sont foulés aux pieds; ses cérémonies abandonnées. Ses statues demeurent sans couronne et ses autels vides sont souillés d'une cendre froide. C'est à la jeune fille qu'on adresse des prières. Mais les hommes l'admirent comme une divinité et aucun ne sollicite sa main; elle est réservée à un dieu, à l'Amour lui-même.... Le souffle léger de Zéphire la soulève en gonflant sa robe, dont il balance les plis flottants; il la porte sur le sommet d'un rocher élevé; puis il la fait glisser doucement sur la pente d'une vallée profonde et il la couche mollement étendue sur un gazon fleuri. Près de là, s'élève un palais bâti non de main humaine, mais par un art divin.... Psyché invitée par l'éclat de ces lieux, approche et s'enhardissant peu à peu, franchit le seuil. Tandis qu'elle est perdue dans son admiration, son oreille est frappée d'une voix qui n'émane d'aucune forme corporelle : « D'où vient ton étonnement, ma maîtresse, tous ces biens sont à toi. Entre dans cette chambre; repose-toi sur ce lit; plonge-toi dans ce bain, la voix que tu entends est celle de tes femmes esclaves, elles te serviront avec zèle; elles prendront soin de ta beauté, elles te dresseront un royal festin. » Psyché aperçoit un lit demi-circulaire près d'une table et tout l'appareil d'un repas, elle s'approche, et à l'instant des coupes de nectar, des plateaux chargés de mets variés, poussés par un souffle mystérieux, lui sont apportés sans serviteurs. Elle ne voyait personne; elle entendait seulement des paroles, et elle n'avait pour servantes que des voix. Après un repas délicieux, il entre un chanteur et un joueur de cithare, qui demeurèrent invisibles. Bientôt un concert de voix charme son oreille, et quoiqu'elle ne vît personne, elle entendait bien que c'était un chœur tout entier. Quand elle a goûté toutes ces voluptés, cédant aux conseils du soir, Psyché gagne sa couche. La nuit était déjà avancée, lorsqu'une voix basse murmure à son oreille. Craignant dans cette solitude pour sa virginité, elle tremble, d'autant plus qu'elle ignore ce qu'elle redoute; mais l'époux inconnu avait déjà gravi la couche, avait fait de Psyché son épouse, et s'était enfui avant le retour de la lumière. Aussitôt les voix esclaves étaient venues rendre leurs services à la nouvelle épouse. Tel fut pendant longtemps le genre de vie de Psyché[1]. »

La pudeur moderne n'a rien inventé de plus délicat que ce récit. Que de tendresse et de respect dans cet amant qui entoure de soins si empressés l'objet qu'il aime, qui ne se manifeste que par des paroles soupirées à l'oreille! Que de retenue dans la brièveté du tableau de l'hymen et dans cette fuite de l'époux avant le retour du soleil. Il n'est pas question ici d'un simple amour platonique; il y a un commerce des sens, mais caché comme il doit l'être dans la nuit et le mystère. Jamais la modestie chrétienne elle-même n'a surpassé cette chaste fiction des païens.

Mais hélas! Psyché cède enfin à une curiosité sacrilége; elle y est poussée par les conseils de ses sœurs, dans lesquelles un mythologue[2] voit avec raison la personnification de la chair et des sens. En vain l'Amour la supplie de ne pas se rendre à de perfides conseils, de ne

---

1. Apulée, *Lusus asini*, livre IV.
2. Planciades Fulgence.

pas chercher à se désenchanter : « Si tu gardes toujours la même discrétion, le fruit de notre amour sera divin ; il sera humain si tu la violes. Voici le dernier jour, voici le péril extrême ! ce sexe fatal, ce sang ennemi a pris les armes.... O ma douce Psyché ! sauve par une religieuse retenue ton époux, ta maison, toi-même et le rejeton de notre amour. » Vaines prières; ses sœurs lui ont donné une lampe et un poignard pour dissiper le mystère et tuer l'Amour du même coup. A peine son époux est-il endormi, qu'elle approche la lampe.... Imprudente, elle croit goûter d'abord de nouvelles délices. Elle se penche stupéfaite vers son époux, et sa lampe laisse échapper une goutte d'huile brûlante, qui tombe sur l'épaule du dieu. Il s'éveille tout à coup, et voyant ce manque de foi, il s'envole silencieux, loin des yeux et des bras d'une malheureuse épouse. En vain Psyché se suspend après lui, elle retombe fatiguée sur la terre. « O trop crédule Psyché, lui dit l'Amour, Vénus t'avait destinée à l'union d'un misérable mortel, je t'avais donné un dieu pour époux; tu n'as pas tenu compte de mes conseils, je te punirai par une fuite éternelle. » En achevant ces mots, il déploie ses ailes et disparaît dans les cieux [1].

Le reste de cette allégorie, telle qu'elle se trouve dans Apulée, contient, comme cela arrive souvent dans la mythologie ancienne, le mélange de plusieurs fictions, qui n'étaient pas faites pour être jointes ensemble. Ce mélange et les développements dramatiques dont les poëtes surchargent les fables, sont la plus grande cause de l'obscurité qui couvre quelquefois ces merveilleuses inventions du génie antique. Cependant, il est permis de voir dans la suite de cette fable, dans les épreuves qui sont imposées à Psyché pour reconquérir l'Amour qui l'a délaissée, les labeurs par lesquels la mère de famille,

---

1. Apulée, livre V.

la Lucrèce des Romains, toute aussi allégorique que la Psyché des Grecs, établit l'ordre et l'honneur dans la maison, maintient sa propre dignité et conserve l'amour d'un époux. On voit Psyché, péniblement occupée à trier des grains de diverses natures, à recueillir des laines précieuses, à puiser l'eau à des sources cachées dans des roches presque inaccessibles, descendant jusqu'aux enfers à travers mille tentations et mille dangers pour y chercher la beauté divine. C'est à la fin de ces travaux que l'Amour rend à Psyché toute sa tendresse et qu'il la conduit dans l'assemblée des dieux, où Jupiter présentant une coupe d'ambroisie à l'épouse, lui dit : « Sois immortelle, l'amour ne s'affranchira jamais de tes liens, vous êtes unis par un mariage indissoluble [1]. »

En effet, l'amour effréné et momentané des sens peut se passer de la pudeur, mais elle est la compagne indispensable du mariage, la gardienne de sa pureté, la condition de sa constance. Elle est l'ange qui veille à la porte et qui en défend l'entrée à la satiété et au dégoût. Il y a des choses qui ne sont point faites pour les yeux : suivons à leur égard les inspirations de la nature. L'enfant, qui n'en a pas été détourné par une mauvaise éducation ou de mauvais exemples, manifeste l'instinct de la décence à son heure, au moment marqué par la nature ; et souvent, dit Mme de Saussure, il prend une pudeur craintive et presque farouche ; mais ajoute-t-elle, comment craindre l'excès dans un sentiment qui s'allie de si près à la dignité de l'âme [2]. Le sentiment de la pudeur est une des grâces de la femme, le charme principal de la jeune épouse. C'est un bien qu'elle n'abandonne qu'avec répugnance ; heureuse quand elle n'en fait l'abandon qu'à l'amour ! lui seul tempère l'amertume de ce sacrifice ; on

---

1. Apulée, livre VI.
2. *Éducation progressive*, t. I, p. 246 ; 247.

a vu plus d'une jeune femme, mariée à un homme qu'elle n'aimait pas, perdre la raison au moment où celui-ci réclamait les droits de l'époux [1].

A mesure que la pudeur fait des progrès dans les actions, elle en fait aussi dans les paroles. Les discours sont aujourd'hui plus retenus qu'ils ne l'étaient du temps de nos pères ; on en peut juger même par les chansons dont on berçait autrefois les enfants. Quelques personnes prétendent que les mœurs sont au fond les mêmes et que nous n'avons de plus que l'hypocrisie. Les *Mémoires* des derniers siècles prouvent que la corruption de ces temps était pire que la nôtre ; mais, en supposant qu'il n'y ait pas eu de progrès dans les actes, c'est une amélioration que de rougir de ses mauvaises actions et de n'en pas faire profession publique. Bayle, en parlant d'Alphonse Ier, roi de Naples, très-dissolu dans sa conduite, très-retenu dans ses discours, s'exprime ainsi ; « Tous les déréglements ne sont pas sans bornes : l'impudicité n'étend pas toujours son règne jusqu'à la langue et aux yeux [2]. » En effet, ajouter à la dissolution dans les mœurs la dissolution dans les paroles, c'est faire un mal de plus. La première cherche le secret, la seconde se fait gloire de le violer et brave deux fois l'honnêteté. Ce qu'il est honteux de faire, comment ne serait-il pas honteux de le dire ? Il est même des actes honnêtes dont il n'est pas permis de parler, parce qu'ils ne sont honnêtes qu'en secret. A plus forte raison doit-on s'abstenir de parler des actes déshonnêtes, même quand on aurait l'excuse de ne pas les commettre et de tenir une conduite meilleure que ses paroles. Laissons-nous aller aux meilleurs instincts de la nature : nous appelons meilleurs ceux qui viennent de l'esprit plutôt que du corps. Plus on cherche les plai-

---

1. Esquirol, *Maladies mentales*, édit. de 1838, t. I. p. 69.
2. *Dictionnaire historique et critique*, article *Alphonse Ier*, note II.

sirs délicats de l'intelligence, plus on fuit le brutal plaisir des sens.

§ 11. Sentiment du ridicule.

Le contraire de la beauté c'est la laideur : elle apparaît aussi sous trois formes : la laideur morale, la laideur intellectuelle et la laideur physique. La représentation de la laideur peut avoir sa beauté relative, soit comme un contraste qui fait ressortir la beauté, soit comme une preuve de l'intelligence et du talent qui brillent dans la vérité de l'imitation. C'est ce mérite qui nous intéresse aux scènes triviales que représente trop souvent le pinceau hollandais et qui a fait dire au critique :

> Il n'est point de serpent ni de monstre odieux,
> Qui par l'art imité ne puisse plaire aux yeux [1].

Mais envisagée en elle-même, la laideur nous déplaît, et, suivant le degré, elle excite le dégoût, la peur ou le rire.

Ce qui fait la laideur sensible, c'est la disproportion des lignes, le désordre des formes, les couleurs ternes ou impures, les sons discordants ou sans rhythme, l'expression de la stupidité ou de la niaiserie, de la méchanceté ou de la bassesse. Dans l'ordre sensible il y a une laideur dégoûtante, comme celle du poulpe, de l'ascidie, de la limace, du crapaud, ou celle des plaies et des mutilations ; il y a une laideur qui nous inquiète, comme l'aspect du putois, de la fouine, de la vipère ou d'un homme dont le regard annonce de mauvais desseins ; il y a une laideur qui nous épouvante, comme la figure de l'hyène, du guépard, du requin ou celle du scélérat qui va se jeter sur sa victime ; enfin, il y a une laideur qui nous égaye et nous fait rire, comme la grimace du singe, qui

---

1. Boileau, *Art poétique*, III, 1, 2.

imite gauchement l'attitude et les gestes de l'homme ; la posture de l'unau, qui se traîne lentement ou qui reste assis les bras croisés d'un air languissant et stupide ; la disproportion d'un homme légèrement difforme, ou la physionomie qui exprime quelque faiblesse d'esprit ou quelque vice de caractère. Nous rions de celui qui perd l'équilibre et qui tombe sans se blesser, ou qui « sort en bonnet de nuit, et qui venant à s'examiner hors de chez lui se trouve rasé à moitié, ou qui, passant sous un lustre, y laisse sa perruque accrochée [1]. »

Dans l'ordre intellectuel, la folie ou la stupidité complète nous afflige ; l'ignorance volontaire nous fait honte pour la personne qui a le devoir de s'instruire ; mais nous rions des écarts passagers de l'esprit, des distractions et des méprises involontaires. « Ménalque se trouve avec un magistrat : cet homme, grave par son caractère, vénérable par son âge et par sa dignité, l'interroge sur un événement et lui demande si cela est ainsi ; Ménalque lui répond : Oui, mademoiselle [2]. » « Ce fut un chevalier Plager qui, félicitant la ville de Londres sur les précautions qu'elle avait prises contre la fameuse conspiration des poudres, dit sérieusement que sans cette vigilance des magistrats, les citoyens se seraient tous trouvés égorgés le lendemain *à leur réveil*... Le roi Stanislas se faisant lire Marie Alacoque par un valet de chambre, Dieu lui apparut en singe, dit le lecteur ; en songe, dit le roi. En songe ou en singe, reprit le lecteur, Dieu était bien le maître [3]. »

Les graves attentats à l'ordre moral excitent notre indignation ou notre effroi ; mais les infractions légères ne sont punies que par la moquerie et le rire. Le sens moral, dit Hutcheson, est soutenu par le sentiment du ridi-

1. La Bruyère, *De l'homme.*
2. *Id., ibid.*
3. Marmontel, *Éléments de littérature.*

cule. Celui-ci est excité par les fautes qui n'entraînent pas de graves conséquences et qui sont seulement en désaccord avec l'opinion naturelle que nous avons de la dignité et de la prudence humaine [1]. C'est Molière qui s'est chargé d'infliger à ces fautes légères le châtiment de la raillerie : il nous fait rire aux dépens de l'avare dans *Harpagon ;* il raille la poltronnerie dans *Sosie,* dans *Sganarelle,* dans le *Médecin malgré lui,* dans le *Malade imaginaire ;* la prétention dans les *Précieuses* et les *Femmes savantes;* la vanité dans *Pourceaugnac, Georges Dandin,* et le *Bourgeois gentilhomme;* la crédulité dans *Orgon;* les faiblesses de l'amour dans le *Misanthrope,* dans l'*École des femmes,* et dans l'*École des maris.*

Le rire est donc le châtiment de la laideur, lorsqu'elle s'arrête au faible degré où elle n'inspire ni le dégoût ni la crainte. Telle est l'idée que se sont formée du rire Platon, Pascal, Hutcheson, etc. « L'ignorance de soi-même jointe à la force, dit le premier, est odieuse; jointe à la faiblesse, elle est ridicule [2]. » — « Vous voyez donc, mes pères, dit le second, que la moquerie est quelquefois plus propre à faire revenir les hommes de leurs égarements, et qu'elle est alors une action de justice, parce que, comme dit Jérémie, les actions de ceux qui errent sont dignes de risée à cause de leur vanité *(vana sunt et risu digna)*; et c'est si peu une impiété de s'en rire, que c'est l'effet d'une sagesse divine selon cette parole de saint Augustin : Les sages rient des insensés, parce ce qu'ils sont sages, non pas de leur propre sagesse, mais de cette sagesse divine, etc.... Je n'ai donc pas cru faillir en les suivant, et comme je pense l'avoir assez montré, je ne dirai plus sur ce sujet que ces excellentes

---

1. *Philosophiæ moralis institutio compendiaria,* Glascow, 1772, livre I, chap. I, § 17.
2. *Philèbe,* édit. H. E., t. II, p. 49, c. d.; édit. Tauch, t. III, p. 201.

paroles de Tertullien, qui rendent raison de tout mon procédé : Rien n'est plus dû à la vanité que la risée, et c'est proprement à la vérité qu'il appartient de rire, parce qu'elle est gaie, et de se jouer de ses ennemis, parce qu'elle est assurée de la victoire. Il est vrai qu'il faut prendre garde que les railleries ne soient pas basses et indignes de la vérité[1]. » Le vrai rire et la vraie gaieté, dit Hutcheson, ne vont pas sans la bonne conscience[2].

Le rire suscité par des infractions contre la morale est souvent suivi de l'indignation; cela arrive lorsque la mauvaise action est sur la limite des fautes graves et des fautes légères, ou qu'elle contient des éléments de différents degrés; aussi rien n'est-il plus fréquent que le passage de l'ironie à la colère.

Descartes paraît croire que le rire n'est excité que par la punition et non par la faute elle-même. « La dérision ou moquerie, dit-il, est une espèce de joie mêlée de haine, qui vient de ce qu'on aperçoit quelque petit mal en une personne qu'on en pense être digne. On a de la haine pour ce mal, on a de la joie de le voir en celui qui en est digne, et lorsque cela survient inopinément, la surprise est cause qu'on éclate de rire. Mais ce mal doit être petit; car s'il est grand, on ne peut croire que celui qui l'a en soit digne, si ce n'est qu'on soit de fort mauvais naturel ou qu'on lui porte beaucoup de haine[3]. » Les exemples que nous avons cités précédemment, et particulièrement celui de Ménalque, prouvent que nous rions de la faute et non pas seulement du châtiment qu'elle reçoit. Si un châtiment léger nous fait rire, c'est qu'il excite toujours dans celui qui le reçoit un désappointement

---

1. *Lettres provinciales*, 11ᵉ lettre, édit. 1830, t. I, p. 337-340.
2. *Philosophiæ moralis institutio compendiaria*, livre I, cap. II, § 9.
3. *OEuvres philosophiques*, édit. Ad. G., t. I, p. 442.

et une mauvaise humeur qui, jointe aux travers pour lesquels il est puni, le rend plus risible encore. Quant à la surprise qui, suivant Descartes, fait éclater le rire, elle n'est qu'un assaisonnement du ridicule, elle ne suffirait pas seule pour le constituer. Si la chose imprévue était belle, la surprise augmenterait notre admiration et ne provoquerait pas notre rire.

Marmontel a pensé que le rire naissait du sentiment de notre supériorité sur le personnage ridicule. « Ce qui est comique, dit-il, pour tel peuple, pour telle société, pour tel homme, peut ne pas l'être pour tel autre. L'effet du comique résulte de la comparaison qu'on fait, même sans s'en apercevoir, de ses mœurs avec les mœurs qu'on voit tourner en ridicule, et suppose entre le spectateur et le personnage risible une différence avantageuse pour le premier. Il arrive pourtant quelquefois que l'on rit de sa propre image, même en s'y reconnaissant... On se juge, on se condamne, on se plaisante comme un tiers, et l'amour-propre y trouve son compte [1]. » Ce dédoublement de nous-mêmes en un juge et un condamné ne peut être la cause du rire ; car si le juge est supérieur au condamné et qu'il puisse à ce titre être disposé à rire, il doit en perdre l'envie lorsqu'il est lui-même le condamné. Enfin, ce n'est pas parce qu'on se condamne soi-même qu'on se trouve ridicule, c'est parce qu'on se trouve ridicule qu'on se condamne. Il faut donc en revenir à cette vérité, que c'est une légère laideur qui est la cause du rire.

Le rire s'égare par les causes qui égarent l'intelligence. La coutume et l'exemple du plus grand nombre exercent une forte influence sur notre jugement et nous font prendre pour déraisonnable ce qui n'est qu'habituel ou général, et pour raisonnable ce qui n'est que nou-

---

1. *Éléments de littérature*, article *Comique*.

veau ou singulier [1]. Aussi le rire éclate-t-il à la vue des innovations même les plus innocentes ou les plus raisonnables, par cela seul qu'elles choquent l'habitude. La mode du siècle dernier nous fait rire, comme celle de notre temps fera rire nos neveux. Aristophane a fait ses comédies contre des nouveautés qui aujourd'hui nous semblent sages ; par exemple, celle des *Chevaliers* contre les hommes sans naissance qui aspirent au gouvernement de l'État ; celle des *Harangueuses*, contre l'amélioration du sort des femmes ; celle des *Nuées*, contre de nouvelles explications des phénomènes de la nature, qu'il avait tort d'ailleurs d'attribuer à Socrate.

Nous faisons aussi un mauvais usage du rire lorsque la passion nous anime et que nous rions du mal qui arrive aux objets de notre haine ou de notre envie ; mais encore ne pouvons-nous rire que d'un mal léger, et parce que nous nous figurons dans ceux qui sont frappés un dépit et une colère impuissante, ce qui est une de ces légères fautes qui n'excitent ni l'indignation ni la colère.

Il faut distinguer dans le rire l'état de l'âme et le mouvement corporel. L'état de l'âme est cette gaieté excitée par un léger travers sensible, intellectuel ou moral. Le mouvement corporel est cette agitation des côtes et du diaphragme qu'il ne nous appartient pas de décrire et qui varie en chacun de nous suivant l'âge, le sexe, le tempérament, le pays. Tout le monde n'a pas l'organisation de ce Philémon qui, voyant un âne lui manger ses figues, ordonna qu'on servît aussi à boire à ce nouveau convive et mourut de rire à cette idée. Le mouvement corporel est quelquefois une convulsion qu'on a peine à contenir et qui se communique aux spetateurs comme par une sorte de contagion. Plus on

---

1. Voy. plus loin, même livre, chap. IV, § 4.

veut s'arrêter plus on se précipite, parce que, pour se débarrasser de l'idée plaisante, on y fixe son attention. Le remède serait de tourner son esprit sur d'autres objets.

Si le rire est quelquefois envenimé par l'envie, le préjugé et la passion, le plus souvent il n'atteint que ces fautes qui sont trop légères pour recevoir le châtiment du remords ou des lois positives; il est le signe du bon sens ou de la bonne conscience, et dans un certain degré la sauvegarde de la raison.

CHAPITRE IV.

LES INCLINATIONS QUI SE RAPPORTENT AUX ÊTRES ANIMÉS.

§ 1. L'instinct de société et ses modes: besoin d'épanchement, goût d'imitation, docilité, sympathie.

La nature nous attache aux êtres animés par des inclinations de différents genres. Pour nous mieux rendre compte de ces inclinations, nous les observerons d'abord dans les animaux, où il nous sera plus facile de les distinguer des autres principes avec lesquels on pourrait les confondre.

« On trouve chez les animaux, dit Dugald-Stewart, des traces bien évidentes de l'instinct de société…. Quelques tribus ne nous présentent que des unions temporaires pour atteindre un but particulier, pour repousser, par exemple, une agression hostile ; mais d'autres espèces manifestent un véritable goût pour la société, un plaisir particulier à vivre en compagnie, sans aucune apparence de but ultérieur. Ainsi on voit souvent un cheval, renfermé seul dans un enclos, abandonner sa nourriture et briser les barrières, pour rejoindre dans un champ voisin des animaux de son espèce. Tout le monde a remarqué avec quelle vivacité et quelle gaieté le cheval court sur une route, lorsqu'il voyage avec un compagnon, et combien son allure est triste, lorsqu'il marche seul; et l'on sait depuis longtemps, que les bœufs et les vaches n'engraissent pas aussi rapidement lorsqu'ils sont seuls, que lorsqu'ils paissent en troupeau, quand bien même on compenserait leur solitude par de plus gras pâturages[1]....»

Frédérick Cuvier confirme ces observations. L'instinct de société, dit-il, ne dépend pas de l'intelligence, car la brebis stupide vit en société. Les insectes forment les sociétés les plus remarquables, tandis que le lion, l'ours, le renard, qui sont beaucoup plus intelligents, vivent solitaires. La société ne vient pas de l'habitude, car le long séjour des petits auprès des parents ne les empêche pas de se disperser : l'ours soigne sa progéniture aussi longtemps et avec autant de tendresse que le chien, et cependant l'ours est au nombre des animaux les plus solitaires. Il y a plus, cet instinct persiste lors même qu'il n'est pas exercé. Un chien a pu être tenu longtemps dans la solitude : cela n'a pas empêché que le penchant à la société n'ait toujours reparu, dès que le chien a été rendu à la liberté. Les espèces naturellement solitaires sont les chats, les martres, les ours, les hyènes, etc.; celles qui vivent en familles, sont les loups, les chevreuils, etc.; d'autres forment de véritables sociétés, telles que les castors, les éléphants, les singes, les chiens, les phoques, les chevaux, les moutons, etc.[2]. Aristote distingue aussi les animaux qui sont solitaires, ceux qui vont par troupes, et ceux qui vivent en société[3]. Suivant F. Cuvier, la domesticité des animaux vient de leur instinct de société. Il n'est pas une seule espèce devenue domestique, qui naturellement ne soit socia-

---

[1]. *Philosophie des facultés actives et morales*, traduction française, t. I, p. 31.

[2]. Flourens, *Observat. de F. Cuvier, sur l'instinct et l'intelligence des animaux*, 2ᵉ édit., p. 67, 69, 71.

[3]. *Id., ibid.*, p. 198.

ble : le bœuf, la chèvre, le cochon, le chien, le lapin, vivent en société. Le chat semble faire exception ; mais le chat n'est pas véritablement domestique ; il s'attache à la maison et non aux personnes[1]. Le lion, qui est solitaire, a pu cependant s'apprivoiser, mais ses petits ne restent pas naturellement en société avec l'homme ; il faut les apprivoiser à leur tour. L'homme apprivoise l'ours, le tigre, etc. On voit souvent des ours qui obéissent à un maître, qui se plient à des exercices ; et cependant aucune espèce solitaire, quelque facile qu'elle soit à apprivoiser, n'a jamais donné de race domestique, parce qu'une habitude n'est pas un instinct. C'est par habitude qu'un animal s'apprivoise, c'est par instinct qu'il est sociable. Si l'on sépare une vache, une chèvre, une brebis de leur troupeau, ces animaux dépérissent[2].

Ces exemples démontrent que la société est instinctive chez l'animal, qu'elle ne vient ni du raisonnement, ni de l'habitude. Ils prouvent aussi que la société n'est pas une extension de la vie de famille, puisqu'il y a des animaux qui vivent en société et qui ne forment pas de familles, comme le bœuf, le castor, etc., et d'autres qui vivent en famille et qui ne forment pas de société, comme le chevreuil, le loup, etc.

L'homme est aussi conduit par un penchant naturel vers la société de ses semblables. Il est facile de reconnaître cette inclination dans l'enfance, longtemps avant l'âge de la raison. « Considérez, dit un ingénieux observateur, les traits et les gestes d'un enfant à la mamelle, lorsqu'on lui en présente un autre ; tous les deux à l'instant, sans qu'on puisse supposer qu'ils cèdent à la force de l'habitude, expriment leur joie d'une manière évidente. Leurs yeux brillent, leur visage et leurs mouve-

---

1. Flourens, *Observat. de F. Cuvier, sur l'instinct et l'intelligence des animaux*, 2ⁿ édit., p. 63, 72.
2. Flourens, *ibid.*, p. 79.

ments s'animent: Lorsque les enfants sont un peu plus avancés en âge, ceux qui sont étrangers les uns aux autres manifestent en s'abordant quelque timidité ; mais elle est bientôt vaincue par l'instinct plus puissant de la société[1]. »

Par une répugnance exagérée contre les idées innées, quelques philosophes ont refusé à l'espèce humaine tout penchant et ont fait sortir la société des besoins et des intérêts. « Mais, leur répond Franklin, l'homme est un être sociable, et l'un des châtiments les plus rigoureux qu'on puisse lui infliger, c'est la privation de la société. Si l'on obligeait ces penseurs à se tenir toujours dans la solitude, je suis porté à croire qu'ils ne tarderaient pas à se devenir insupportables à eux-mêmes[2]. » Cependant, ils pourraient, dans leur retraite, ne manquer d'aucune des choses nécessaires à la vie matérielle, comme les prisonniers qu'on retient dans l'isolement, et qui se désespèrent malgré la satisfaction de tous les besoins du corps. Si la société était, comme on le dit aussi, une habitude, l'habitude de l'isolement détruirait la première, car une habitude en détruit une autre ; mais nous voyons que l'homme ne s'accoutume pas à la solitude complète, et qu'il y perd la raison ou la vie. « Pour réformer les détenus à Auburn, on les avait soumis à un isolement complet, mais cette solitude absolue, quand rien ne la distrait et ne l'interrompt, est au-dessus des forces de l'homme... Elle ne réforme pas, elle tue. Les malheureux sur lesquels se fit cette expérience, tombèrent dans un état de dépérissement si manifeste, que leurs gardiens en furent frappés ; leur vie parut en danger... Cinq d'entre eux, pendant une seule année, avaient déjà succombé... L'un d'eux était devenu fou ; un autre, pro-

---

1. Smellde's *Philosophy of natural history*.
2. *Mémoires*, édit. Renouard, t. I, 151.

fitant de l'entrée du geôlier, s'était précipité hors de sa cellule au risque d'une chute mortelle.... Comme les détenus sont toujours isolés, la présence d'un homme qui vient s'entretenir avec eux est un bienfait immense, dont ils apprécient toute l'étendue. L'un d'eux nous disait : « C'est avec joie que j'aperçois la figure des surveillants qui visitent ma cellule ; cet été un grillon est entré dans ma cour, je croyais avoir trouvé en lui un compagnon ; lorsqu'un papillon ou tout autre animal entre dans ma cellule, je ne lui fais jamais de mal.... Un condamné, âgé de trente ans, en état de récidive, a subi sa première peine dans la prison de Baltimore, où la discipline est très-dure et la tâche imposée très-considérable. On lui demande s'il aime mieux être détenu à Philadelphie, où les prisonniers sont isolés ; il répond : « Non, j'aimerais mieux retourner à Baltimore, parce que là il n'y a point de solitude[1]. »

Nous n'avons pas besoin de prolonger la discussion pour prouver que la société est la suite d'un instinct naturel. Nous aimons mieux retracer quelques peintures touchantes des effets de cette inclination.

Franklin raconte le plaisir que fait éprouver la rencontre d'un vaisseau en mer, pendant une longue navigation. « Nous avons rencontré *la Neige*, venant de Dublin, allant à New-York avec une cinquantaine d'ouvriers des deux sexes. Ils se sont tous montrés sur le tillac et paraissaient transportés de joie à notre aspect. La rencontre d'un vaisseau en mer cause un véritable contentement. On aime à retrouver des créatures de son espèce, après avoir été longtemps séparés du reste des humains. Mon cœur battait de joie et je riais de plaisir.... Les deux capitaines se sont promis de voguer de

---

1. De Beaumont et de Tocqueville, *Système pénitentiaire aux États-Unis*, 1re édit., p. 13, 93, 323.

compagnie... Quelque temps après, nous perdîmes *la Neige* de vue et la tristesse s'empara encore une fois de nos âmes[1]. »

C'est le besoin de la société qui rend si pathétique cette exclamation que Daniel de Foë prête à son héros, lorsqu'il fouille les débris du navire espagnol, échoué sur les bords de son île : « Oh ! si un homme eût été sauvé, si un seul homme eût été sauvé ! »

Voici quelques lignes du journal d'un prisonnier : « J'allais à la fenêtre soupirant après la vue de quelque nouveau visage, et je m'estimais heureux, si la sentinelle en se promenant, ne rasait pas le mur de trop près, si elle s'en éloignait assez pour qu'il me fût possible de la voir. Lorsqu'elle levait la tête, qu'elle avait un visage exprimant l'honnêteté et que je croyais y découvrir quelque trace de compassion, je me sentais saisi d'une douce palpitation, comme si ce soldat inconnu eût été pour moi un ami. Lorsqu'il s'éloignait, j'attendais son retour avec une tendre inquiétude, et s'il revenait en me regardant, je m'en réjouissais comme d'un grand acte de charité. S'il ne passait pas de manière à se laisser voir, je demeurais mortifié comme un homme qui aime et qui s'aperçoit qu'on se soucie peu de lui[2]. »

Un mode de l'instinct de société, mais qui ne peut se trouver chez l'animal privé de la parole, c'est le besoin que nous éprouvons de communiquer nos pensées et nos sentiments à nos semblables. S'il nous arrive quelque accident heureux, nous sommes pressés d'épancher notre joie; si c'est quelque malheur, nous sentons du soulagement à décharger notre cœur dans le sein d'un ami. Quand nous apprenons un grave événement, ne goûtons-nous pas de la joie à le raconter, à le redire, à le ré-

---

1. *Mémoires*, édit. Renouard, t. I, p. 158.
2. Silvio Pellico, *Mes prisons*, 1re traduction française, p. 354.

pandre? Un secret n'est-il pas un fardeau difficile à porter[1]? Lorsque la conduite d'un de nos semblables nous cause un vif sentiment d'admiration ou de mécontentement, n'est-ce pas un violent besoin que celui de témoigner notre enthousiasme ou notre indignation, et le refoulement de cette expression qui veut sortir, ne nous fait-il pas souffrir comme d'un acte de suffocation? Cicéron fait dire à Lélius : « Celui qui serait d'un naturel assez rude et assez sauvage pour détester et fuir la société humaine, comme a été, dit-on, je ne sais quel Timon d'Athènes, celui-là même ne pourrait s'empêcher de chercher un homme dans le sein duquel il pût verser le fiel de sa haine.... C'est une vérité que cette parole d'Archytas de Tarente, transmise à nos pères par leurs pères : Si quelqu'un montant dans les cieux contemplait seul le spectacle du monde et la splendeur des astres, il n'éprouverait qu'une froide admiration, tandis qu'il serait transporté de joie, s'il avait avec qui la partager[2]. »

Pascal dit à son tour qu'il avait passé beaucoup de temps dans l'étude des sciences abstraites, mais que le peu de gens avec qui on en peut communiquer l'en avait dégoûté[3].

Nous avons, selon Thomas Reid, un penchant naturel à dire la vérité et ce principe d'action se fait sentir même chez les menteurs; car il leur arrive bien plus souvent de dire la vérité que de mentir. Sans cet instinct nous n'aurions pu établir aucune connexion entre les mots et les pensées, car les premiers n'auraient pas exprimé les secondes[4]. Cette dernière remarque est très-fine et très-juste. Pour que le sens des mots fût fixé, il

---

1. Nicole, *Essais de morale*, édit. 1755, t. I, p. 238-239, 321.
2. De *amicitiâ*, XXIII.
3. *Pensées*, édit. Faug., t. I, p 199.
4. Reid, *OEuvres complètes*, trad. franç., t. II, p. 346.

fallait que le terme correspondît plus souvent à la pensée réelle qu'à la pensée simulée. Reid donne au besoin d'épanchement le nom d'*instinct de véracité*. Il reconnaît aussi que certains hommes sont naturellement menteurs, c'est-à-dire portés à simuler de faux sentiments et à cacher leurs pensées véritables. Ces deux instincts se font contre-poids : si l'un d'eux l'emporte, il en résulte ce caractère incliné à la ruse, dont nous avons parlé ou cette disposition à la confiance et à l'épanchement, dont on a vu des exemples dans Nicole et dans Arnault. Nous avons dit que ce dernier ne pouvait se taire même dans son intérêt; il ne savait comment cacher son sentiment ni sur autrui ni sur lui-même. Allant voir son frère l'évêque d'Angers, il prit la voiture publique : on vint à parler de son livre *sur la perpétuité de la Foi*, et on l'exaltait beaucoup; lui seul en fit la critique. « On en a manqué tel ou tel endroit, disait-il, on aurait dû mettre plus d'ordre, pousser davantage le raisonnement, etc. » Cicéron peut être donné comme un exemple de l'instinct de véracité, pour la franchise avec laquelle il déclare partout l'estime qu'il fait de lui-même. En effet, chacun a une grande considération pour soi-même, ainsi que nous l'avons dit plus haut, mais personne ne l'avoue ni aussi clairement ni aussi souvent que Cicéron.

Nous emprunterons encore au prisonnier que nous citions dans la paragraphe précédent, une page dans laquelle on verra combien est impérieux ce besoin de nous communiquer et de nous répandre, pour ainsi dire dans l'âme de nos semblables. « Un soir j'étais à ma fenêtre et Oroboni à la sienne, et nous nous plaignions l'un et l'autre d'avoir à souffrir de la faim. Nous élevâmes un peu la voix et les sentinelles crièrent. Le surintendant, qui par malheur, passait de côté, crut de son devoir de faire appeler Schiller, le geôlier, et de le réprimander sévèrement de ce qu'il ne veillait pas avec plus d'attention à nous faire garder le silence. Schiller vint s'en plaindre à moi plein de colère, et m'intima l'ordre de ne plus parler désormais à la fenêtre. Il voulait que je lui en fisse la promesse. « Non, répondis-je, je ne veux pas vous le promettre. — Et voilà comme on me parle, à moi qui vient de subir cette maudite réprimande à cause de vous? — Je suis affligé, mon bon Schiller, de la réprimande que vous avez reçue, mais je ne veux pas promettre ce que je ne tiendrais pas. — Et pourquoi ne le tiendriez-vous pas?— Parce que je ne le pourrais ; parce que la solitude continue est pour moi un tourment si cruel que jamais je ne résisterai au besoin de laisser tomber quelques paroles de mes lèvres et d'engager mon voisin à me répondre, et si ce voisin ne me répondait pas, j'adresserais la parole aux barreaux de ma fenêtre, aux collines qui sont devant mes yeux, aux oiseaux qui volent dans l'air. — Quoi, vous ne voulez pas promettre? — Non, non! m'écriai-je. » Il jeta à terre son bruyant trousseau de clefs, en prononçant des imprécations, puis il s'élança à mon cou pour m'embrasser. « Vous êtes un homme comme il me les faut, me dit-il, je suis content que vous ne vouliez pas promettre ce que vous ne tiendriez pas, j'en aurais fait autant[1] ! »

On pourrait objecter que c'est le sentiment du devoir qui nous porte à dire ce que nous pensons; mais le devoir nous commande la vérité que nos semblables ont le droit de connaître, et non le récit de ce qui nous arrive d'heureux ou de malheureux et de toutes les émotions qui ont lieu dans notre âme.

Nous avons rangé parmi les mouvements instinctifs une imitation involontaire que l'âme fait produire au

---

1. Silvio Pellico, *Mes prisons*, 1re trad., franç., p. 289.

corps ; nous voulons parler ici du plaisir que nous prenons à reproduire les actions de nos semblables, plaisir qui suppose en nous un goût naturel de l'imitation. Le penchant à l'imitation donne un attrait de plus à la société. Les animaux, qui vivent en société, sont naturellement imitateurs; si l'un passe par un chemin, tous les autres voudront y passer, et cette disposition a été agréablement mise en scène par Rabelais. Un savant écrivain raconte ce trait d'un jeune orang-outang : « J'allai un jour le visiter avec un illustre vieillard, observateur fin et profond. Un costume un peu singulier, une démarche lente et débile, un corps voûté fixèrent, dès notre arrivée, l'attention du jeune animal. Il se prêta avec complaisance à tout ce qu'on exigea de lui, l'œil toujours attaché sur l'objet de sa curiosité. Nous allions nous retirer, lorsqu'il s'approcha de son nouveau visiteur, prit avec douceur et malice le bâton que celui-ci tenait à la main, et feignant de s'appuyer dessus, courbant le dos, ralentissant le pas, il fit ainsi le tour de la chambre où nous étions, imitant la pose et la marche de mon vieil ami. Il rapporta ensuite le bâton, de lui-même; et nous le quittâmes, convaincus que lui aussi savait observer[1]. »

Si nous n'étions pas disposés à nous imiter les uns les autres, si chacun aimait à se rendre singulier, la société ne serait plus uniforme et elle deviendrait presque impossible. On ne manquera pas de dire que le raisonnement suffit pour nous porter à l'imitation : que voyant nos semblables agir d'une certaine façon, nous conjecturerons que cette façon est la meilleure. En certaines circonstances, en effet, l'imitation se raisonne, mais dans la plupart des cas, il est indifférent d'agir d'une manière ou d'une autre, et cependant nous aimons mieux alors

---

1. Flourens, *Observat. de F. Cuvier sur l'instinct et l'intelligence des animaux*, 2ᵉ édit. p. 44.

imiter nos semblables que de nous rendre singuliers. La nature a pris soin de prévenir le raisonnement et de nous pousser comme les animaux sociables à l'imitation, ainsi qu'on peut l'observer dans la conduite des enfants. Ils imitent nos entretiens, nos travaux, nos équipages, nos armées. Bernardin de Saint-Pierre, dans son enfance, était confié aux soins d'une vieille servante, qui lui lisait la Vie des saints ; un jour, vers l'âge de dix ans, il s'échappe de la maison paternelle et se fait chercher tout le jour : il s'était établi dans un champ du voisinage, où il voulait mener la vie d'un ermite. A douze ans les *Aventures de Robinson* lui donnent le goût des voyages : il part avec un oncle pour la Martinique. A treize ans, il lit *les lettres des Missions étrangères*, et prend la passion de l'apostolat et du martyre. La lecture du *Contrat social* exerce à son tour son influence et une influence plus durable : il rêve une île déserte, qu'il peuple et qu'il gouverne, et ce rêve le poursuit jusqu'à vingt-cinq ans. C'est alors qu'il veut fonder une colonie en Russie, près du lac Aral. A trente ans même il n'est pas encore débarrassé de l'impression que lui a causée la politique de Rousseau ; il vend son patrimoine et s'embarque pour Madagascar, avec le projet de fonder un gouvernement dont il sera le chef. Enfin, à l'Ile de France, l'exemple de l'intendant, qui est à la fois philosophe et naturaliste, lui inspire cet amour pour la philosophie et pour la nature auquel il s'est fixé et qui a fait sa gloire.

Jean-Jacques Rousseau nous retrace un acte de sa vie, où l'on voit tout ce que l'imitation a de naïf et de spontané chez l'homme et surtout chez l'enfant : « Il vint à Genève un charlatan italien ; il avait des marionnettes, et nous nous mîmes à faire des marionnettes ; ses marionnettes jouaient des manières de comédie, et nous fîmes des comédies, que nos pauvres bons parents avaient la patience de voir et d'entendre. Mais mon oncle Bernard ayant un jour lu dans la famille un très-beau sermon de sa façon, nous quittâmes les comédies et nous nous mîmes à composer des sermons [1]. »

L'imitation nous plaît par elle-même : nous imitons jusqu'aux animaux et aux objets de la nature inanimée. Nous sommes bien loin sans doute de penser que la peinture et la statuaire soient purement des arts d'imitation, mais on nous accordera qu'il y a dans ces arts une partie imitative, qui est la source d'un très-grand plaisir. Nous nous plaisons tellement à l'imitation, que nous admirons les tableaux de certains artistes flamands, dont les représentations sont si basses et si repoussantes qu'on n'aimerait pas à en regarder les originaux [2].

Le penchant à l'imitation sert d'auxiliaire aux beaux-arts, mais il s'accorde surtout avec l'instinct de société, et c'est pour cette raison que nous l'en avons rapproché. Il a pour effet de donner à une même nation les mêmes mœurs, le même langage, le même costume, en un mot une empreinte uniforme. Nous pouvons aussi le mettre à profit pour l'éducation des enfants. L'enfance est plus tendre encore aux impressions étrangères que l'âge mûr : elle reproduit par son instinct les bonnes comme les mauvaises actions, avant de pouvoir les juger par la raison. Efforçons-nous donc de fournir à son imitation de bons modèles : la vertu fait plus d'impression par l'exemple que par le précepte. « Jamais, disait le philosophe Kant, je n'ai vu, ni entendu dans la maison paternelle, rien qui ne fût d'accord avec l'honnêteté, la véracité et la décence; » et il ne faisait pas difficulté d'attribuer à l'ascendant de cet exemple l'inflexible rigidité de ses mœurs [3].

La société, déjà maintenue entre les hommes par

---

1. *OEuvres complètes*, édit. 1822, t. I, p. 40.
2. Walter Scott, *Notice sur Daniel de Foë*.
3. Stapfer, *Biographie universelle*.

l'attrait naturel qu'elle leur offre, par la satisfaction qu'elle donne au besoin d'épanchement et au penchant à l'imitation, est encore cimentée par cette docilité instinctive, dont nous avons dit un mot à propos de l'amour de la domination; docilité qui se trouve heureusement chez le plus grand nombre, et qui peut se concilier dans quelques esprits avec un certain goût du commandement. En effet, comme nous l'avons dit, en même temps qu'on obéit au-dessus de soi, on commande au-dessous.

« Ceux qui l'emportaient en courage et en sagesse, ayant reconnu la nature de la docilité humaine, rassemblèrent les hommes en un seul lieu.... Ainsi se formèrent les villes, etc. [1]. » Montrons que cette obéissance est plutôt l'effet de l'inclination que du raisonnement. On remarquera d'abord qu'elle existe chez les animaux : nous avons cité l'exemple des chevaux sauvages, qui obéissent à un chef, et de ces fourmis esclaves, qui servent une tribu maîtresse [2]. Des troupeaux de gros bétail se laissent mener par un enfant ou par un chien de petite taille. Les moutons se rangent docilement devant le chien qui passe, et ce chien, qui commande au troupeau, obéit naturellement à son maître. On dira que c'est la crainte du plus fort qui cause cette docilité; supposons que dans une troupe de chevaux sauvages, ce soit le plus fort qui commande ; mais le troupeau tout entier est plus fort que le chef, et si c'était par raison que chacun cédât, chacun découvrirait aussi par le raisonnement que tous sont plus forts qu'un seul. D'ailleurs le bœuf est plus fort que l'enfant, auquel il obéit. Mais il en a, dira-t-on, une appréhension instinctive. L'appréhension est un sentiment plus vif que la docilité passive et tranquille. Le cheval et le chien obéissent à l'homme sans le crain-

---

1. Cicéron, *Pro sextio*, XLII.
2. Voy. plus haut, chap. II, § 14.

dre et même en l'aimant ; s'ils avaient peur, ils fuiraient au lieu de servir. Le bœuf ne recule devant l'enfant qu'autant qu'il faut pour obéir ; quand il est effrayé par une apparition imprévue ou un bruit soudain, il s'élance et s'enfuit au loin. Ce n'est pas d'ailleurs par la crainte que l'on dompte les animaux rebelles, mais par les caresses, la flatterie, la satisfaction des besoins qu'on a enflammés, ou la suppression de certains besoins violents, qui les rendent inquiets, jaloux et impétueux[1]. De tous les animaux sociables l'âne est le seul qui passe pour indocile ; mais il ne l'est que par comparaison avec le chien ou le cheval, car il obéit plus souvent encore qu'il ne résiste. Sa résistance vient ou de la faim ou de l'amour des habitudes, ou de la peur, lorsqu'il refuse par exemple de passer un ruisseau ; mais quand il n'est pas dominé par une de ces passions, il se laisse conduire volontiers.

Combien n'y a-t-il pas d'hommes dont le caractère reproduit celui de l'animal le plus docile ; la comédie ne nous fait-elle pas rire aux dépens des Chrysale et des Orgon? Il y a des caractères pris dans l'histoire, qui ressemblent exactement à ces portraits du poëte. « Goldsmith, nous dit-on, avait un défaut de fermeté et de résolution qui le mettait à la merci de la ruse et de l'effronterie, lors même qu'il les soupçonnait dans ceux qui abusaient de sa bonté. Ce ne pouvait être entièrement l'effet de la simplicité, car celui qui a si bien su conter les tours de M. Jenkinson, était certes capable de deviner des escrocs moins habiles. Mais Goldsmith ne savait pas refuser ; trompé les yeux ouverts, il était la proie la plus facile pour les imposteurs, dont il savait si bien décrire les manœuvres[2]. » Observons que cette docilité

---

1. Flourens, ouvrage cité, p. 75-78.
2. Walter Scott, *Notice sur Goldsmith, OEuvres complètes*, trad. franç., édit. 1828, t. X, p. 40.

ne venait pas d'un défaut de confiance en soi-même. « A cette bonhomie de Goldsmith, poursuit-on, se mêlait un excessif amour-propre : il ne convenait pas volontiers qu'on pût le surpasser en quelque chose, et souvent il s'exposait au ridicule de vouloir traiter des sujets qu'il n'entendait pas[1]. »

Rousseau fait aussi l'aveu de la docilité qui se cachait en lui sous une apparence de brusquerie et d'obstination : « Jeté malgré moi dans le monde sans en avoir le ton, sans être en état de le prendre et de m'y pouvoir assujettir, je m'avisai d'en prendre un à moi, qui m'en dispensât. Ma sotte et maussade timidité, que je ne pouvais vaincre, ayant pour principe la crainte de manquer aux bienséances, je pris pour m'enhardir le parti de les fouler aux pieds. Je me fis cynique et caustique par honte ; j'affectais de mépriser la politesse, que je ne savais pas pratiquer.... Cependant malgré la réputation de misanthropie, que mon extérieur et quelques mots heureux me donnèrent dans le monde, il est certain que dans le particulier je soutins toujours mal mon personnage ; que mes amis et mes connaissances menaient cet ours si farouche comme un agneau[2]. »

Nous avons déjà cité l'exemple de ces hommes qui, dans les réunions privées ou publiques, se laissent mener sans résistance, bien que leur opinion soit contraire au parti qu'on leur fait embrasser ; ils n'ont pas le goût de la dispute, et ils aiment mieux suivre que de guider, obéir que de commander. Quelqu'un disait : « J'aime l'état militaire, parce que j'aime l'obéissance. » Si la majorité des hommes n'était pas disposée par sa nature à la soumission, comment les gouvernements pourraient-

---

1. Walter Scott, *Notice sur Goldsmith*, *OEuvres complètes*, trad. franç., édit. 1828, t. X, p. 41.
2. *OEuvres complètes*, édit. 1822, t. II, p. 188.

ils se former, et les armées se maintenir? N'est-on pas frappé d'étonnement à la vue de ce grand nombre d'hommes qui, les armes à la main, obéissent à un si petit nombre de chefs. Comment l'esclavage se serait-il conservé si longtemps et durerait-il aujourd'hui encore, devant une poignée de maîtres, et malgré les excès dont ils ont surchargé leur pouvoir? Voyez dans les troubles populaires comme la foule se crée facilement des chefs. Un homme se montre au milieu du tumulte, personne ne le connaît, mais il parle avec autorité, on l'écoute ; il commande, on le suit[1]. Les révolutions commencent au nom de la liberté et finissent par un changement de maître. Nous avons vu de nouvelles preuves de la docilité de la multitude dans nos dernières tourmentes politiques. Deux ou trois factions ambitieuses se sont disputé le pouvoir pendant quelques heures ; le reste de la population attendait docilement que le gouvernement sortît des nuages pour lui porter son obéissance.

Il y a chez l'homme une confiance instinctive à l'autorité d'autrui, le besoin d'une autorité étrangère : « Il est évident, dit Thomas Reid, qu'en matière de témoignage et d'autorité, la balance de notre jugement est inclinée par notre constitution du côté de la confiance. Cette tendance n'augmente pas en raison de l'expérience. On peut l'appeler, faute d'un meilleur nom, *principe de crédulité*[2]. » Combien y a-t-il peu d'hommes qui se soient formé eux-mêmes leurs opinions dans la religion, dans la politique, dans les sciences, dans les arts et dans les lettres. On compte facilement les novateurs: Socrate, Luther,

---

1. Tum pietate gravem àc meritis si forte virum quem
Conspexere, silent arrectisque auribus astant;
Iste, regis dictis animos et pectora mulcet.

(Virgile, *Énéide*, livre I, v. 156 et suiv.)

2. *Critique de la philosophie de Reid*, par Ad. Garnier, p. 92, 93.

Bacon, Galilée, Descartes. Ils ont presque tous été victimes de leur indépendance ; ils ont eu contre eux l'immense majorité des hommes de leur temps, et ceux qui ont changé avec eux ne l'auraient pas fait, s'ils n'avaient pas eu pour s'abriter l'autorité de ces grands hommes. Dans le *protestantisme* même, qui a pour principe la liberté d'examen, il y a des sectes et non des croyances individuelles. Çà et là quelques indépendants ont proposé leur avis : les autres l'ont reçu de confiance. En effet, la plupart aiment mieux accepter leurs opinions toutes faites, que de se les faire, et ils n'auraient aucune assurance dans leur jugement, s'ils ne le voyaient confirmé par autrui. Ils adoptent des croyances qui les étonnent, mais ils se payent par cette réflexion : Il y en a tant d'autres qui le croient.

D'un autre côté, tel s'imagine se débarrasser d'une autorité, qui tombe sous une autre. Nous avons vu, de nos jours, la critique littéraire rejeter les autorités du dix-septième siècle, mais c'était pour y substituer celle du seizième. Elle se révoltait contre Racine et Boileau, mais elle servait sous Shakspeare et Ronsard.

C'est surtout dans l'enfance que se manifeste ce besoin d'autorité étrangère et cette confiance à la parole d'autrui. L'enfance manque des lumières qui nous aident dans l'âge mûr à juger du témoignage ; elle serait incapable d'apprécier dans quel cas elle doit accorder ou refuser sa croyance, mais la nature la lui dérobe. Son éducation est à ce prix. Tout impose à l'enfant : la taille, l'âge, le nombre, les témoins inconnus. Il regarde ses maîtres « comme des dieux qui lisent dans son cœur[1] ; » il lui semble que le public a les yeux fixés sur lui et devine ses pensées les plus secrètes. Un enfant voyant qu'à l'église,

---

1. Jean-Jacques Rousseau, *OEuvres complètes*, édit. 1822, t. I, p. 32.

au moment où le prêtre élève l'hostie, tout le monde s'inclinait, le front penché vers la terre, s'imagina qu'il se passait sous la voûte quelque chose d'extraordinaire, qu'il n'était pas permis de regarder. Il était vivement tenté de lever les yeux ; mais comment oser le faire en bravant l'exemple et l'autorité de toute cette multitude profondément courbée vers le pavé de l'église ? Partagé entre la curiosité et l'obéissance, il sentait ses regards comme cloués sur le sol. Bien des messes s'achevèrent sans qu'il osât secouer le joug de l'autorité, et il se promettait chaque fois d'être plus hardi la fois suivante. Enfin, un jour, il s'inclina moins bas, porta les yeux de côté, à droite et à gauche, et fut étonné de n'apercevoir aucun prêtre chargé de faire baisser la tête ; il en prit plus de courage, leva peu à peu le front, puis les yeux, et contempla enfin la voûte. Sa surprise fut grande de n'y apercevoir rien de nouveau, plus grande encore de se voir seul le front levé au milieu de cette foule prosternée. Il goûta d'abord le plaisir de l'indépendance et du joug brisé ; il promenait ses regards avec un certain sentiment d'orgueil sur la foule du peuple, au-dessus de laquelle il s'élevait sans recevoir aucune réprimande ; mais ce sentiment fut passager, l'autorité du nombre reprit son ascendant ; peu à peu il se sentit troublé de se trouver seul debout, il rougit et se prosterna.

Nous conservons longtemps, et quelques-uns de nous toute leur vie, cette déférence de notre enfance. Une haute stature nous impose au premier coup d'œil ; nous sommes plus gênés de parler à un homme dont la taille nous force de lever les yeux, qu'à celui qui nous permet de les baisser. Regarder en haut, *suspicere*, est le signe de l'admiration ; regarder en bas, *despicere*, est le signe du dédain.

L'âge nous frappe d'un respect qui nous prévient en sa faveur. « Il y a quantité de gens, disent les auteurs de la

Logique de Port-Royal, qui croient, sans autre examen, ceux qui sont plus âgés et qui ont plus d'expérience, dans les choses mêmes qui ne dépendent ni de l'âge, ni de l'expérience, mais de la lumière de l'esprit [1]; » Port-Royal appelle cette manière de juger : le sophisme de l'autorité. Les coutumes de nos pères nous paraissent vénérables, et plus encore celles des pères de nos pères et toujours ainsi en remontant vers la plus haute antiquité.

Napoléon répondit un jour, dit-on, à ceux qui voulaient lui trouver une origine ancienne, que sa noblesse datait de Marengo et d'Austerlitz, mais il n'osa cependant pas introduire à sa cour de nouveaux usages; il s'informait curieusement des anciennes cérémonies et il les copiait. Lors de son mariage avec l'archiduchesse d'Autriche, il écrivit à son ambassadeur: « Nous avons ici l'état des présents que le roi Louis XV a faits, lors de la remise de la princesse à Strasbourg. On en enverra de pareils pour la remise de la princesse à Braunau. Le prince de Neuchâtel n'est chargé d'aucun présent : nous n'avons pas trouvé trace qu'il en ait été donné aucun à Vienne. » Et ce hardi capitaine, qui avait changé l'art de la guerre et la face du monde, termine sa lettre en copiant le style de l'ancienne chancellerie: « Et sur ce, je prie Dieu qu'il vous ait en sa sainte garde [2]. »

Ceux qui veulent renouveler les sciences sont obligés de combattre l'ascendant de l'antiquité. « Les autres, dit Pascal, leur donneront des noms ridicules [3]. » Puis il ajoute: « Si l'antiquité était la règle de la créance, les anciens, étaient donc sans règle? Les anciens, dit-il encore, ont trouvé les sciences seulement ébauchées par ceux qui

---

1. *La logique*, IIIe partie, chap. XIX, § 6 ; 5e édit., p. 371 et 379.
2. Pelet de la Lozère, *Opinions de Napoléon*, p. 321.
3. *Pensées*, édit. Faug., t. I, p. 213 et t. II, p. 351.

les ont précédés; et nous les laisserons à ceux qui viendront après nous en un état plus accompli que nous ne les avons reçues. Comme leur perfection dépend du temps et de la peine, il est évident *qu'encore que notre peine et notre temps nous eussent moins acquis que les travaux des anciens, séparés des nôtres,* tous deux néanmoins joints ensemble doivent avoir plus d'effet que chacun en particulier[1]. » Dans les efforts de Pascal pour se débarrasser du joug de l'antiquité on voit qu'il le porte encore; car, en prenant à part le travail des anciens et celui des modernes, il accorde plus de valeur au premier. Toutefois, s'emparant de la pensée de Bacon que l'espèce humaine doit être considérée comme d'autant plus vieille, qu'elle est plus loin de son berceau, et que si l'autorité appartient à la vieillesse, elle revient plutôt aux dernières générations qu'aux premières[2], Pascal dit à son tour : « Toute la suite des hommes, pendant le cours de tant de siècles, doit être considérée comme un même homme, qui subsiste toujours et qui apprend continuellement. D'où l'on voit avec combien d'injustice nous respectons l'antiquité dans ses philosophes; car comme la vieillesse est l'âge le plus distant de l'enfance, qui ne voit que la vieillesse de cet homme universel ne doit pas être cherchée dans les temps proches de sa naissance, mais dans ceux qui en sont les plus éloignés[3]. » Et plus loin, attribuant à la vérité elle-même et non à la découverte de celle-ci le prestige de l'ancienneté, il ajoute : « Et quelque force enfin qu'ait cette antiquité, la vérité doit toujours avoir l'avantage, quoique nouvellement découverte, puisqu'elle est toujours plus ancienne que toutes les opinions qu'on en a eues, et que ce serait ignorer sa nature

---

1. *Pensées*, édit. Faug., t. I, p. 93-94.
2. *Noium organum*, livre I, § 34, *OEuvres philosophiques*, édit. Bouillet, t. II., p. 45.
3. *Pensées*, édit. Faug., t. I, p. 98.

de s'imaginer qu'elle a commencé d'être, au temps qu'elle a commencé d'être connue [1]. »

Nous citerons encore sur le respect de l'antiquité une page de Malebranche, qui par la force de l'attaque ne fait que mieux prouver la force de la résistance. « Mais l'admiration pour les rêveries des anciens leur inspire un zèle aveugle contre les vérités nouvellement découvertes : ils les décrient sans les savoir, ils les combattent sans les comprendre, et ils répandent, par la force de leur imagination, dans l'esprit et dans le cœur de ceux qui les approchent et qui les admirent, les mêmes sentiments dont ils sont touchés. Comme ils ne jugent de ces nouvelles découvertes que par l'estime qu'ils ont de leurs auteurs, et que ceux qu'ils ont vus et avec lesquels ils ont conversé, n'ont point cet air grand et extraordinaire que *l'imagination attache aux auteurs anciens,* ils ne peuvent les estimer. Car l'idée des hommes de notre siècle n'étant point accompagnée de mouvements extraordinaires et qui frappent l'esprit, n'excite naturellement que du mépris. Les peintres et les sculpteurs *ne représentent jamais les philosophes de l'antiquité comme d'autres hommes* : ils leur font la tête grosse, le front large et élevé et la barbe ample et magnifique. C'est une bonne preuve que le commun des hommes s'en forme naturellement une semblable idée : car les peintres peignent les hommes comme on se les figure ; ils suivent les mouvements naturels de l'imagination. Ainsi l'on regarde presque toujours les anciens comme des hommes tout extraordinaires. Mais l'imagination représente au contraire les hommes de notre siècle comme semblables à ceux que nous voyons tous les jours et ne produisant point de mouvement extraordinaire dans les esprits, elle n'excite dans l'âme que du mépris et de l'indifférence pour eux. « J'ai vu Descartes, disait un de

---

1. *Pensées,* édit. Faug., t. I, p. 101.

ces savants qui n'admirent que l'antiquité, je l'ai connu, je l'ai entretenu plusieurs fois ; c'était un honnête homme, il ne manquait pas d'esprit, mais il n'avait rien d'extraordinaire. » Il s'était fait une idée basse de la philosophie de Descartes, parce qu'il en avait entretenu l'auteur quelques moments, et qu'il n'avait rien reconnu en lui de cet air grand et extraordinaire qui échauffe l'imagination. Il prétendait même répondre suffisamment aux raisons de ce philosophe, lesquelles l'embarrassaient un peu, en disant fièrement qu'il l'avait connu autrefois. Qu'il serait à souhaiter que ces sortes de gens pussent voir Aristote autrement qu'en peinture et avoir une heure de conversation avec lui, pourvu qu'il ne leur parlât point en grec, mais en français et sans se faire connaître qu'après qu'ils en auraient porté leur jugement[1]. »

Pascal disait : « Si saint Augustin venait aujourd'hui et qu'il fût aussi peu autorisé que ses défenseurs, il ne ferait rien[2]. »

Chaque génération suppose que celle qui l'a précédée valait mieux qu'elle, et ces âges anciens, l'objet de notre admiration, se méprisaient eux-mêmes, pour en admirer de plus anciens encore. Quel n'est pas notre respect pour les grands noms du siècle de Louis XIV ! Mais voyez la sévérité de Fénelon contre Malherbe, Corneille, Racine et Molière[3]. Les hommes de cet âge vantaient la vertu de leurs aïeux et cependant les troubadours du douzième et du treizième siècle se plaignaient du relâchement des mœurs de leur temps. « Cette courtoisie jadis si vantée, disaient-ils, elle a disparu.... Entre les amants et les belles il s'est établi une lutte à qui trompera le plus hardiment.... Dans ce temps-ci, un mois d'épreuve semble

---

1. Malebranche, *De la recherche de la vérité*, livre V, chap. VII à la fin.
2. *Pensées*, édit. Faug., t. I, p. 286.
3. *Lettre à l'Académie*.

durer deux fois plus qu'une année entière au temps où l'amour régnait avec candeur. Il est pénible de voir ce qu'est aujourd'hui la courtoisie, après avoir connu ce qu'elle était autrefois[1]. »

« Le respect de l'antiquité doit être grand, dit Fénelon, mais je suis autorisé par les anciens contre les anciens mêmes[2]. » Le siècle d'Auguste, par la bouche de Virgile, professe un grand respect pour les héros des poëmes d'Homère, et ces héros se regardaient déjà comme en des temps de décadence. « J'ai vécu, dit Nestor aux Grecs, avec des gens qui valaient mieux que vous; » et du côté des Troyens, les vieillards, assemblés sur les portes Scées, s'entretiennent avec regret des vertus d'autrefois. Ainsi le modèle de la perfection recule de plus en plus dans l'antiquité, jusqu'à ce que nous le reportions sous le nom d'âge d'or dans le berceau même du monde.

L'expérience prouve cependant que les générations nouvelles mettent à profit les travaux des générations précédentes et continuent le progrès de l'humanité. Au fétichisme grossier des premiers temps de la barbarie succède le polythéisme ingénieux et symbolique du monde grec. Celui-ci cède la place à la croyance des peuples modernes en un seul Dieu. La doctrine morale des anciens sages est moins complète et moins savante que celle de Socrate, et cette dernière se perfectionne encore dans la morale chrétienne. Enfin, pour prendre un seul trait des actions et des coutumes, l'esclavage pratiqué par toute l'antiquité est remplacé, au moyen âge, par l'état plus supportable du servage, qui lui-même cède la place à l'indépendance des classes inférieures dans les sociétés de nos jours. Toutefois nous n'en continuons pas moins de sentir une inclination à croire que

---

1. Aimeri de Peguilain, dans le *Choix des poésies originales des troubadours*, par M. Raynouard, Paris, 1817, t. II, p. L.
2. *Lettre à l'Académie*, édit. Hachette, p. 196.

nos pères valaient mieux que nous ; et cette inclination est salutaire, elle nous empêche de changer pour le plaisir du changement ; elle force les inventeurs à faire briller longtemps la lumière de leur invention, jusqu'à ce que cette invention soit à son tour ancienne ; elle nous préserve des innovations futiles ou dangereuses, elle arrête les téméraires bouleversements de la société.

Le nombre des autorités est aussi puissant sur nous que leur antiquité. Nous n'aimons pas à penser autrement que le plus grand nombre de nos semblables, ou ce qui est la même chose, nous n'aimons pas que le plus grand nombre condamne nos opinions. Nous nous troublons s'il nous faut paraître ou parler devant une foule d'hommes, dont chacun pris à part ne nous causerait aucun trouble. « Ne vois-tu pas, dit Charmide à Socrate que la honte et la crainte naturelles à l'homme sont plus grandes dans les assemblées nombreuses que dans les réunions particulières ? — Ainsi, reprend Socrate, toi qui ne crains pas de parler devant les plus éclairés et les plus puissants de l'État, tu as peur des plus ignorants et des plus faibles. Tu t'intimides devant des foulons, des maçons, des forgerons, des laboureurs, des pourvoyeurs, des brocanteurs, dont tout l'esprit est d'acheter à bon marché et de revendre cher, car voilà de quoi se compose l'assemblée du peuple[1]. » — « Si l'on veut bien juger, dit Platon, c'est à la science et non à la multitude, qu'il faut s'en rapporter[2]. » Descartes professe aussi que la règle de la vérité n'est pas le consentement universel, parce que si tous les hommes ont la lumière naturelle, ils n'en font pas tous un bon usage[3]. La foule prend son intelligence pour la mesure de la vérité : elle condamne ce qui est au-dessus de cette me-

---

1. Xénophon, *Mémoires*, livre III, chap. VII.
2. *Lachès*, édit. H. E., t. II, p. 184.
3. *OEuvres philosophiques*, édit. Ad. G., t. I, p. 122.

sure, comme ce qui est au-dessous. « L'extrême esprit, dit Pascal, est accusé de folie comme l'extrême défaut. Rien que la médiocrité n'est bon. C'est la pluralité qui a établi cela et qui mord quiconque s'en échappe par quelque bout[1]. » — « Ils ont jugé plus à propos, ajoute-t-il ailleurs, et plus facile de censurer que de répartir, parce qu'il leur est bien plus aisé de trouver des moines que des raisons[2]. » — « Leur grand nombre, dit-il enfin, loin de marquer leur perfection, marque le contraire[3]. »

Toutes ces raisons sont insuffisantes pour nous prémunir contre l'ascendant du consentement général. Les plus hardis, en s'affranchissant d'une partie de leur chaîne, conservent le reste et le resserrent d'autant plus. Chaque réformateur sacrifie son coq à Esculape. On rejette quelque erreur de son temps, on adopte les autres. Hérodote et Plutarque discutent dans leurs histoires la vérité de quelques miracles, mais ils en reçoivent un grand nombre[4]. Dans les temps modernes le novateur Jean-Jacques Rousseau raconte ainsi le trouble qui le saisit, lorsqu'il lui fallut parler dans une assemblée, qui n'était cependant pas très-nombreuse : « L'on nomma une commission de cinq ou six membres pour recevoir en particulier ma profession de foi. Malheureusement le ministre, homme aimable et doux, avec qui j'étais lié, s'avisa de me dire qu'on se réjouissait de m'entendre parler dans cette petite assemblée. Cette attente m'effraya si fort, qu'ayant étudié jour et nuit pendant trois semaines un petit discours que j'avais préparé, je me trou-

---

1. *Pensées*, édit. Faug., t. II, p. 99.
2. *Lettres provinciales*, édit. 1830, t. I, p. 164.
3. *Pensées*, édit. Faug., t. I, p. 273.
4. Hérodote, livre I, chap. XLVII, XLVIII, XLIX, CLVIII, CLXVII; livre III, chap. LXXVI, CXVI, CXXIV, CXXV, CLIII; livre IV, chap. XXV, Plutarque, *Vie de Phocion*, trad. de Ricard, édit 1732, t. VIII p. 192.

blai, lorsqu'il fallut le réciter, au point de n'en pouvoir pas dire un seul mot et je fis dans cette conférence le rôle du plus sot écolier. Les commissaires parlaient pour moi, je répondais bêtement oui et non[1]. » Napoléon lui-même, certainement l'un des mortels les plus audacieux, était plus à son aise en particulier qu'en public. Le nombre des Auditeurs de son conseil d'État s'étant beaucoup accru, il n'osa plus laisser courir sa parole avec le même abandon qu'auparavant. Il établit une distinction entre les anciens et les nouveaux Auditeurs : les premiers eurent seuls le droit d'assister aux séances quand il les présidait[2].

Nous sommes incapables de nous démontrer à nous-mêmes la supériorité de l'opinion du plus grand nombre sur celle du plus petit, et de nous expliquer pourquoi des hommes qui, pris à part, ne nous imposent pas, nous troublent, quand ils sont réunis. Cinq cents volumes contenant le même ouvrage n'ont pas plus de valeur intellectuelle qu'un seul de ces volumes. Une intelligence ne peut pas s'ajouter à une autre; vos yeux ne rendent pas les miens plus clairvoyants. Vous voyez maintenant comme moi et je m'en applaudis : pourquoi cela? je n'en voyais pas moins bien tout à l'heure. Dira-t-on que, si tous les esprits s'accordent, c'est que la vérité, qui est une, est la cause de cet accord? Mais pour que cette harmonie ait quelque valeur, il faut que tous les esprits entre lesquels elle s'établit soient bien conformés, et s'ils le sont tous, le mien l'est aussi; il peut donc juger seul, il n'a pas besoin de l'assentiment des autres. Dans le cas du partage des esprits, la vérité, dira-t-on, aura probablement frappé le plus grand nombre. D'où vient cette probabilité? précisément de notre

---

1. *OEuvres complètes*, édit. 1822, t. II, p. 211.
2. Pelet de la Lozère, *Opinions de Napoléon*, p. 185.

disposition à révérer l'autorité du plus grand nombre ; car aucun raisonnement, aucune expérience ne la démontre ; et, au contraire, Descartes, Arnauld, Nicole, Pascal, prouvent que dans les matières difficiles l'avis de la majorité est l'avis des moins habiles [1]. L'espèce humaine peut être comparée à une troupe de voyageurs qui cheminent dans une grande plaine : quelques-uns disent qu'ils aperçoivent un clocher à l'horizon ; la pluralité ne le voit pas et croit que la minorité se trompe. A mesure qu'on avance, le nombre de ceux qui voient le clocher s'augmente et bientôt c'est la majorité. Quelques-uns ne le voient pas encore, mais la majorité décide : elle déclare que les premiers ont de bons yeux et que les derniers en ont de mauvais. Avant qu'elle eût vu à son tour, les premiers passaient pour des visionnaires.

Quand nous sommes seuls dans notre croyance, nous y avons peur comme dans la solitude ; nous cherchons à gagner des prosélytes. On nous satisfait, quand on nous laisse croire que notre avis est celui de la majorité.

L'opinion de Bossuet sur l'autorité du grand nombre est vacillante, et elle devait l'être, car en confessant que cette autorité ne peut être justifiée par le raisonnement, il la reconnaît cependant et ne veut pas la détruire. Il dit d'un côté : « Voici encore un principe très-commun et très-pernicieux : *il faut faire comme les autres*. C'est ce qui amène tous les abus et toutes les mauvaises coutumes, et ce qui est cause qu'on s'en fait des lois. Or, ce principe qu'*il faut faire comme les autres*, n'est vrai, tout au plus, que pour les choses indifférentes, comme pour la manière de s'habiller. Mais pour l'étendre aux

---

[1]. Descartes, *OEuvres philosophiques*, édit. Ad. G., t. III, p. 63. Arnauld et Nicole, *Logique*, 3ᵉ partie, chap. XIX. Pascal, *Pensées*, édit. Faug., t. II, p. 133.

choses de conséquence, il faudrait supposer que la plupart des hommes jugent et font bien[1]. » Et d'un autre côté, le même Bossuet dit au contraire : « Le sentiment du genre humain est considéré comme la voix de toute la nature, et par conséquent en quelque façon comme celle de Dieu[2]. »

Quel est donc ici le but de la Providence ? Est-ce de nous donner un instinct qui nous trompe ? non, la fin qu'elle se propose par le respect pour le consentement général comme par le respect pour l'antiquité, c'est de nous faire résister aux innovations qui ne sont pas utiles, aux doctrines qui ne sont pas véritables ; c'est d'établir une communauté des esprits. Les novateurs sont obligés de gagner cette communauté tout à la fois, car il est difficile d'en détacher quelques membres isolés. Lorsqu'on essaye de répandre une doctrine nouvelle chez un peuple, la multitude l'écoute avec défiance, comme nouveauté et comme opinion particulière à quelques-uns. Il faut que la doctrine soit longtemps prêchée pour qu'on s'y accoutume. Mais, objectera-t-on, c'est un obstacle à l'introduction des nouveautés salutaires. Non, c'est, comme nous l'avons déjà dit, un répit accordé à l'humanité, pour qu'elle ait le temps de choisir entre les améliorations utiles et les innovations dangereuses.

Le plus grand nombre est quelquefois déjà tacitement converti qu'on l'ignore encore. Peu de gens osent se séparer publiquement du troupeau de l'humanité ; les autres se consultent longtemps des yeux et à voix basse. Quand ils s'aperçoivent qu'ils sont au fond d'accord, il ne faut qu'une occasion pour faire éclater en public le feu qui couvait en secret. Dans l'histoire de l'établissement des religions, on est frappé de voir des provinces

---

1. *Logique. OEuvres philosophiques*, édit. De Lens, p. 383.
2. *Id., ibid*, p. 427.

changer à la fois tout entières. Un pays tout de païens la veille, se trouve le lendemain tout de chrétiens. Ce n'est pas que la conversion se soit opérée subitement et au hasard; elle a gagné petit à petit et de proche en proche, mais secrètement; c'est la déclaration qu'on en fait qui est subite, et elle se fait par tout le monde à la fois; on se sent appuyé les uns sur les autres, mais de se déclarer les premiers, voilà un effort difficile et dont peu de gens sont capables. Il leur faut pour cela une rare hardiesse, et encore se flattent-ils qu'ils ne font que devancer la majorité, et que le suffrage de la multitude leur appartient dans l'avenir; tant il nous est difficile de rejeter ce joug de l'autorité du nombre, bien que nous ne puissions pas le justifier d'après la règle de la raison; tant la nature a voulu que les hommes fussent unis dans leurs croyances et ne formassent pas seulement une société de corps, mais une société d'esprits.

Nous avons parlé de l'appréhension que nous inspire ce qui nous est inconnu, et de notre défiance naturelle pour les étrangers. Il faut parler maintenant de leur ascendant sur nous et du crédit que nous accordons à leur parole et à leur pensée. Lorsque la crainte que nous cause l'étranger s'est dissipée, c'est le respect qui en prend la place. Les peuples barbares et les peuples civilisés éprouvent à ce sujet le même sentiment. « Quelque chétive que soit la figure d'un Européen, les nègres le regardent comme un être d'une espèce supérieure. Les Fellas, race dominante du centre de l'Afrique, prétendent parenté avec les blancs, malgré leur teint noir foncé.... Les nègres attribuent aux Européens un pouvoir qui s'étend jusque sur les éléments; ils sont venus quelquefois remercier des voyageurs d'Europe de ce qu'il était tombé une grande pluie, dont le pays avait besoin[1]. »

---

1. *Voyage des frères Lander*, chap. III et XV.

Ce qui nous est caché excite notre imagination et nous dispose à la crainte ou au respect. Josué faisait marcher l'arche d'alliance à mille coudées devant le peuple[1] et Moïse mettait des barrières autour de la montagne sainte pour empêcher la foule de l'y accompagner. « Vous vous prosternerez de loin et Moïse approchera seul de l'Éternel [2]. » Les rois de l'Orient sortaient rarement de leurs palais et ne paraissaient qu'entourés de soldats qui obstruaient les regards de la multitude.

Périclès ne se montrait qu'à de longs intervalles dans les assemblées, de peur qu'une trop fréquente communication avec le public ne finît par inspirer moins de respect pour sa personne. Il s'abstenait de parler sur les affaires d'un médiocre intérêt et se réservait pour les graves événements, de même que, suivant Critolaüs, on laissait voir rarement le vaisseau de Salamine [3]. Un prince impose moins aux habitants de la capitale qu'à ceux des villes éloignées du centre de l'empire. Le sénat romain était depuis longtemps méprisé dans Rome, qu'il était encore respecté et redouté dans les provinces.

Les disciples de Mahomet font partir l'ère de leur prophète du jour de sa fuite à Médine ; s'il fût resté à la Mecque, sa doctrine ou lui-même aurait infailliblement péri [4]. Il faut que le prophète nous soit inconnu, qu'il vienne de loin, qu'on ne connaisse ni son père, ni sa mère, ni ses frères, et qu'il s'exprime en un discours obscur et figuré.

Une personne sérieuse qui nous est inconnue et qui garde le silence, établit dans notre esprit un préjugé en

---

1. *Josué*, III, 3.
2. *Exode*, XIX, 12; XXIV, 1, 2.
3. Plutarque, *Vie de Périclès*, trad. de Ricard, édit. 1832, t. II, p. 357.
4. Herder, *Idées sur la philosophie de l'Histoire*, trad. franç., t. III, p. 395.

sa faveur. Molière allait en compagnie de Chapelle à sa maison d'Auteuil; ils descendaient la Seine sur un bateau où étaient avec eux le jeune Baron et un moine. L'entretien roulait sur la philosophie de Descartes, que Molière défendait, bien qu'il eût suivi au collége les leçons de Gassendi. Chapelle, adonné aux plaisirs sensuels, s'accommodait mieux de la doctrine qui faisait des sens toute la constitution de l'homme Le moine gardait le silence. Ce témoin silencieux imposait aux deux adversaires. Chacun avait les yeux fixés sur lui en défendant sa thèse, et tâchait d'en obtenir un regard d'approbation. Il faisait de légers signes de tête, en murmurant un son confus qui laissait la victoire indécise, et cela donnait une nouvelle ardeur à la dispute. Lorsque le bateau fut arrivé en vue du couvent des *Minimes,* le moine fit signe d'arrêter, se leva et alla prendre sa besace sous les pieds du batelier. Les deux philosophes reconnurent un frère lai du couvent. Ils se mirent à rire des efforts qu'ils avaient faits pour obtenir l'approbation de ce juge, et Molière prenant la main du jeune Baron, lui dit : « Vous voyez, mon enfant, le pouvoir du silence ! »

Il suffit donc qu'un témoin ne nous soit pas connu, pour que nous redoutions son jugement. L'autorité se détruit par le contact; elle laisse apercevoir ses faiblesses à ceux qui la voient de près; Rousseau a dit qu'on n'est point héros pour son valet de chambre; mais nous oublions que toute autorité vue de près s'amoindrit, et l'éloignement nous fait toujours supposer la grandeur.

Dans les tribunaux, la publicité de l'audience est la garantie de la bonne administration de la justice. Quelques auditeurs inconnus du juge, ou seulement une porte toujours ouverte, par laquelle peut entrer qui veut, suffisent pour que le juge s'observe, écoute avec plus de soin, parle avec plus d'ordre et de gravité, et rende de meilleurs jugements. Profitons de cette disposition de notre nature à s'incliner si facilement devant l'autorité étrangère, et principalement devant l'autorité inconnue, et introduisons la publicité dans toutes les parties de l'administration publique où elle est possible.

Un dernier nœud par lequel la Providence fortifie l'instinct de société, c'est la sympathie. Nous entendons par ce terme la disposition où nous sommes de jouir du bonheur de nos semblables et de souffrir de leur malheur : il comprend donc la bienveillance et la pitié ou la compassion. « La vue du bonheur d'autrui, dit David Hume, nous égaye, comme celle d'un beau jour ou d'un pays bien cultivé; la vue du malheur nous attriste, comme l'aspect d'un ciel orageux ou d'un pays inculte et stérile[1]. » Le même auteur fait remarquer qu'il n'est pas nécessaire d'être attaché à une personne par les liens du sang ou d'une amitié particulière pour ressentir à son égard les effets de la sympathie[2]. Sans doute notre bienveillance et notre pitié sont plus vives pour celui que nous aimons d'une affection plus étroite, mais nous éprouvons aussi ces sentiments pour tous les hommes. La sympathie est donc un mode de l'instinct de société, aussi bien que des affections plus intimes de notre cœur.

On a dit que la sympathie n'était qu'un mode de l'amour de soi; que nous nous mettions en idée à la place de celui qui est heureux ou malheureux, et que c'était notre personne qui, sous le masque d'autrui, excitait notre pitié ou notre bienveillance. Leibniz fait sur ce sujet l'observation suivante : « Les philosophes et les théologiens distinguent deux espèces d'amour : 1° l'amour qu'ils appellent de *concupiscence*, c'est le sentiment qu'on a pour l'objet qui nous donne du plaisir, sans que

---

[1]. OEuvres philosophiques, trad. franç., t. V, p. 167.
[2]. Id., ibid., t. IV, p. 44.

nous nous inquiétions si l'objet lui-même en reçoit; 2° l'amour de *bienveillance*, c'est le sentiment qu'on a pour l'être qui nous plaît parce qu'il est heureux. Le premier nous fait avoir en vue notre plaisir, et le second le plaisir d'autrui, mais comme constituant le nôtre ; car si le plaisir d'autrui ne rejaillissait pas sur nous en quelque façon, nous ne pourrions pas nous y intéresser, parce qu'il est impossible, quoi qu'on dise, d'être détaché de son propre plaisir. Voilà comment il faut entendre l'amour désintéressé ou non mercenaire, pour en bien concevoir la noblesse, sans tomber dans le chimérique[1]. » Leibniz, dans ce passage, a tenu la balance avec une extrême justesse. Il est bien entendu, d'après cela, que le bonheur d'autrui nous plaît; mais il nous plaît comme bonheur d'autrui et non pas parce que nous nous mettons nous-mêmes, en idée, à la place de l'être qui excite notre sympathie. David Hume complète ainsi les explications de Leibniz. « Croira-t-on que la sympathie vienne d'un raffinement métaphysique sur notre intérêt particulier. Autant vaudrait accorder au ressort d'une montre le pouvoir de mettre en mouvement un lourd chariot. Certains animaux sont susceptibles de sympathie, tant pour leur espèce que pour la nôtre. Dirons-nous que ce sentiment vient chez eux d'un raffinement d'amour-propre[2] ? »

En effet, le chien défend l'homme, le taureau défend son troupeau ; les loups ne se font entre eux aucun mal[3], « le lapin se creuse une demeure et vit en société : ses intérêts ne sont pas concentrés dans sa seule famille; ils s'étendent à toute la république souterraine, à tous les êtres de son espèce qui ont avec lui des rapports de voisinage.... S'il les croit menacés de quelque surprise,

---

1. *Nouveaux essais*, livre II, chap. xx, § 4 et 5.
2. *OEuvres philosophiques*, trad. franç., t. V, p. 22.
3. Leroy, *Lettres sur les animaux*, 1781, p. 36.

il donne l'alarme aux environs en frappant la terre avec les pattes de derrière, et les terriers retentissent au loin de ces coups redoublés. Toute la peuplade se presse ordinairement de rentrer; mais si quelques lapins plus jeunes et plus imprudents ne cèdent pas aux premiers avertissements, les vieux restent en frappant toujours et s'exposent eux-mêmes pour la sûreté publique.... La sympathie se montre avec la plus grande énergie dans toutes les espèces qui vivent ensemble et qui ont des moyens de s'entre-secourir. Celui qui en doutera peut essayer d'aller faire crier un porc dans un bois où il y en aura d'autres à la glandée. Les espèces vigoureuses et bien armées défendent avec fureur les individus de leur troupe; les espèces faibles s'avertissent du danger[1]. »

Hume avait fait remarquer que certains besoins physiques tendent immédiatement à la possession de leur objet et précèdent la jouissance de nos sens; et qu'après la satisfaction de ces appétits il naît un plaisir qui peut être l'objet d'un désir intéressé[2]; il en dit autant de la sympathie : « La constitution primitive de notre âme nous fait désirer le bonheur de nos semblables. C'est seulement après en avoir goûté le plaisir, que nous pouvons le rechercher par les motifs combinés de la bienveillance et de l'amour de nous-mêmes. Si la vengeance, excitée par la seule force de l'instinct, peut nous faire oublier notre propre sûreté, et nous faire ressembler à ces animaux qui, pour blesser leur ennemi, sacrifient leur propre vie, quelle est la malignité d'une philosophie qui ne veut point accorder aux sentiments d'humanité et de bienveillance ce qu'elle est forcée de reconnaître dans des sentiments atroces, tels que la haine et la colère? Une pareille philosophie est moins la peinture que la satire de

---

1. Leroy, *Lettres sur les animaux*, 1781, p. 66, 67, 166.
2. Voy. plus haut, même livre, chap. I, § 1.

la nature humaine. Elle peut fournir des plaisanteries et des paradoxes, mais aucun raisonnement sérieux[1]. » On peut voir aussi dans Hutcheson, sur le désintéressement de la sympathie, des développements qui sont trop étendus pour être rapportés en ce lieu[2].

Nous citerons, pour terminer sur ce sujet, quelques pages empreintes de cette sympathie spontanée et irréfléchie qui nous attendrit sur le bonheur comme sur le malheur de nos semblables. Un prisonnier que nous avons souvent cité disait à l'un de ses gardiens : « Comment pouvez-vous avoir un visage aussi gai, vous qui passez votre vie avec des malheureux? — Vous croyez peut-être, reprit cet homme, que c'est par indifférence; mais je vous assure que je souffre souvent de voir pleurer, et qu'alors je fais semblant d'être joyeux pour faire sourire les pauvres prisonniers.... — Combien je me trompais, poursuit le même captif, en pensant que cette compassion, qui nous suivait en Italie, allait cesser dès que nous aurions touché la terre étrangère. L'homme bon est partout le compatriote des malheureux. En Autriche, en Illyrie, il arrivait la même chose que dans notre patrie. Oh! combien est douce la pitié de nos semblables et qu'il est doux de les aimer! La consolation que j'en tirais affaiblissait mes ressentiments contre ceux que je nommais mes ennemis. Qui sait? pensais-je; si j'avais vu de près leurs visages et qu'ils eussent vu le mien, si j'avais pu lire dans leurs âmes et eux dans la mienne, peut-être aurais-je été forcé de convenir qu'il n'y avait en eux aucune méchanceté, et peut-être auraient-ils reconnu qu'ils n'en voyaient aucune en moi-même. Qui sait si alors nous ne serions pas mutuellement plaints et aimés! Trop souvent, hélas! les hommes se haïssent, parce qu'ils ne se

---

1. *OEuvres philos.*, trad. franç., t. V, p. 26.
2. *An inquiry into the original of our ideas of beauth and virtue*, treatise II, sect. 1, § 2-8.

connaissent pas les uns les autres ; et il leur eût suffi d'échanger quelques paroles, pour que l'un vînt avec confiance donner la main à l'autre.... Que je voudrais savoir le nom de chacun de vous qui vous approchiez et nous demandiez si nous avions encore nos parents, et qui, en apprenant qu'ils vivaient encore, pâlissiez en vous écriant : Oh ! que Dieu vous remette bientôt en leurs bras !... Un jour, ayant offensé mon geôlier Schiller et le voyant affligé, j'allai à lui et lui dis : Si vous voulez que mon dîner me fasse du bien, ne me faites pas cette laide figure. — Et quelle figure faut-il vous faire, demanda-t-il, pendant que son visage s'éclaircissait. — Celle d'un homme joyeux, d'un ami, répondis-je. — Vive la joie ! s'écria-t-il ; si pour que votre dîner vous fasse du bien vous voulez encore me voir danser, vous voilà servi. Et de ses jambes maigres et longues il se mit à sauter d'une façon si réjouissante, que j'éclatai de rire avec un cœur tout ému.... Quand Schiller était convalescent, il venait quelquefois se promener sous nos fenêtres, Nous toussions pour le saluer, et lui levait la tête avec un sourire mélancolique, et disait à la sentinelle de manière à ce qu'il nous fût possible de l'entendre : Ce sont mes enfants ! Pauvre vieillard ! Que je souffrais de le voir traîner son corps malade et de ne pouvoir le soutenir de mon bras. Quelquefois il s'asseyait sur l'herbe et lisait : c'étaient les livres qu'il m'avait prêtés, et pour que je les reconnussent, il en lisait le titre à la sentinelle ou en répétait quelques morceaux à haute voix. L'aspect des hommes qui prennent pitié de notre infortune, lors même qu'ils n'ont pas le moyen de nous consoler plus efficacement, ne laisse pas que de l'adoucir[1]. »

Nous aimons à voir les signes de la pitié que nous in-

---

1. Silvio Pellico, *Mes prisons*, 1re trad. franç., p. 16, 96, 236, 249, 288, 341, 353.

spirons ; nous sommes reconnaissants de la compassion qu'on nous témoigne ; cela prouve que nous ne regardons pas cette sympathie comme un retour intéressé du spectateur sur lui-même, et que nous nous sentons capables d'une sympathie désintéressée.

Si nous ne pouvions goûter le bonheur d'autrui qu'en nous l'attribuant à nous-mêmes par l'imagination, il arriverait que les hommes les plus possédés de l'amour de soi seraient les plus ouverts à la sympathie. L'avare se plairait à faire des largesses, l'ambitieux s'empresserait de partager son pouvoir : on verrait dans les caractères les plus frappantes contradictions. La bienveillance ne consiste donc pas dans un retour sur nous-mêmes. Ceux qui l'ont sentie et pratiquée au plus haut degré, les Socrate, les saint Vincent de Paul, les Howard, les Malesherbes, les la Rochefoucauld, les Montyon, les Oberlin, ont sacrifié leur repos, leur liberté, leurs biens et quelquefois leur vie à l'intérêt de l'humanité [1].

§ 2. Attachement particulier.

Les inclinations précédentes nous attachent à l'espèce humaine tout entière ; par celles qui suivent, nous resserrons notre affection dans un cercle plus étroit ; ces inclinations sont l'attachement particulier, l'amour proprement dit et les affections du sang.

Il y a une amitié qui est une passion complexe et dont nous parlerons plus loin ; elle suppose l'estime pour l'es-

---

1. Voy. *Mémoire sur Socrate*, par Xénophon ; *Histoire de Saint Vincent de Paul*, par Collet, Paris, 1818 ; *Tableau du caractère et des services publics de J. Howard*, trad. franç., Paris, 1766 ; *Éloge de Lamoignon-Malesherbes*, par Dupin, Paris, 1841 ; *Vie du duc de la Rochefoucault de Liancourt*, par son fils, Paris, 1827 ; *Vie de M. de Montyon*, Paris, 1829 ; *Notice sur J. F. Oberlin*, pasteur à Waldbach, Paris, 1826.

prit et le caractère de l'ami, etc.... Mais il existe un attachement simple, aveugle, et pour ainsi dire animal, qui nous lie à un compagnon, à un individu plus fortement qu'à l'espèce, ou même sans aucun attachement pour le reste de l'espèce.

Les animaux ruminants, qui vivent en troupeau, ne s'attachent à aucun individu en particulier ; ils reconnaissent à peine celui qui les nourrit ; les mâles sont grossiers et farouches, aucun bienfait ne les captive, ils sont toujours prêts à frapper leur maître, dès qu'il cesse de les intimider. Au contraire, le tigre, le lion, l'hyène, qui vivent solitaires, sont sensibles aux bienfaits, reconnaissent celui qui les soigne et s'attachent à lui d'une affection sûre. Frédérick Cuvier a vu une hyène tachetée qui avait pour son maître le plus vif attachement, et une hyène rayée à laquelle, sans la crainte d'effrayer les passants, on aurait pu donner la même liberté qu'à un chien[1]. L'attachement particulier n'est donc pas un mode ou un degré de l'instinct de société, puisqu'il y a des animaux qui vivent en société et qui ne sont pas susceptibles d'attachement spécial, et d'autres qui éprouvent ce sentiment d'une manière profonde et qui vivent solitaires. Le chien est disposé aux deux genres d'attachement. « Une lionne, dit Frédérick Cuvier, avait perdu le chien avec lequel elle avait été élevée, et pour offrir toujours le même spectacle au public, on lui en donna un autre qu'aussitôt elle adopta. Elle n'avait pas paru souffrir de la perte de son compagnon : l'affection qu'elle avait pour lui était très-faible, elle le supportait, elle supporta de même le second. Cette lionne mourut à son tour ; alors le chien nous offrit un tout autre spectacle : il refusa de quitter la loge qu'il avait habitée avec elle ; sa tristesse

---

1. Flourens, *Observations de F. Cuvier sur l'instinct et l'intelligence des animaux*, 2ᵉ édit., p. 53 et 91.

s'accrut de plus en plus : le troisième jour, il ne voulut plus manger, et il mourut le septième [1]. »

Parmi les hommes, les uns éprouvent également l'instinct de société et l'attachement particulier ; les autres tiennent plus au troupeau qu'à l'individu. Redoutant la solitude, satisfaits de vivre un milieu de la foule, ils ne contractent nulle part de lien qui les retienne. D'autres enfin, importunés par la multitude, recherchent l'isolement, s'attachent fortement à un petit nombre de ses semblables et ne rompent jamais volontairement leurs relations.

Cette amitié simple est bien distincte de l'amitié complexe fondée sur l'estime puisqu'elle s'établit même entre les brigands et les débauchés comme entre les animaux. Elle ne vient pas de l'habitude, puisque l'animal ruminant ne s'attache jamais à son maître. Elle est susceptible de jalousie, et c'est pour cela sans doute que, même dans l'amitié complexe, ni l'histoire, ni la Fable ne nous présentent jamais trois amis également liés d'une affection mutuelle, mais seulement deux couples d'amis, comme Thésée et Pyrithoüs, Achille et Patrocle, Oreste et Pilade, Damon et Pythias, etc.... On veut posséder son ami comme en être possédé sans partage. Enfin cette amitié est spontanée et ne se fonde pas sur l'intérêt. « Ne désirons-nous pas le bonheur de notre ami, même pendant notre absence et après notre mort [2] ? » On voit souvent un chien prendre sous sa protection un animal de son espèce, plus faible que lui, et le défendre contre toutes les insultes ; ce n'est donc pas l'intérêt qui l'attache à son ami. Le jeune Mitchel, aveugle et sourd, pourrait aimer par intérêt son père et ses sœurs, qui pourvoient à sa

---

1. Flourens, *Observations de F. Cuvier sur l'instinct et l'intelligence des animaux*, 2ᵉ édit., p. 74.
2. David Hume, *OEuvres philosophiques*, trad. franç., t. V, p. 23.

sûreté et à son existence ; mais il aime aussi les faibles enfants, il les prend dans ses bras, et il les caresse.

§ 3. Amour.

L'amitié ne fait pas acception du sexe ; l'amour, proprement dit, en tient compte, mais à son insu. Une jeune fille pure et ignorante éprouvera pour un jeune homme un sentiment bien différent de celui qu'elle ressent pour la plus aimée de ses compagnes, et elle ignorera pourtant le rapport des sexes ; la vivacité, la durée, la profondeur, la spécialité de son amour tiendront même à cette ignorance. La spontanéité et l'innocence de l'inclination paraissent ici dans tout leur jour. La nature pousse vers un but qu'on ignore, seulement elle rend aimable le chemin qui y conduit. L'amour ne doit donc pas être confondu avec le besoin des sens : celui-ci tient compte du sexe, mais point de telle ou telle personne ; l'amour ne voit qu'une seule personne dans le sexe tout entier. Descartes s'exprime sur l'amour d'une manière naïve et poétique qui convient bien au sujet. « En certain âge et en certain temps, on se considère comme défectueux et comme si on n'était que la moitié d'un tout, dont une personne de l'autre sexe doit être l'autre moitié ; en sorte que l'acquisition de cette moitié est confusément représentée par la nature comme le plus grand de tous les biens imaginables. Et encore qu'on voie plusieurs personnes de cet autre sexe, on n'en souhaite pas pour cela plusieurs en même temps, d'autant que la nature ne fait point imaginer qu'on ait besoin de plus d'une moitié[1]. »

Le caractère propre de l'amour, ce qu'il a de particulier entre toutes les inclinations qui nous attachent à

---

[1]. *OEuvres philosophiques*, édit. Ad. G., t. I, p. 392.

nos semblables, c'est d'occuper uniquement notre pensée d'une seule personne de l'autre sexe, et de nous causer un ravissement continu, par les qualités et les perfections que notre imagination lui prête. Tout en elle prend un charme à nos yeux : son attitude et ses mouvements sont pleins de grâce, ses regards pleins de langueur ou de feu; sa voix nous semble une musique délicieuse. En son absence, cette voix mélodieuse résonne à notre oreille, cet aspect enchanteur est devant nos yeux; l'admiration et le respect remplissent notre cœur. C'est une obsession continuelle, une apparition qui occupe toutes les avenues de la pensée. Si quelque travail épineux nous en détourne un instant, à peine l'esprit est-il libre qu'il revient à ce charmant objet. On se plaît à en entendre parler; on court aux endroits d'où on puisse apercevoir au moins son ombre. On sent le désir de se trouver toujours en présence de cette seule personne ; on voudrait ou se fixer à ses pieds ou l'emmener partout avec soi. On ne veut plus de travaux dont elle ne soit le but, plus de plaisirs qu'elle ne partage; loin d'elle, toutes les joies languissent : les campagnes, les fêtes, les spectacles n'ont plus que de la froideur. Cet état de l'âme se trahit au dehors : des ris et des pleurs, qui semblent sans cause, viennent de l'unique pensée qui remplit votre âme; vos mouvements, votre accent, le timbre de votre voix vous décèlent. On vous fait une question indifférente, et vous l'appliquez à l'objet qui vous occupe. A son nom, l'émotion vous saisit; si l'on en parle mal, votre indignation éclate malgré vous; si l'on en parle bien, des larmes remplissent vos yeux. En sa présence, votre voix tremble, votre esprit se couvre de ténèbres ou brille d'une plus vive clarté. Vous éprouvez le besoin de toujours consulter ses yeux ; vous ne vous rassasiez jamais de cette vue, quoique vous la renouveliez sans cesse ou que vous la prolongiez sans interruption.

Comme on est uniquement intéressé par cette personne, on voudrait en être l'unique intérêt. On frémit quand on pense que sa tendresse aurait pu ou pourrait encore se déverser sur un autre, qu'on ne serait pour elle que l'un des mortels, qu'un être indifférent. L'amitié n'existe que si elle est payée de retour : elle est un contrat tacite entre deux parties; l'amour aspire à ce retour, mais s'il ne l'obtient pas, il existe encore et sa vie est de le chercher. L'amitié est jalouse; mais si l'ami est inconstant, elle s'affaiblit et s'éteint; l'amour survit à l'infidélité de l'objet aimé. On souffre et on aime, on est humilié et on adore, on se nourrit de cette amertume. L'amitié ne désire point la perte de l'inconstant; l'amour veut que l'infidèle soit perdu pour tous les autres comme pour nous. Si l'amitié, cette amitié complexe qui se fonde sur l'estime [1], découvre des vices dans l'ami, elle succombe; l'amour résiste à la vue des défauts de ce qu'il aime. Il a un tel fonds de bienveillance, qu'il étend sur les vices le voile des perfections. Il trouve encore à l'objet aimé une certaine grâce dans le mal, tant il se plaît à se tromper.

Ce ne sont pas seulement les défauts de l'âme que nous nous cachons dans l'objet qui nous flatte, ce sont les défauts du corps, et bien plus, nous finissons par les aimer. L'austère Descartes trouvait un certain charme dans les yeux qui n'ont pas la même direction; il rechercha l'origine d'un pareil goût, et il se rappela que ce défaut se trouvait dans une jeune fille qu'il avait aimée presque dans son enfance [2]. Quelqu'un qui avait senti son premier amour pour une personne dont la voix était un peu grave, ne retrouvait pas sans plaisir cet accent dans une autre femme.

---

1. Voy. plus loin, même livre, chap. v.
2. *OEuvres philos.*, édit. Ad. G., t. I, p. 7.

Sans doute l'amour s'augmente par les mérites de l'objet aimé, mais il ne vient pas de ces mérites, et il lui en suppose encore de plus grands. Il attend une occasion extérieure pour se développer, mais la moindre lui suffit; il s'empare de ce prétexte et il bâtit alors tout son édifice avec des matériaux qui lui sont propres. C'est l'abeille qui du suc un peu fade d'une fleur compose en elle-même le miel le plus exquis. Un philosophe a dit que l'esprit tire de son fonds l'idée de l'infini, et l'applique à certains objets extérieurs[1]; c'est la théorie de l'amour plutôt que celle de l'intelligence : l'amour croit trouver la perfection dans l'objet qui le charme et il la lui prête au contraire.

L'amour s'exalte à l'idée des mérites qu'il rêve en ce qu'il aime; il épure son cœur pour en faire un temple plus digne de son idole. Il s'encourage à la vertu, aux grandes entreprises; il brûle de se dévouer et de se sacrifier même à quelque noble cause, pour être un héros digne de l'objet qu'il adore, ou un souvenir, une ombre plus chère à sa pensée.

Pourquoi l'amour s'attache-t-il à tel objet plutôt qu'à tel autre? Nous ne saurions le dire. « L'amour naît pour ainsi dire sans cause, d'un trait du visage, d'un air, d'un rien, et quelquefois il s'éteint de même[2]. »

> Est-ce que l'on consulte au moment qu'on s'enflamme ?
> Choisit-on qui l'on veut aimer ?
> Et pour donner touté son âme
> Regarde-t-on quel droit on a de nous charmer ?
> Sans qu'on ait le pouvoir d'élire,
> On suit dans une telle ardeur
> Quelque chose qui vous attire,

---

1. Kant, voy. plus loin, livre VII, ch. v.
2. David Hume, *Essays and treatises*, London. 1772, vol. I, p. 197.

> Et lorsque l'amour touche un cœur,
> On n'a point de raison à dire[1].

L'amour, comme nous l'avons déjà dit, n'est pas un besoin des sens, car il peut vous occuper pour un autre objet que celui qui vous donne le plaisir des sens. Il est une aspiration toute spéciale et toute personnelle. De plus, il se concilie avec la plus grande pureté, et peut-être qu'il s'en alimente. C'est un feu tempéré par le respect ; il est ami de la pudeur et ne peut vivre sans elle. Il cherche la nuit et le secret. Nous avons vu comment, dans une des plus charmantes allégories de la Grèce, lors-Psyché allume sa lampe, l'Amour s'envole et retourne auprès de Vénus[2]. Pour ses confidences et ses aveux l'amour veut le mystère. « Rébecca levant les yeux vit Isaac et descendit de son chameau, car elle avait dit au serviteur : Qui est cet homme qui marche dans les champs au-devant de nous? Et le serviteur avait répondu : C'est mon seigneur ; et elle prit un voile et s'en couvrit[3]. » Ulysse étant parti de Lacédémone avec Pénélope pour retourner dans sa patrie, fut rejoint en route par son beau-père Icarius, qui supplia sa fille de demeurer avec lui. Ulysse donna le choix à Pénélope de le suivre à Ithaque ou de rester avec son père. Elle ne répondit rien et se couvrit de son voile. Icarius comprit qu'elle voulait aller avec son époux ; il y consentit et fit élever en ce lieu une statue à la Pudeur[4]. La publicité effarouche l'amour ; dès qu'il est affiché, il s'affaiblit. Héloïse refusait d'épouser Abélard, parce qu'elle répugnait, disait-elle, à un aveu public de sa passion : elle ne voulait pas détruire le mystère qui nourrit l'amour. Il se plaît dans

---

1. *Psyché*, acte 1ᵉʳ, scène 2ᵉ.
2. Voy. même livre, chap. III, § 4.
3. *Genèse*, XXIV, 64-65.
4. *Pausanias*, livre III.

l'ombre, dans les difficultés, dans les entreprises. Platon le fait fils du Stratagème Πόρος, petit-fils de la Prudence Μῆτις. Il le représente sans abri couchant sur la terre, toujours aux portes et sur les chemins courageux, entreprenant, méditant sans cesse quelque artifice[1].

Celui qui aime est heureux, parce qu'il a l'esprit charmé d'apparitions enchanteresses ; il est malheureux aussi, parce qu'il désire sans cesse ; mais cette souffrance est l'assaisonnement du bonheur. On pensera peut-être d'après cela que l'amour n'est qu'un désir non satisfait. La possession, dira-t-on, éteint l'amour pour l'objet qu'on possède ; il ne subsiste qu'envers l'objet qui n'est pas encore possédé. Si l'amour est un désir non satisfait, d'abord il l'est à son insu, car il existe même dans l'ignorance de la relation des sexes, et ensuite c'est un désir relatif à une seule personne, et cela suffit pour en faire une inclination à part, distincte du besoin des sens.

On insistera en disant que les barbares et les sauvages ne connaissent pas l'amour et la jalousie ; que cette passion est un sentiment factice, qui vient des complications de notre société et des obstacles qui irritent le désir. Mais dans les sociétés civilisées un homme n'aime pas d'amour toutes les femmes qui lui plaisent et qui lui sont interdites. Si l'amour n'existe pas chez les sauvages, si l'on y souffre la promiscuité, si l'on y fait hommage à l'étranger des femmes et des filles, c'est que ces barbares sont eux-mêmes dans une condition factice. Ils tiennent la femme dans une sujétion qui ne laisse pas à l'amour le temps de se former, dans une dégradation morale et intellectuelle qui le rebute ; et cependant, malgré tout cela, on aperçoit encore quelquefois une préférence du maître envers telle ou telle de ses

---

1. *Banquet*, édit. H. E., t. III, p. 203.

esclaves, préférence qui s'étend aux enfants qu'elle lui donne, qui est souvent irréfléchie et sans cause, et par là semblable à l'amour des nations civilisées.

Mais, dira-t-on, l'amour est le besoin des sens fixé sur une personne par la beauté de celle-ci, par son esprit ou sa vertu. Nous avons vu plus haut que l'amour souffre une certaine laideur, soit dans les traits, soit dans l'âme de la personne qu'il aime, et qu'il naît d'un *je ne sais quoi*, d'un *rien inexplicable*. Nous avons vu qu'il a si peu besoin de trouver des mérites dans l'objet aimé, qu'il lui en prête et qu'il le revêt par son imagination de toutes les grâces et de toutes les vertus.

Le but de la nature, en nous inspirant cette inclination si vive et si douce pour une seule personne de l'autre sexe, au moins pendant un certain temps, est, sans aucun doute, de constituer la famille. Comment n'aurait-elle pas pris ce soin pour les hommes, elle qui l'a pris pour certaines espèces d'animaux? Nous devons dire, au risque d'offenser les amants, que cette préoccupation qu'ils éprouvent pour un seul individu de l'autre sexe, ce soin exclusif, cet attachement personnel et constant se retrouvent chez quelques animaux, chez le rossignol, le pigeon, le cygne, etc., avec cette seule différence que chez les animaux la fidélité est inaltérable et ne s'éteint que par la mort de l'un des deux époux. Nous retirerons de l'exemple de ces animaux une nouvelle preuve que l'amour est un sentiment spécial et qu'il ne dérive ni des besoins du sexe, ni de l'instinct de société, ni de l'attachement particulier, ni de l'amour du beau ou de la vertu. Tous les animaux ont les besoins des sens, et tous n'ont pas la fidélité à un seul individu de l'autre sexe; beaucoup vivent en société, qui ne forment cependant, sous le rapport du sexe, que des unions passagères. Quelques-uns, comme le chien, le lion, etc., sont susceptibles d'un attachement très-fidèle, mais sans ce sentiment particulier pour un seul individu de l'autre sexe qui forme le mariage. Enfin, les animaux ne donnent aucun signe d'intelligence ou d'inclination pour la beauté ou la vertu.

L'amour est une passion si bien connue qu'elle a été peinte des mêmes traits par les poëtes et par les philosophes.

Le poëte Alfiéri éprouva dans son premier amour un sentiment de timidité et de vénération qui l'embarrassait auprès de celle qu'il aimait et qui lui faisait presque autant redouter que désirer sa présence. « Voici, dit-il, quels furent les symptômes de cette passion : Une mélancolie opiniâtre et profonde; une recherche continuelle de celle que j'aimais et que je quittais aussitôt que je l'avais trouvée; un embarras qui m'empêchait de lui parler, si par hasard je me trouvais un instant à l'écart avec elle. Après mon retour de la campagne, des courses pendant des journées entières dans tous les coins de la ville, pour la voir passer dans telle ou telle rue, aux promenades publiques du Valentin et de la citadelle; l'impossibilité non-seulement de jamais parler d'elle, mais même d'entendre prononcer son nom.... Ce premier amour, qui n'eut pas de suite, ne s'est jamais entièrement éteint. Dans les longs voyages que j'ai faits pendant les années suivantes, je l'ai gardé sans le vouloir et presque sans m'en apercevoir, comme une conscience intime dirigeant toute ma vie. Il me semblait qu'une voix me criait au fond des plus secrets replis de mon cœur : Si tu acquiers tel mérite, tu pourras à ton retour plaire davantage à cette femme et donner peut-être un corps à cette ombre[1]. »

De son côté le philosophe Pascal s'exprime en ces termes :

« Il semble que nous ayons une place à remplir dans

---

1. *Vie d'Alfiéri*, écrite par lui-même, traduction de Petitot, Paris, 1809, t. I, p. 106.

nos cœurs et qui se remplit effectivement. Mais on le sent mieux qu'on ne peut le dire... Bien souvent l'homme sent la passion dans son cœur sans savoir par où elle a commencé... Le premier effet de l'amour c'est d'inspirer un grand respect : l'on a de la vénération pour ce que l'on aime... L'on adore souvent ce qui ne croit pas être adoré et l'on ne laisse pas de lui garder une fidélité inviolable quoiqu'il n'en sache rien; mais il faut que l'amour soit bien fin ou bien pur... Je suis de l'avis de celui qui disait que dans l'amour on oubliait sa fortune, ses parents et ses amis... Ce qui fait que l'on va si loin dans l'amour, c'est que l'on ne songe pas que l'on a besoin d'autre chose que de ce que l'on aime : l'esprit est plein, il n'y a plus de place pour le soin ni pour l'inquiétude; la passion ne peut pas être sans excès. De là vient qu'on ne se soucie plus de ce que dit le monde... Il y a une plénitude de passion; il ne peut pas y avoir un commencement de réflexion... Cet oubli que cause l'amour et cet attachement à ce que l'on aime fait naître des qualités que l'on n'avait pas auparavant. L'on devient magnifique sans l'avoir jamais été. Un avaricieux même, qui aime, devient libéral, et il ne se souvient pas d'avoir jamais eu une habitude opposée : l'on en voit la raison en considérant qu'il y a des passions qui resserrent l'âme et qui la rendent immobile, et qu'il y en a qui l'agrandissent et la font répandre au dehors... Il semble que l'on ait toute une autre âme quand on aime ou quand on n'aime pas; on s'élève par cette passion et on devient toute grandeur... L'on dit qu'il y a des nations plus amoureuses les unes que les autres ; ce n'est pas bien parler, ou du moins cela n'est pas vrai en tout sens. L'amour ne consistant que dans un attachement de pensée, il est certain qu'il doit être le même par toute la terre. Il est vrai que, se déterminant autre part que dans la pensée, le climat peut ajouter quelque chose, mais ce n'est que dans le corps... Quand on est loin de ce que l'on aime, l'on prend la résolution de faire ou de dire beaucoup de choses, mais quand on est près on est irrésolu. D'où vient cela? c'est que, quand on est loin, la raison n'est pas si ébranlée, mais elle l'est étrangement en la présence de l'objet... Quand on aime fortement. c'est toujours une nouveauté de voir la personne aimée. Après un moment d'absence, on la trouve de manque dans son cœur. Quelle joie de la retrouver ! l'on sent aussitôt une cessation d'inquiétude[1]. »

Le lecteur aura remarqué les traits communs aux deux tableaux qui précèdent : une pensée continuellement occupée de l'objet qu'on aime ; un désir constant de le revoir ; le trouble qu'on éprouve en sa présence ; la vénération qu'il inspire et la résolution que l'on prend d'épurer et d'agrandir son âme, pour la rendre digne de lui être consacrée. C'est par ce côté que l'amour mérite d'être encouragé et qu'il est digne de l'attention des philosophes et même des hommes d'État[2].

§ 4. Affections de la famille.

La famille est ou doit être commencée par l'amour ; elle est continuée et perpétuée par les affections du sang. Si l'amour est moins durable dans l'homme que dans certains animaux, au contraire les affections de la famille, qui chez les animaux n'ont qu'un temps, durent chez les hommes toute la vie.

L'existence des affections du sang est trop évidente pour qu'on s'y étende beaucoup. « Les hommes, dit Socrate, ne se marient pas seulement pour le plaisir de l'amour qu'ils peuvent satisfaire hors du mariage ; ils prennent une épouse, afin qu'elle les rende pères. L'époux

---

1. *Pensées*, édit. Faug., t. I, p. 107-120.
2. Voy. *la Morale sociale*, par Ad. G., p. 95 et suiv.

amasse pour ses enfants, même avant leur naissance ; la femme porte son pénible fardeau et le met au jour avec douleur. Elle allaite son enfant et lui prodigue tous les soins, avant d'en avoir reçu aucun bienfait, avant même d'en être connue. Elle cherche à deviner ses désirs ; elle veille sur lui le jour et la nuit ; elle se tourmente, sans se demander quelle reconnaissance elle recevra de ses peines. Les parents ne se contentent pas de donner à leurs fils la nourriture du corps, ils leur fournissent encore celle de l'esprit : ils leur enseignent tout ce qu'ils savent de bon pour cette vie, et s'ils connaissent quelques maîtres plus habiles qu'eux-mêmes, ils les donnent à leurs enfants et ne regrettent ni dépenses, ni soins pour rendre ces derniers les meilleurs qu'il soit possible. Xantippe s'emporte en paroles contre son fils Lamproclès, mais elle ne souhaite à personne autant de bien qu'à lui. S'il est malade, elle fait tous ses efforts pour lui rendre la santé ; elle a soin que rien ne lui manque et, dans ses prières, elle demande pour lui les bienfaits des Dieux [1]. »

Les scènes de dévouement maternel sont les plus touchantes qui puissent s'offrir aux regards des hommes, et nous en aimons le tableau dans les livres et sur le théâtre. Les raisons ne manquent pas pour répondre à ceux qui n'ont voulu voir dans l'amour paternel et maternel qu'une transformation de l'amour de soi. Il y a plus de deux mille ans que Socrate, comme on l'a vu, s'est chargé de leur répondre. De plus, on leur oppose l'affection spontanée que les animaux ont pour leur progéniture et qui les pousse quelquefois jusqu'à sacrifier leur vie pour la défendre. De pareils exemples ne sont pas rares chez les hommes. De nos jours, un père et une mère se trouvant avec leurs enfants sur un vaisseau qui allait s'engloutir et, voyant que le canot ne pouvait plus recevoir que le

---

[1]. Xénophon, *Mémoires*, livre II, chap. II.

poids de deux personnes, n'hésitèrent pas à y faire placer leurs enfants et à rester sur le navire. « Lorsqu'un homme, dit David Hume, nie la sincérité de l'esprit public, de l'amour du pays ou de la société, je suis embarrassé de savoir ce qu'il pense. Peut-être n'a-t-il jamais senti cette affection d'une manière assez vive pour être certain qu'elle existe. Mais lorsqu'il va jusqu'à nier l'existence de toute affection privée dans laquelle l'intérêt ou l'amour de soi n'aurait point de part, je suis persuadé qu'il abuse des mots et qu'il confond les idées. Il est impossible qu'il soit assez intéressé, ou plutôt assez stupide, pour ne pas faire de différence entre un homme et un autre. Il ne se connaît pas lui-même, il a oublié les mouvements de son cœur, ou plutôt il fait usage d'une langue qui lui est particulière, et il n'appelle pas les choses par leur véritable nom…. Cette espèce d'amour de soi, qu'il découvre dans la bienveillance, a souvent, il en conviendra, une plus grande influence sur notre conduite que l'amour de soi sous sa forme vraie et primitive. Combien est petit le nombre de ceux qui, ayant une famille, ne dépensent pas plus pour l'entretien et l'éducation de leurs enfants que pour leurs propres plaisirs[1] ! » — « La tendresse naturelle pour la progéniture, dit-il ailleurs, suffit généralement dans tous les êtres animés pour contre-balancer les mouvements les plus forts de l'amour de soi. Quel peut être l'intérêt de cette tendre mère qui détruit sa santé par les soins qu'elle donne à son enfant mourant, et qui délivrée de ces pénibles travaux par la mort de celui-ci, tombe dans la langueur et meurt de chagrin[2] ? »

Bayle a fort bien démontré que ce qui intéresse l'homme et la femme à conserver leurs enfants après la

---

1. *Essays and treatises*, etc., t. I, p. 82.
2. *OEuvres philosop.*, trad. franç., t. V, p. 20.

naissance, c'est une inclination naturelle qui ne peut s'expliquer par aucun raisonnement. « L'homme, dit-il, est si froid et si tranquille quand il n'est poussé aux choses que par les idées de la raison, qu'on eût fort mal fait de confier à cette raison la vie des petits enfants.... Qu'on ne se plaigne point de cette doctrine. J'avoue qu'elle suppose qu'au lieu d'un amour raisonnable, les pères et les mères n'ont qu'un amour d'instinct et aveugle pour leurs enfants. Mais rien n'est plus vrai. L'on n'a point pour ses enfants un amour de choix, un amour libre, un amour fondé sur la raison ; on n'a qu'un amour machinal, pour ainsi dire, et tout à fait semblable à celui qu'on a pour son propre corps. Nous n'aimons point notre propre corps, parce que nous y découvrons des perfections.... Rien n'empêche que vous ne preniez ceci pour l'apologie de l'amour extrême que les femmes ont pour leurs enfants. On a quelquefois pitié des bassesses et des puérilités où cet amour les précipite ; mais ce sont des folies incomparablement plus salutaires au genre humain que la sagesse d'un philosophe. C'est cet amour d'instinct, cet amour aveugle, cet amour indépendant de notre raison qui conserve les sociétés[1]. »

Bayle examine au même endroit s'il est vrai qu'on aime ses enfants parce qu'ils sont une substance qui sort de nous, ou parce qu'ils ont besoin de secours, ou parce qu'ils doivent un jour nous rendre des services. Il oppose à la première supposition que, si nous aimions nos enfants comme une partie de nous-mêmes, nous aimerions tout autant le sang que nous tire le chirurgien ou la dent qu'il nous arrache ; il répond à la seconde que d'autres enfants que les nôtres ont besoin de nos secours, sans pour cela recevoir de nous la même tendresse. Il réfute la troisième, en montrant que l'espérance de recevoir du

---

1. *OEuvres diverses*, la Haye, 1737, t. II, p. 272-3.

bien de quelqu'un n'est pas un motif suffisant de l'aimer; qu'il y a des gens qu'on n'aime pas, quoiqu'on en reçoive des bienfaits et qu'on fasse semblant de les aimer. Si l'on consulte, dit-il, ceux qui ont des enfants, ils répondront qu'ils ne songent point aux services à venir de ces enfants envers eux; un grand-père, quelque âgé qu'il soit, a ordinairement plus de tendresse pour ses petits-fils que pour ses fils, et cependant il sera mort avant que les premiers soient en état de lui rendre service [1].

L'affection paternelle est donc évidemment spéciale; elle s'attache, non pas à toute substance qui sort de nous, comme l'a très-bien montré Bayle, mais aux êtres animés qui nous doivent l'existence. Il ne faut point chercher le motif de cet amour dans quelque émanation secrète, dans la voix du sang, comme disent les poëtes, car l'homme chérit l'enfant qu'il croit son fils autant que son fils véritable [2]. Il suffit de l'idée qu'un de nos semblables nous doit l'existence, pour que nous sentions envers lui dans notre cœur cette affection spéciale dont nous parlons ici. Mais les fictions poétiques sur la voix du sang et sur la sympathie secrète ne font que mieux prouver que l'affection paternelle et maternelle est reconnue par tout le monde pour un instinct qui ne vient pas de la raison.

L'amour paternel et maternel n'est pas non plus l'amour du commandement. Bentham dit que nous aimons mieux ceux qui dépendent de nous, que ceux de qui nous dépendons, et qu'il est plus doux de régner que d'obéir [3]. Cela est vrai; mais l'amour paternel dépasse les années où le père a plein pouvoir sur ses enfants,

---

1. *OEuvres diverses*, la Haye, 1737, t. II, p. 275-6. Voyez aussi Hutcheson, *Recherches sur l'origine de nos idées de beauté et de vertu*, traité II, sect. II, chap. x.
2. Bayle, au même lieu.
3. *Traités de législation*, 1802, t. II, p. 144.

et s'étend jusque sur ses petits-enfants, qui sont ordinairement soustraits à son autorité. Cette affection ne vient pas de l'opinion qu'on a du mérite des enfants, car c'est l'affection qui crée cette opinion [1]. Elle n'est pas l'effet du devoir ou de la vertu, car elle se trouve même dans le cœur des criminels [2]. Enfin elle ne vient pas de l'habitude, car elle survit à la plus longue absence. Une mère dont le fils a été assez longtemps éloigné, pour qu'elle n'en puisse plus reconnaître les traits, est encore tendrement émue à son souvenir, et montre, s'il lui est rendu, que sa tendresse n'a pas ressenti l'injure du temps. Nous en trouvons un exemple dans la vie de l'historien Smollet, qui avait longtemps habité les pays étrangers. « Au retour de Smollet, on le présenta à sa mère comme un créole des Antilles, qui avait été intimement lié avec son fils. Afin de mieux jouer ce rôle, Smollet avait pris un air sérieux et presque de mauvaise humeur. Mais il ne put s'empêcher de sourire de l'extrême attention avec laquelle sa mère tenait les yeux fixés sur ses traits. Aussitôt elle s'élança de sa chaise, et, le serrant dans ses bras, elle s'écria : O mon fils ! mon fils ! je vous ai donc enfin retrouvé ! Elle lui dit ensuite que s'il avait gardé son sérieux, il aurait pu éluder un peu plus longtemps sa perspicacité maternelle; mais, ajouta-t-elle, votre sourire malicieux, que je n'ai pu oublier vous a trahi [3]. »

L'amour paternel, quoique moins tendre ordinairement que l'amour maternel, est aussi spontané et aussi susceptible de dévouement. Chez tous les animaux où il y a mariage, le père partage avec la mère les soins de l'éducation des enfants. « L'amour qu'un bon père a pour ses enfants, dit Descartes, est si pur, qu'il ne désire

---

1. Reid, trad. franç., t. VI, p. 66.
2. *Ibid.*, p. 60-1.
3. Walter Scott, *Notice sur Smollet, OEuvres complètes*, trad. franç., édit. 1828, t. IX, p. 25-8.

rien avoir d'eux.... Mais les considérant comme d'autres soi-même, il recherche leur bien comme le sien propre, ou même avec plus de soin, pour ce que se représentant que lui et eux font un tout dont il n'est pas la meilleure partie, il préfère souvent leurs intérêts aux siens, et ne craint pas de se perdre pour les sauver[1]. » Suivant le récit de Plutarque, Persée, roi de Macédoine, avait remis ses fils à un nommé Yon, qui, après avoir été son favori, le trahit et livra les enfants aux Romains. Le prince alors, comme une bête féroce à qui on a enlevé ses petits, se rendit lui-même sans conditions à ceux qui tenaient ses fils en leur pouvoir[2]. N'avons-nous pas vu, dans les premières années de ce siècle, où la guerre était si meurtrière, un père s'arracher la vie pour procurer à son fils l'exemption de service militaire, attribuée au fils unique d'une femme veuve? A ces traits de dévouement on voudra opposer les exemples de ces pères et de ces mères qui ont donné la mort à leurs enfants; mais nous ferons remarquer que tout le monde s'accorde à dire que ces pères et mères sont *dénaturés*. Nous convenons que quelquefois la tendresse paternelle ou maternelle semble s'être épuisée après le premier-né, ou ne commencer à s'épancher que pour le dernier; que des parents ont eu d'injustes préférences, qu'ils ont souvent traité avec le plus de rigueur le plus aimable de leurs enfants; mais ces exceptions ne font que mieux marquer le caractère spontané, instinctif, presque machinal de l'affection paternelle et maternelle, puisque ces parents éprouvaient de l'amour pour leur enfant le plus indigne ou pour celui qui n'a d'autre titre à leur préférence que d'être né avant ou après les autres. Nous maintenons donc que, dans le plus grand nombre des cas, l'affection paternelle

---

1. *OEuvres philosoph.*, édit. Ad. G:, t. I, p. 387.
2. *Vie de Paul-Émile*, trad. de Ricard, édit. Paris, 1832, t. III, p. 209.

et maternelle est évidente; qu'il n'y a presque pas de père qui ne préfère l'intérêt de ses fils au sien propre, et qui ne voulût racheter la mort de ses enfants au péril de sa vie, que par conséquent cette affection est spéciale et ne peut se ramener qu'à elle-même.

L'affection du sang ne descend pas seulement des parents aux enfants, elle remonte des enfants aux parents et elle unit entre eux les frères et les sœurs. Nous considérons notre famille comme un tout dont chaque partie nous est chère. Les enfants n'ont pas besoin de connaître la nature du rapport charnel qui les unit à leurs parents; peut-être supposent-ils qu'ils en proviennent comme Ève, qu'on leur a montrée sortie d'Adam pendant son sommeil. L'idée de cette descendance les remplit pour leurs parents et pour leurs frères et sœurs d'une émotion et d'une tendresse particulière. Cette tendresse n'est due ni à l'intérêt ni à l'habitude; au contraire, l'habitude l'émousse et l'intérêt l'altère souvent.

« La république, dit Socrate, laisse impunies toutes les ingratitudes, excepté celle des enfants envers leurs parents. Elle exclut de l'archontat le mauvais fils, persuadée qu'un sacrifice offert par ses mains déplairait aux dieux, et que de la part d'un tel homme aucune action ne peut être ni juste ni honnête [1]. » Les exemples de piété filiale se sont présentés dans tous les temps, depuis la touchante Antigone jusqu'à l'héroïque mademoiselle de Sombreuil.

« La gloire, suivant Plutarque, était pour les autres hommes la fin de la vertu; mais l'amour de Marcius pour sa mère était le seul mobile qui exaltât son courage. Quand elle avait entendu les louanges qu'on lui donnait, qu'elle l'avait vu recevoir des couronnes, et que le tenant dans ses bras elle l'arrosait de ses larmes, il

---

1. Xénophon, *Mémoires*, livre II, chap. II.

était au comble de la gloire et du bonheur. Ce fut à la prière de sa mère et pour céder à ses instances, que Marcius se maria; et lors même qu'il eut des enfants, il habita toujours avec elle sous le même toit[1]. » Épaminondas fit paraître le même genre d'affection ; il regarda comme sa plus grande félicité d'avoir eu son père et sa mère pour témoins de sa victoire de Leuctres. Alexandre combla sa mère des plus grandes marques de tendresse, quoiqu'il ne souffrît jamais qu'elle se mêlât des affaires. Lorsqu'elle s'en plaignait, il supportait doucement sa mauvaise humeur. Antipater lui ayant écrit une longue lettre contre Olympias, il sourit après l'avoir lue : Antipater ne sait pas, s'écria-t-il, que dix mille lettres pareilles sont effacées par une larme de ma mère[2].

La tendresse filiale ne vient pas de la reconnaissance ; elle résiste quelque fois aux mauvais traitements d'un père. Titus Manlius, relégué par son père à la campagne, au milieu des esclaves, dont il partageait la nourriture et les travaux, apprend que ce père est menacé par un tribun d'une accusation capitale. Il accourt à Rome pendant la nuit, pénètre chez l'accusateur, le force, un poignard sur la gorge, à se désister de son accusation, et retourne en son lieu d'exil. Le duc de Bourgogne, le fils du grand dauphin, se montra le plus tendre et le plus respectueux fils du plus indifférent et même du plus injuste des pères.

Rousseau prétend qu'un enfant qui vivrait avec sa mère et sa nourrice, aurait plus de véritable affection pour celle-ci. L'expérience n'a pas justifié l'opinion de Jean-Jacques. L'enfant a de l'amitié pour sa nourrice; mais il ne la regarde pas comme la source première de

---

1. Plutarque, *Vie de Coriolan*, traduc. de Ricard, édit. 1832, t. III, p. 182-3.
2. *Idem*, *vie d'Alexandre*, même trad., t. VII, p. 308-9.

son existence. C'est sa mère seule qui réveille en lui cette idée et l'affection qui s'y attache. L'amour filial n'est pas plus que l'affection maternelle une suite de l'habitude ; il survit à l'absence la plus prolongée et même à la mort des parents. Une fille encore en très-bas âge perd sa mère ; longtemps après, son père se remarie. Elle trouve un jour un voile qui avait appartenu à sa mère dans les mains de la seconde épouse. Celle-ci, remarquant l'attention inquiète de la jeune fille, essaye de lui donner le change sur l'origine de ce voile. Le lendemain il avait disparu, et on ne le retrouva qu'après de longues recherches au fond d'une caisse où l'enfant resserrait ses objets précieux. Cette jeune fille, en grandissant, n'avait eu qu'à se louer des soins de sa nouvelle mère, mais elle ne pouvait jamais entendre parler de la première sans émotion [1].

L'affection fraternelle est tout aussi spontanée que l'affection filiale. Voici comment Socrate la décrit : « On trouve plutôt des amis parmi ses frères que parmi ses concitoyens. C'est une cause d'amitié, que d'être nés du même sang, que d'avoir été élevés ensemble. Nous supposons naturellement que deux frères sont d'accord, et dans une république on tient plus de compte de celui qui a des frères. Deux frères en désaccord sont comme les deux mains qui se gêneraient l'une l'autre, quoique la nature les ait faites pour s'entr'aider, ou comme les deux pieds qui chercheraient à s'embarrasser réciproquement. Deux frères ont été créés par la nature pour l'avantage de tous deux, et plus efficacement que les deux pieds et les deux mains, qui ne peuvent se séparer par un long intervalle, ni s'appliquer à des objets éloignés de nous ; plus efficacement encore que les deux

---

[1] Voy. pour d'autres exemples d'affection filiale *la Psychologie et la Phrénologie comparées*, par Ad. G., p. 353-6.

yeux, qui sont incapables de voir à la fois devant et derrière, tandis que deux frères peuvent se servir à une grande distance l'un de l'autre[1]. »

De même que dans les républiques anciennes on regardait comme plus redoutable l'homme qui avait des frères, parce qu'il trouvait en eux des appuis et des partisans naturels, de même, dans nos sociétés modernes on ne permet pas que deux frères siègent au même tribunal, parce qu'on présume leur bon accord et qu'on craint de donner par là trop d'influence à une seule famille. L'union de deux frères est regardée comme naturelle dans les sentiments et comme obligatoire dans les actes. L'amitié de Castor et Pollux nous paraît plus conforme à la nature et par conséquent moins méritoire que celle d'Oreste et de Pylade. Nous sommes plus révoltés de l'inimitié de deux frères que de celle de deux concitoyens ou de deux anciens amis. « Qu'as-tu fait? dit le juge divin au premier fratricide ; la voix du sang de ton frère crie de la terre à moi ; maintenant, tu seras maudit par cette terre qui a ouvert sa bouche pour recevoir de ta main le sang de ton frère. Quand tu laboureras la terre, elle ne te rendra plus son fruit, et tu seras vagabond et fugitif[2]. »

L'amitié fraternelle survit quelquefois aux iniquités d'un frère. Joseph, malgré le crime de ses frères envers lui, leur fait un accueil où se montre la plus vive tendresse : « Levant les yeux, il vit Benjamin son frère, le fils de sa mère, et il dit : est-ce là votre jeune frère dont vous m'avez parlé? Et il ajouta : mon fils, Dieu te fasse grâce. Il se retira promptement, car ses entrailles étaient émues à la vue de ses frères, et il cherchait un lieu où il pût pleurer ; il entra dans une autre chambre et il

---

1. Xénophon, *Mémoires*, livre III, chap. III et IV. Voy. aussi *Cyropédie*, livre VIII, chap. VII.
2. *Genèse*, IV 10-12.

pleura. Puis s'étant lavé le visage il sortit, et se faisant violence, il dit : servez le pain.... Alors Joseph ne put plus se retenir, il cria : faites sortir tout le monde ; personne ne demeura avec lui, quand il se fit connaître à ses frères ; il éleva la voix en pleurant et il dit : je suis Joseph ; mon père vit-il encore ?... Alors il se jeta au cou de Benjamin, puis il embrassa tous ses frères et pleura sur eux [1]. »

La piété fraternelle d'Antigone, qui vient au péril de sa vie rendre les derniers devoirs à Polynice, est une des scènes les plus touchantes du théâtre antique. Plutarque nous raconte que Timoléon atténuait toutes les fautes et faisait valoir toutes les bonnes qualités de son frère Timophanes ; que, dans un combat, celui-ci qui commandait la cavalerie courut le plus grand danger, que son cheval fut blessé et le renversa au milieu des ennemis, que la plupart de ses cavaliers, effrayés de sa chute, s'étaient dispersés et qu'un petit nombre résistait à peine, lorsque Timoléon, voyant le péril de Timophanes, courut promptement à lui, le couvrit de son bouclier, et malgré la quantité de traits et de blessures qu'il recevait, vint à bout, après de grands efforts, de repousser les ennemis et de sauver son frère ; qu'enfin Timophanes ayant entrepris de se faire le tyran de sa patrie et ayant été tué sous les yeux et du consentement de Timoléon, ce dernier en conçut un chagrin qui abattit tellement son courage, que pendant près de vingt ans, il ne prit aucune part aux affaires publiques [2].

Enfin voici un passage de Rousseau qui prouve que l'affection fraternelle n'est pas un effet de l'intérêt ni de l'habitude. « J'avais un frère plus âgé que moi de sept ans. Il apprenait la profession de mon père. L'extrême affection qu'on avait pour moi le faisait un peu négliger....

1. *Genèse*, XLIII, 30, 31, XLV, 1, 2, 14, 15.
2. *Vie de Timoléon*, trad. citée, t. III, p. 355.

Je ne le voyais presque point; à peine puis-je dire avoir fait connaissance avec lui, mais je ne laissais pas de l'aimer tendrement.... Je me souviens qu'une fois que mon père le châtiait rudement et avec colère, je me jetai impétueusement entre deux, l'embrassant étroitement. Je le couvris ainsi de mon corps recevant les coups qui lui étaient portés, et je m'obstinai si bien dans cette attitude qu'il fallut enfin que mon père lui fît grâce, soit désarmé par mes cris et mes larmes, soit pour ne pas me maltraiter plus que lui[1]. »

Toutes les affections du sang se tiennnent : elles se rattachent à la même idée. L'affection paternelle est cependant plus vive que l'affection filiale. La nature a voulu que la disposition à aimer et à secourir fût plus grande du côté où se trouvent la force et la raison.

La Providence nous a donc donné des liens étendus qui nous attachent à la société tout entière, et d'autres plus étroits qui nous retiennent auprès d'un petit nombre. La société et la famille ne viennent pas l'une de l'autre; elles existent chacune à part. On a cru, dans le dix-huitième siècle, pouvoir faire sortir toutes les inclinations du fond de l'amour de soi; nous avons montré que cette origine ne suffisait pas : c'était asseoir la pyramide sur sa pointe; on a cru aussi que la famille sortait de la société, que la société, sortait de la famille; mais chacune repose sur sa propre base. Elles ne périront ni l'une ni l'autre, parce qu'elles sont toutes les deux fondées séparément sur la nature. L'humanité n'est pas une plante qui ne tienne qu'à une seule racine, ou un ruisseau sorti d'une seule source; c'est un chêne robuste qui s'attache à la terre par des milliers de fibres entrelacées, c'est un fleuve abondant sorti de mille origines, et que le nombre de ses affluents ne laissera jamais tarir.

---

1. *OEuvres complètes*, édit. 1822, t. I, p. 11.

Les modes de l'instinct de société, tels que le besoin de se communiquer, la docilité et la sympathie, sont aussi les modes des affections particulières, et s'y manifestent avec un plus haut degré de vivacité. Où trouver plus de douceur à verser ses secrets que dans le sein de l'ami, de l'amant ou de celui qui nous tient par les nœuds de la famille? à qui se soumet-on avec plus de docilité qu'à ses proches? de qui ressent-on aussi vivement les peines et les plaisirs?

La nature conduit l'homme par la main et presque à son insu dans les voies qui lui sont le plus salutaires. Elle le porte à la recherche de sa nourriture, à l'activité corporelle, si nécessaire pour tous les travaux d'ici-bas, à la conservation de son espèce, à la possession d'un lieu et d'une chose, dont elle se réserve plus tard d'indiquer l'emploi; elle fait qu'il se construit des abris, qu'il répète avec plaisir ce qu'il a déjà fait; elle lui inspire des craintes instinctives, une horreur naturelle de la mort, et des manéges irréfléchis, dont l'effet est de procurer sa sûreté et plus tard celle des objets qui lui sont chers. Une fois son salut assuré, elle le lance dans une carrière plus étendue; elle lui donne la confiance en lui-même, le désir de surpasser ou au moins d'égaler ses semblables; l'instinct du commandement, le besoin de l'approbation ou la soif de l'honneur et de la gloire. L'émulation est la cause des progrès de l'individu et par là des progrès de l'espèce, l'ambition est nécessaire à la conduite des sociétés; mais l'émulation et l'ambition pourraient diviser les hommes, la nature les relie d'abord par l'amour de la louange, puis par l'amour désintéressé du beau sous ses trois formes : morale, intellectuelle et sensible; après avoir, par ces moyens, élevé l'intelligence elle attendrit les cœurs par l'instinct de société, et son cortége, le besoin de communication, le penchant à l'imitation, la sympathie et surtout la docilité et la confiance à l'autorité étrangère. Enfin elle ajoute à ces liens généraux les attaches plus resserrées et plus fermes, et les influences plus douces et plus salutaires de l'amitié, de l'amour et des affections du sang. On prend avec raison pour preuves de l'existence de Dieu les harmonies de la nature sensible ; celles de la nature spirituelle ne sont pas moins merveilleuses, ni moins convaincantes.

CHAPITRE V.

PASSIONS COMPLEXES.

§ 1. Mélange de plaisir et de peine.

La passion est le plaisir ou la peine qui résulte d'une inclination satisfaite ou contrariée. La passion est simple lorsqu'elle provient d'une seule inclination, mais nous sommes très-rarement dans cet état. Un même événement par ses côtés divers, peut flatter l'une de nos inclinations et blesser l'autre. La crainte et l'espérance sont toujours unies, car l'espérance sans crainte serait la certitude du bonheur, et la crainte sans espérance serait le désespoir[1]. Platon fait remarquer, que dans la souffrance actuelle on se souvient des plaisirs passés, qu'on espère un terme à son mal, et qu'on est ainsi en même temps dans la douleur et dans la joie ; il ajoute, que le regret, la tristesse, l'amour, l'émulation, sont des peines mêlées de plaisir ; que l'envie est un chagrin de l'âme, qui fait cependant qu'on se réjouit des maux du prochain τοῦ πέλας, et que dans les représentations de la tragédie et de la comédie les pleurs se mêlent au rire[2]. « Les choses ont diverses qualités, dit Pascal, et l'âme

---

1. Voy. plus haut, même livre, chap. I, § 2.
2. *Philèbe*, édit. H. E., t. II, p. 47, édit. Tauch., t. III, p. 198-9.

diverses inclinations, car rien n'est simple de ce qui s'offre à l'âme, et l'âme ne s'offre jamais simple à aucun sujet. De là vient qu'on pleure et qu'on rit quelquefois d'une même chose[1]. »

Les passions, qu'on appelle factices, viennent de ce mélange de plaisir et de peine que procure souvent le même objet. Il y a certaines saveurs fortes dont l'agrément surpasse l'acidité ou l'amertume. On accepte un déplaisir qui est la condition d'un plaisir plus vif. Les larmes sont les signes de la tristesse et cependant elles déchargent le cœur; voilà pourquoi l'on trouve une certaine douceur à pleurer. Nous ne nous plaisons pas au spectacle des maux d'autrui; et toutefois ce spectacle nous fait jeter un coup d'œil de satisfaction sur nous-mêmes qui sommes exempts de ces maux[2].

§ 2. Passions causées par l'association des idées.

Il y a une sorte d'extension de la passion, qui fait que notre amour ou notre haine s'attache à des objets indifférents, mais qui ont eu quelque rapport avec des objets aimés ou haïs pour eux-mêmes. « Un père aime son fils, dit Platon : si ce fils a bu de la ciguë et que le vin puisse le guérir, le père fera grand cas de cette liqueur et du vase qui la contient: Nous estimons l'or et l'argent, poursuit-il, à cause des biens qu'ils nous procurent[3]. » Ce détournement de la passion vers des objets qui lui sont naturellement étrangers est une partie de ce qu'on

---

1. *Pensées*, édit. Faug., t. I, p. 191.
2.   Suave, mari magno, turbantibus æquora ventis,
    E terra magnum alterius spectare laborem;
    Non quia vexari quemquam est jucunda voluptas,
    Sed quibus ipse malis careas, quia cernere suave est.
                    (Lucrèce, II, 1—4.)
3. *Lysis*, trad. de M. Cousin, t. IV, p. 71.

appelle l'association des idées, phénomène très-complexe, sur lequel nous reviendrons. Les philosophes de l'Écosse ont jeté sur ce sujet beaucoup de lumière; nous citerons à ce propos quelques-unes des intéressantes remarques d'Adam Smith. « Nous concevons, dit-il, une sorte de reconnaissance pour les objets qui nous ont causé de vifs plaisirs. Le matelot qui, après s'être tiré du naufrage, ferait du feu avec la planche qui l'aurait sauvé, nous paraîtrait coupable d'une action en quelque sorte contre nature. On s'attend, au contraire, à ce qu'il conserve ce débris avec soin et avec reconnaissance... Nous trouvons quelque ombre de mérite à la cause involontaire d'un grand bien qui nous arrive, et quelque ombre de démérite à la cause involontaire d'un grand mal. Celui qui annonce une bonne nouvelle reçoit passagèrement notre gratitude; nous le confondons avec l'auteur du bien qu'il nous annonce... Nous serions heureux de lui rendre quelque service... D'après l'usage de toutes les cours, l'officier qui apporte la nouvelle d'une victoire reçoit de l'avancement... Si par imprudence un homme venait à en tuer un autre, il serait condamné à mort par les anciennes lois de l'Écosse; mais rien ne blesserait plus le sentiment naturel, que d'infliger une punition aussi sévère à celui qui aurait jeté imprudemment dans la rue une pierre qui n'aurait blessé personne. La folie et l'inhumanité de sa conduite sont cependant les mêmes, soit que la pierre ait tué quelqu'un, soit qu'elle n'ait atteint personne; mais nos sentiments, dans ces deux cas sont très-différents... et on trouvera dans les lois de presque toutes les nations une grande sévérité pour le premier cas, un grand relâchement de discipline pour le second[1]. »

On trouve encore dans les mémoires de Goëthe un

---

1. *Théorie des sentiments moraux*, part. II, sect. III.

exemple curieux de la passion causée par l'association des idées. « On montre, dit-il, des taches d'encre faites par Luther dans la chambre d'un château où il fut renfermé, et le concierge a le soin de les rafraîchir de temps en temps. »

§ 3. De l'amitié.

Les passions sont souvent complexes, avons-nous dit, parce qu'elles contiennent un mélange de plaisir et de peine; elles le sont encore, parce qu'elles viennent de plusieurs inclinations satisfaites à la fois, et qu'elles comprennent des plaisirs et des amours de différents genres. Parmi les passions complexes de cette classe, nous n'en citerons que trois : l'amitié, l'amour du pays et l'amour de Dieu.

Nous avons parlé d'une disposition à concentrer son affection sur un individu, disposition qui diffère du besoin de société en général[1]. Cet attachement est aveugle et simple, et se trouve même chez les animaux; il entre dans l'amitié, mais il ne la forme pas tout entière. Ce dernier sentiment est intellectuel et complexe. L'homme qui n'aime que la foule, que le mouvement et la diversité de la multitude, qui ne sent pas le besoin d'une attache individuelle, ne se fera pas d'ami. Il pourra estimer plusieurs de ceux qu'il rencontre et se plaire dans leur entretien, mais il ne s'en attachera aucun. D'un autre côté, le besoin d'un compagnon n'est pas celui d'un ami; celui qui n'aimerait son ami que comme son chien, ne connaîtrait pas l'amitié. L'amitié comprend, outre l'attachement individuel, le besoin de se confier, de manifester, de répandre son âme. Mais s'attacher et se confier ne suffisent pas encore à constituer l'amitié. Beau-

---

1. Voy. plus haut, même livre, chap. IV, § 2.

coup s'attachent au premier venu, et se confient à tout le monde : l'amitié implique un choix, et ce choix est déterminé par l'estime et l'affection pour l'esprit et le caractère de celui auquel on se confie et on s'attache. Elle contient donc une partie de l'amour du bien et du beau. Être disposé à s'attacher et à se confier, estimer et aimer l'intelligence et les mœurs d'une personne, c'est être en excellente disposition pour devenir un ami ; mais pour que l'amitié existe, il faut la réciprocité : il faut trouver dans un autre le besoin d'attachement et de confiance et lui offrir soi-même dans son mérite intellectuel et moral un objet d'estime et d'affection. Avant cette rencontre il peut y avoir d'un seul côté une tendance à l'amitié, et comme une espèce de force électrique qui cherche à s'échapper ; mais c'est la présence de deux cœurs assortis qui forme l'amitié, comme c'est le contact de deux courants électriques qui fait jaillir l'étincelle. L'amitié demande à être confirmée par une longue habitude, *consuetudo*, et par un échange de mutuels offices. Tant qu'elle n'a pas été mise à la double épreuve de la bonne et de la mauvaise fortune, on ne peut en juger.

Ces conditions sont nombreuses, délicates, difficiles à réunir, et c'est ce qui explique la véritable amitié. Socrate et Cicéron en ont bien décrit la nature. « Il n'y a de commerce digne d'estime que l'amitié, dit un jour le premier dans un banquet célèbre. L'amitié fondée sur le caractère, est une liaison intime et pure. Ceux qui n'aiment que le corps ont quelquefois à blâmer les mœurs de ce qu'ils aiment et haïssent l'objet aimé. La fleur de la jeunesse passe vite et avec elle se flétrit l'amour ; l'âme, au contraire, plus elle vieillit dans sa sagesse, plus elle est digne d'être aimée. Les jouissances corporelles produisent une satiété pareille au dégoût causé par l'excès des aliments ; l'amitié de l'âme est irréprochable et elle ne peut se rassasier… Dès que l'amitié est mutuelle, on jouit de se retrouver ensemble, on converse avec bienveillance, on a foi l'un dans l'autre, on veille l'un sur l'autre, on se félicite mutuellement de ses bonnes actions, et on s'afflige ensemble de ses fautes. Le commerce, plein de charmes pendant la bonne santé, se resserre encore pendant la maladie; l'on s'occupe plus encore de l'ami en son absence qu'en sa présence... Celui qui aime l'âme lui enseigne à bien dire et à bien faire, et il doit en être honoré, comme Chiron ou Phénix par Achille; mais celui qui désire le corps le suit comme un mendiant, implorant toujours un baiser ou une caresse... Ce dernier ressemble à l'homme qui, tenant une terre à loyer, s'occupe non de la rendre meilleure, mais d'en épuiser tous les fruits. Le premier est semblable au maître du champ : il fait tous ses efforts pour améliorer l'objet qu'il aime. Quand on se fie sur sa beauté pour conserver son empire, on se néglige sur le reste; mais quand on sait qu'à moins d'être irréprochable on ne conservera pas le cœur de son ami, on est conduit à cultiver la vertu[1]. »

Cicéron dit à son tour : « L'amitié ne peut exister qu'entre gens de bien... C'est elle qui fait que, de cette société immense du genre humain, établie par la nature elle-même, l'affection se ramène et se concentre entre deux ou entre un petit nombre de personnes... Dans la prospérité, elle nous donne avec qui nous réjouir, et dans l'adversité, avec qui nous plaindre... Elle est bonne à tout, on en jouit partout... Par elle les absents sont présents, les faibles sont forts, et les morts vivants... Elle ne doit son origine ni à l'infirmité ni au besoin; car

---

1. Xénophon, *Banquet*, chap. VIII. Platon, dans son Banquet, fait tenir le discours précédent par Pausanias et non par Socrate, et il place dans la bouche de celui-ci la théorie des *Idées* contre laquelle Socrate ne cesse de réclamer dans *Xénophon*, ainsi que nous le verrons plus loin, livre VII.

plus on serait faible, plus on aurait d'amis. Lélius et Scipion n'avaient pas besoin l'un de l'autre. Chez eux, l'amitié n'est pas venue de l'utilité, mais l'utilité est venue de l'amitié... L'intérêt fait les fausses amitiés ; l'affection seule attire l'affection... L'amitié est naturelle comme l'amour maternel, l'amour filial et l'amour de nous-mêmes... Elle naît de la conformité des goûts, des mœurs et de la vertu ; elle se confirme par la bienveillance, les bienfaits et la pratique... La nature nous inspire un goût spécial pour les manifestations de la probité... Ce qui détruit l'amitié c'est l'intérêt, les faux jugements, les changements d'humeur avec le changement d'âge ou de fortune, la compétition, la rivalité, l'injustice. Quiconque échappe à toutes ces causes de destruction doit en faire honneur non-seulement à sa sagesse, mais encore à sa fortune... C'est la vertu, la vertu, dis-je, qui concilie l'amitié et qui la conserve, c'est dans la vertu qu'est la concorde, la constance, la stabilité[1]. »

On voit dans ces beaux passages de l'antiquité les éléments nombreux qui constituent la véritable amitié et qui se trouvent si rarement ensemble. Il y a sur l'amitié deux opinions contraires et toutes les deux fort répandues : l'une que l'amitié demande la conformité d'humeur, l'autre qu'elle se produit par le contraste des goûts. La vérité est dans cette pensée de Socrate, que le cœur de l'homme contient des inclinations sympathiques et d'autres antipathiques[2]. Les inclinations qui se rapportent aux êtres animés et à des objets non personnels, sont sympathiques en ce sens qu'elles rapprochent les uns des autres ceux qui les éprouvent. Nous voulons trouver dans notre ami le même amour pour l'humanité, pour la patrie, pour

---

1. *De Amicitia*, passim.
2. Φιλικά, Πολεμικά. Xénophon, *Mémoires*, liv. II, chap. VI, § 21.

la famille que nous ressentons nous-mêmes ; nous aimons à voir son cœur battre comme le nôtre en présence des beautés de la nature, devant les chefs-d'œuvre de l'art et les actions inspirées par l'honneur et la vertu. Ici la conformité des goûts est une condition indispensable de l'amitié. Mais les inclinations relatives à des objets personnels sont au contraire antipathiques, c'est-à-dire qu'elles éloignent les uns des autres ceux qui les partagent. Les compagnons de débauche ne sont pas liés par l'amitié ; car il arrivera un moment où ils se disputeront l'objet de leur convoitise. Deux avares ne peuvent s'aimer : ils envient le trésor l'un de l'autre. L'estime de soi, quand elle dégénère en orgueil, n'existe pas en deux cœurs sans les diviser ; ils ne se trouveront jamais assez estimés l'un de l'autre. L'amour de la louange, de la prééminence et surtout l'amour du pouvoir sont égoïstes et jaloux : nous n'aimons à partager ni l'éloge, ni la supériorité, ni la domination. Deux ambitieux sont rivaux et non pas amis. En ce cas, la ressemblance d'humeur est une cause d'inimitié et de jalousie, et le contraste des caractères serait plus favorable à l'amitié. En effet, l'homme modeste et sans goût pour le pouvoir ne souffrira pas de l'orgueil et de l'ambition d'un autre et pourra être touché des hautes vertus qui accompagnent souvent ces deux passions, c'est-à-dire du courage, de la générosité, de la grandeur d'âme ; il pourra se trouver disposé à l'estime et à l'affection pour celui qui les possède et contracter amitié avec lui, s'il est payé de retour. C'est dans cette limite que la différence des goûts est favorable à l'amitié et que la ressemblance lui est contraire. Mais cela ne peut se dire de toutes les inclinations, car même dans les amitiés où les passions égoïstes offrent le contraste que nous venons de marquer, il faut que les passions nobles et désintéressées soient à l'unisson les unes des autres ; autrement il peut y avoir cet attachement aveugle et pour ainsi dire animal dont nous avons parlé, qui n'est que le besoin d'un compagnon fortifié par l'habitude, mais il n'y a pas l'amitié, ce sentiment complexe dans lequel Socrate et Cicéron nous ont montré surtout la sympathie par l'intelligence et la vertu.

§ 4. L'amour du pays.

L'amour du pays n'est pas un sentiment moins complexe que l'amitié. Le navigateur qui a fait le tour du globe revient avec plaisir vers un certain coin de terre. Dans cette région, il recherche une certaine province, dans cette province une ville, un village, une maison, une chambre. C'est là qu'il est venu au jour, c'est là que s'est passée son enfance. C'est quelquefois le seul endroit du monde où il soit possesseur et maître. De plus, ce lieu est plein des souvenirs de son père, de sa mère, de ses sœurs, de ses frères, de ses amis, de l'objet d'un premier amour, et peut-être y retrouve-t-il quelques-uns de ces êtres chéris. C'est dans notre pays, en tous cas, que nous sommes le plus en communauté d'opinions, de croyances, de culte, de coutumes et de langage avec nos semblables. L'amour du pays se forme donc des inclinations de l'amour de soi et de l'amour pour nos semblables. Mais comme la morale nous impose des devoirs plus étroits envers les personnes qui nous touchent de plus près, et que la société de la patrie renferme celle de la famille, de l'amitié du voisinage, l'amour de la patrie se complique de l'amour du devoir et reçoit de cet élément un caractère de désintéressement et de dignité.

Suivant que tel homme est dominé par une inclination de telle ou telle classe, l'amour du pays prend en lui un différent caractère. L'orgueilleux n'aime sa patrie que parce qu'elle est la sienne et qu'elle a en quelque sorte l'honneur de lui appartenir. Il peut s'en détacher par orgueil comme il s'y est attaché. Thémistocle, Pausanias, Alcibiade, Coriolan, avaient cette façon d'aimer leur patrie. Dans les temps modernes, Alfieri disait : « Voyant l'Italie entière effacée du rang des puissances, les Italiens divisés, faibles, avilis, esclaves, j'étais honteux d'être et de paraître Italien, et je ne voulais appartenir en rien à cette nation[1]. » Tels n'étaient pas les sentiments de Jacob mourant, qui ne voulait pas être enseveli en Égypte et demandait à dormir dans le tombeau de ses pères; et de ces tribus sauvages que l'Amécain du nord chassait de leurs terres et qui s'écriaient : « Nous ne pouvons pas dire aux os de nos pères : Levez-vous et marchez avec nous! »

Si l'amour du pays ne contenait chez tous les hommes que l'amour de soi, il n'aurait pas un degré si élevé de moralité et n'engendrerait pas le dévouement, car on ne se sacrifie pas à soi-même. Mais, chez la plupart, il comprend tous les sentiments du cœur et l'amour de la vertu. Voilà pourquoi il est si recommandable aux yeux de la morale et pourquoi la peinture en est si intéressante dans l'histoire et dans la poésie.

§ 5. L'amour de Dieu.

S'il y a plusieurs façons d'aimer son pays, il y a aussi plusieurs manières d'aimer Dieu. Les peuplades barbares, dont la condition est pleine de misères et la vie sans cesse menacée, qui n'ont pas eu le temps de reconnaître les harmonies de cet univers, admettent facilement la pluralité des dieux. En leur attribuant les maux

---

1. *Vie d'Alfieri*, écrite par lui-même, trad. de Petitot, Paris, 1809, t. I, p. 122.

dont elles ont à souffrir, elles sont disposées à les craindre plutôt qu'à les aimer, à les regarder comme irrités et jaloux, et à leur offrir des sacrifices plutôt que des actions de grâces.

Lorsque la paix commence à s'établir sur la terre, que l'intelligence se cultive, que la philosophie découvre l'unité du monde et celle du principe qui nous anime, elle en déduit l'unité de Dieu ; elle l'enseigne, la répand dans les esprits et fait révérer le sage et éternel géomètre qui gouverne le monde. La vénération pour la Divinité l'emporte alors sur la crainte, mais ce n'est pas encore l'amour. Pour que l'amour de Dieu se développe, il faut que les affections du cœur se soient étendues et fortifiées entre les hommes, que les petites tribus, naturellement ennemies les unes des autres, parce qu'elles sont nécessiteuses, ignorantes et craintives, se soient unies et aient formé des nations ; il faut que les nations aient communiqué entre elles et que la bonne intelligence ait succédé à la défiance et à la haine. On renonce à la croyance que chaque peuple a sa Divinité, ennemie des barbares et des dieux étrangers ; on est disposé à reconnaître un seul Dieu, père de tous les mortels, source de toutes les affections tendres, aimant les hommes et voulant que les hommes s'aiment entre eux ; et c'est alors que l'amour se joint à la vénération.

Parmi les éléments de notre croyance en Dieu, le plus important est la foi instinctive à sa perfection[1]. Il y a un amour intéressé de la Divinité : on la redoute pour le mal qu'on lui impute ; on l'implore pour qu'elle le fasse cesser ; on l'aime pour le bien qu'elle nous accorde ; cet amour peut se changer en dépit et en aversion ; le barbare fouette son idole ; le dévot qui demande à son dieu

---

1. Voy. plus loin, livre VI, sect. III, chap. III.

les biens de ce monde et qui lui apporte pour cela des offrandes intéressées, s'il n'obtient pas l'objet de sa prière, fait des reproches à cette ingrate divinité. La foi spontanée à la perfection divine place notre âme dans une région plus sereine. Fermement convaincus que Dieu est l'Être parfait, nous ne lui attribuons aucun des maux de ce monde, nous le regardons comme le réparateur de tout mal et comme la cause de tout bien. Nous aimons la science et la vérité, mais elles nous échappent sur cette terre; nous espérons qu'un jour hors de cette vie tous les mystères nous seront dévoilés; que nous trouverons auprès de Dieu la règle qui nous mettra d'accord avec nous-mêmes et avec les autres, la lumière qui éclairera toutes les intelligences, et nous aimons Dieu de tout l'amour que nous portons à la science et à la vérité. D'un autre côté, nous aimons le bien et nous faisons le mal; nous ne commandons pas à nos passions, quelquefois nous les excitons et nous les faisons commander. Même quand nous sommes honnêtes, nous ne parvenons jamais à réaliser la figure idéale de l'honnêteté, telle que nous la concevons dans notre esprit; la suprême justice est ailleurs, au-dessus de nous, dans un meilleur monde; c'est là que toutes les inégalités seront nivelées, tous les torts redressés, toutes les mauvaises volontés punies, toutes les bonnes intentions récompensées: nous aimons donc Dieu de tout l'amour que nous éprouvons pour l'équité. Enfin, nous aspirons au bonheur; nous avons l'idée d'une joie sans mélange de tristesse, d'une possession pleine et entière de tous les biens. Ici-bas, point de plaisir qui ne soit acheté par la peine, ou qui n'en soit accompagné ou suivi; nous sommes blessés dans les affections du plus légitime amour-propre; si la nature nous attache à nos semblables et à quelques-uns par un nœud plus intime, nous en sommes quelquefois abandonnés, trahis ou séparés par une mort prématurée : alors encore nous élevons les yeux vers le ciel et nous renvoyons au temps où nous l'habiterons ce bonheur complet, auquel il nous semble que la suprême bonté a destiné la race humaine, et nous aimons Dieu comme l'auteur de cette éternelle félicité[1].

Les croyances religieuses sont de la plus haute importance ; dans tous les temps et dans tous les pays elles sont l'objet de l'éducation publique. Cette éducation est appuyée de l'autorité de l'âge, du temps, du nombre, et presque toujours donnée au nom de la Divinité elle-même. Comment résister à un si puissant ascendant? comment ne pas frémir de s'y soustraire? comment ne pas aimer à y rester soumis? Il faut donc compter dans la piété ou dans l'amour de Dieu chez la plupart des hommes, la docilité naturelle, l'amour de l'obéissance et la confiance en autrui.

Enfin, il a plu à Dieu de laisser planer le mystère sur ses rapports avec la nature et avec l'homme[2]. Le philosophe lui-même ne peut pas bannir toute énigme de sa foi. Il ne résout pas le problème de la création, ni celui de la nécessité du mal, et il demeure religieux malgré cela ; mais beaucoup le sont à cause de cela ; le surnaturel les attire et satisfait leur goût pour la poésie, et en conséquence il faut joindre aux principes de la religion dans l'esprit de la plupart des hommes l'amour pour la fiction et le merveilleux.

Ainsi il n'y a pas qu'une seule religion ou qu'une seule manière d'aimer Dieu. Elle varie d'individu à individu suivant les inclinations de chacun. La plus grossière est celle où la crainte domine, où l'on regarde Dieu comme un maître exigeant et jaloux, passant un marché avec l'homme, ayant besoin du sang des boucs.

---

1. Voy. plus haut, même livre, chap. III, § 2.
2. Voy. plus loin, livre VI, sect. III, chap. III.

et des génisses, aimant le mal et se plaisant à le voir, demandant les flagellations, les cendres et les cilices, plus prodigue de l'enfer que du paradis. Cette forme de religion a produit souvent la folie, et la plus furieuse et la plus durable de toutes[1]. Elle ne s'appuie que sur les inclinations égoïstes, sur l'appréhension de la mort, la terreur de l'enfer, sur le calcul d'un esprit toujours occupé de gagner pour un faible denier sa part de la félicité éternelle. L'amour de Dieu fondé sur l'amour du beau et du vrai, est un sentiment élevé et pur qui soutient l'âme, qui la fortifie contre les plus rudes épreuves et emporte la pensée dans la plus sublime région. Mais la meilleure et la plus douce religion est celle où il entre le plus de l'amour du cœur, où l'on se représente la Divinité comme la charité suprême, où l'on aime Dieu parce qu'il aime les hommes; où l'on s'efforce de lui rendre un amour semblable à celui qu'il a pour nous, et où l'on regarde le bien qu'on fait à l'humanité comme l'offrande la plus agréable à la bonté divine.

L'amour de Dieu comprend donc toutes les inclinations, l'amour de soi, l'amour du prochain et l'amour du parfait. Il faut autant que possible en exclure le premier principe, qui produit la superstition et la bassesse, et faire prédominer les deux autres, qui engendrent l'enthousiasme, la générosité et le dévouement.

§ 6. Liaison de certaines inclinations. Contagion des passions.

Certaines inclinations marchent par groupes, et ont entre elles une sorte d'association et de parenté. Les affections pour les objets naturels, l'amour du gain, de la bonne chère et de tous les plaisirs du corps marchent le plus souvent de compagnie; les inclinations qui se

---

[1]. Esquirol, *Maladies mentales*.

renferment quelquefois sous le nom d'amour-propre semblent s'attirer l'une l'autre; l'amour du pouvoir est souvent associé à l'amour de la gloire, à la confiance en soi-même, au désir de la prééminence en tout genre. D'un autre côté, l'amour du beau réveille dans nos âmes l'amour du vrai et du bien; enfin, les affections dites de cœur se tiennent ensemble : celui qui a été tendre fils est tendre père et ami de l'humanité.

Les inclinations ne se communiquent pas d'homme à homme, parce qu'elles tiennent au fond de la nature, mais les passions, qui en sont la forme, deviennent contagieuses. La joie et la tristesse se gagnent; le rire et les larmes se propagent par l'exemple; la peur se répand. « A l'approche de César, les consuls quittèrent Rome sans avoir fait les sacrifices qu'ils étaient dans l'usage d'offrir aux dieux lorsqu'ils sortaient de la ville; la plupart des sénateurs prirent aussi la fuite, emportant au hasard ceux de leurs meubles qui se trouvaient sous leurs mains, comme pour les soustraire à des ennemis Il y en eut même qui, très-attachés à César, furent tellement troublés par la crainte, que, sans aucune nécessité, ils se laissèrent emporter par le torrent des fuyards[1]. » La colère allume la colère; l'amour enflamme l'amour; l'admiration s'étend comme la flamme : un chef-d'œuvre de l'art, un acte sublime de dévouement, s'il n'a qu'un seul témoin, excite une approbation froide; s'il s'accomplit devant une multitude, il engendre un brûlant enthousiasme. Les passions agissent énergiquement sur le corps, et leurs effets sensibles sont contagieux, comme les passions elles-mêmes. Lorsque nous voyons un de nos semblables frappé d'un coup violent, nous ressentons une douleur physique et

---

1. Plutarque, *Vie de César*, trad. de Ricard, édit. 1832, t. VIII, p. 56.

comme un contre-coup. On raconte qu'à l'hôpital de Harlem une jeune fille ayant été prise d'épilepsie, plusieurs autres jeunes malades, saisies de peur, sentirent les atteintes du même mal. Le célèbre Boerhaave, qui se trouvait alors dans la salle, voulant combattre une peur par une autre, menaça de faire brûler la plante des pieds à la première qui se laisserait aller à une attaque ; il fit promener par la salle un réchaud rempli de fers rouges, et l'épidémie fut arrêtée.

On a quelquefois confondu sous le nom d'imitation ou de sympathie bien des effets divers, dont nous avons parlé en leur lieu, et que nous devons résumer ici en les distinguant. Premièrement, la faculté motrice nous fait exécuter certains mouvements par imitation de ceux de nos semblables. Le bâillement, le bégayement, certains gestes, certaines attitudes, l'accent provincial ou national se gagnent par une imitation involontaire et pour ainsi dire mécanique. Secondement, nous avons rangé parmi les inclinations sociales le goût de l'imitation, qui porte les enfants à reproduire les actions des hommes, et les hommes à s'imiter entre eux. L'imitation n'est pas ici machinale, mais délibérée et volontaire. Troisièmement, au nombre des affections sociales se trouve encore la sympathie, par laquelle nous jouissons du bonheur des autres et souffrons de leur malheur. Quatrièmement, enfin il y a la contagion des passions, dont nous avons parlé en dernier lieu, par laquelle la joie, la tristesse, l'espérance, la crainte se répandent de proche en proche. L'imitation ici n'est plus extérieure, mais intérieure : elle ne va cependant pas jusqu'à transporter à l'un les inclinations de l'autre, mais elle en transmet et propage les modes. Cette imitation est involontaire, mais elle est d'autant plus rapide qu'elle est favorisée par une inclination du même genre et par le consentement de la volonté. La sympathie diffère de la contagion des passions en ce que celle-ci n'a pas besoin de connaître la cause du sentiment pour le partager. On gagne la tristesse ou la gaieté des autres sans savoir pourquoi ils sont tristes ou gais, tandis que la sympathie est le sentiment que nous éprouvons pour le malheur ou le bonheur dont la cause est connue.

§ 7. Affaiblissement de la passion.

Toutes les passions s'affaiblissent par la présence prolongée de leur objet. Les objets sensibles finissent par n'être plus sentis, s'ils restent trop longtemps soumis aux sens, mais ils cessent d'être agréables ou désagréables avant de cesser d'être perçus. On se dégoûte d'un mets avant qu'on n'en perçoive plus la saveur. Les affections du cœur elles-mêmes languissent par la trop longue jouissance de leur objet, et elles ont besoin d'être ranimées par son absence. L'amour du beau peut éprouver aussi la satiété ; l'admiration se lasse vite, et le spectacle le plus sublime, s'il dure trop longtemps, voit finir l'enthousiasme des spectateurs. « L'éloquence continue ennuie, dit Pascal ; les princes et les rois, ajoute-t-il, jouent quelquefois ; ils ne sont pas toujours sur leurs trônes ; ils s'y ennuient : la grandeur a besoin d'être quittée pour être sentie [1]. » C'est par la même cause que le combat intéresse plus le spectateur que la célébration de la victoire, et la recherche plus que la contemplation de la vérité. Pascal s'exprime encore excellemment sur ce sujet. « On aime à voir le combat des animaux, non le vainqueur acharné sur le vaincu. Que voulait-on voir, sinon la fin de la victoire ? Et dès qu'elle arrive, on en est soûl. Ainsi dans le jeu, ainsi dans la recherche de la vérité : on aime à voir dans les disputes le combat des opinions, mais de

---

1. *Pensées*, édit. Faug., t. I, p. 247.

contempler la vérité trouvée, point du tout[1]. » Il faut écouter aussi Adam Smith sur ce sujet : « Un homme à qui on met une jambe de bois se trouve très-malheureux, et croit qu'il le sera toute sa vie. Mais au bout d'un certain temps, il parvient à envisager l'accident qui lui est arrivé comme un spectateur impartial, et à trouver qu'il ne jouit pas moins de la société et de la solitude.... La certitude reconnue de cette vérité que tous les hommes s'accoutument tôt ou tard à ce qui devient pour eux un état permanent, peut nous conduire à penser que les stoïciens n'étaient pas loin d'avoir raison en prétendant que, par rapport à notre bonheur, il y avait peu de différence entre une situation constante et une autre également constante, ou que s'il y avait quelque différence, elle suffisait bien, il est vrai, pour faire préférer certains objets, et pour en faire repousser d'autres, mais non pour nous passionner en faveur de ceux-ci, contre ceux-là... Dans toute situation constante où l'on ne prévoit aucun changement, l'esprit de l'homme, au bout de quelque temps, revient à son état naturel de tranquillité : telle est la loi. Le frivole comte de Lauzun, au milieu de la captivité et de la solitude de la Bastille, parvint, après quelque temps, à retrouver assez de sang-froid pour prendre quelque amusement à nourrir une araignée. Un homme d'un esprit plus solide eût fait rentrer plus tôt le calme dans son âme, et aurait trouvé dans ses propres pensées un meilleur objet d'amusement[2]. » Les prisonniers condamnés à la solitude disent que pendant les premiers jours elle leur est insupportable, mais ils finissent par s'y accoutumer[3]. Ainsi ce n'est pas seulement le plaisir, c'est aussi la douleur qui s'use par la continuité.

1. *Ibid.*, t. I, p. 205.
2. *Théorie des sentiments moraux*, part. III, chap. III.
3. De Beaumont et de Tocqueville, *Système pénitentiaire*, 1re édit., p. 334.

La durée de l'action nous lasse, et nous avons besoin du repos ; le repos prolongé nous lasse à son tour, et il nous faut retourner à l'action. La peine causée par la prolongation, soit de la même action, soit surtout du repos, s'appelle l'ennui. « Rien, dit Pascal, n'est si insupportable à l'homme que d'être dans un plat repos, sans passion, sans affaire, sans divertissement, sans application. Il sent alors son néant, son abandon, son insuffisance, sa dépendance, son impuissance, son vide. Incontinent, il sortira du fond de son âme l'ennui, la noirceur, la tristesse, le chagrin, le dépit, le désespoir... c'est le plus grand sujet de félicité de la condition des rois qu'on essaye sans cesse à les divertir et à leur procurer toutes sortes de plaisirs... Le conseil qu'on donnait à Pyrrhus de prendre le repos qu'il allait chercher par tant de fatigues, recevait bien des difficultés... Tel homme passe sa vie sans ennui, en jouant tous les jours peu de chose : donnez-lui tous les matins l'argent qu'il peut gagner chaque jour à la charge qu'il ne joue point, vous le rendrez malheureux... Les hommes s'occupent à suivre une balle et un lièvre, plaisir même des rois[1]. »

« Il n'est pas un seul prisonnier, disent les auteurs que nous avons déjà cités, qui ne nous ait parlé du travail avec une sorte de reconnaissance, et qui ne nous ait dit que sans le secours d'une occupation constante la vie lui serait insupportable. Tous nous disaient que le dimanche, jour de repos, était plus long pour eux que toute la semaine[2]. »

Franklin parle, dans ses *Mémoires*, d'un prisonnier qui fut renfermé sept ans à la Bastille, et qui, privé de toute conversation et de tout moyen d'écrire, passait le jour à répandre de petits morceaux de papier sur le plan-

---

1. *Pensées*, édit. Faug., t. II, p. 33-43.
2. MM. de Beaumont et de Tocqueville, *Système pénitentiaire*, 1ʳᵉ édit., p. 45.

cher, puis à les ramasser pour en former des rangées et des figures sur le bras de son fauteuil. Rendu à la liberté, il dit à ses amis qu'il serait devenu fou s'il n'eût imaginé ce passe-temps [1].

En résumé, la continuité du repos ou de la même action produit l'ennui ; nous sommes donc portés à faire alterner l'action et le repos, et à varier nos actions. C'est ce qu'on appelle l'amour du changement ou de la nouveauté. Cela nous donne l'occasion de développer notre intelligence dans des directions différentes, et c'est pour nous une cause de perfectionnement.

§ 8. Équilibre que se font les inclinations contraires dans le même individu.

Si l'on reporte les yeux sur la liste des inclinations, on verra qu'il en est un grand nombre qui peuvent se contre-balancer. L'amour des habitudes trouve son contrepoids dans l'amour de la nouveauté dont nous venons de parler. L'instinct d'activité physique, qui nous porte à la turbulence et même au combat, est balancé par les appréhensions instinctives, et en particulier par cette circonspection générale qui nous met toujours sur nos gardes sans objet présent d'inquiétude. Cette circonspection elle-même est combattue dans le même homme non-seulement par l'activité physique, mais par les inclinations de l'amour-propre, et notamment par l'assurance ou la confiance en soi-même, et quelquefois par les inclinations sociales et par l'amour de la vertu. L'instinct de ruse et le besoin d'épanchement se font souvent équilibre, de même que la docilité et l'amour de l'indépendance ou de la domination ; car, comme nous l'avons dit, nous avons besoin d'obéir au-dessus de nous et de com-

---

[1] *Mémoires*, édit. Renouard, t. I, p. 151.

mander au-dessous. Enfin les inclinations égoïstes en général, telles que celles de l'instinct de conservation et de l'amour-propre, sont quelquefois tenues en bride par l'amour des hommes et par l'amour du bien. Pascal a donc raison de dire que « l'homme est naturellement crédule, incrédule, timide, téméraire[1]. »

§ 9. Diversité des caractères.

Les inclinations contraires peuvent se balancer dans la même personne; mais ce tempérament est rare; le plus ordinairement les inclinations sont très-diversement réparties, et de là résulte la diversité des caractères, soit entre les individus, soit entre les peuples. On peut consulter sur ce sujet les charmants portraits tracés par Kant des différentes nations de la terre, dans son ouvrage *sur le sentiment du beau et du sublime*[2]. Les inclinations varient aussi suivant l'âge et le sexe; il y a des penchants qui paraissent plus dans l'enfant, comme l'instinct de l'activité, celui de la construction, l'émulation, l'amour de la louange, l'instinct de société, l'imitation, la docilité, l'amour filial; d'autres qui se marquent plus fortement dans l'âge mûr, comme l'instinct de la possession, la ruse, l'assurance, l'amour de l'indépendance et de la domination, l'amour paternel; d'autres enfin qui appartiennent plus particulièrement à la vieillesse, comme l'amour des habitudes, l'amour de la vie, la piété. D'un autre côté, la femme se montre généralement plus que l'homme disposée aux appréhensions instinctives, au goût de la feinte et de la ruse, à l'amour de la louange, à la docilité, à l'épanchement, à la confiance, à la sympa-

---

1. *Pensées*, édit. Faug., t. II, p. 89.
2. Traduit en français par Veyland, 1823, et par Jules Barni, 1846, à la suite de sa traduction *de la Critique du jugement*.

thie, aux affections de la famille, à l'amour du bien et du beau.

Les inclinations exercent une forte influence sur l'action de l'intelligence : la diversité des penchants contribue, pour la plus grande partie, à l'inégalité du développement de l'esprit. Par exemple, de deux enfants qui ont les mêmes facultés intellectuelles, celui qui sera le plus poussé par le sentiment de l'émulation fera des efforts plus énergiques et plus soutenus, et l'intelligence arrivera chez lui à un degré d'action et de développement qu'elle n'atteindra jamais chez l'autre. Le prisonnier, animé par l'amour de la liberté, découvre des moyens d'évasion auxquels n'auraient jamais songé les geôliers et les sentinelles.

Les inclinations dominantes qui forment le caractère se manifestent dans la parole et dans le style, dans le choix des tours et des expressions. L'homme qui a une grande confiance en lui-même et le goût de la domination, prend le ton de l'autorité; il affirme sans hésitation, s'arroge la vérité et prodigue le dédain à ses adversaires. Il aime les vives figures, l'hyperbole, la prosopopée, l'apostrophe; il domine les mots, il les plie à son usage; il crée des expressions, et il persuade par son air imposant. L'homme naturellement craintif ne met rien au hasard ; s'il a risqué une expression un peu neuve, il s'entoure de précautions, il la modifie, il la retire. Il a toujours l'œil au guet, regarde à droite et à gauche; il craint le blâme, il énerve sa pensée. Il emploie l'exposition, la gradation, la périphrase et de timides métaphores, et il a besoin d'avoir beaucoup plus raison que le précédent pour réussir. Le caractère rusé a recours à l'ironie, à la réticence, à l'allusion, à l'allégorie. Le caractère franc et ouvert va tout droit, parle aisément, n'emploie aucune figure; mais il est dépourvu d'ornement et ne peut convaincre que par la force de la vérité. Nous parlerons plus loin de la diversité des conceptions de l'esprit : il y a celles du peintre, du sculpteur, du musicien, qui se font sentir dans le choix des expressions ; mais la manière de s'exprimer tient au moins autant à la diversité de l'humeur. On écrit avec son caractère autant qu'avec son esprit, et nous applaudissons à cette remarque profonde de Buffon que *le style est l'homme même.*

§ 10. Utilité des inclinations; distinction des passions et des vices.

L'âme la mieux disposée, avons-nous dit, est celle où s'établit un équilibre naturel entre les inclinations qui se balancent. La volonté y fait facilement prévaloir la raison ; mais il ne résulte pas de là que quand le contre-poids manque, la raison et la volonté soient sans empire, ni qu'il faille dire avec Pascal: « Nous ne nous soutenons pas dans la vertu par notre propre force, mais par le contre-poids de deux vices opposés, comme nous demeurons debout entre deux vents contraires. Otez un de ces vices, nous tombons dans l'autre[1]. » Il n'y a point de passion insurmontable à la volonté ; le repentir, qui suit la faute, prouve qu'on s'est senti libre au moment de la commettre[2].

Les inclinations ne sont pas naturellement vicieuses. Elles sont involontaires, et ont été mises en nous par le Créateur à bonne fin. Celles de la première classe nous font travailler, sans que nous le sachions, à notre salut, ou à celui de l'espèce ; celles de la seconde et de la troisième ont pour effet notre perfectionnement. Il résulte soit de la différence des inclinations, soit de leur ressemblance, des harmonies qui ne sont pas moins admirables

---

1. *Pensées*, édit. Faug., t. I, p. 209.
2. Voy. plus loin, livre V, chap. I.

que celles de la nature sensible. Les hommes qui ont de la confiance en eux-mêmes et dans leur fortune entraînent ceux qui sont retenus par une trop grande circonspection ; la docilité naturelle du plus grand nombre le prépare à souffrir sans se plaindre l'amour de la domination chez quelques-uns et à laisser établir une hiérarchie indispensable à l'ordre social. L'instinct de société, de véracité, de sympathie et toutes les inclinations qui se rapportent à des objets non personnels peuvent au contraire se trouver au même degré dans le cœur de tous les hommes et elles contribuent autant par leur ressemblance que les autres par leur contraste à l'ordre et à l'harmonie. Toutes les inclinations sont donc légitimes ; il n'y a d'illégitime que les passions, lorsque par la faute de la volonté elles sortent des bornes et deviennent nuisibles à nos devoirs.

« Quand on considère avec attention, dit Malebranche, les sens et les passions de l'homme, on les trouve si bien proportionnés avec la fin pour laquelle ils nous sont donnés, qu'on ne peut entrer dans la pensée de ceux qui disent qu'ils sont entièrement corrompus par le péché originel [1]. »

Nous pouvons encore nous appuyer à ce sujet sur l'autorité de Pascal lui-même. « Abraham ne prit rien pour lui, mais seulement pour ses serviteurs : ainsi le juste ne prend rien pour soi du monde, ni des applaudissements du monde, mais seulement pour ses passions, desquelles il se sert comme maître, en disant à l'une : va, et à l'autre : viens, *sub te erit appetitus tuus*. Les passions ainsi dominées sont vertus. L'avarice, la jalousie, la colère, Dieu même se les attribue, et ce sont aussi bien vertus que la clémence, la pitié, la constance, qui sont aussi des

---

1. *De la recherche de la vérité*, 4ᵉ édit., 1678, livre I, chap. v, p. 16.

passions. Il faut s'en servir comme d'esclaves et, leur laissant leur aliment, empêcher que l'âme n'y en prenne; car quand les passions sont les maîtresses, elles sont vices, et alors elles donnent à l'âme de leur aliment et l'âme s'en nourrit et s'en empoisonne [1]. »

1. *Pensées*, édit. Faug., t. II, p. 376.

LIVRE V.

LA VOLONTÉ LIBRE OU LE LIBRE ARBITRE.

CHAPITRE I.

DÉTERMINATION DE CETTE FACULTÉ. — PREUVES DE LA LIBERTÉ.

§ 1. La volonté ne se distingue de l'inclination que par la liberté.

Lorsque nous nous sommes occupés de la division générale des facultés, nous avons annoncé que nous distinguerions de l'inclination et de l'intelligence une faculté qu'on avait plus ou moins confondue avec l'une et l'autre, et à laquelle nous donnerions le nom de volonté libre ou de volonté proprement dite. Ainsi que nous l'avons déjà dit, Socrate et Platon définissaient la liberté : le pouvoir de vouloir bien faire, pouvoir qui nous est ravi, disaient-ils, par les passions ; tandis que la liberté comprend aussi le pouvoir de mal faire. Si l'ascendant de la raison était pour nous irrésistible, on ne pourrait pas dire que nous y obéissons librement, et la volonté libre se confondrait ainsi avec la raison ; Aristote, en avançant que l'inclination, Τὸ ὀρεκτικόν, unie à l'intelligence devient la volonté, τὸ βουλευτικόν, ne distinguait pas non plus entre la volonté libre, d'une part, et de l'autre la raison et l'inclination ; Descartes lui-même avait confondu la raison et la liberté, en affirmant que si nous connaissions toujours clairement ce qui est vrai et ce qui est bon, nous ne serions jamais en peine de délibérer sur le choix que nous devrions faire ; Bossuet et Locke avaient donné une idée plus exacte de la volonté libre en disant, le premier, que l'homme peut vouloir mal faire ; le second, que la volonté est la seule faculté qui mérite le nom de puissance active, parce que seule elle agit d'elle-même[1] ; enfin l'on avait confondu la volonté avec la faculté motrice, puisqu'on avait attribué à la première la vertu de mouvoir le corps directement ; et on avait méconnu que la volonté est sans prise directe sur les mouvements corporels, et que l'âme doit être douée d'une faculté motrice pour agir sur le corps[2].

D'autres philosophes, tels que Hobbes et Condillac, ont confondu la volonté avec l'inclination. C'est ici le lieu de corriger cette dernière confusion, qui est la plus ordinaire.

Nier la liberté ou le libre arbitre, c'est nier la volonté elle-même. En effet, si l'on dit d'une part que la raison, dégagée des passions, détermine irrésistiblement notre conduite, on a beau appeler cela la liberté ou la volonté libre, les mots de liberté ou de volonté ne sont ici que des synonymes du mot de *raison*, et pour expliquer en ce cas la conduite de l'homme, il suffit de lui attribuer la raison qui lui commande l'action et la faculté motrice par laquelle il l'exécute, sans introduire un élément inutile sous le nom de volonté. D'un autre côté, si l'on avance que l'inclination nous pousse fatalement à l'action, il suffit de compter dans l'homme l'inclination et la faculté motrice ; il est inutile d'y supposer, sous le nom de volonté, une autre faculté qui ne servirait à rien et ne serait qu'un terme synonyme de l'inclination elle-même.

---

1. Voy. livre II, chap. II, § 2.
2. Voy. plus haut, livre III, chap. I, § 1.

Si celui qui s'empare de l'or d'autrui a été irrésistiblement porté à cet acte, on rendra compte de sa conduite en disant qu'il a désiré l'or et qu'il l'a pris, ce qui s'explique par l'inclination et par la faculté motrice ; il ne sera pas nécessaire de dire qu'il a désiré l'or, qu'il a voulu le prendre et qu'il l'a pris. Si les mots *il a voulu* n'expriment pas un acte libre, ils font double emploi avec les mots *il a désiré*, et il ne faut pas dire deux fois la même chose. Quiconque distingue entre *désirer* et *vouloir* entend que le premier est fatal et que le second est libre; autrement il n'emploierait pas ces deux mots, ou il ne les emploierait que comme synonymes. C'est ce que fait Condillac, qui exprime sous le nom de volonté un désir absolu, déterminé par l'idée qu'une chose est en notre pouvoir [1]. Il ne fait pas de la volonté une faculté différente du désir, mais seulement un degré ou un mode du désir. En conséquence, quand on prétend établir une différence, non de degré mais de nature, entre la volonté et l'inclination, et qu'on ajoute que cependant la volonté n'est pas libre, on ne s'entend pas soi-même, et si l'on voulait y regarder de plus près, on verrait qu'on ne peut ajouter au désir la volonté, qu'à la condition que celle-ci se distingue de la première par la liberté.

Ainsi nier la liberté de la volonté, c'est nier la volonté elle-même ou la confondre soit avec la raison, soit avec l'inclination. Nous n'avons donc pas à examiner la question de savoir si la volonté est libre, mais si la volonté existe, c'est-à-dire si elle se distingue de l'inclination aussi bien que de la raison.

« Combien de fois, dit Bayle, un homme n'éprouve-t-il pas qu'il ne pourrait faire un certain acte de volonté,

---

1. *Traité des sensations*, 1ʳᵉ édit., t. I, p. 85 ; *Logique*, édit. de 1811, p. 69.

y eût-il cent pistoles à gagner sur-le-champ : par exemple, un acte d'amour pour un homme qui viendrait de l'offenser, un acte de mépris d'un beau sonnet qu'il aurait fait, un acte de haine pour une maîtresse, un acte d'approbation d'une épigramme ridicule. Notez que je ne parle que d'actes internes, exprimés par un : *je veux*, comme : je veux mépriser, approuver [1], etc. »

Bayle veut démontrer la fatalité des déterminations de la volonté ; mais tous les actes qu'il cite en exemples sont des phénomènes de l'inclination ou de l'intelligence, qui ne sont libres ni l'une ni l'autre. Je ne suis pas libre d'aimer ou de haïr, de mépriser ou d'approuver. Je suis libre de *vouloir* faire un acte d'intelligence, mais non pas d'accomplir en tous cas cet acte ; je suis libre de *vouloir* agir par ma force motrice sur mon corps, mais non pas de m'en rendre maître à tout coup. Je suis donc seulement libre de *vouloir*, et c'est précisément par la liberté, que ma *faculté de vouloir* ou ma *volonté* se distingue de mon intelligence, de ma faculté motrice et de mon inclination.

L'intelligence n'est pas plus libre que l'inclination : je ne suis pas plus maître d'approuver ou de désapprouver à mon gré, que je ne suis maître d'aimer ou de haïr ; et lorsque Bayle dit : Je veux mépriser ou approuver, il se sert de mots qui ne peuvent aller ensemble, car ma volonté est sans force sur mon approbation et sur mon mépris. Bayle l'a dit lui-même : Je ne puis forcer mon approbation en faveur d'une épigramme ridicule ; je ne dis donc jamais *je veux mépriser*, puisque ma volonté n'a point de prise sur mon mépris.

Un des disciples de Condillac [2] définit la volonté : la faculté de sentir des désirs ; il nous donne ensuite le

---

1. *Réponses aux questions d'un provincial, Œuvres diverses*, t. III, p. 786.
2. M. de Tracy.

conseil de régler nos désirs, et pour cela de rectifier nos jugements, dont les désirs sont les suites inévitables; mais comme, aux yeux de ce philosophe, le jugement ne serait qu'une sensation, et que la sensation ne serait pas libre, nous serions sans prise sur nos jugements, par conséquent sur nos désirs, par conséquent encore sur notre volonté, et nous ne pourrions profiter de ses conseils. Nous avons même à nous étonner qu'il nous les donne, puisqu'il prétend que nous ne sommes pas libres; autant vaudrait conseiller au prisonnier de parcourir la campagne, ou à l'homme de s'élever comme l'oiseau dans les plaines de l'air. Puisqu'il nous adresse ses conseils, nous en concluons qu'il sait que nous sommes libres de les suivre, qu'il distingue notre volonté de nos inclinations, et par conséquent de nos désirs qui sont une forme de nos inclinations.

Reid a profondément distingué la volonté d'avec le désir. Il fait remarquer que notre désir peut s'appliquer à un objet, à l'action d'autrui ou à une action que nous savons nous être impossible, tandis que notre volonté ne peut s'appliquer à aucune de ces choses, mais seulement à notre action propre, et à celle de nos actions que nous savons nous être possible, et que nous avons d'abord accomplie involontairement. Nous pourrons avoir le désir d'un fruit, mais nous n'avons pas la *volonté* d'un fruit. Un père *désire* la bonne conduite de ses enfants, mais il ne peut avoir la *volonté* de leur bonne conduite; eux seuls peuvent avoir cette volonté. Enfin un homme pourrait désirer de s'élever dans les airs, mais il ne lui arrivera jamais d'en avoir la volonté, parce qu'il sait que sa volonté n'a de prise que sur les actions qui lui sont possibles ; le désir n'est donc pas la volonté[1].

1. Reid, trad. franç., t. V, p. 382.

§ 2. Distinction de la volonté et du commandement.

Reid distingue encore la volonté d'avec le commandement, que l'on confond souvent avec elle dans le langage ordinaire. Un capitaine *commande* l'action de ses soldats, mais à parler proprement il ne peut la *vouloir*, dans le sens au moins où ses soldats devront la *vouloir* eux-mêmes pour l'accomplir.

Le commandement suppose : 1° la supériorité hiérarchique de celui qui le donne ; 2° la qualité obligatoire ou morale de l'action commandée ; 3° la volonté de prononcer l'ordre et de prendre les mesures pour en assurer l'exécution. C'est le seul élément véritablement volontaire du commandement[1]. Nous disons que le commandement suppose la supériorité hiérarchique de celui qui le déclare et la qualité obligatoire de l'action commandée : en effet, si un simple soldat rappelle à un autre son devoir, il lui donne un avis et non un ordre, et si le capitaine demande au soldat non un service public, mais un service privé, il ne commande plus, il prie, et le soldat a le droit de le refuser. Le commandement est donc un phénomène très-complexe, dans lequel la véritable volonté n'entre que pour une partie. Dans le commandement, les mots *je veux* signifient : je déclare telle action obligatoire, j'ai qualité pour vous faire cette déclaration, je prononce cet ordre *volontairement*, et j'ai *la volonté* de prendre les mesures nécessaires pour vous contraindre à l'exécution.

§ 3. Preuve directe de la liberté.

La volonté ne se déploie pas sans un motif qui nous fasse agir : c'est ce qui la distingue de l'instinct et de

---

1. Reid, trad. franç., t. V, p. 383 et suiv.

l'habitude. Le motif consiste dans la connaissance de l'acte qui doit être accompli et dans le désir de l'accomplir. L'enfant qui porte pour la première fois ses lèvres à la mamelle n'a ni la connaissance ni le désir de l'acte qu'il va accomplir; il agit aveuglément ou par instinct : il n'a point de motif pour agir ainsi. Ce personnage qui avait l'habitude de porter des morceaux de parchemin à sa bouche, et qui détruisit ainsi à son insu un important traité d'alliance[1], n'avait non plus ni la connaissance ni le désir de ce qu'il faisait; mais un acte de volonté est toujours accompagné de connaissance et de désir. La volonté a quelquefois à choisir entre un acte obligatoire en morale et un acte purement utile ou agréable; elle se trouve alors entre l'honnête et l'utile, entre le devoir et l'intérêt, ou entre ce qu'on appelle le motif obligatoire et le motif intéressé. On a dit quelquefois que dans ce cas l'honnête appelle la volonté d'un côté et le désir de l'autre. Mais l'honnête excite aussi le désir; quand le devoir commande à la volonté, elle est aussi sollicitée par le désir de bien faire; il est donc plus exact de dire que la volonté est toujours sollicitée par un désir, soit que le désir du bien moral s'ajoute à la prescription de l'intelligence, soit que le désir de l'intérêt agisse seul ou combatte le devoir.

Avancer que la volonté est toujours sous le coup, soit de l'obligation morale et du désir qui s'y rapporte, soit du désir de l'utile ou de l'agréable, n'est-ce pas dire qu'elle est nécessitée ou, en d'autres termes, qu'elle n'est pas libre? On l'a prétendu souvent, mais, comme nous l'avons déjà fait remarquer, c'était prétendre qu'il n'y a pas de volonté; car la volonté ne peut se distinguer du désir qu'à la condition d'être libre.

Les preuves de la liberté, c'est-à-dire de l'existence de

---

1. Biren, depuis duc de Courlande.

la volonté comme distincte de la raison et de l'inclination sont directes ou indirectes. La preuve directe est le témoignage de la conscience. Dans l'inaction de la faculté motrice, de l'inclination, et de telle ou telle faculté de l'intelligence, j'ignore si je suis encore doué de cette faculté; ma conscience ne me la montre que quand cette faculté est en action. Il n'est qu'un seul pouvoir qui, même dans l'inaction, soit saisi par la conscience, c'est le pouvoir de vouloir. Alors même que je ne veux pas, la conscience m'atteste que je peux vouloir : ce pouvoir c'est ma liberté. En présence d'une action qui nous est ordonnée par le devoir, et à laquelle nous pousse le désir du bien, nous avons pleine connaissance que cette action ne s'accomplira que si nous le voulons. La notion de l'obligation morale et le désir de bien faire peuvent nous laisser dans l'inaction : nous contemplons dans notre intelligence l'idée de l'obligation et dans notre cœur le désir, sans agir pour cela, et l'action, pour commencer, a besoin de quelque autre chose que de l'intelligence et de l'inclination : ce quelque chose, c'est la volition, l'acte de la volonté, quelque chose de libre, de non-nécessité; car si ce quelque chose était fatal, il serait le désir lui-même ou un acte aveugle de la faculté motrice et non un acte de volonté.

On compare la volonté à une balance et les motifs à des poids, et l'on dit que le motif le plus fort emporte toujours la balance. Mais on prononce après coup que le motif auquel s'est conformée la volonté a été le plus fort. Pour prouver la thèse qu'on soutient ici, il faudrait pouvoir indiquer d'avance quel est le plus fort des motifs; il faudrait dresser une échelle à laquelle on mesurerait la force des motifs avant l'action, et montrer que le motif qui correspond au degré le plus élevé l'emporte toujours. Veut-on prendre pour mesurer la force des motifs le trouble qu'ils jettent dans nos sens? Il semble, en effet, que le motif qui nous trouble le plus soit le plus fort. Prétendra-t-on que le motif le plus fort d'après cette échelle l'emportera toujours? L'expérience démentira souvent cette prétention. La colère est un motif qui nous trouble plus que la raison, et cependant nous ne sommes pas dans l'impossibilité de vouloir contre notre colère, c'est ce que Bossuet exprime d'une manière admirable : « Nous avons vu dans la colère tout le corps tendu à frapper, comme un arc à tirer son coup. L'objet a fait son impression, le cœur bat plus violemment qu'à l'ordinaire, le sang coule avec vitesse, il envoie des esprits et plus abondants et plus vifs ; les nerfs et les muscles en sont remplis, ils sont tendus, les poings sont fermés et le bras affermi et prêt à frapper ; mais il faut encore lâcher la corde ; il faut que la volonté laisse aller le corps ; autrement le mouvement ne s'achève pas[1]. »

Toutes les fois que l'homme sacrifie un intérêt présent à un intérêt éloigné, on peut dire qu'il cède au plus faible des deux motifs, car certainement le bien actuel le presse plus vivement et jette plus de trouble dans ses sens que la froide prévision d'un bien qu'il ne goûtera peut-être que dans une extrême vieillesse. Quoique l'idée du devoir soit accompagnée du désir de faire le bien, tout le monde accorde que l'idée du bien agit d'une manière moins vive sur l'imagination de l'homme que l'idée de l'intérêt. Le désir du premier presse moins vivement notre cœur que le désir du second ; cependant les exemples où l'on sacrifie l'intérêt au devoir ne nous manquent pas. Dans l'antiquité, Fabius résiste au désir de vaincre et de se délivrer des railleries des Romains, et il cède au désir de faire son devoir envers la patrie, en laissant l'ennemi se consumer par l'inaction. Dans les temps modernes, saint

---

1. *De la connaissance de Dieu et de soi-même*, chap. III, § 16.

Louis, monté sur un navire qui menace de s'enfoncer, refuse de le quitter, craignant qu'après son départ on ne prenne pas tous les moyens de sauver les autres passagers, il résiste au désir de préserver sa vie et cède au désir de conserver celle de ses sujets.

La volonté est incoercible ; ceux qui disent que notre volonté est quelquefois forcée, la confondent avec le désir. L'homme qu'on emmène malgré lui en prison, y va contre son désir et non contre sa volonté : il se laisse emmener volontairement, autrement il résisterait pendant tout le chemin, et quand même il serait vaincu dans la lutte, il n'en déploierait pas moins le pouvoir de vouloir lutter comme en cédant il montre le pouvoir de vouloir céder. Qu'il résiste ou qu'il cède, il est libre, au sens métaphysique, c'est-à-dire qu'il n'est pas dépouillé du pouvoir de vouloir.

Quelques-uns ont objecté que la conscience ne nous donne pas une preuve décisive de notre liberté, parce que, disent-ils, les fous s'imaginent aussi avoir la conscience d'un libre arbitre qui leur manque. Cette objection naît de la fausse idée que l'on se fait de la folie : on suppose que les fous n'ont point de volonté[1]. Mais ce n'est pas l'absence de la volonté qui constitue la folie, c'est une conception tellement gravée dans l'esprit par la passion, que cette conception se place à côté des perceptions, sans être reconnue pour ce qu'elle est, et en paraissant elle-même une perception[2]. L'aliéné fait quelquefois effort pour chasser ses illusions ; lorsqu'il n'y réussit point, sa liberté ne périt pas pour cela, car elle ne consiste pas dans le pouvoir de réussir, mais dans le pouvoir de vouloir. Dieu seul peut savoir quelle a été l'énergie de la volonté du fou pour lutter contre son erreur, et jusqu'à quel point il en peut être accusé.

---

1. Voy. plus haut, livre I, chap. II, § 3.
2. Voy. plus loin, livre VI, sect. I, chap. II.

D'autres fois l'aliéné ne songe pas employer sa volonté pour combattre ses illusions ; mais de ce qu'il ne l'emploie pas il ne faut pas conclure qu'elle lui manque. Enfin, la plupart du temps il chérit son erreur, il y demeure volontairement et il fait même un emploi énergique de sa volonté pour exécuter les actes que son illusion lui conseille. Si l'on dit qu'il manque de liberté, parce que sa volonté n'est pas éclairée par la raison, c'est-à-dire par une juste connaissance des choses, on confond comme plusieurs philosophes, la liberté avec la raison[1]. Choisir volontairement entre deux plaisirs, ou entre deux erreurs qu'on prend pour des vérités, c'est faire usage de sa liberté ou de sa volonté libre. La présence de la raison n'est donc pas indispensable à l'existence de la liberté ou de la volonté libre. Les fous peuvent avoir la conscience de leur liberté, parce qu'ils sont libres en effet, soit qu'ils luttent sans succès contre leur fascination, soit qu'ils ne songent pas à faire usage de leur volonté contre leur folie, ce qui arrive le plus souvent; soit enfin qu'ils demeurent volontairement dans leur illusion et s'obstinent à ne pas faire d'effort contre elle, et dans cette circonstance ils portent la responsabilité morale de leur folie.

§ 4. Preuves indirectes de la liberté.

Les preuves indirectes de notre liberté sont les projets que nous formons pour l'avenir, les promesses et les contrats que nous souscrivons. Si nous ne savions pas que nous sommes libres de vouloir, comment nous serait-il possible de nous promettre à nous-mêmes, soit de faire un voyage, soit d'entreprendre un travail ? Sachant que notre volition ne serait pas en notre pouvoir, mais à la

---

1. Voy. plus haut, livre II, chap. II, § 2.

merci des événements, nous ne prendrions aucune résolution pour l'avenir. La seule promesse, le seul engagement auquel nous puissions nous astreindre se rédigerait en ces termes : je ferai telle chose, si ma volonté reste la même, ce qui ne serait pas un contrat. Puisque nous faisons des promesses, il faut donc que nous soyons et que nous nous sachions maîtres de notre volonté.

Le mérite et le démérite de nos actions impliquent aussi la liberté, c'est-à-dire le pouvoir de vouloir. Personne n'impute à la source le mérite de l'eau qu'elle répand, parce qu'elle n'a pas la volonté de la répandre. Le mérite et le démérite produisent les peines et les récompenses et les tribunaux qui les décernent. Si l'on nie la liberté, il faut supprimer la plupart des institutions de la société. Une fausse philosophie croit nier seulement un principe métaphysique, et elle nie du même coup des établissements anciens et universels qui frappent tous les yeux et sans lesquels les États ne pourraient subsister.

La responsabilité morale, la distinction du bien et du mal, le repentir et la satisfaction de la conscience, prouvent l'existence de la liberté ; mais l'existence de l'intelligence dans l'homme, la simple connaissance sensitive elle-même en sont une preuve tout aussi manifeste. En effet, pourquoi la Providence aurait-elle donné à un être, la connaissance de ses actions si elle ne lui avait accordé en même temps le pouvoir de les changer librement ? Se représente-t-on, par exemple, le soleil, ayant obtenu de Dieu la faculté de connaître la lumière et la chaleur qu'il dispense, et perpétuellement obligé de les déverser l'une et l'autre, sans pouvoir, ni les supprimer, ni les suspendre, ni les diminuer, ni les augmenter ; témoin passif d'une action immuable, ou dont les changements ne dépendraient pas de lui. A qui ne peut changer librement son action, il est inutile de la connaître ; mais aussi tout être à qui Dieu accorde de connaître son action, doit avoir reçu en même temps le pouvoir de la changer, et par conséquent le pouvoir de vouloir la changer.

Ce que nous disons de l'intelligence, nous le disons des inclinations : elles impliquent aussi l'existence de la volonté libre. Pourquoi nous donner l'amour d'un bien qui nous manque, si nous n'avons pas le pouvoir de vouloir le chercher ? Pourquoi nous donner à aimer nos semblables, si nous n'avons pas le pouvoir de nous procurer volontairement leur société ? Pourquoi nous faire désirer la science, si nous ne pouvons librement vouloir l'acquérir ?

Si Dieu n'avait voulu construire que des instruments dociles de ses volontés, il n'aurait pas eu besoin de leur donner l'amour et la connaissance ; de même que quand nous avons construit une horloge, il ne nous servirait de rien qu'elle connût les heures ou qu'elle aimât à les connaître. Si nous voulions, au contraire, créer un être indépendant et libre, il nous faudrait pouvoir lui donner la connaissance de ses actions et le désir de les accomplir. De même si Dieu a donné aux esprits des forces intelligentes et des inclinations, c'est qu'il a voulu qu'ils pussent agir jusqu'à un certain point d'une manière indépendante, et c'est ainsi que l'intelligence et l'inclination prouvent la liberté.

§ 5. Conciliation de la liberté humaine avec les attributs de Dieu.

Mais on oppose que la liberté de l'homme ne peut se concilier ni avec la toute-puissance de Dieu, ni avec sa prescience, ni avec sa bonté. Si l'homme, dit-on, peut agir à sa fantaisie, il y a donc en ce monde une autre action que celle de Dieu. Si l'homme peut agir librement, comment Dieu peut-il prévoir une action dépendante d'une volonté qui n'existe pas encore; et enfin si l'homme est libre, il peut faire le mal et se perdre, ce qui choque la bonté de Dieu.

Bossuet a fait à ce sujet une réponse bien connue, mais qu'il importe de rapporter ici en ses propres termes : « Deux choses nous sont évidentes par la seule raison naturelle : l'une, que nous sommes libres..., l'autre, que les actions de notre liberté sont comprises dans les décrets de la divine providence, et qu'elle a des moyens certains de les conduire à ses fins.... Et quoiqu'il se pût bien faire que nous ne sussions pas trouver les moyens d'accorder ces choses, ce que nous ne connaissons pas dans une matière si haute ne devrait pas affaiblir en nous ce que nous en connaissons si certainement.... Car, s'il semble que la raison nous fasse paraître plus nécessaire ce que nous avons attribué à Dieu, nous avons plus d'expérience de ce que nous avons attribué à l'homme; de sorte que, toutes choses bien considérées, ces deux vérités doivent passer pour également incontestables.... C'est pourquoi la première règle de notre logique, c'est qu'il ne faut jamais abandonner les vérités une fois connues, quelque difficulté qui survienne, quand on veut les concilier; mais qu'il faut, au contraire, pour ainsi parler, tenir toujours fortement comme les deux bouts de la chaîne, quoiqu'on ne voie pas toujours le milieu par où l'enchaînement se continue[1]. »

Bossuet montre au même lieu qu'il y a beaucoup de choses claires que l'on ne peut concilier ensemble. Par exemple, la liaison d'une âme non étendue avec un corps étendu. Il est également impossible de comprendre que ce qui n'est pas puisse commencer d'être, et que le monde n'ait pas eu de commencement. Enfin nous est-il

---

1. *Traité du libre arbitre*, chap. III et IV.

aussi facile d'accorder la souveraine liberté de Dieu avec sa souveraine immutabilité qu'il nous est aisé d'entendre séparément l'une et l'autre [1] ? Il ne faut donc pas rejeter ce qu'on connaît à cause de ce que l'on ne connaît pas ; nous aurons bien souvent l'occasion de proclamer et d'appliquer ce principe.

« On peut toutefois, dit Bossuet, chercher les moyens d'accorder ces vérités, pourvu qu'on soit résolu à ne les pas laisser perdre, quoi qu'il arrive de cette recherche, et qu'on n'abandonne pas le bien qu'on tient, pour n'avoir pas réussi à trouver celui qu'on poursuit [2]. »

Dieu est nécessairement tout-puissant, tout sage et tout bon, et nous sommes prêts à rejeter les systèmes qui ne se concilieraient pas avec cette nécessité. Mais est-il indispensable de sacrifier la liberté de l'homme à aucun des attributs de Dieu, et d'abord à sa toute-puissance ? Qu'on se rappelle dans quelles limites se renferme cette liberté, ou, comme on le dit encore, ce libre arbitre. La liberté de l'homme n'est que le pouvoir de vouloir ; ce n'est pas le pouvoir d'agir. Nous sommes sans cesse empêchés dans ce dernier pouvoir : nous voulons nous rappeler et le souvenir ne revient pas ; nous voulons voir et nous ne voyons pas, entendre et nous n'entendons pas, mouvoir un obstacle ou seulement nos membres : l'obstacle reste immobile ou nos membres restent engourdis. La liberté d'agir nous est donc souvent refusée : ce n'est pas celle-là qui peut contrarier la toute-puissance de Dieu. La liberté essentielle de l'homme, c'est la liberté de vouloir, la seule que nous atteste la conscience, et elle suffit à fonder notre moralité et notre responsabilité, et par conséquent à nous donner une destinée dans cette vie et dans l'autre.

Peut-on supposer que ce pouvoir de vouloir nuise à la

---

1. *Traité du libre arbitre*, chap. IV, vers la fin.
2. *Ibid.*, chap. IV, à la fin.

toute-puissance de Dieu? D'abord, si nous avons ce pouvoir, c'est que Dieu nous l'a concédé, et que cette liberté est, comme dit Bossuet, dans les décrets de la divine providence. Mais de plus, ce pouvoir ne peut en rien changer les plans de la Divinité, puisque si Dieu nous accorde la puissance de vouloir, il se réserve la puissance d'agir. Si notre volition libre atteint son but, c'est-à-dire réalise l'acte qu'elle a voulu, cet acte libre, qui est comme un second emploi de notre liberté, n'est pas non plus contraire à la toute-puissance de Dieu, puisqu'il pouvait l'empêcher.

Une volonté nue et sans autre effet qu'une pure volition, qui n'est pas nécessairement suivie de son acte, ne peut donc pas nuire à la puissance divine. Pense-t-on qu'il importe au pouvoir de Dieu que lui seul veuille dans l'univers? Mais alors il lui importerait aussi d'exister seul. Or comme il a permis l'existence d'autres êtres, il a pu permettre aussi leurs volitions, surtout lorsqu'il s'en réservait les effets.

Si quelques-uns croient ne pouvoir sauver la toute-puissance de Dieu, qu'en disant que c'est lui qui veut dans l'homme, même quand la volition ne peut passer à l'acte, ils doivent dire alors que c'est lui qui pense, qui aime et qui existe dans l'homme. Car une pensée, un amour, une existence étrangère semblent empiéter tout aussi bien sur l'existence et sur la puissance de Dieu qu'un vouloir étranger; c'est ainsi que par un respect mal entendu de la Divinité, et à force de prétendre que Dieu est tout, on arrive à dire que tout est Dieu; la dévotion égarée aboutit au panthéisme.

Mais, dira-t-on, si l'homme peut vouloir seul, il pourra donc vouloir le bien, et devenir une créature méritante sans le concours de Dieu. Il se fera par lui-même meilleur que Dieu ne l'avait fait, il est donc plus puissant que Dieu. — Eh! quoi, dirons-nous à notre tour, si c'est

Dieu qui veut dans l'homme, il est aussi l'auteur de nos volitions quand nous voulons le mal, et il fait de l'homme une créature déméritante et déchue ! — Non, reprend-on, le mal n'est rien de réel ; c'est un néant, ce n'est que l'absence du bien. A proprement parler, l'homme ne veut point le mal ; il lui arrive de ne pas vouloir le bien, et c'est là ce qu'on appelle vouloir le mal. — De quelque façon qu'on s'y prenne, si l'on attribue à Dieu la volonté du bien dans l'homme, il est difficile de ne pas lui attribuer aussi l'absence de cette volonté ou l'existence du mal. Il faut permettre de dire que Dieu, qui a concédé à l'homme le pouvoir de vouloir, lui a concédé du même coup le pouvoir de vouloir le bien. Nous dirons donc avec Bossuet : « Et par ce principe du libre arbitre, je suis capable de vertu et de mérite, et on m'impute à moi-même le bien que je fais et la gloire m'en appartient[1]. »

Fénelon s'exprime d'une manière tout aussi affirmative : « En disant que je suis libre, je dis donc que mon vouloir est pleinement en ma puissance, et que Dieu même me le laisse pour le tourner où je voudrai ; que je ne suis point déterminé comme les autres êtres et que je me détermine moi-même. Je conçois que si ce premier être me prévient pour m'inspirer une bonne volonté, je demeure le maître de rejeter son actuelle inspiration, quelque forte qu'elle soit, de la frustrer de son effet et de lui refuser mon consentement[2]. Je conçois aussi que quand je rejette son inspiration pour le bien, j'ai le *vrai et actuel pouvoir* de ne la rejeter pas, comme j'ai le pouvoir actuel et immédiat de me lever, quand je demeure assis, et de fermer les yeux quand je les ai ouverts. Les objets peuvent me solliciter par tout ce qu'ils ont d'agréable ; les raisons de vouloir peuvent se présenter à moi

---

1. *OEuvres philosophiques* de Bossuet, édit. de Lens, p. 470.
2. *Concil. trid.*, sess. VI, cap. V.

avec ce qu'elles ont de plus vif et de plus touchant ; le premier Être peut aussi m'attirer par ses plus persuasives inspirations ; mais enfin, dans cet attrait actuel des objets, des raisons, et même de l'inspiration d'un être supérieur, je demeure encore maître de ma volonté pour vouloir ou ne vouloir pas [1]. »

Cela ne nous empêche pas de demander à Dieu, avec Socrate, la beauté intérieure, et de le remercier des vertus qu'il nous inspire [2]. Qui pourrait blâmer l'effusion du cœur vers le ciel? Mais dans le désir de sauver la puissance de Dieu, prenons garde de porter atteinte à sa justice. Comment me récompensera-t-il du bien, si c'est lui qui en opère en moi la volonté? Et si le mal ne consiste que dans l'absence de cette bonne volonté que lui seul suscite en mon âme, comment me punira-t-il de cette absence? Je suis, quant à moi, pénétré d'une dévotion trop profonde envers la perfection divine, pour supposer que si elle ne nous impute pas le mérite du bien, elle puisse nous imputer la responsabilité du mal. — Mais, s'écrie-t-on, accorder que l'homme peut avoir le mérite du bien c'est exalter son orgueil. — Où prendrait-il cet orgueil, lui créature chétive, qui n'existe que parce qu'il plaît à Dieu, qui ne conçoit le bien que parce que son créateur lui en a donné l'idée, et qui ne peut vouloir accomplir le bien que parce que Dieu lui a octroyé cette liberté? Quelque action qu'il accomplisse, il rencontre les limites qui lui sont posées, et dans l'emploi de sa libre volonté même, la seule liberté dont il ne puisse être dépouillée, il sent sa dépendance.

Bossuet semble dire cependant, en quelque endroit de son *Traité du libre arbitre*, que si Dieu n'opérait pas lui-même la volition de l'homme, il ne pourrait la con-

---

1. *OEuvres philosophiques* de Fénelon, édit. Hachette, p. 63.
2. *Phèdre*, édit. H. E., t. III, p. 279, édit. Tauch., t. VIII, p. 84.

naître; que la seule relation possible entre le créateur et la créature, c'est la relation de la cause à l'effet; qu'il répugne que Dieu acquière aucune connaissance du dehors; que, si on supposait dans le monde quelque substance, ou quelque qualité, ou seulement quelque action de laquelle Dieu ne fût pas l'auteur, elle ne serait en aucune façon l'objet de sa connaissance, et que non-seulement il ne pourrait la prévoir, mais qu'il ne pourrait pas même la voir quand elle serait réellement existante [1].

L'idée de la perfection divine est si dominante en notre âme, qu'il nous est difficile de la préserver de toute superstition, et que souvent nous regardons certaines choses comme important beaucoup à cette perfection, bien qu'elles lui soient tout à fait indifférentes. Nous verrons plus loin que quelques personnes ne veulent pas que Dieu ait de durée, parce qu'il leur paraît que durer c'est changer, et qu'en Dieu changer c'est déchoir. Ici, Bossuet veut que Dieu ne sache rien du dehors, et qu'il ne connaisse que ce qu'il fait. Mais quoi! l'effet est-il encore dans la cause? Dieu a fait le monde et l'homme: le monde et l'homme sont-ils Dieu? Si Dieu les connaît, il connaît quelque chose hors de lui ou quelque chose du dehors. — Mais, dira-t-on avec Descartes, c'est Dieu qui fait subsister le monde, il ne le connaît que parce qu'il le crée perpétuellement. — C'est là cette semence prise de la philosophie cartésienne, qu'au dire de Leibniz, Spinoza avait exclusivement cultivée et dont il a fait sortir le panthéisme. Si Dieu crée perpétuellement toutes les choses, comment les distinguerez-vous de lui-même? De quelque façon que Dieu ait créé et qu'il conserve le monde, il ne peut faire que le monde ne soit autre chose que lui-même, et s'il continue de le connaître après

---

1. *Traité du libre arbitre*, *OEuvres philos.* de Bossuet, édit. de Lens, chap. III, p. 235.

l'avoir créé, il connaît autre chose que lui, il connaît hors de lui, il tire une connaissance du dehors. Mais quelle diminution cela peut-il apporter à sa perfection? Comment la connaissance du dehors aurait-elle moins de dignité que la connaissance du dedans? — Mais Dieu, pour connaître, aura donc besoin d'autre chose que de lui-même? — Puisqu'il lui a plu de créer un dehors, c'est-à-dire quelque chose qui ne soit pas lui, il faut bien qu'il le connaisse, à moins que vous ne borniez sa connaissance.

La liberté de vouloir ne peut donc porter atteinte ni à la toute-puissance, ni à la toute-science de Dieu; si l'homme ne peut être dépouillé de cette liberté, c'est qu'il a plu à Dieu de la lui donner inaliénable, et ce n'est pas un dommage pour la majesté divine de connaître la volition humaine comme une chose hors de Dieu. Quant à la liberté d'agir, avec laquelle on confond à tort la liberté de vouloir, elle n'est pas essentielle à l'homme, et Dieu lui en retire souvent l'usage.

Examinons maintenant si cette volonté nue, ce simple pouvoir de vouloir est en opposition avec la prescience et la bonté de Dieu. Comme un architecte conçoit dans son esprit le plan de l'édifice qu'il veut bâtir, Dieu contemple dans sa pensée la création et tous ses détails avant de la réaliser. Il veut créer un être libre, doué du pouvoir de vouloir. Il voit les effets de cette liberté. Il voit à quel moment la créature libre voudra le bien et à quel moment elle voudra le mal. Constatons d'abord que cette prévision divine ne détermine pas le choix de la liberté, c'est le choix de la liberté qui détermine la prévision; par conséquent la prescience n'entraîne pas notre libre arbitre, c'est notre libre arbitre qui entraîne la prescience.

L'institution de notre liberté n'est pas non plus contraire à la liberté divine. Dieu, dit-on, a dû voir dans le plan qu'il a conçu de l'univers que beaucoup de créatures feraient un mauvais emploi de leur liberté, tomberaient dans le démérite et ainsi encourraient des peines soit dans cette vie, soit dans une autre. Il n'aurait donc pas dû réaliser cette liberté, source de misères et de larmes.

Dieu a voulu nous donner le pouvoir de mériter : l'expérience journalière prouve cette vérité ; il ne pouvait nous accorder ce pouvoir, sans nous faire libres, et par conséquent capables de démériter. A ne consulter que les lumières naturelles, il est permis de croire que la plupart des hommes, après s'être tenus plus ou moins éloignés du bien et par conséquent de Dieu, et avoir subi soit dans cette vie soit dans une autre le châtiment de leurs fautes, finiront par se rapprocher de la bonne voie et par conséquent de la récompense ou du bonheur ; que ceux qui persévéreront dans le mal seront en petit nombre et ne pourront l'imputer qu'à eux-mêmes, et que la destinée générale de l'humanité n'en est pas moins le bonheur par le mérite, destinée qui se concilie parfaitement avec la bonté et la justice de Dieu. De plus, quoique nous n'ayons pas dessein de disputer ici par autorité, comme le dit Bossuet[1], cependant nous pouvons faire remarquer que Bossuet et Leibniz n'admettent l'éternité de la peine qu'en supposant en même temps l'éternité de la persévérance dans le mal ; et qu'aucun d'eux n'oserait dire que cette persévérance soit invincible.

« Ne nous imaginons pas, dit Bossuet, que l'enfer consiste dans ces épouvantables tourments, dans ces étangs de feu et de soufre, dans ces flammes éternellement dévorantes, dans cette rage, dans ce désespoir, dans cet horrible grincement de dents. L'enfer, si nous l'entendons, c'est le péché même ; l'enfer, c'est d'être éloigné de Dieu, et la preuve en est évidente par les

---

1. *Traité du libre arbitre*, chap. v, à la fin.

Écritures... Comprends, ô pécheur misérable, que tu portes ton enfer en toi-même, parce que tu y portes ton crime[1]... »

De ce qu'une peine a été prononcée, il ne s'ensuit pas nécessairement que quelqu'un doive la mériter. Elle existe comme menace et toujours prête à frapper ; mais elle ne force aucun homme à l'encourir, et personne n'a le droit d'affirmer que le plus grand coupable n'ait pas eu le temps de se repentir ; car, comme le dit Leibniz, « nous ne savons pas toutes les voies extraordinaires dont Dieu peut se servir pour éclairer les âmes[2]. » — « On voit, dit-il encore ailleurs, par quelques vers du poëte chrétien Prudence, que de son temps on croyait qu'il y aura peu de damnés, et qu'on admettait un milieu entre l'enfer et le paradis. Saint Grégoire de Nysse est de ce sentiment. Saint Jérôme incline vers l'opinion que tous les chrétiens seront reçus en grâce. Saint Paul a dit mystérieusement que tout Israël sera sauvé [3].

§ 6. Du doute sur la liberté dans l'intérêt de la foi.

Un théologien de la religion réformée, Bernardin Ochin, de Sienne, a émis cette opinion singulière, que, dans l'intérêt de la foi, nous devons professer le doute sur la question de notre liberté. Il dit que ceux qui affirment qu'ils sont libres et ceux qui le nient ont également raison, et il se charge de les faire sortir de ce qu'il appelle, suivant le langage figuré du temps, les *labyrin-*

---

1. *Sermon pour le troisième dimanche après la Pentecôte*, OEuvres de Bossuet, édit. 1828, t. IV, p. 513 et suiv. Voy. aussi *Sermon pour le troisième dimanche de l'Avent*, même édit., t. I, p. 306 ; *Deuxième sermon pour la dimanche des Rameaux*, t. III, p. 527.

2. Leibniz, *Essais sur la bonté de Dieu et la liberté de l'homme*, § 66, 81 et 272.

3. *Essais sur la bonté de Dieu et la liberté de l'homme*, § 92.

thes où l'on voudrait les renfermer. Il y a, dit-il, quatre labyrinthes où s'embarrassent les partisans de la liberté : 1° l'entraînement des objets extérieurs et des passions; 2° les décrets éternels de Dieu, qui ont réglé toutes choses à l'avance ; 3° la prescience divine, qui prédétermine l'avenir; 4° la nécessité morale, qui enchaîne au bien Dieu lui-même, de sorte que si Dieu n'est pas libre, l'homme, à plus forte raison, ne peut prétendre à la liberté. Ochin nous fait sortir du premier labyrinthe par le témoignage de la conscience, qui nous montre que nous pouvons résister à nos passions; du second, par cette raison que les décrets de Dieu ont précisément réglé que l'homme serait libre; du troisième, par cet autre motif que la prescience ne fait pas la réalité, mais la réalité la prescience; et du quatrième, en alléguant que la nécessité morale n'empêche point Dieu de faire le bien librement. Les quatre labyrinthes où s'engagent ceux qui nient la liberté sont : 1° qu'en ne s'imputant pas leurs péchés, ils les imputent à la cause de toutes choses, c'est-à-dire à Dieu lui-même; 2° qu'ils détruisent la justice des châtiments; 3° qu'ils se mettent dans l'impossibilité de comprendre la destinée de l'homme; 4° qu'ils ne doivent pas se reconnaître la force d'exécuter les commandements de Dieu. Mais le théologien les débarrasse de ces difficultés, en disant que Dieu a permis le péché pour sa gloire et celle de Jésus-Christ; que tout ce que Dieu fait est juste, même quand il lui plairait de perdre des innocents; qu'il met les hommes sur cette terre pour leur apprendre qu'ils ne peuvent résister au péché sans son secours, ni se sauver que par sa grâce; qu'enfin le mal est de violer le commandement de Dieu, que ce soit volontairement ou involontairement.

L'auteur répond aux objections contre la liberté par les raisons que donne tout le monde, et par conséquent le bon sens ; au contraire, dans la manière dont il vient au secours de ceux qui nient la liberté, on ne peut méconnaître les rigueurs de la doctrine de la grâce poussée aux dernières limites et bien au delà du terme où se sont arrêtés, comme nous l'avons vu, Bossuet et Fénelon.

Ceux qui affirment la liberté lui paraissant avoir raison, aussi bien que ceux qui la nient, Ochin conclut de là qu'il ne faut ni la nier, ni l'affirmer, mais rester dans le doute. L'Écriture sainte, dit-il, ne parle *nommément* ni de libre arbitre ni de serf arbitre; ce n'est donc pas une matière qui intéresse la foi. Il n'importe pas à notre salut de savoir si nous sommes libres, ou si nous ne le sommes pas; au contraire, cela peut nous nuire. Car si l'homme se sait non libre, il s'abandonne à l'inertie ; et s'il se sait libre, à l'orgueil. Pour éviter ce double mal, la plus sûre voie est de douter de notre liberté. Il faut tendre au bien de toutes ses forces, comme si l'on se savait libre, et rapporter à Dieu toute la gloire du bien, comme si l'on se savait privé de liberté[1].

Mais ce dilemme ne conduit pas l'auteur à la solution qu'il désire. Car, s'il permet à l'homme de se croire libre, il va rouvrir la porte à l'orgueil; et s'il lui permet de se croire esclave, il va le replonger dans l'inertie. La vraie solution est donc de reconnaître la liberté, de ne pas rejeter le ferme terrain de la certitude, la vive et pure lumière de la conscience.

Reprenons en peu de mots ce que nous avons dit sur le libre arbitre. La volonté se distingue de l'inclination et de l'intelligence par la liberté; si on ne lui accorde pas la liberté, la volonté n'existe pas ; le mot de volonté devient un synonyme des mots de raison ou de désir, ou n'exprime que le concours simultané de l'un et de l'au-

---

1. *Labyrinthi, hoc est de libero aut servo arbitrio,* etc..., *Authore Bernardino Ochino Senensi, nunc primum ex italico in latinum translati.* Basileæ apud Petrum Pernam (absque anno).

tre. L'acte volontaire se distingue de l'acte spontané ou instinctif et de l'acte habituel, parce qu'il a un motif, connu de l'esprit. Ce motif qui occasionne l'acte volontaire ne le cause pas, la cause de l'acte volontaire n'est que la volonté ; c'est cette *causalité* purement interne qu'on appelle la liberté. Cette liberté est prouvée par la conscience, par la responsabilité morale que nous nous imputons, par les peines et les récompenses qui en sont la suite, par l'institution des tribunaux qui appliquent la loi, enfin par l'existence de l'intelligence et de l'inclination elles-mêmes, qui seraient sans but dans un être sans pouvoir libre sur ses actes. La liberté dont nous ne pouvons être dépouillés n'est pas le pouvoir libre de penser ou de mouvoir, car ce dernier nous est souvent enlevé, c'est seulement le pouvoir de vouloir penser ou mouvoir. Or cette faculté, qui suffit à établir notre responsabilité, notre mérite et démérite, et par conséquent notre destinée, n'a d'action sur les choses extérieures que jusqu'où il plaît à Dieu, et elle ne peut porter atteinte à la toute-puissance divine. La prévision de Dieu ne peut, pas plus que la vision de l'homme, altérer la liberté de notre vouloir ; car le témoin d'un acte n'en change point la nature ; enfin Dieu voulant nous accorder le bonheur à la condition du mérite, et, par conséquent, l'occasion de mériter, devait nous donner en même temps le pouvoir de démériter. Il suffit que le plus grand nombre des hommes arrive à la récompense promise pour que la destinée humaine se concilie avec la bonté de Dieu. Il ne faut pas d'ailleurs vouloir percer, dès ce monde, tous les mystères de notre destinée ; notre confiance dans la perfection divine est si forte, que nous ne doutons point de voir se dissiper dans une autre vie les ombres qui couvrent encore la vie présente, et qui étaient peut-être nécessaires pour laisser à la vertu son désintéressement.

CHAPITRE II.

EFFETS DE LA VOLONTÉ.

§ 1. Action de la volonté sur la faculté motrice.

En montrant les effets de la volonté sur les autres facultés de l'âme, nous atteindrons un double but : nous marquerons mieux la distinction de la volonté et des facultés qu'on a confondues avec elle, et nous ferons connaître le moyen le plus efficace de perfectionnement que la Providence ait accordé à l'humanité.

Si la volonté n'a pas d'action sur le corps, elle en a sur la faculté motrice dont notre âme est douée. Notre faculté motrice agit d'abord d'elle-même sans le secours de la volonté, ainsi que nous l'avons fait voir[1]; on pourrait dire alors que son action est spontanée, au sens où Leibniz a dit que certaines actions spontanées se font sans élection, et par conséquent ne sont point volontaires[2].

Pour nous donner le spectacle de l'intervention de la volonté dans la faculté motrice, supposons que notre bras soit nonchalamment étendu sur le lit où nous reposons. Lorsque le bras est en cet état, il est clair que nous pou-

---

1. Voy. plus haut, livre III, chap. I, § 1.
2. *OEuvres de Leibniz*, édit. Jacques, 1re série, p. 483.

vons vouloir ou l'y maintenir ou l'en tirer. Je dis que nous pouvons le vouloir, car le *pouvoir de vouloir* est, nous le répétons, notre seule liberté inviolable. Notre volonté est libre, comme pouvoir de vouloir ; elle ne l'est pas comme pouvoir d'agir, soit sur la faculté motrice, soit sur toute autre faculté. Dans l'exemple que nous avons choisi, nous pouvons toujours *vouloir* disposer de la faculté motrice ; nous ne pouvons pas toujours en disposer réellement. Il se peut, comme le dit Reid, que pendant la nuit notre bras ait été frappé de paralysie. Il se peut qu'une force extérieure meuve notre bras que nous voulions tenir immobile ; la faculté motrice est ici vaincue par une cause externe, et notre volonté est sans puissance sur elle.

Quand la volonté intervient dans la faculté motrice, elle la règle, la dirige, l'augmente ou la diminue. La volonté lui mesure la force sur le degré de résistance que nous supposons dans l'objet à mouvoir. Si nous pensons que l'objet est lourd, nous y proportionnons l'effort, et si l'objet est plus léger que nous ne l'avons cru, le membre lancé par l'effort est emporté au delà du point marqué par notre volonté, et nous fait quelquefois perdre l'équilibre.

L'influence de la volonté sur la faculté motrice n'est pas illimitée : elle ne peut lui faire surmonter tous les obstacles, et, par exemple, la paralysie, comme nous le disions tout à l'heure, mais elle lui donne une force inusitée. Au rapport d'Hérodote, après la prise de Sardes, un Perse allait tuer Crésus sans le connaître. Le fils du roi était présent ; ce jeune prince, qu'une maladie avait rendu muet et qu'on avait en vain essayé de guérir, effrayé du danger de son père, fit un effort qui lui rendit la voix, et s'écria : Soldat, ne tue pas Crésus[1] ! Un

---

1. Hérodote, livre I, chap. LXXXV.

homme poursuivi, franchit des fossés et des obstacles qui l'arrêteraient dans un autre instant. A la prise de la citadelle de Port-Mahon, les Français fournirent un exemple de l'énergie que la volonté donne à nos mouvements. « C'était partout, dit Voltaire, un roc uni ; c'étaient des fossés profonds de vingt pieds, et en quelques endroits de trente, taillés dans roc... On descendit dans les fossés malgré le feu de l'artillerie anglaise ; on planta des échelles hautes de treize pieds : les officiers et les soldats, parvenus au dernier échelon, s'élançaient sur le roc en montant sur les épaules les uns des autres ; c'est par cette audace difficile à comprendre qu'ils se rendirent maîtres de tous les ouvrages extérieurs... Les Anglais ne pouvaient comprendre comment les soldats français avaient escaladé les fossés, dans lesquels il n'était guère possible à un homme de sang-froid de descendre [1]. » On a vu quelquefois même des paralytiques, au milieu d'un incendie ou d'un orage, se lever et marcher par un violent effort de volonté.

Si notre volonté augmente le pouvoir de la faculté motrice, elle le contient aussi et l'allége au besoin. Laissée à elle-même la faculté motrice frapperait, dans certaines occasions, des coups trop forts. Le marteau et la lime demandent quelquefois à être légèrement maniés ; le ciseau, le pinceau, le crayon, l'archet ont plus souvent besoin de délicatesse que de force. C'est la volonté qui donne au mouvement cette réserve ; elle le suspend de manière à ne toucher que le point qu'il faut et comme il le faut. La puissance motrice dans son action spontanée est ou trop forte ou trop faible, elle est brute et aveugle ; dirigée par la volonté, que l'intelligence éclaire, elle se règle et se mesure ; elle prend plus d'énergie ou plus de douceur, elle enfonce ou glisse, elle broie ou effleure, elle

---

1. *OEuvres complètes de Voltaire*, édit. Beuchot, t. XXI, p. 286.

détruit ou caresse, elle se possède enfin, ou plutôt c'est la volonté qui la possède et qui la maîtrise. « Ainsi, dit Bossuet, la volonté se fait un corps plus souple et plus propre aux opérations intellectuelles[1]. »

§ 2. Action de la volonté sur l'intelligence.

Le pouvoir de la volonté sur l'intelligence n'est ni moins évident ni moins étendu que sur la faculté motrice.

Nous pouvons penser sans le vouloir, c'est-à-dire percevoir, concevoir et croire sans que la volonté soit intervenue ; et même nous ne pouvons exercer volontairement notre intelligence qu'après l'avoir exercée d'abord spontanément ou involontairement ; car notre vouloir ne peut se prendre qu'à un acte que nous connaissons, et, pour le connaître, il faut que nous l'ayons déjà accompli. L'acte spontané de l'intelligence précède donc son acte volontaire. Il y a sur ce sujet quelques lignes excellentes de Condillac : « Les hommes, dit-il, ignorent ce qu'ils peuvent, tant que l'expérience ne leur a pas fait remarquer ce qu'ils font d'après la nature seule. C'est pourquoi ils n'ont jamais fait avec dessein que des choses qu'ils avaient déjà faites, sans avoir eu le projet de les faire.... Ils n'ont pensé à faire des analyses qu'après avoir observé qu'ils en avaient fait ; ils n'ont pensé à parler le langage d'action, pour se faire entendre, qu'après avoir observé qu'on les avait entendus. De même ils n'auront pensé à parler avec des sons articulés qu'après avoir observé qu'ils avaient parlé avec de pareils sons, et les langues ont commencé avant qu'on eût le projet d'en faire. C'est ainsi qu'ils ont été poëtes, orateurs, avant de songer à l'être ; en un mot, tout ce qu'ils sont devenus, ils l'ont d'abord

---

1. *Connaissance de Dieu et de soi-même*, chap. III, art. 16.

été par la nature seule... Elle a tout commencé, et toujours bien[1]. »

Nous n'avons qu'un mot à reprendre dans ce passage, c'est celui de *nature* qu'on oppose au mot de *dessein* ou de *volonté*. La volonté est aussi dans la nature. La distinction aurait dû porter sur la nature spontanée et sur la nature volontaire.

Ce que nous venons de dire montre que nous ne saurions admettre l'opinion qu'il n'y a point de pensée sans volonté. « Il n'y a pas dans l'état de veille, dit M. Royer-Collard, un seul instant tout à fait exempt de connaissance; or la connaissance est inséparable de quelque degré d'attention, l'attention de quelque exercice de la volonté. Il en est donc de la volonté comme de la conscience, elle ne se repose jamais. Penser c'est vouloir[2]. » Si en effet toute pensée était nécessairement accompagnée de volonté, il faudrait que la volonté ne se reposât jamais pendant l'état de veille, puisque tant que nous veillons, nous ne sommes pas un seul instant sans quelque pensée. Or l'expérience nous montre que notre volonté se repose. De plus, comme nous l'avons dit, la volonté ne peut s'appliquer qu'à un acte intellectuel que l'âme connaisse d'avance, et l'âme ne peut le connaître d'avance que si elle l'a déjà accompli involontairement.

La volonté intervenant dans l'intelligence s'appelle attention ou réflexion; attention lorsqu'elle s'applique à un objet extérieur, réflexion dans les autres cas. L'effet de l'attention est de perfectionner l'acte intellectuel; la connaissance devient claire, d'obscure qu'elle était; distincte, de confuse; singulière, de multiple. Lorsque notre vue est involontaire, elle embrasse beaucoup plus

---

1. *La logique*, 2ᵉ partie, chap. III.
2. *Fragments philosop.*, à la suite des Œuvres de Reid, trad. par M. Jouffroy, t. IV, p. 436.

d'objets que quand elle est accompagnée de volonté. Si vos yeux se portent involontairement sur un arbre, ils en saisissent vaguement la totalité; si vous fixez volontairement vos yeux, ils n'apercevront peut-être plus qu'une seule feuille. Vous restreignez le champ de votre connaissance, mais vous la rendez plus claire et plus exacte. Nous entendons involontairement plus de choses que nous n'en écoutons. L'attention abstrait et précise pour ainsi dire. Elle nous fait considérer une partie séparée des autres. Il y a donc deux sortes d'abstraction : celle de la réminiscence dont nous parlerons plus loin, et celle de l'attention : l'une a lieu dans la conception, l'autre dans la perception[1]. Condillac, qui n'a pas bien connu la nature de l'attention, en a très-bien peint les effets : « Je suppose, dit-il, un château qui donne sur une campagne vaste, abondante, où la nature s'est plu à répandre la variété et où l'art a su profiter des situations pour les embellir encore. Nous arrivons dans ce château pendant la nuit. Le lendemain, les fenêtres s'ouvrent au moment où le soleil commence à dorer l'horizon et elles se referment aussitôt. Quoique cette campagne ne se soit montrée à nous qu'un instant, il est certain que nous avons vu tout ce qu'elle renferme... Mais ce premier instant ne suffit pas pour nous faire connaître cette campagne, c'est-à-dire pour nous faire démêler les objets qu'elle renferme; c'est pourquoi lorsque les fenêtres se sont refermées, aucun de nous n'aurait pu rendre compte de ce qu'il a vu. Voilà comment on peut voir beaucoup de choses et ne rien apprendre. Enfin les fenêtres se rouvrent pour ne plus se refermer... Mais si semblables à des hommes en extase, nous continuons, comme au premier instant, de voir à la fois cette foule d'objets différents,

---

1. Pour la distinction de la perception et de la conception, voy. livre VI, sect. 1re, chap. I.

nous n'en saurons pas plus, lorsque la nuit surviendra, que nous n'en savions lorsque les fenêtres qui venaient de s'ouvrir se sont tout à coup refermées. Pour avoir une connaissance de cette campagne, il ne suffit donc pas de la voir toute à la fois, il en faut voir chaque partie l'une après l'autre, et au lieu de tout embrasser d'un coup d'œil, il faut *arrêter* ses *regards* successivement d'un objet sur un objet. Voilà ce que la nature nous apprend à tous; si elle nous a donné la faculté de *voir* une multitude de choses à la fois, elle nous a donné aussi la faculté de n'en *regarder* qu'une, c'est-à-dire de diriger nos yeux sur une seule[1]. »

Condillac a marqué ici la différence de la *vue* et du *regard*. La vue est involontaire, le regard est toujours animé de volonté. La même opposition existe entre les mots *entendre* et *écouter*. On entend sans le vouloir; on n'écoute que quand on le veut. L'action involontaire du tact, du goût et de l'odorat s'appelle sentir[2], l'action volontaire de ces sens s'appelle toucher, flairer, goûter; les mots palper et savourer marquent un redoublement d'attention mêlé de plaisir.

Les distinctions fournies ici par la langue prouvent que l'action involontaire précède toujours l'action volontaire, car on ne regarde et on n'écoute qu'après avoir vu et entendu volontairement. Écouter, c'est vouloir entendre; comment voudrait-on entendre si on ne savait ce que c'est; et comment le saurait-on, si on n'avait entendu involontairement?

On a dit que souvent l'attention était involontaire; on l'a confondue alors avec la préoccupation causée par un objet qui flatte ou contrarie quelqu'une de nos inclinations. Bossuet les a très-bien distinguées l'une de l'autre.

---

1. *La Logique*, Ire partie, chap. II.
2. Voy. plus loin, livre VI, sect. Ire, chap. II.

« Nous observons quelquefois en nous-mêmes, dit-il, une attention forcée : ce n'est pas là toutefois ce que nous appelons proprement attention. Nous donnons ce nom seulement à l'attention où nous choisissons notre objet pour y penser volontairement. Que si nous n'étions capables d'une telle attention, nous ne serions jamais maîtres de nos considérations et de nos pensées, nous serions sans liberté[1]. » Si le langage ordinaire permet de dire qu'il y a une attention involontaire, ce n'est pas de celle-là que nous parlons ici, mais de celle qui dépend de la volonté ou qui n'est autre chose que l'intervention de la volonté dans l'intelligence. Il suffit qu'on la distingue de l'autre, pour reconnaître l'existence de la volonté, et l'effet de cette faculté sur l'esprit.

L'intervention de la volonté dans la perception de la conscience et dans celle de la mémoire s'appelle la réflexion, parce qu'il semble, s'il nous est permis d'employer une métaphore, que l'esprit retourne sur lui-même afin de se contempler. La conscience et la mémoire s'exercent involontairement chez tous les hommes, et à tous les instants du jour, la réflexion est le propre des philosophes et elle est intermittente. Le souvenir est involontaire, le rappel est volontaire. Nous ne pouvons vouloir nous rappeler que l'objet dont nous avons déjà un souvenir vague et confus; car si nous n'en avions aucune idée, comment pourrions-nous vouloir l'évoquer? Dans la multitude de souvenirs qui passent à travers notre esprit, nous en arrêtons volontairement quelques-uns, et particulièrement ceux que nous savons associés au souvenir qui nous fuit en ce moment et que nous voulons faire revenir.

La comparaison est un acte mêlé d'intelligence et de volonté, plus complexe encore que l'attention et la ré-

---

1. *De la connaissance de Dieu et de soi-même*, chap. III, § 17.

flexion. On peut, à la rigueur, ne faire attention ou ne réfléchir qu'à une seule chose ; la comparaison suppose au moins deux objets sur lesquels se porte successivement l'attention. Mais on pourrait faire successivement attention à deux objets, sans pour cela les comparer ; la comparaison implique donc une double attention ayant pour motif le désir de trouver un rapport, par conséquent le souvenir de quelque rapport trouvé d'abord involontairement. Enfin, pendant qu'on examine l'un des deux termes, il faut se souvenir de l'autre ; sans quoi, la comparaison serait impossible.

Le raisonnement n'est pas nécessairement volontaire ; on peut avoir aperçu involontairement le rapport du petit et du grand terme avec le moyen[1], mais ce raisonnement involontaire ne nous mènerait pas bien loin. La science et même le discours ordinaire ne se forment que par le raisonnement volontaire, qui contient une triple comparaison, celle des trois termes du raisonnement pris successivement deux à deux.

La connaissance volontaire ou l'attention étant plus restreinte que la connaissance involontaire, il faut, pour ne pas perdre en étendue ce que nous gagnons en clarté, porter successivement notre attention sur toutes les parties de l'objet que nous voulons connaître. La volonté, comme nous venons de le voir, perfectionne par sa présence l'action de la faculté motrice et l'action de l'entendement. Mais ce qui contribue le plus à nos progrès, c'est que l'action qui a été longtemps soutenue par la présence de la volonté, conserve, même en son absence, les qualités que celle-ci lui a données. On s'est formé une habitude. Les mouvements de l'artiste qui joue d'un instrument de musique ont besoin d'être disciplinés par la volonté ; mais lorsque cette discipline est formée, l'artiste

---

1. Voy. *le Raisonnement*, livre VIII.

s'aperçoit qu'il peut exécuter aussi bien les mêmes mouvements, sans avoir besoin d'une attention aussi soutenue et même en la détournant quelquefois sur d'autres objets. C'est par là surtout que nous sommes perfectibles ; car si nous ne pouvions assurer le progrès de nos facultés que par une attention toujours présente sur tous les points, nous succomberions à un pareil effort ; mais l'acte qui s'est perfectionné sous la conduite de la volonté pouvant redevenir involontaire sans perdre de ses qualités acquises, une fois que nous sommes parvenus à bien accomplir un acte, nous le laissons aller seul, pour porter notre attention sur un autre, et toujours ainsi, sans qu'on puisse assigner de limite à notre perfectionnement. Cela s'applique au développement de notre intelligence comme à celui de la faculté motrice.

Le perfectionnement des sens par l'empire de la volonté produit des effets merveilleux. L'odorat et le goût parviennent à démêler des odeurs et des saveurs qui nous échappaient entièrement. L'ouïe du musicien distingue tous les instruments d'un orchestre, si nombreux qu'ils soient, et des intervalles de ton qui échappent aux oreilles vulgaires. L'aveugle qui, pour remplacer le sens dont il est privé, cultive avec soin le sens de l'ouïe, reconnaît au son de la voix, la taille et l'âge de la personne qui lui parle. La vue du chasseur aperçoit des traces et des empreintes insensibles pour le reste des hommes ; le matelot, dans un point blanc, à l'horizon, où nous ne voyons rien que de confus, distingue la forme d'un navire et peut en indiquer la nation et le tonnage. Une personne devenue sourde finit par lire dans le mouvement de nos lèvres les mots que nous prononçons[1]. Par l'exercice de l'attention, le toucher conserve, même dans

---

1. *Troisième circulaire de l'institution des Sourds-Muets de Paris*, septembre 1832, imprimerie royale, p. 190.

l'état involontaire, une délicatesse qui lui révèle des formes auparavant imperceptibles, comme les plus délicates ciselures, et même la modification des surfaces d'où résultent les différentes couleurs. « On fait mention, dit Bayle, d'un organiste aveugle, qui était fort habile dans son métier, et discernait fort bien toute sorte de monnaies et de *couleurs*. Il jouait même aux cartes et gagnait beaucoup, surtout quand c'était à lui à faire, parce qu'il connaissait au toucher quelles cartes il donnait à chaque joueur... Aldrovand dit qu'un certain Jean Ganibasius de Volterre, bon sculpteur, étant devenu aveugle à l'âge de vingt ans, s'avisa, après un repos de dix années, d'essayer ce qu'il pourrait faire dans son métier. Il toucha fort exactement une statue de marbre qui représentait Cosme Ier grand-duc de Toscane, et en fit après cela une d'argile, qui ressemblait si bien à Cosme, que tout le monde en fut étonné. Le grand-duc Ferdinand envoya ce sculpteur à Rome, où il fit une statue d'argile, qui ressemblait parfaitement à Urbain VIII[1]. »

La mémoire ne se perfectionne pas moins par l'action de la volonté. Il faut d'abord d'énergiques efforts pour se retenir contre le courant des souvenirs involontaires qui traversent sans cesse notre esprit et qui, si nous y cédons, nous rendent incapables de toute réflexion. Mais on y parvient enfin et l'on apprend à choisir parmi les conceptions qui se présentent, à lier fortement la chaîne de ses pensées, et à ne plus les laisser rompre même par les impressions extérieures. On a vu des hommes suivre les plus longs calculs au milieu du bruit et de la foule. Racine n'était pas troublé dans ses travaux par les jeux de ses enfants. « L'imagination la plus heureuse, dit Thomas Reid, a besoin du secours de l'habitude et n'obéit

---

[1]. Bayle, *Nouvelles de la république des lettres*, juin 1685, art. 5, à la fin; et octobre même année, art. 10 à la fin.

promptement que sur les sujets où l'esprit s'est exercé. Un ministre discute une question de politique avec la même aisance qu'un régent de collège une question grammaticale. L'imagination leur suggère avec la même promptitude et ce qu'ils doivent dire et la manière dont ils doivent le dire. Faites changer de rôle à ces deux personnages : ils ne seront pas moins embarrassés l'un que l'autre... Quand un homme parle sur un sujet qui lui est familier, il suit un arrangement de mots et de pensées absolument nécessaire pour que son discours soit à la fois intelligible, convenable et grammaticalement correct. Dans chaque phrase que nous écrivons ou que nous prononçons, il y a plus de règles de grammaire, de logique et de rhétorique à observer, qu'il n'y a de mots et de lettres. L'orateur ne songe même pas à toutes ces règles et cependant il les observe comme si elles lui étaient toutes présentes[1]. »

Les facultés les plus élevées de l'intelligence sont susceptibles d'être perfectionnées dans leur action par l'intervention de la volonté, et de conserver le même degré de perfection après qu'elle s'est retirée. L'artiste, le géomètre, le moraliste, le métaphysicien se sont fait une habitude de combiner avec la plus grande facilité les conceptions et les perceptions les plus difficiles de l'intelligence. Ces idées finissent par se présenter en foule à leur esprit, sans qu'ils aient besoin de faire un effort d'attention, et c'est cette habitude qui leur donne leur supériorité relative sur le reste des hommes.

§ 3. Action de la volonté sur les passions.

La volonté a donc une influence très-marquée sur la faculté motrice et sur l'intelligence, agit-elle aussi sur

---

1. *OEuvres complètes de Reid*, trad. de M Iouffroy, t. IV, p. 183 et 185.

l'inclination? De même qu'elle ne change ni la nature de la faculté motrice ni celle des facultés intellectuelles, mais seulement leur action, de même elle ne peut changer l'inclination, mais le mode de celle-ci, c'est-à-dire la passion[1]. Les stoïciens avaient exagéré sans doute le pouvoir de la volonté sur la passion, mais il y avait un fond de vérité dans leur doctrine; autrement nous ne connaîtrions pas les vertus qu'on appelle le courage et la tempérance, dont la première consiste à apaiser en soi la tristesse et la haine, et la seconde à comprimer le plaisir et l'amour.

Il paraît même que la volonté peut jusqu'à un certain point arrêter les plaisirs et les douleurs qui se ressentent dans le corps. Les biographes de Kant nous apprennent qu'il s'était convaincu par lui-même que l'on peut par la force de la volonté résister pendant un certain temps et jusqu'à un certain degré à l'invasion des maladies. C'est ainsi que le naufragé se suspend aux débris du navire, et lutte contre le froid, la fatigue et la faim, et qu'à peine est-on venu le secourir qu'il s'abandonne et s'évanouit. Saint Augustin raconte qu'un prêtre nommé Restitutus avait la force morale de se rendre insensible aux piqûres et aux brûlures. Au moins se donnait-il par la volonté la force de contenir les signes extérieurs de la douleur, ce qui contribue à la diminuer, et c'est peut-être là l'explication de l'iusensibilité qu'on fait paraître dans les expériences de ce qu'on appelle le *somnambulisme magnétique*. Le sage, dit Leibniz, peut s'exercer à braver la souffrance corporelle, témoin cet esclave espagnol qui, pour venger son maître, tua le gouverneur carthaginois et qui en témoigna la plus grande joie au milieu des plus affreux supplices. Encore aujourd'hui les sauvages supportent en riant les plus cruelles tortures[2].

1. Voy. plus haut, livre IV, chap. 1, § 2.
2. *Essais sur la bonté de Dieu*, etc., § 255, 256.

Si la volonté, luttant contre le plaisir et la peine, les diminue ou les arrête, elle les augmente quand elle leur lâche les rênes. L'attention apportée au plaisir ou à la douleur y fait découvrir mille nuances qui auraient échappé à une âme distraite. Le voluptueux, qui déguste pour ainsi dire toutes les parties de son plaisir, le multiplie, comme le malade qui écoute son mal le rend plus aigu. Il y a tel homme qui veut se désespérer, quelques raisons qu'on lui oppose, et qui parvient à augmenter sa douleur par la force de sa volonté.

Nous sommes donc portés à admettre l'efficacité de l'intervention directe de la volonté dans la passion, quoiqu'à un moindre degré que dans l'action de la faculté motrice et de l'intelligence, mais nous accordons que la plupart du temps l'influence de la volonté sur la passion est indirecte et qu'elle s'exerce par l'intermédiaire de l'intelligence : elle fixe cette dernière sur l'objet de la passion, ou elle cherche à l'en éloigner. « Le remède le plus naturel des passions, dit Bossuet, c'est de détourner l'esprit autant qu'on peut des objets qu'elles lui présentent, et il n'y a rien pour cela de plus efficace que de s'attacher à d'autres objets[1]. »

§ 4. De l'habitude et de l'instinct dans leur opposition avec la volonté.

Lorsque la volonté a dompté notre faculté motrice, notre intelligence et nos passions, on dit que la volonté nous a donné une habitude. Arrêtons-nous un instant sur ce mot d'habitude, qui est pris en plusieurs sens. Nous pouvons maintenant en indiquer toutes les acceptions. On entend premièrement par habitude l'effet de

---

1. *Connaissance de Dieu et de soi-même*, chap. III, art. 19.

l'inclination naturelle qui nous porte à aimer les personnes et les objets avec lesquels nous avons longtemps vécu ; secondement, l'affaiblissement d'un plaisir ou d'une peine, ou même d'une perception dont la cause agit depuis longtemps sur notre âme ; troisièmement enfin, l'habileté que nous contractons à exécuter des actes que nous avons souvent accomplis, surtout avec le secours de la volonté. L'amour que nous avons pour un meuble ancien dans notre maison est une habitude du premier genre ; l'insensibilité où nous tombons pour le bruit qui se fait autour de nous est une habitude du second genre ; le talent du musicien est en partie une habitude du troisième. On a dit que l'habitude perfectionne le jugement et émousse le sentiment ; cela est vrai dans une certaine limite : un musicien de profession juge mieux de la musique qu'un autre et il en jouit peut-être moins. Mais si l'habitude émousse le plaisir que nous fait un objet agréable, elle nous fait trouver un plaisir dans un objet d'abord indifférent ; en même temps qu'elle amortit un sentiment, elle en développe donc un autre. D'une autre part, si elle perfectionne notre intelligence sous la conduite de la volonté, elle peut aussi, par le secours de la même volonté, affaiblir notre perception pour les objets que nous ne voulons pas percevoir ; c'est de cette façon que celui qui travaille au milieu du bruit, finit par s'y rendre volontairement insensible. L'habitude peut donc diminuer ou augmenter la perception selon la direction qu'elle a reçue de la volonté.

Les habitudes de l'intelligence et de la faculté motrice sont le plus ordinairement le résultat de la volonté ; les habitudes de l'inclination, tant celle qui détruit un sentiment que celle qui nous en crée un nouveau, sont involontaires, à moins que nous ne nous soyons volontairement placés dans les circonstances où ces habitudes prennent naissance.

Nous devons aussi récapituler les diverses acceptions du mot instinct, qu'on oppose souvent à la volonté. L'instinct s'entend d'abord de ces mouvements que l'homme et l'animal accomplissent sans en connaître le but, comme le mouvement du nouveau-né qui meut ses lèvres, avant de savoir que cet acte lui procurera la nourriture. Il se dit ensuite de ces inclinations naturelles d'amour ou d'effroi pour des objets ou des personnes dont l'expérience ne nous a pas encore découvert les qualités utiles ou nuisibles, comme l'inclination de l'enfant pour la société de ses semblables, son effroi de la nuit et de la solitude. Enfin l'instinct se dit encore de ces facultés intellectuelles qui nous font deviner l'avenir dans le présent, ou l'étincelle électrique dans le nuage ou qui nous font lire sur la physionomie et dans les gestes de nos semblables les plus secrètes pensées de leur cœur. Ce qu'il y a de commun dans ces acceptions diverses, c'est que l'instinct devance les enseignements de l'expérience et les décisions de la volonté. Il y a donc les instincts de la faculté motrice, ceux de l'inclination et ceux de l'intelligence.

§ 5. De ce qu'on entend par les mots d'action et d'activité.

Descartes inclinait à ne donner le nom d'action et d'activité qu'à l'exercice de la volonté. « Les pensées, dit-il, sont principalement de deux genres, à savoir : les unes sont les actions de l'âme, les autres sont ses passions. Celles que je nomme ses *actions* sont toutes nos *volontés*, à cause que nous expérimentons qu'elles viennent directement de notre âme, et semblent ne dépendre que d'elle, comme, au contraire, on peut généralement nommer ses *passions* toutes les sortes de *perceptions* ou de *connaissances* qui se trouvent en nous, à cause que souvent ce n'est pas notre âme qui les fait telles qu'elles sont, et que toujours elle les reçoit des choses qui sont représentées par elles[1].

Il faudrait s'en tenir à cette distinction de Descartes. La volonté tranche sur les autres facultés par la liberté dont elle est douée. Nous sommes maîtres de notre volonté ; nous ne le sommes pas toujours de notre faculté motrice, de notre intelligence et surtout de nos inclinations. Nous n'avons de prise sur ces facultés que par la volonté elle-même, comme nous l'avons fait voir. C'est donc dans le développement de la volonté que nous sommes véritablement actifs ; dans tout le reste nous sommes passifs ; nous ne faisons pas notre condition, nous la subissons.

Cependant l'usage a étendu les noms d'action et d'activité au delà des limites de la volonté. Premièrement on applique ces termes au déploiement de la faculté motrice, volontaire ou involontaire. Dans toutes les langues le mouvement que nous produisons au dehors de nous s'appelle une action ; mouvoir c'est agir. Le jeu de notre faculté motrice compose ce qu'on appelle notre activité extérieure.

Secondement, il y a dans l'intelligence des facultés qui reçoivent leurs connaissances du dehors, comme le sens extérieur, et qui sous ce rapport sont dites passives. Il y en a d'autres qui produisent des connaissances de leur propre fonds, comme nous le verrons en traitant surtout des conceptions idéales. L'âme est considérée alors comme douée de causalité ou d'une activité productrice. Elle agit d'elle-même comme le disait Platon : αὐτὴ καθ' αὑτήν. Aristote distinguait aussi un entendement passif, νοῦς παθητικός, qui ne faisait que refléter l'extérieur, et un entendement actif ou créateur, νοῦς ποιητικός, qui étendait à tous les temps et à tous les lieux les

---

1. *OEuvres philos.*, édit. Ad. G., t. I, p. 354-5.

notions locales et bornées que fournissaient les sens extérieurs.

Troisièmement, par l'inclination, l'âme se porte spontanément vers certains objets ou s'en éloigne, et c'est encore une sorte d'activité qui vient de l'âme même et non du dehors. Au contraire la rencontre de l'objet agréable ou désagréable lui cause un plaisir ou une peine qui lui viennent du dehors, dont elle ne peut se défendre et sous lesquels elle est véritablement passive, ce qui fait que le plaisir et la peine et leurs dérivés, le désir, la crainte, l'espérance, l'amour et la haine sont compris sous le nom de passions.

La volonté, l'inclination, et une partie de l'intelligence composent l'activité intérieure de l'âme comme la faculté motrice constitue son activité extérieure.

En résumé, par l'emploi de sa liberté l'homme perfectionne sa nature. Il rend sa faculté motrice plus appropriée aux différentes fins qu'il se propose : il triomphe d'une plus grande résistance extérieure, et en même temps il acquiert le talent de ménager ses coups ; il devient habile à manier les instruments des arts, et il dépose sur la face brute du globe l'empreinte de son intelligence et le cachet de l'humanité. Sa volonté a moins de prise sur ses inclinations ; elle en peut cependant comprimer le mode, c'est-à-dire la passion, exercer les vertus de la tempérance et du courage, et écarter par là les obstacles qui empêchent l'exercice de la justice et de la charité. Mais c'est principalement sur son intelligence qu'il a une forte prise par sa volonté, et qu'il peut déployer cette vertu que l'antiquité appelait la sagesse[1]. Par l'attention, il rend ses sens plus pénétrants ; par la réflexion, il augmente la perspicacité de sa conscience et de sa mémoire ; il se rend plus capable d'embrasser une longue

---

1. Σοφία. Voy. plus loin, livre VI, sect. II, chap. III.

suite de pensées, d'assurer le progrès des sciences les plus abstraites, de pousser jusqu'aux dernières conséquences les conceptions idéales de la géométrie et de la morale, et enfin de méditer sur l'existence et les attributs infinis de la Divinité. En donnant à l'homme la volonté, c'est-à-dire la liberté, la Providence a permis qu'il pût se former des qualités nouvelles, travailler de lui-même à son perfectionnement, et acquérir ainsi la gloire de coopérer avec son créateur.

FIN DU LIVRE V.

LIVRE VI.

LES FACULTÉS INTELLECTUELLES.

CHAPITRE I.

DES DIFFÉRENTES MANIÈRES DE DIVISER L'INTELLIGENCE.

§ 1. De la nature des faits intellectuels.

Les faits intellectuels peuvent se considérer de quatre manières : 1° suivant leur nature ; 2° suivant leur objet ; 3° suivant leur mode ou la façon dont ils s'appliquent à leur objet ; 4° suivant leur origine.

En les considérant suivant leur nature, on les divise en *connaissances* et *croyances*. Les connaissances se subdivisent en *perceptions* et *conceptions*. La perception est une connaissance qui affirme que son objet existe réellement et indépendamment de la pensée qui s'y applique, comme la perception de l'âme par elle-même, la perception des corps, etc. La conception est une connaissance qui n'affirme l'existence de son objet que dans la pensée, comme la conception d'un édifice que nous avons vu autrefois et qui n'existe plus, ou la conception d'une chose purement idéale, telle que le cercle parfait. La croyance est un acte qui n'affirme pas l'existence réelle de son objet en dehors de la pensée, mais seulement son existence possible, comme par exemple la croyance que la terre continuera de tourner autour du soleil.

L'objet de la perception est toujours distinct de l'acte de la perception: le corps existe même quand je ne le perçois pas: j'existe même quand j'échappe à ma conscience; l'espace, le temps, la cause éternelle existeraient encore quand ils ne seraient perçus par aucun esprit. L'objet de la conception, soit de la réminiscence, soit de la conception idéale ne se distingue jamais de l'acte de la conception: les événements d'hier n'existent que dans mon souvenir; le cercle parfait, la vertu parfaite n'ont d'existence que dans ma conception idéale. Quant aux objets de la croyance, tels que les révolutions futures de la terre, ils peuvent exister en dehors de la pensée ou n'avoir d'existence qu'en elle. Tel est donc le caractère par lequel nous distinguons la nature des différents actes de l'intelligence: la perception affirme que son objet est indépendant d'elle-même; la conception affirme que son objet ne se distingue pas d'elle-même; la croyance affirme que son objet peut être hors d'elle, mais peut aussi n'être qu'en elle.

Le mot de *perception* n'a pas toujours reçu en philosophie le sens que nous lui attribuons ici. Descartes entend par perception tout phénomène passif de l'âme, et entre autres le plaisir et la peine [1]. Leibniz donne à ce terme un sens particulier que nous ferons connaître plus loin. Thomas Reid n'applique le mot de perception qu'à la connaissance des choses extérieures [2]. Il nous a paru que l'usage de la langue française, surtout lorsqu'on oppose la perception à la conception, permet d'employer le premier terme comme signifiant une faculté de l'intelligence, et non un plaisir ou une peine, et de l'appliquer à la connaissance que l'âme acquiert sur elle-même comme la connaissance des choses extérieures. C'est dans

---

1. *OEuvres philos.*, édit. Ad. G., introd., p. CI.
2. *Critique de la philos. de Thomas Reid*, par Ad. Garnier, p. 15.

ce sens qu'un appréciateur délicat des nuances de notre langue, l'abbé Girard, disait : « Le sentiment va au cœur, la sensation s'arrête aux sens, la perception s'adresse à l'esprit.... Avoir des perceptions claires, c'est connaître ; la perception enferme les sciences dans son district [1]. »

§ 2. Les faits intellectuels considérés suivant leurs objets.

Dans l'usage ordinaire, le mot d'*idée* exprime un acte de l'esprit dont l'objet n'existe pas en dehors de la pensée, et il s'applique d'une part aux conceptions et de l'autre à celles de nos croyances qui ne s'accordent pas avec la réalité. Platon et Aristote ont donné à ce terme un sens particulier que nous ferons connaître par la suite. Mais la plupart des philosophes modernes donnent le nom d'*idées* à tous les actes intellectuels, c'est-à-dire aux perceptions aussi bien qu'aux conceptions et aux croyances. C'est suivant cette acception générale qu'ils divisent les faits intellectuels : 1° en idées simples ou complexes ; 2° en idées particulières, singulières ou générales.

Cette double division ne se fonde pas sur la nature, mais sur les objets des faits intellectuels.

Les objets sont ou des *touts* continus, dont les parties existent hors les unes des autres, comme l'espace, le temps, un son, un corps envisagé dans son étendue ; ou des *touts* complexes, dont les qualités ou attributs existent dans le même point de l'espace et du temps, comme l'âme, Dieu, ou même un corps considéré dans les propriétés dont il est doué. L'idée de plusieurs parties continues ou de plusieurs attributs d'un même être est une idée *composée* ou *complexe*, ou encore *concrète* ; l'idée d'une seule partie ou d'une seule qualité est une idée *simple, incomplexe,* ou encore *abstraite,* parce que la partie ou la qua-

---

1. Voy. le *Dictionnaire des synonymes.*

lité à laquelle elle se rapporte est comme séparée ou abstraite des autres.

Nos perceptions sensitives ne sont jamais absolument simples : elles saisissent toujours plusieurs parties ou plusieurs qualités à la fois. Le toucher ne nous fait pas percevoir un point indivisible ; l'œil perçoit plusieurs parties en même temps ; le regard le plus concentré ne peut arriver à saisir une étendue indivisible. Le son perçu dure plusieurs instants ; le son qui ne dure qu'un instant indivisible, s'il y en a, est pour nous imperceptible. De plus, nos sens ne perçoivent pas l'étendue sans la couleur ou sans le tangible, ni la couleur ni le tangible sans l'étendue. D'une autre part, la conscience nous fait toujours percevoir en nous-mêmes plusieurs phénomènes à la fois. Toute perception est donc plus ou moins composée ; elle n'est que relativement simple ou abstraite. Un disque, quoique composé, est l'objet d'une perception plus simple que la sphère.

Nos conceptions peuvent être plus simples que nos perceptions. Nous pouvons penser à la longueur sans penser à la largeur, quoique nous ne puissions percevoir l'une sans l'autre ; mais nos conceptions n'arrivent jamais à une entière simplicité : l'idée même du point géométrique n'est pas une idée simple, car elle contient la négation de la longueur, de la largeur et de la profondeur.

Les croyances sont plus ou moins complexes, selon qu'elles embrassent une quantité plus ou moins grande des attributs d'un objet.

Ainsi, les idées sont simples ou composées, abstraites ou concrètes, incomplexes ou complexes, suivant qu'elles s'appliquent à une ou plusieurs parties, à une ou plusieurs qualités du même objet. Plus l'idée renferme de parties ou de qualités d'un même objet, plus elle a de *compréhension*. Le physicien possède sur l'or une idée plus complexe que le vulgaire, parce qu'il connaît un plus grand nombre des qualités de ce métal.

Les objets, par leurs qualités, sont semblables ou dissemblables. Les objets semblables composent ce qu'on appelle une classe, comme, par exemple, les hommes. Semblables par une qualité, ils peuvent différer par une ou plusieurs autres : la classe alors se subdivise. Une classe qui en renferme d'autres s'appelle un *genre*; une classe contenue dans une autre s'appelle une *espèce*. La classe des hommes est un genre par rapport aux noirs et aux blancs qui sont des espèces. Une même classe peut être genre eu égard aux classes qu'elle contient, espèce relativement à la classe où elle est contenue. Les blancs sont une espèce du genre des hommes, et un genre qui contient les Européens, les Asiatiques, etc. Dans une classe, soit genre, soit espèce, on peut considérer ou la classe entière, comme *les hommes*, ou un seul individu, comme *tel homme*, ou plusieurs individus de cette classe, c'est-à-dire une partie seulement de la classe, comme *quelques hommes*. Dans le premier cas, l'idée est dite *générale* ou *universelle*; dans le second, *singulière*, ou *individuelle*; dans le troisième, *particulière*. Plus est grand le nombre des individus où des objets concrets auxquels s'applique une idée, plus elle a d'*extension*. L'idée du genre est plus étendue que celle de l'espèce, et celle-ci plus que l'idée de l'individu. La *compréhension* d'une idée se mesure par le nombre des parties ou des qualités de l'individu auquel elle s'applique. Les hommes ont un certain nombre de qualités communes, comme de se mouvoir, de percevoir, etc., et il y a environ huit cents millions d'hommes sur la terre : le premier nombre exprime la compréhension de l'idée d'homme, le second en exprime l'extension. Plus les classes sont grandes, plus est petit le nombre des qualités communes aux individus qu'elles contiennent. La compréhension de l'idée diminue à mesure que son extension augmente, et réciproquement. Un individu, indépendamment des qualités qui lui sont communes avec l'humanité, de celle qu'il partage avec les gens du même pays, avec les membres de sa famille, possède des qualités qui lui sont propres et par lesquelles on le distingue des autres. L'idée d'un individu est en conséquence la plus complexe, en même temps que la moins étendue. Au contraire, l'idée de l'*être* est la plus étendue, puisqu'elle convient à tous les objets, et la moins complexe, puisqu'elle n'exprime qu'un seul élément de chaque objet.

Les mots qui expriment les idées sont appelés termes concrets ou abstraits, composés ou simples, singuliers, particuliers ou généraux, suivant qu'ils s'appliquent à des idées auxquelles appartiennent ces différents caractères.

§ 3. Les faits intellectuels considérés suivant leur mode.

Les idées considérées suivant leur mode, ou suivant la manière dont elles s'appliquent à leur objet sont : 1° complètes ou incomplètes ; 2° claires ou obscures ; 3° distinctes ou confuses.

Une perception ou une conception *complète*, ou, comme le dit Locke, *adéquate* à son objet, serait celle qui s'appliquerait à tout ce qui existe dans l'objet. Il est probable que nous n'avons aucune connaissance complète. Mais cette imperfection, loin de nous faire mépriser les connaissances que nous avons acquises, comme le veulent les sceptiques, doit nous pousser au contraire à en acquérir de nouvelles.

Les deux autres divisions se ramènent à la première. En effet, une connaissance *obscure* est une connaissance incomplète. Le géomètre a une conception *claire* du triangle, l'ignorant n'en a qu'une conception obscure : l'obscurité vient ici de l'ignorance, car la connaissance du triangle s'éclaircit à mesure qu'elle se complète. Elle ne paraît même obscure qu'à celui qui la possède incomplétement, et qui entrevoit des parties qu'il ne connaît pas ou qu'il ne se rappelle pas. Un souvenir obscur est aussi un souvenir incomplet.

Quant à la troisième division, on dit que la distinction et la confusion supposent des parties dans l'objet, tandis que la clarté et l'obscurité supposent un objet simple. Mais un objet simple ne peut être plus ou moins connu : il est connu ou ignoré. A un objet simple il ne peut correspondre qu'une seule idée, qui l'épuise tout entier. C'est en ce sens qu'on disait dans l'école : « A chaque objet chaque idée ; » ou en d'autres termes à un seul objet simple, il ne répond dans l'esprit qu'une seule idée[1]. Beaucoup d'objets, pris pour simples, sont composés ; une idée ne s'éclaircit qu'en distinguant les parties de son objet, et ne les distingue qu'en devenant plus complète. On prétend qu'au premier coup d'œil jeté sur un tableau nous en prenons une connaissance confuse, et que le temps et l'attention la rendent distincte ; on dirait plus exactement que nous en prenons d'abord une connaissance incomplète, et que le temps et l'attention viennent la compléter. Nous arrivons à connaître un tableau à peu près comme le peintre le compose : nous apercevons d'abord une étendue indéterminée, une couleur vague; un second coup d'œil nous fait saisir les limites des couleurs principales ; un troisième, les contours des teintes secondaires ; chaque connaissance successive est comme un nouveau coup de pinceau qui détermine les objets. La mémoire suit la marche de la perception : si nous voulons nous rappeler

---

1. Bossuet, *Logique*, livre I, chap. XVIII.

un monument, nous nous représentons d'abord une étendue et une couleur indécise ; un second souvenir détermine les limites de l'étendue, un troisième, les nuances de la couleur, un quatrième, les lignes principales de l'édifice, qui se peint ainsi peu à peu dans notre esprit comme il se peindrait sur la toile. Dans ces exemples, nous voyons des perceptions ou des conceptions qui s'ajoutent les unes aux autres ; la connaissance se complète, et voilà comment on dit qu'elle devient plus distincte et plus claire. En résumé, une idée obscure est une idée indistincte, et une idée indistincte est une idée incomplète. La connaissance devient claire en distinguant et distincte en se complétant. Les trois divisions précédentes se réduisent donc à une seule, et l'on peut dire que les idées, considérées suivant leur mode ou la manière dont elles s'appliquent à leurs objets, sont uniquement complètes ou incomplètes.

On dit encore que, relativement à leur mode, les idées sont : 1° immédiates ou médiates ; 2° vraies ou fausses.

L'idée de la ligne est immédiate ; elle n'est précédée d'aucune autre qui serve à l'introduire dans l'esprit. L'idée que les trois angles d'un triangle sont égaux à deux droits est une idée médiate : elle ne s'obtient pas avec la première idée du triangle. En un certain sens, toutes les idées sont immédiates, parce qu'elles s'appliquent toutes directement à leur objet : ainsi lorsqu'à la connaissance de l'angle succède celle du triangle, au lieu de dire que la seconde est une connaissance médiate, on pourrait dire qu'elle est une connaissance nouvelle. A la connaissance des angles formés par la droite qui coupe deux droites parallèles succède la connaissance de l'égalité des trois angles d'un triangle avec deux droits : toutes ces connaissances, prises à part et considérées suivant la manière dont elles s'appliquent à leur objet, sont aussi immédiates les unes que les autres ;

seulement la dernière ne peut s'obtenir qu'après qu'on a obtenu celles qui précèdent. La connaissance *immédiate* ou *directe*, ou encore *intuitive*, est donc celle qu'on obtient sans avoir besoin de passer par aucune autre ; la connaissance *médiate*, *indirecte*, ou encore *discursive*, est celle qui ne s'obtient qu'après qu'on en a déjà obtenu d'autres. Nous verrons au chapitre du raisonnement à quelles conditions une première connaissance peut en produire une seconde.

Quant à la division qui partage les idées en vraies ou fausses, réelles ou chimériques, cette opposition ne tient pas au mode mais à la nature du fait intellectuel. Nous ferons voir que les perceptions peuvent être plus ou moins complètes, mais qu'elles sont toutes *vraies*; qu'il en est de même des conceptions ou pures représentations intérieures, et que les croyances peuvent seules être *fausses* ou chimériques.

§ 4. Les faits intellectuels considérés suivant leur origine.

Rechercher l'origine des idées, c'est rechercher les facultés qui produisent les faits intellectuels. Nous avons indiqué la méthode qui doit régler cette recherche[1]. Il faut partir de l'indépendance des phénomènes pour déterminer le nombre des facultés. C'est d'après ce principe que nous formons trois classes, qui, tout en rapprochant par certaines ressemblances les facultés intellectuelles qu'elles comprennent, en laissent subsister cependant l'indépendance réciproque.

La première classe comprend les perceptions ou la première partie des connaissances, qui sont : 1° la perception interne ou la conscience, 2° la perception externe matérielle ou les sens extérieurs ; 3° la perception ex-

---

1. Voy. livre II, chap. I.

www.ingramcontent.com/pod-product-compliance
Lightning Source LLC
Chambersburg PA
CBHW070927230426
43666CB00011B/2341